革命文献与民国时期文献
保护计划

成果

中国近代华侨教育史料丛编

华侨教育讲演卷

罗志欢
李炳球 / 编
刘　强

齊魯書社

前 言

一、本卷收录关于我国近代华侨教育的部分讲演篇章，其中有的篇章与教育和华侨教育的探索直接相关，有的为针对华侨教育师生所作的学术讲演。这些讲演有一个共同的舞台和线索——暨南大学。暨南大学作为我国近代华侨教育的重要阵地，自然成为各界人士尤其是教育专家阐述时代观点、开展学术争鸣、探索教育发展路径的主要讲坛，也成为我国近代华侨教育发展的重要标本和试验田。

二、暨南大学素有学术讲演传统，为“南京学术讲演会”发起者之一，讲演活动甚为繁富。1919年10月3日，河海工程学校校长许先甲(肇南)、暨南学校校长赵正平(厚生)等发起南京学术讲演会，假暨南学校商议组织办法，起草章程，筹谋讲演厅事。10月5日复在暨南学校开预备会。10月9日午后三十分在门帘桥江苏省教育会分事务所开第一次大会，组织议事部并选举理事部。①

三、本卷收录主讲者67位，讲演稿88篇。行文大致以讲演时间先后排列，少数篇有打破时间顺序现象。若一人有多篇而时间不同者，则统归到该主讲者名下。

四、本卷收录的讲演稿以学术为主，主题涉及社会、政治、哲学、经济、文学、艺术、教育等方面，尤以华侨教育、华侨万象及国际问题最具特色。主讲者之身份涵盖教授、学者、企业家、金融家、教育家等。或有在暨南的讲演稿，因主讲者后来成为汉奸，概不收录。

五、每位讲演者配以其照片及生平简历。尽管这些讲演者及其讲

---

① 《南京之新气象　学术讲演会成立》，《申报》1919年10月13日，第6版。

演稿不可避免地存在历史印痕，我们仍本着取其精华、去其糟粕的态度择优陈列，以期通过这些讲演稿，为读者展示暨南学人追求进步、探索真知的优良传统，展示近代教育界人士对教育尤其是华侨教育在时代转型过程中发展路径和内容的探索，特别是在战乱动荡年代咬定青山不放松的兴教精神，在这些讲演稿中都有不同程度展现。

六、本卷资料来源于报纸杂志或专书中的重要章节，所录资料均注明出处。个别讲演稿原无标题，乃从讲演稿中提炼。原文错字和标点符号酌情修改，其余则照录，不予改动。

目　录

暨南演讲台上的奇特景观

胡安泰

名流精英云集暨南演讲台

敦聘社会名流及学科精英走上暨南演讲台，是暨南大学各个历史时期保持和发扬的优良传统。通过演讲，让学生领略中华文化的深邃和丰富；通过演讲，让学生领略中国名流和学术精英的个人风采和魅力；通过演讲，让学生众采名家之长，形成内外学术的交融，扩大视野、增长知识、启迪思想。暨南大学之所以在不同时期均继承了这一优良传统，是与学校的地位和特色分不开的。可以说暨南演讲台是一个"国际"讲坛，在这个"国际风景线"上阐发对时局的看法和公布学术成果、介绍学科观点，实际上是在向世界"宣泄"和"兜售"，所以文人墨客、名流学者、科技精英大多乐意登上这个讲坛。事实上也是如此。暨南学子大都来自五洲四海，他们学成毕业后也会回归五洲四海，他们会把所见所闻、所学所思带到和影响到海内外。暨南大学的各位前后任校长们也乐于通过这个讲台，增加学校的地位和知名度，增长学生的知识和才干，活跃学校学术气氛。

暨南大学是一所开放型大学，历来就实行在学术上兼容并包的方针，主张各学术流派、科研方法自由阐发、互相观摩、共同提高，提倡中国优秀文化与西方先进文明共处发展，互相促进，因而在全校尊师重道、自由研究和辩论演说蔚然成风。这就形成了各位名流云集暨南充分展示自我的暨南“奇特景观”。

暨南演讲的优良传统早在20世纪20年代就已形成。以1925年暨南学校上半年为例，就先后有日本学者长谷川演讲《现代教育主义的批评》、国内学者杨杏佛演讲《妇女与社会改造问题》、刘虚舟演讲《青年修养法》、刘靖夫演讲《领袖问题》、赵兰坪演讲《家庭经济问题》、郭任远演讲《心理学问题》、李权时演讲《中国关税问题》、高阳演讲《战事之心理与补救方法》、徐永祚演讲《我国会计师之现状》、张子柱演讲《护侨政策》等。

暨南改组扩为大学后，演讲的风格更得以发挥。1927年下半年及1928年，除请鲁迅演讲《文艺与政治的歧途》外，还请高一涵演讲《求学与革命》、蔡元培演讲《我国新教育之趋势》、简又文演讲《西北军大概》、张君劢演讲《俄国政治制度》、郑振铎演讲《到民间去》、马叙伦演讲《校读古书之第一问题——中国文字之构造法》、徐志摩演讲《秋风——又名时代病的研究》，以及李达、胡适之的演讲等。

1935年何炳松接任校长后，特设“中国现代问题讲座”，除了请校长及校内教授负责讲授，还聘请了校外的专家竺可桢、张其昀、陈湘涛、刘振东、张心一、陈礼江、程海峰等分别演讲战时经济、农业、劳工、交通、国防、军事化学、重工业、军事心理等。对所有演讲的内容，均作记录整理，经主讲专家审阅后，印成丛刊，除发给同学外还向社会发行。当年公开发行的有竺可桢《中国的地理环境》、张其昀《中国国势鸟瞰》、陈湘涛《交通运输与国防计划》、刘振东《国防经济政策》、陈礼江《民众教育与民族复兴》、程海峰《劳工问题》等。同时，由学校学生成立的教育学会请何清儒博士演讲《职业指导》、韦悫博士演讲《大学之使命》、黄觉生教授演讲《人格的发展及其最近之研究》等等。

在建阳暨南时期，尽管战时艰难，暨南大学演讲传统不丢，仍聘请知名校外学者来校讲学。1944年秋，除了请王亚南开设中国社会经济改造问题研究讲座，还请浙江大学李培恩校长开设了国际金融专题讲座，上海中央银行行长开设了金融学讲座。

抗战胜利暨南复员上海后，爱国民主运动在校内高涨。一批进步的爱国民主人士纷纷应邀到暨南大学演讲，他们中有郭沫若、茅盾、章伯钧、章乃器、邓初民、翦伯赞等。如郭沫若演讲《历史与人生》、罗隆基演讲《和谈内幕》等。同一时期，在刘大杰任院长时，文学院曾邀请著名作家穆木天、臧克家、林语堂等来校作演讲。

中华人民共和国成立后，暨南大学继承这一优良传统，不时邀请海内外著名专家学者来校讲学和作专题报告。他们中包括：著名语言学家胡裕树，著名经济学家千家驹、张五常、蒋学模、吴敬琏，著名外国文学专家罗大冈、柳鸣九，著名计算机专家洪加威，著名作家张天翼、艾芜、沙汀、欧阳山、刘伯羽、林默涵、陈残云、秦牧以及 1997 年诺贝尔经济学奖获得者、美国斯坦福大学教授斯科等一大批海内外著名学者及知名人士。

2006 年，暨南大学本着“隆重热烈，俭朴务实，办出特色”“庆典为体，学术为魂”的原则举办了百年校庆系列活动。从元月开始至 11 月，举办了“百年暨南讲坛”学术演讲 200 多场。请原中共中央政治局常委、国务院副总理李岚清；著名作家、原文化部部长王蒙；世贸问题专家、博鳌亚洲论坛秘书长龙永图；来自美国的管理学大师彼德圣吉，新儒学大师杜维明等来校开办讲座或做报告。仅在理学、工学、医学上就举办院士论坛 21 场，其中外籍院士 8 场，国内院士 13 场；名家讲座 47 场，学术讲座 98 场，学术沙龙 1200 余场，涵盖生命医学、生物医药技术、资源环境、理工信息等领域，参与者和听众达 20000 人次以上，深受暨南学子的欢迎。

暨南大学敦聘名流学者来校演讲已成暨南特有的风尚，这也感染和影响了在校的莘莘学子。从 20 世纪 20 年代开始，辩论、演说比赛、演讲会在学生中接连不断，在教授们的指导下，涌出了一批辩论演讲人才。1929 年秋季在上海各大学演说比赛中，暨南大学教育系女学生杨泽蘅演说“妇女与家庭问题”获得国语演说冠军，外语系学生林清池和王维驷分别获得英语演说冠、亚军，林清池演说的题目“祖国对海外侨胞的责任”誉满上海。1935 年底，暨南大学文学院举行国语演说比赛，沈以玮、胡惕、高崇靖三位学生分获一、二、三名。在随后参加的华东区国语演讲竞赛中，胡惕同学获得冠军。

1986年，全国高校辩论热潮兴起，暨南大学辩论队与中山大学辩论队以“男女能否平等”为题举行辩论对抗赛，结果暨南大学二战二胜。接着参加广东电视台、《南风窗》杂志社等联合举办的首届“羊城电视辩论大赛”，过关斩将，压倒群雄，勇夺冠军。难怪在1987年《南风窗》杂志的《辩论——人生的大舞台》一文中这样写道：“辩论热潮的真正起点是在暨南大学……”1988年由林炬、夏松、叶青等同学组成的辩论队，在《足球报》等单位联合举办的“高寿杯”足球专题辩论赛中，最后击败华南理工大学队，捧回“高寿杯”。

进入21世纪后，暨南大学辩论演讲热潮在新形势下有了发展，取得了不菲的成绩。“外研社杯”全国英语辩论赛是由外研社（FLTRP）和中国高校英语口语协会（CUESA）主办的，是目前国内水平最高、影响最广的全国性英语比赛。暨南大学辩论队2001年3月参加了第五届全国赛华南预赛，由国贸系杜文怡，外语系庞琴、罗燕媚、王璐四位同学组成代表队，一路过关斩将，夺得冠军，杜文怡同学还荣获最佳辩手称号。在2002年的“外研社杯”南昌赛区（华南赛区）中，暨南大学代表队经过积极备战，刻苦训练，在十二支参赛队中脱颖而出，再次荣获该赛区冠军。

四十年代“三老”在暨南演讲始末

1947年初，马寅初先生时任上海中华工商专科学校名誉校长兼教授。他是著名的经济学家和杰出的政治活动家。暨南大学学生自治会慕名派两位学生到他在工专的宿舍请他到学校演讲。当得知是暨南同学后，马寅初立即从坐着的藤椅上起来与年轻学生握手，知道来意后立即表示应邀去暨南演讲。在谈到演讲的题目时，马寅初完全同意学生提出的“中国经济的出路在哪里？”讲题，说这个题目出得好，并商定演说时间在2月6日。马寅初当时已65岁高龄，但他精神抖擞，面色红润，体态端实，说话声音洪亮，对青年学生特别有感情，他慈祥和蔼的面容和平易近人的态度，令学生感到十分亲切。

2月6日这一天下午，暨南大学宝山路二院的礼堂里人头攒动，座无虚席。当得知马寅初老先生要来演讲，同学们都怀着极其兴奋和渴望的心情，想一睹这位久已闻名却又未曾谋面的经济学家的风采。附近复旦、同济等大学同学闻讯赶来的也不少，然而也混入了一些不三不四、心怀叵测的分子。马寅初在热烈的掌声中走上讲台，他用洪亮的声音开始演讲，礼堂顿时安静下来。他讲的题目是“英美经济问题和中国经济问题”，用大量的事实和数据说明英美经济的繁荣主要是依赖对殖民地半殖民地的掠夺而得来的。他特别指出，美国正取代日本企图实现其工业美国、农业中国的美梦，让中国继续沦为其殖民地。在谈到中国经济时，他强调解决中国经济问题，必须解决政治问题，只有实现了政治上和经济上的民主，解决中国经济危机才有出路。对于国民党发动内战，他严肃地指出，这是军事上死路一条、财政上死路一条、金融上死路一条。他告诉同学们，要实现政治上、经济上民主，必须打倒官僚资本。他的演讲观点鲜明，一语中的，高昂有力，同学们的掌声不断，礼堂被一股激昂的气氛所“弥漫”。

中途马寅初把演讲停了下来，话锋一转。他对台下说：今天我马寅初到暨南讲演，台下必定有特务分子混在其中窃听，有胆量的就站出来。他这突如其来的讲话，一时间使整个会场紧张起来，同学们开始警惕地注视着周围，一些别有用心的人意料不到马寅初会来这一手，手足无措，在声势浩大的学生面前，不敢轻举妄动。马寅初的演讲在热烈的掌声中继续进行。同学们无不被他毫无畏惧的浩然正气所感动，从中深受教育。为了马寅初的安全，在演讲结束后，学生自治会派人护送他回家。马寅初的昂扬形象在暨南学生的脑海中久久不灭。

叶圣陶先生在马老演讲后的一个星期也登上了暨南大学演讲台。叶圣陶是著名作家，他的《倪焕之》等小说在青年学生中拥有大量读者。暨南大学中文系同学组织的中国文学研究会久慕他的大名，派出两位代表到当时上海开明书店四楼编辑部拜访他。同学代表从未见过这位大作家，不免有些紧张，但见面后，出乎他们意料，这位大作家平易近人，慈祥可亲，他衣着朴素而整洁，头戴灰色帽子，身穿蓝衣长裤，脚上穿着一双布鞋。他没有丝毫名人架子，给学生让座沏茶，是一位年轻人可尊敬的老先生。当学生说明来意后，他毫不犹豫地答应了学生的邀请。当学生说“届时会派车来迎接先生的”时，他婉言谢绝说：“你们暨南大学在宝山路，我熟悉的，到时我自己会来的。”

2月12日下午，是叶圣陶到暨南大学演讲的日子，对于这位作家的光临，暨南大学学生无不翘首以待，他们提前派代表在校门口等候。时间快到了，同学们从远处看到了一辆向学校奔来的人力车，上面坐着的正是他们等待的大作家。但是在离校门30米处，人力车停了下来，叶圣陶从车上下来，从口袋里掏出钱付给人力车夫，然后迈着大步朝校门走来，迎候的学生立即拥上前去，一个个紧握住老先生的手，激动得说不出话来。叶圣陶此次演讲的题目是“文学系学生学习的目标”，主要讲文学与人生的关系。他说：“不要为文学而文学，要有所爱，有所恨，有所为，有所不为”，“要和广大人民为同一目标而奋斗。”叶圣陶在演讲中指出，文学系学生的学习不能抱残守缺，要从学习、创作和评论等方面扩大自己的视野，他勉励同学要大胆向前迈进。这次演讲本来是文学系同学的“专场”，但外系、外校的同学闻讯前来听讲的也不少，济济一堂，座无虚席，演讲中，掌声、欢笑声不断。

演讲结束后，同学们拥着叶圣陶走出校门，有同学叫来了一辆人力车正要付钱给车夫时，立即被叶圣陶阻止了。他坚持自己付车费，并招呼同学回校，随后他上车挥手与同学们告别而去。同学们怀着崇敬的心情，望着叶老远去，直到叶圣陶的身影在马路上的人群中消失。

马叙伦先生是著名的社会活动家、教育家，是著名的爱国民主人士，曾任北大教授、北洋政府和国民政府教育次长。中华人民共和国成立后先后任教育部部长、高教部部长。他在20世纪20年代和40年代两次到暨南大学演讲，在这所华侨高等学府留下了他的身影。

暨南改组为大学后的这一年，马叙伦在任浙江省政务委员会委会期间，应邀在暨南大学作了题为“校读古书之第一问题——中国文字之构造法”的演讲，这篇演讲词后来成为他的重要著作《说文解字六书疏证》的组成部分。

1947 年 5 月 4 日是五四运动 28 周年纪念日，暨南大学学生自治会特别邀请马叙伦莅校作纪念五四运动的演讲。演讲会在宝山路二院饭厅举行，请亲身经历五四运动的马叙伦教授演讲，是暨南学生们早已盼望的，所以这一天，大厅挤得满满的，同学们情绪也很高昂。当时马叙伦已有 62 岁了，他精神饱满地登上讲坛，不用讲稿，始终站着与台下的学生们侃侃而谈。由于他亲身经历了 1919 年的五四运动，讲起来特别亲切，娓娓动听，对学生十分有吸引力。在 1919 年五四运动发生时，马叙伦是北京大学教授，被推举为北京大学教职员会的主席，是当时北平教职委的委员，他是五四运动的积极支持者。当有学生被捕时，他挺身而出，作为北平教职会推出的几位代表之一，到监狱探望被捕的学生，商量营救之策。在讲到探望学生的情景时，马叙伦讲得十分生动："……到监禁地，警察不让我们进去，代表中有一位汇文大学（燕京大学前身）的教授是洋人（美国人博光），非常恼火，就不顾一切地冲了进去，我也紧跟而上，终于进去了。后面六位代表却被拦阻，所以我是靠洋人才能进去的。"马老风趣的描述，引起了同学们的笑声和掌声。

马叙伦不用稿子讲了两个小时，语言生动，精神矍铄，让同学们体会到一个爱国民主老人无论是在五四时期，还是抗战胜利后的国内战争时期，他都是热爱青年、热爱人民、热爱祖国的。当他演讲完毕时，台下暨南青年给他报以热烈的掌声。他在演讲中的声容笑貌也深深地印在暨南学子的脑海里。

王亚南讲"中国经济改造问题"

太平洋战争爆发后，上海"孤岛"沦陷，暨南大学内迁闽北建阳。建阳是个山城，交通不便，暨南大学在上海的一部分教授专家因故未能同暨南内迁。山区偏僻小城，师资延聘困难。何炳松校长不得不苦心筹划，向外寻求名流学者来校讲学，以补师资之不足。在敦聘的演讲者中，有厦门大学经济学教授、《资本论》中译者之一的王亚南。

1944 年秋冬，王亚南在暨南大学开设了中国社会经济改造问题研究讲座，为期三周，每天上午七时开讲，时间二节课。当时他的讲座是为商学院二年级以上学生开的选修课。二年级以上学生住在学校所在地童游乡的另一隅，名为福庆寺的地方。从那里到学校大礼堂——文庙，要走好长一段路。又由于上课时间很早，时逢闽北的初冬，已有寒意。慕名而来听讲座学生颇多，好学的学生们每天天未明就起床，吃过早餐，匆忙赶往文庙礼堂争先抢占前排的听讲座位。一时间整个文庙便人声鼎沸，热闹起来。除了商学院的学生，文学院、理学院的同学甚至不少教师也闻讯而来。"济济一堂，盛况空前。一俟王教授进入大殿，霎时便阒静无声，片刻之间王教授即发出铜钟般洪亮的讲课声，吸引了广大的同学。"

据当时听讲座的同学描绘："王亚南先生身穿人字呢大衣，健步登上讲台，他那微秃的前额，中等偏高的个儿，黄黄的脸，一双和蔼闪光的眼睛，讲的一口地地道道的湖北黄陂话，乡音虽重，但抑扬顿挫，时而高，时而低，加上必要的手势表情，一开始就引起大伙儿强烈的反响，整个文庙大礼堂座无虚席，连两旁也还加添了座位，大家听课屏息贯注，聚精会神，秩序井然。"

王亚南的讲座为什么能吸引暨南学子呢？王亚南是著名的爱国人士、进步教授，他与郭大力用十年时间翻译马克思的《资本论》，已经在当时的社会有很大影响和名声了。加上他讲座的内容，在当时十分切题。同时，当时是战乱期间，学生大多离乡背井在山区小城求学，生活清苦，国难当头，求学之风特浓，这样王亚南的演讲自然引起了同学们高度兴趣。

王亚南在讲座一开始，就谦虚地向学生表示，试图用《资本论》的体系、结构、范畴来分析中国的经济。事实上他鞭辟入里地剖析中国半封建半殖民地的经济形态，引导学生运用马克思政治经济学观点，去认识当时社会经济的症结所在。他在暨南讲台上，反复强调学习经济学、研究经济学要"中国化"，即理论联系实际。他批评那种盲目照抄外国经济理论的学习态度，主张自主地进行自我研究，自主地研究中国自己的经济学。在讲座中，他还谈自己的治学经验和体会，启发同学。他告诉学生,读书就是要钻进书本里去,进入角色,但又要能从书本上跳出来思考问题,在大脑里“过电影”。他反对死记硬背,但又不反对在理解基础上加深记忆。他说,他一不抽烟,二不喝酒,他的爱好是喝白开水、读书和散步。他说他散步是思考问题的最好时刻,是自己的精神空间的扩展及延伸。

王亚南在暨南的讲座,在闽北山区宣传了马列主义政治经济学,推动了暨南学生学习《资本论》的积极性。同时,他的治学方法、对社会对人生的态度在很大程度上给暨南学生以极大的影响和启发。40年代王亚南在暨南的讲座,至今在暨南老校友中还记忆犹新,津津乐道。

在演讲期间,对暨南大学学生经济学会的活动,王亚南教授还给予了指导和帮助。

王亚南在暨南的讲学内容,后来以《中国经济原论》为名公开出版。在“文革”前,经他增订,更名为《中国半封建半殖民地经济形态研究》,重新出版,并有了国外译本。1998 年,广东经济出版社将《中国经济原论》作为“影响新中国经济建设的 10 本经济学著作”之一再予出版,可见其影响之大。

黄炎培

黄炎培(1878—1965),字任之,号楚南,江苏川沙(今属上海)人。近代著名教育家,一生倡导职业教育。1917年夏,教育部委托黄炎培赴南洋考察教育,既归,决定规复暨南学校。同年11月1日,教育部派黄炎培筹办暨南学校。黄炎培等向教育部呈报《暨南学校五年间进行计划表并造送七年度预算册》,先后拟定《暨南学校章程》《暨南学校规复宣言并招生启》等,投书报界及南洋各地,大力宣传办学事宜。1922年至1930年任暨南大学校董。著有《中国教育史要》《东南洋之新教育》《黄炎培考察教育日记》等。

南游归来讲演词

黄炎培　讲
司徒赞　吴邦杰　笔述

与诸君阔别，已百余日矣。计于一月二十五日由沪出发，至本月五日抵沪，其间适得百有一日也。今番南游，以吾校开办业经年余，一拟将本校宗旨办法详细宣布于侨胞，俾得深晓吾校内容；二则考察南洋教育状况，藉为吾校将来办事方针之参证；三则探望诸君父兄，以资联络而慰远念。总之，今晚有所报告于诸君，关系綦大，决非泛泛而不切事实，徒供谈助也。本拟详述一切，无奈时间局促，恐不获尽。诸君谅之。此番回国，带来商品、特产品、纪念品多种，吾校商品陈列所或博物馆中，又可得许多珍奇之物品。惜现在不及一一陈出，并无暇一一说明其得来之缘由。日后得闲，当详为诸君告，方足知某物为何采集、某物为何赠送之用意，以昭郑重而资观感。

当二十五号出发时，同行者有韩希琦先生，南洋中学（槟榔屿）许校长、张教员，华侨中学（新加坡）涂校长、李教员等。因搭法公司轮船，故必经海防、西贡等处。至安南情形，容日当特别详谈。该处侨界似未能与祖国常通声气，即学生之回国求学者，亦寥寥无几。我等当注意及之也。

今须述往返途程矣。当抵星洲后，与涂君筹商中学进行办法者数日，继由星而至吉隆坡，而怡保，而槟城。复与许君筹画该处中学开办事务者数日。再北上而至缅甸之仰光。缅侨状况甚佳，惜子弟回国求学者甚少，但经一番劝导后，已跃跃欲试，不久即有三五学生来入吾校矣。于时适乏船舶，乃沿铁道而达上缅甸之蛮特来城，为缅甸旧京，与吾国云南相逼近。待船约月余，仍回槟城。由槟而苏门答腊，而棉兰及其他各城，再取道星洲而回国。计行经英法荷三属地大小十二埠，参观男女七十一学校。

每至一地必先拜访侨界领袖，再应彼等之欢迎会，约略发表个人普通意见。继开教育研究会，临时预备一文，详述教授、训练、养护上许多待决问题，以便一一细细讨论，不致遗漏。计在星洲开会五天，槟城四天，仰光十天。其间有一事最可注意者，即教会中人亦莫不莅会，听得津津有味。曾有主教数人谓以后当一尊黄先生之意见办理学务云云，亦可见彼等之注意教育事业矣。每届开会，必殿以中华职业教育社之幻灯，共试演四次，即在星洲、槟城、仰光、棉兰是也。在棉兰时，因地位、电力之关系，结果颇不佳。而在仰光时则最好。到会之众，观者之踊跃，可谓得未曾有。英印骑巡亦出而维持秩序。余每换一片，必为简单之说明，闻者多能领会。结果之佳，收效之大，殊出望外也。前后开会共有四十七次。诸君父兄状况颇佳。在星洲晤云君、吴君，在棉兰晤洪君、黄君、郑君、林君、石君等，叙谈多次，均以诸君得在暨南求学欣慰无既云。

民国六年曾奉命赴南洋一次。就此次所见，与上次相比较，觉得两年中之教育事业，大有进步。如以形式上而论，从前校舍校具设备，至为简陋，规模亦极狭小，今则气象一新，迥乎不同也。有三十校，上次曾去过，今则其中十校已一律改建新校舍，规模宏大，较之内地有过无不及。建筑费大约都在三四万金以上，如吉隆坡之尊孔学校，自购地以至建筑落成，约费二十万金之谱。他如星洲之养正学校，亦已焕然革新矣。各校学生数，更见增加。三十校之总数，较六年时增多百分之三十四，约得三分之一。倘照此递进，日后南洋教育之发达，安可限量。故此番南游，对于侨界，极抱乐观。虽然此仅就外表言耳，至考其内容，亦特呈进步之象。如国语一科，从前特设者甚少，今则完全添设，间有因循未设者，则视为大可耻。通观国民科三年以上之学生，几人人能国语而废弃土语矣。此则可喜者也。兄弟此去，本附带提倡职业教育之意。南侨学界亦未尝不知注重商业,以为谋生基础,故各校不仅于课程内添授商业科而已,并能实事求是为商店、贩卖部、学校、储蓄银行等种种之设备,以为实践地步。即或有一二办理不甚切实,然亦不足为病。国文教授亦渐趋实用。前之作文类兢兢于论说体,今则此类题目已绝少。前次所见善于教授之教师,不过三四人,今则可称一般皆为良师,殆无可轩轾于其间矣。有此进步,殊可惊也。各校成绩展览会兼以出品发售,每次可得一二千元不等。于此可见侨界之尊重学校,并足以觇社会程度之继长增高矣。对于体育亦多热心提倡,故视开运动会为要事。至铜鼓、军号,可谓尽南洋各校均有之。曾在槟岛见一极小之学校,居然亦有大铜鼓。余戏谓铜鼓几有大于学校之势,实不诬也。但此层极可研究。军号虽足以提精神、壮声色,然非肺量大者必不胜任,似未可强儿童以难能。以前内地各校亦风行一时,曾见有因此而致病者,是不可不虑也。倘先由医生验过肺量,则较为妥当。其实不用军号而改用管笛,亦属可行。正可不必斤斤然注意形式上也。

今尚有大问题二。因与诸君之关系甚大,故不得不详为诸君告。其一,新开两中学之情形。星洲中学开校时,已有学生九十余人。其办法由各帮联合共举五十六位校董,以筹备经费。在星时,曾见陈嘉庚、林义顺诸君驾摩托车四出筹捐。以大资本家而不惜牺牲黄金时间以奔走劝捐,其热心公益令人钦佩无既。槟城中学开校时,有学生四十余名。该地本分激烈、和平两派,今已化除党见,协力维持中学。即开会时,亦能和衷共济,联络一气。不若前之此派开会则彼派不来,彼派开会则此派不往。我侨胞近年之猛进,从可见矣。校中经费亦由各校董捐募。有戴培元君者,出资巨万以为倡。如此急公好义、慷慨解囊,在国内能得几人哉。观华侨如此热心,不识诸君感想为若何。其二,则居留地政府之情形。此事吾辈应特别注意。向来居留政府对待华侨及土人,非取干涉主义极端压制,即取放任主义随其自生自灭。但现已翻然改计,一变从前方针。如爪哇吧城有荷华师范学校之设,荷京大学添设华文一科。如此办法,至堪诧异。意者荷人已觉悟前此限制华人入学之非计,今特造就善于华文华语之人,用怀柔政策,以渐渐揽夺华侨之教育欤。则其用心之深刻可惧也已。至英属政府，亦一变方针。前者英人所设学校往往偏重文科，而于理科、图画、手工三科绝不注重。但今已集诸大教育家之研究，订定一种属地教育计画，极力注重技能各科，提倡职业教育。其学制取并行而不用单行，小学四年了后，或升入中学肄业，或入英国职业学校肄业。迨中学八年后，则分入工商二科，养成职业界中高等人才，并提倡体育共同训练。此种办法殊合现时教育界之新潮流。诸君幸毋谓英之教育与我无干，须知英校改革以后，华侨子弟入学者已不知凡几。而此新潮流自美国直趋南洋，势力澎湃，已一泻莫遏。其有关吾侨前途，不可谓浅鲜也。二则英属政府已采用地方自治制度。曩者英人之对待印度也，无所不用其压制，致印人常有反抗举动，起革命风潮。今已一反从前所为，于缅甸地方实行地方自治，取省、城、村三级制，每级各有议会为立法机关。法属安南亦然。总之，各居留政府殆均取法美人之于菲岛采用开明政策，以提高土人程度，故教诲之，指导之，不遗余力。所以为个人谋职业，为社会裕生计，即为公众造幸福，为地方图安宁。法至良，意至美也。然而此事与侨胞有莫大之关系焉。何则？我侨胞之地位，非介于西人及土人之间乎？视土人固超过一等，视西人则瞠乎其后。而今日侨商之得根深蒂固，卓然不可摇动者，徒以土人程度之低，知识之蒙昧，能力之薄弱，万不足以与我侨胞匹敌故也。苟居留政府而采用开明政策，以开通土人之知识，增进土人之能力，提高土人之程度，使共享人类之幸福，得见人道之光明，在吾辈固所企祝所欢迎者。但为侨胞计，当亦有相当之进步，庶足以对于土人。程度常成一等差级数，彼较高，我愈高，彼愈高，我益高，而历来所占地位，方不致为彼所潜夺。若彼锐进，而我如故，则将渐近于我，渐等于我，渐胜于我。而我之地位亦将渐以缩，渐以小，渐以失矣。然则侨胞前途之危险达于极点，吾人不可不深长思也。况社会主义，于南洋方面，颇有猛进之象，已发生一种潜势力，而为彼等所最反对、最欲抵抗者，即资本家。而南洋大资本家，厥惟华侨，故我侨胞将首当其冲。此事不可不为预备。即以现状论，余亦不敢断言，惟再待十年或二十年，侨胞将受极大影响，可以必也。

欲补救上述之祸患，莫如富者出资，学者出智，以培养劳动苦工及贫民之知识。须知彼等非惟经济穷乏，知识亦极穷乏。两者穷乏，又日逼于生计之艰难，至忍无可忍之时，易于铤而走险。俄国及中欧诸国非受过激党之骚扰乎？彼倡此社会主义者，并非志在骚扰，不过欲救此穷而无告之苦民，俾得同享人生乐利耳。然以俄民知识较缺少，故俄乱亦较中欧诸国为烈。我等能本博爱之心，以开通穷苦人民之知识，苏息其生计上之困难，则彼等感戴之不暇，何至以怨而报德？将来大患，自可消弭于无形。要之，社会主义之所以起，乃激于富者之不肯稍出其资产以顾贫民，或乃藉其金钱之富，非特置贫民于不顾，反从而压迫之，钳制之，束缚之，致消灭其人生乐趣。苟富者而能体恤贫民，为之力谋幸福，则社会主义又曷从而生哉？此是绝大问题，非一时所能解决，容日当为诸君详谈也。

就上所述教育之进步也，华侨之热心也，居留政府之提高土人程度也，要言之，即在座诸君之责任愈以重大也。诸君三五年后，除少数升学者外，殆将完全回到南洋，或从事教育，或经营商业，惟望将来决不可仅以国人为限，培养土人程度亦是吾辈分内要事。试观美人极力提携菲人，故美菲之间感情异常融洽，堪以效法。余忆抵星洲时，适逢腊福斯尔百年纪念会，英人乘机提议建一大学，美人亦拟于此建一大学，陈嘉庚君慨捐十万金于美校，要求添设华文科，如尚有余，则为补助寒士之用。南洋教育，既如此增进发达，学校数亦既添加不少，故向我校要求教师教材者甚多。我校几为南洋教育供给之府，其责任顾不重且大哉？虽然，此非校长一人之责任，或诸位职教员之责任，实诸君之责任也。诸君其好自为之。今者侨胞方举其千万人之目光，炯炯集于我等，诸君若在校时专心求学，毕业后能满足彼等愿望，则尚可告无罪于父老。苟万一不能，如习师范者不胜教师之任，学商科者不胜店伙之职，则尚有何颜面以见父老乎？总言之，诸君不患毕业后之无用武地，而患诸君毕业后之学力不足以餍侨胞之重望也。诸君勉乎哉。

（《中国与南洋》1919 年第 6、7 期）

胡适(1891—1962),原名洪骍,字适之,安徽绩溪人。1928年,为国立暨南大学题词"努力造建设的人才"。一生著述丰硕,涉文史哲多学科。主要著作有《中国哲学史大纲》等。

胡　适

科学的人生观

胡　适

这个题目，自从民国十年夏间我在暨南学校讲演以来，前后共讲过五次，我因为不敢自信，至今不敢发表。去年我在北京法政专门学校讲此题，笔记的共有七份，由原笔记人法专，《晨报副刊》记者三处转交给我修改，我都压抑下了，不敢让他们发表。今年看了科学与玄学战争的许多文章之后，我对于这个问题的见解，稍稍有所修正。八月十二日在浙江暑期学校讲演此题，力求明显浅近，不能不刊落一切枝叶，专注重我所认为今日我们必不可不有的几个要点。山中无书，深感不便。我希望将来有细细修正的机会。

十二，八，廿二，胡适

一

什么叫做人生观？一百天的科学玄学之战，虽然起于"人生观"的问题，不幸双方都不曾给"人生观"下一个明白清楚的定义。只有丁在君先生在《努力》五十五号上曾说："一个人的人生观是他的知识情感，同他对于知识情感的态度。"又有唐擘黄先生在《努力》五十六号上曾说："人生观不过是一个人对于世界万物同人类的态度。"

在内容的方面，这两个定义也许是完全一致的，因为一个人的知识是他对于世界万物和人的知识，情感也只是对于世界万物和人的态度。然而从文字和论理方面说来，唐先生的定义似乎说得更明白些，更浅近些,更不容易引起误解。所以我们在这里只采用唐先生的定义。

从字面上去看,“人生观”自然是一个人对于“人生”的意义和价值的见解。但“人生”不是孤立的。人生的意义和价值是跟着一个人对于世界万物和人类的见解决定的。我们平常说人生的价值,其实我们的意思只是说人生在这天地万物之中占一个什么地位,有什么价值。所以我们可以说,“人生观”就是我们估计人生在世界万物里占何地位,有何意义的种种见解。比如前人说,“人为万物之灵”,“人受天地之中以生”,“人与天地参”……这都是把人生和宇宙万物比较来的人生观。所以唐擘黄先生又说:“人生观是因知识而变的。例如,柯白尼的太阳居中说,同后来达尔文的人猿同祖说发明以后,世界人类的人生观起绝大变动。这是无可疑的历史事实。”

这是很不错的。人生观是我们对于宇宙万物和人类的态度;我们对于宇宙万物有了正当的了解,自然对于人生的意义和价值也有了正当的了解。这是唐先生下的定义的解释。

怎样才是科学的人生观呢?我们所谓“科学的人生观”,有两个意思:一是充分采纳科学对于宇宙万物的解释,使这些科学研究的结果成为我们的人生观的一部分。一是随时随地用科学的态度和方法来应付一切人生问题。

……(缺)①都可以用传记材料来解释,丝毫没有什么可以惊讶的。

今日的最大病根在于一点,就是哲学赶不上科学的进步。科学家在二百年中,已把许多关于世界万物和人类的问题逐渐解答了。但一班哲学家还在那里谈玄说妙,寻他们所谓“最后之因”,寻他们所谓“绝对的”,寻他们所谓“命根”。这个现象,在西洋固然不免,在中国尤其显著。张君劢先生说“国人迷信科学”,其实我们的国人只有迷信,哪有科学?旧式的学者,仍旧在那里高谈“太极”“阴阳”“精、气、

① 底本如此。——编者

神”“理、性”。时髦的学者，或者摭拾佛家的唯识一派的心理学，认为天地间稀有的宝贝，也不睁眼看看现代心理学进步到什么地位了；或者摭拾西洋几个反科学的玄学家的余论，以为人生是超科学的而智慧是不能了解人生真义的，也就认为“天经地义”了。谈哲学的人如此，更下一层的普通老百姓自然更不消说了。同善社、悟善社的努力弥漫于全国，济颠、吕祖的照片公然出售于北京、杭州的市上。我们可以大胆说，今日的中国还只是迷信的世界，科学的知识还不曾在一般人的人生观上发生丝毫影响。

换句话说，现在一般中国人的人生观，全不配称作二十世纪的人应该有的人生观，因为这些人虽然生在二十世纪科学昌明的时代，然而他们的人生观还只是依据他们的太高祖时代的模糊影响的经验和信仰，全不曾受着科学的影响，全不曾容纳科学的结果。他们为什么深信济颠、吕祖的鬼照相呢？因为“鬼”是他们太高祖以来相传的迷信，是他们懂得的；而“照相”是科学的出产品，是他们不懂得的。他们不懂得照相，只懂得鬼，所以他们谈“鬼照相”，其实只是谈鬼。

我们今日最大的急务，是要把科学的常识宣传出去，叫他变成人人的人生观的一部分。人生观既如我们上面说的，不过是一个人对于世界万物和人类的态度。两三百年来科学对于世界万物和人类的问题已有一部分的答案是已经证实无可疑的了。何以人们——懒惰顽固的人们！——还只顾尽力宣传他们太高祖传下来的宗教迷信，而不肯尽量容受科学的新知识呢？在这里，我们可不能不责备那班学科学的人了。他们教科学的时候，只把那教科书式的科学知识教给学生，每一种科学好像各自成一个特别世界，和人们的现实世界好像全没有关系，全没有交涉。所以学校里的学生们至多也只学了一个点线面的世界，一个鸦捍轮盘的世界，一个氢氧钠钾的世界，一个花岗石英的世界，一个微菌细胞的世界，一个飞走胎卵的世界……却全不明白这种种知识都只是科学帮助我们解释世界万物和人的材料，都只是科学给我们的一个人生观的底子。

科学的人生观

(一)人生观　是我们对于人生的意义和价值的见解。但人生不是孤立的,人生的意义和价值都不能单就人生一方面来决定。人生总不能离开他的环境,“环境”一个字包括很多,大之可泛指宇宙,小之可包个人的种种信仰和知识。我们平常说人生的意义,意思总是说人生在宇宙里有什么意义;说人生的价值,也只是说人生在宇宙里有什么价值,或是对于宇宙有什么价值,绝不是悬空说那孤立的人生有何意义或价值。所以我们可以说,“人生观”就是我们估计人生在宇宙里占何地位,有何意义的种种见解。比如前人说“人为万物之灵”,“人受天地之中以生”,“人与天地参”,“堂堂地在天地之间做一个人”,这都是把人和宇宙万物相比较,然后得来的人生观。我们在今日见解虽和古人不同,但无论怎样不同,我们的人生观仍旧脱不了宇宙的限制;我们的人生观仍旧只是我们的宇宙观的一个方面,只是他的产儿。所以我们要想明白人生的真意义和价值,必须作以下的分析,方才可以免掉模糊笼统的见解:

(1)人生在空间的位置。

康德、叔本华、弥儿,他们都是博大精深的学者,虽主张各有不同,然而我们不能不认他们的人生观也都是根据他们当日对于宇宙万物的经验和知识。简单一句话,稍有价值的内省和冥想,无一不是用经验和学问做底子的。不过这些人都是有很强的个性的,他们各人的神经组织和早年环境的影响(包括教育),使他们不自由地戴上一副有颜色的眼镜来解释各人的经验和知识。他们的人生观因此便不同了。老子与孔子先后同时,而他们的人生观显然有区别。这里面并没有什么神秘的原因,只不过我们今日不能深知老子、孔子的历史,所以好像神秘了。我们看到近代的思想家,如康德和弥儿因为我们知道他们的一生事实,所以不觉得他们思想的不同有什么可怪了。康德生长在一个德国虔诚派的宗教家庭里,受过神学和玄学的训练,一生没有离开他的本乡克尼虚堡。弥儿生长在一个自由思想的英国家庭里,父亲是一个开通的大学者,他早年就很受边沁的乐利主义的影响。后来康德的人生哲学注重行为的动机,注重他所谓"无条件的良心命令",而弥儿的人生哲学注[重]行为的结果,注重他所谓"最大多数的最大幸福"。这种根本的不同……(缺)①

(3)人生在物质界的位置。

(4)人生在生物界的位置。

这些问题有了答案,我们方才有一个明了的人生观。

(二)科学的人生观 人生观所含的种种问题,有许多现在都是已经有了科学的答案的了。古人空谈人生,大都是闭户冥想,向壁虚造,所以有许多答案在今日看来已不值得一驳了。我们在今日研究人生,自然应该充分利用科学家已得的结果来做我们研究的资料,来解答人生在空间、时间、物界、生物界的位置的种种问题。科学家认为已经证实了的,我们应该尽量接收,作为我们人生观的已解答的部分。科学家还没有认为可以解决的,我们也只可悬为疑案,存而不论,切不可妄作聪明,下没有证据的武断。凡能这样充分容受科学的结果的人生观,我们就叫他做"科学的人生观"。凡关于科学不曾解决的人生问题,虽没有科学的结果可以引用,但我们若能随时随地用科学的态度和方法去研究解决,也可以帮助得到一种"科学的人生观",因为凡用科学的方法和态度来研究的,都可以叫做"科学的"。

所以我们说的"科学的人生观"有两层意思:这种天人感应论是无量数迷信的大本营,从这里出来的占星禳星之说,有日食地震的迷信,有求雨求雪求晴的迷信,有"廿四史"上的各种《五行志》《天文志》所代表的一切迷信,直到今日二十世纪的中华民国,我们还不断地看见"天祸中国""天降丧乱"的鬼话!就是我们受过高等教育的人偶然出门遇着风雨,也不知不觉地要骂天咒地,好像天地真和我作对!汉朝有个王充,痛恨这种天人感应的人生观,总想把他打倒;他也知道这种迷信是由于不明人生在空间的位置,所以他一面提一种自然主义的宇

① 底本如此。——编者

宙观,一面还要人知道人在天地间实在是眇乎其小的东西。他说,人生天地之间就好像裤裆里一个虱子,一个虱子跳来跳去不能变动裤裆里的空气,一个眇乎其小的人的行为,怎能感动那无穷无际的天地呢?

王充是中国思想史上的一个豪杰,但他用裤裆里的虮虱来比喻天地间的人,还是太恭维人们了。你们现在承认天文学的结果,知道我们所住的地球不过是太阳系里的一颗小星球,知道那太阳系的小宇宙已是一个绝大的空间,从海王星轨道的一头,放一炮弹,须五百年始能达到轨道的那一头。至于我们在星光的夜里所见的那个"大宇宙",从一端到那一端,就是那每秒钟行十八万六千英里的光速,也须走五万年,方才走得到。假定孙行者一秒钟翻一个筋斗,行十万八千里,他也须翻二十五万年的筋斗,方才可以从大宇宙的这一头翻到那一头!在这一个无穷大的宇宙之中,我们这些平均高五尺八寸的倮虫——人们——还能老着脸皮,妄想感动天地吗?

不但天地的形体的知识可以使我们明了人生在空间的位置,最要紧的是天文学进步以后,我们明白了宇宙间各天体流行的法则,深切著明地懂得了天行皆有常度,无论月食日食,彗星的出没,皆可以正确推算。这种知识逐渐深入人心之后,逐渐变成人人的常识以后,一切迷信的天人感应的人生观自然消灭。那才是"科学的人生观"的第一步。

(5)人生与时间。

诸位看过吴稚晖先生的《上下古今谈》吗?他在那书的《自序》里有一段说:

> 忆戊戌变法之际,朝旨欲即寺观为学校,当时之舆论不相入。曾见一卖菜男子,攘臂怒目,抗论于市人曰:"寺观为从古所有,乌可议废者!"呜呼,"从古所有",岂独寺观!攘臂怒目,为"从古所有"争者,岂独卖菜男子!故笃旧而诚一者,非必有所缘,坐解"从古所有"误耳。

这话说得又忠厚,又痛切。"从古所有"四个字,是正当的人生观的最大障碍。从一般人的眼里看来,什么都是"从古所有"的:缠小脚是从古所有的，皇帝是从古所有的，小老婆是从古所有的。其实小脚不过是一千年的东西，小老婆和皇帝也不过是几千年的东西。原来这个“古”字，最不容易说。我们一开口就是五千年古国，老先生们一开口就是古尧古舜。谈到了尧舜，似乎终够“古”了！一切守旧，一切顽固，一切妄自尊大，都从这个错误的“古”字见解出来。我们要知道，在现今科学家的眼里看来，古人真不曾懂得什么叫做古，现在绝大多数的人也不曾懂得什么叫做古。因为不懂得古，所以也不懂得今。

我们现在要充分采纳科学家对于时间的研究的结果，方才能了解人生在时间的位置。据地质学家的推算，我们这个太阳系从星气时代到今日，可算是二千兆（二十万万）年，从太阳脱出了地球，到今也差不多有十万万年了。这十万万年之中，经过了六万万年地球方变为火球；又经过三万万年，方变成浆球；又经过一万万年，地球方变为现在的硬球。这一万万年之中，前半的五千万年是地球结成里面的硬壳的时期，后半的五千万年是地球硬壳上，逐渐结成各层岩石的时期。在这五千万年的初期，地球上只有一些海草和软虫，没有别的生物。以后生物逐渐加多，直到一百万年前，才有我们的老祖宗“猴人”出现，到了三十万年前，方才有一种“野人”出现，渐渐的能造石器了。从十万年前到两万年前，我们的老祖宗还不曾脱离那石器和新石器的时代。新石器时代以后，方才渐渐有文化可说。人类的历史虽有那么长久，但那时文字记载的历史却至多不过五千年；那五千年之中，可认为“信史”的，只不过两千五百年；至于我们所谓“科学的文明”只不过是三百年的事。我们现在且不提那太阳系的二十万万年，也不提那地球的十万万年。我们可把地球始有生物以来那五千万年的时间画作一个时辰钟，每一点钟代表四百多万年，每一分钟代表七万年。那么，我们可以说，这只钟上敲过十一点五十五分，地球上方才有稍微像个人样的“野人”出现。这只钟走到了十一点五十九分五十六秒，方才有历史可纪。所以我们平时开口自夸的“五千年历史”，在那只大钟上只占了四秒的时间；至于近世的科学文明，还够不上半秒钟呢！

明白了这一层道理，方才可以打破我们平常的“古”的观念，方才可以打破"从古所有"的神话。因为在这个无穷长的时间上,"古所无有"的东西多着呢!知道了"古所无有"的东西多至无穷数之多,我们就不会用"从古所有"的话来自欺欺人了。

(本文作于1923年8月22日,此系残稿。录自《胡适遗稿及秘藏书信》第9册,黄山书社1994年版)

(《做最好的自己:胡适论青春与理想》,北京联合出版社,2014)

刘士木

刘士木（1889—1952），原名志权，字更生，广东兴宁人。后进入附设有南洋群岛研究科的日本大学经济系就读。1927年10月，受聘为暨南大学南洋文化教育事业部主任。1932年，该部易名南洋委员会，任常委，主持会务。1934年该部再易名为海外文化事业部，受聘为评议员。其间创办了《南洋研究》《南洋情报》两个刊物，并编译《南洋丛书》30种。1928年参加筹组侨务协进会。翌年筹组大南文化协会。毕生致力于开拓中国南洋和华侨研究，为我国早期从事南洋及华侨研究的学者之一。著有《南洋华侨教育论文集》《华侨概况》《南洋地理》《日本海外侵略与华侨》等。

华侨在南洋的情形

刘士木 讲
肇棠 笔记

本月二十晚七时，刘士木先生由沪来校。学校全体开会欢迎，首由主席柯校长报告开会宗旨毕并请先生演讲。其词大旨如下：我们华侨在南洋的情形，不但国内的人有重重的隔膜，就是我们华侨本身也有很多不明白的。但是我们试想日本人在南洋的野心据有实在的凭证，和大家讨论讨论。

我们看大正六年的通商报，日人居于南洋人数不上三万人，但现在调查报告的有四十余万者矣。又看日本人在南洋的历史，至今不过卅年。在甲午战争以前，日本人之往南洋者常要受吾国人保护，因为那个时候中国人多而日本人少，外人真是几乎不认得日本的名字，所以日本人要往荷属者，须到马腰、甲必丹处报名，或假认为中国人，然后方能安身。然自甲午战争后，日本一跃而为二等国，遂与世界相触角，不复依伏于吾人势力之下矣。说到日本对外政策，可分为南北两进。陆军则主北进，自霸占朝鲜后稍作一结束，然窥东边之心犹未息也；海军则主南进，在欧战以前，还没有十分的把握，自欧战开后，则乘机而起，大有一日千里之势。试观十余年前日本人在南洋者，都是做象牙、药品等杂货生意。而今则有高大之银行，雄壮之商品陈列所，新加坡亦有大公司并种种组织。此项组织成立以来，不但日本商业能日益发达,且我国人前所谓介绍作媒者,今亦无所措手。此影响于吾人岂浅鲜哉? 查日本人在安南有购地耕田者,马来半岛日人投资于树胶业者,不下数百万元,在荷属等地投资于糖、咖啡、树胶等业者,不下一万万元。此项资本皆由日本政府代出,并愿意为其人民之后盾。又马来半岛有日本村者亦一可奇事也。

近来日本又常与土人联络,并时时播弄种种谬言,使与中国人生许多恶感。兄弟这次回到上海的时候,见着回国华侨代表廖衡酌先生。据云,沙拉瓦方面土人,对于日本人之感情非常亲爱,将来华侨前途亦一可忧事也。其余安南、暹罗、苏门搭腊、马来半岛等地亦莫不皆然。

日本农商部每年派有经验之学生往南洋详细调查,其调查宗旨:(一)注意土人之感情,意在离间。(二)日常拖车卖物以作糊口。由此观之,日本人在南洋之阴谋诡计不但吾人惧之,即英荷两属人民亦莫不恨之入骨也。兄弟现在举数条实例以证明之。几年前在爪哇有日本报馆,当鼓吹离间荷人与土人之感情。其后荷人干涉之,而日本领事提出抗议,荷人卒至让步,不敢与争。在民国以前,日本人有卖仁丹者,行近荷属某炮台,启镜摄影,守台荷兵举枪止之。彼日人则解衣直前谓荷兵曰:“我若犯法,你可执我,我若不犯法,你当许我。而今你无故举枪吓我何为?”克后荷兵惧,释之而去。

三巴陇警律:无论何人,不能掷秽物于街上。然有日本人故意违之。警察不知其是日人,捕之而去。其后日领强横辩护,荷人卒至赔款与日人并道歉而妥。

绵兰警律:空货箱不能置于门口,违者罚罪。有日本店故意将空货箱堆积于门口,英警则移之至警署,且传该店主到署审问。而该日本店主则开单至署,谓该箱皆实藏货物,今不翼而飞,警署应负其责。警署与之辩白,卒不获胜,无可奈何,赔偿而后已。

以上所举数端,都是前数年的事。然日本人在南洋的势力有增无减。诸君看看前途更不得了,无怪乎土人常称日本人是世界第一等人也。而且日本自占领南洋德领群岛后(即罗加林巴布亚等),则纵横于太平洋之中。凡日属土人皆学日语，读日本书。一品一物，皆是日本舶来品。窥其欲望，非建设新日本于南洋不止也。

讲到日人发展南洋的事业有三种

（一）金融机关　诸君知道，金融一到，他的什么事情都不难迎刃而解了，所以日本极力创设银行于南洋各属地。如正金、三井、台湾、华南四行为最大。此四行专对南洋日侨而设，并借资贸易也，介绍作工也，诸如此类之优待，不暇枚举。至于华南银行闻有中国股份，然自五四以来侨胞颇有觉悟，此亦不可不注意也。

（二）航业机关　日本对于南洋之航业机关有四，曰日本邮船会社，曰南洋邮船会社，曰大阪商船会社，此外有一会社专对于日属地而设者。此等航路一开，不但华侨及英荷两属有害，且对于美国有切肤之关系，盖加罗林等群岛都在菲律宾之东南面，一旦有事发生，菲岛必前后受敌，而美国海军之进行亦大有妨碍也。由此观之，东亚之隐忧料不久或能实现。

（三）商品出口　近来调查，日本每年出口货至南洋者，约值三十万万元。欧战以前南洋货物销行最广者，首为英国，次为美国，又次乃德国。然战后调查，则英国为第一，日本则其次矣。

日本亦知，南洋实际上之主人翁确操在吾华侨之手，故其排斥提防华侨之野心毒计时现目前。试考察横滨从前中国人开介绍代售之商店有四百余家，而今仅百家左右耳。日本人不但不用中国人作彼之介绍，且常窃取欧样本以模仿而混珠之。在新加坡、爪哇等地所设之商品陈列所，使土人自由参观，直接与日购货人，不必假手于他人也。近年来爪哇商业华侨日见衰落，而日人则日益发达。推其原因，则日人利用广告，施其温情主义，而我人则固执不化。由此观之，吾侨胞若不速谋改良之方，十年后诚不堪设想矣。

现在又讲到日本人调查南洋的方法了

我们知道日本人调查我们中国的结果，尽都在一本通书中。现在他们研究南洋的结果,也有一部南洋通出版了。凡调查的人都能马来话,穿着马来人的衣服,使没有人能分别他。有农商部委任的,有团体送的,也有许多自费去的。调查的报告有分属地的,有分科目的。凡关土地人情以及极琐碎的事,都登载得详详细细。诸位若到东京商品陈列所一看,就触目惊心了。

日本人既然这样可怕,试问我们中国人有没有同他竞争?不但没有人同他争,并且连自己的家产都不知道的,实在也不少。张鸿南他的家财很多,那就人人都知道的,但是他自己常常不明白究竟有多少。然而荷兰人常常派人去调查好给他看,以后他就照着那张调查表纳税就是了。这就是一个实例。在荷兰银行里头有中国资本调查表,若看了那个表,华侨的身家,差不多通通被他称过了。诸君,这是我们自己的事,反要靠他人报告才晓得,岂不是可愧的吗?日本又常派医生、法律家并各种专门有学识的人才去调查。常常在报纸上看见他们的通信。我们知道日本人调查我们中国,把我们学校的教科书都查得清清楚楚,但是现华侨学校的教科书他也无一不知道,而且日本人又知道华侨的性情最喜欢赌博的,所以日本人就供给纸牌。单此一项,每年都可销得五百余箱,每箱可卖二十元。其余厨房用具、美人图画,皆是应华侨之所好而俱备。

那么日本人为什么这样尽心力以发展南洋?其原因如下

(一)政府奖赏　如派员调查也,减轻旅费也,担任介绍也,凡日人欲往南洋者,领得护照后,则可自由前往。坐日本船极为方便。登岸时若无人照料,可到领事馆处,领事竭力引导至各大公司。公司则预先借出货物,与之贸易,待其能获利后还本。若在本国欲往南洋而力不足者,亦可要求减免旅费。

(二)舆论赞助　如报纸之特刊、杂志之鼓吹等是也。

(三)通俗教育之感化　如参观商品陈列所之树胶部,可加于说明,谓此物在南洋种植最为得宜。若至咖啡部,又可说明此物在南洋之繁盛,并立刻请亲尝其味。使其脑筋常恋慕南洋,徘徊向往之也。

(四)工业用品　日本岛国也,物产甚为缺乏,种种原料多取给于南洋(如金鸡纳霜等),使其人民咸以为南洋是一个源源不绝的大宝库,皆欲先至其地以为快。

这样看来,日本人倾向南洋之心真是有加无减的。

此外,日本人笼络外国人的手段非常利害。若有外国人到日本,彼则特别欢迎,使其心畅神快,乐而忘返。前所仇恨日本之心,今则完全被之软化矣。在加罗林等属地之土人,其中有势力者,日人则与彼等游历日本,特别优待,夸张发扬其国光,使若辈土人平生未遇之幸福,今竟得享受于日人之下。于是彼之服从奴隶性不期而自固矣。

现在我们又要讲到日本对于南洋的出版物了

国家的文化有进步与否,和出版物发达与不发达也很有关系的。我们中国对于南洋华侨的出版物实在是凤毛麟角。其中也有一两家,但是大概都是抄袭人家的东西,或者是一知半解所发的空论。这也是很可笑的事情。我们现在试看日本对于南洋的出版物,据兄弟调查所得,都有一百多种。这一百多种能译成中文,实在也很有补益的。

他的出版物可分为各属地丛书、各门学术丛书、南洋年鉴、南洋指南、各门学术杂志、报纸通信等,最要者则为南洋地图。此项地图,其详细精考无能与比,虽极小之城市河流,亦无一不载也。

我们也要晓得日本对于南洋的教育机关

(一)拓殖大学　早国立的每年经费四十万元。(二)殖民学校。(三)贸易学校　此学校仿似我国的甲种商业学校,不过加于马来语言文字并南洋法律而已。

其余全国小学校读本中皆选有南洋材料,养成其爱慕南洋之观念。

又有马来语读本,此类读本有两种,第一种是为日本人学马来语而编者,第二种是为马来人学校而编者。第二种完全是夸张日本之辉煌,奴隶土人之材料。

又有通俗教育。如将南洋之种种人色生活用石膏工造成模型,置于馆中。又将关于南洋之物产商品轮值运往各乡市,以求普及。

其他若妓女之流欲往南洋者,亦必受些常识,然后方能动行。

以上数种,不但我国没有,并且也没有人能梦想得到的。

兄弟在东京的时候,有一个工徒是学校的小学生,兄弟问他南洋的航路有多少长,他立刻就可以背诵出来。从此可知日人心理之一般矣。

此外,日本人创设有南洋协会、南洋开发社、新加坡日人学生会馆、日南公司、日本人会等,亦莫不以发展南洋为宗旨。

总而言之,日本人之经营南洋,其精神之尽责奉公,勇往改良,经济时间,利用机会,服从公众。具此数端,所以百折不回,万举而无一失。

诸君,我想想我们的地位究竟是怎么样,我们的责任实在有多大。希望大家要拿出精神来,快快去想法子补救。又希望南洋我们自己要有银行,有编辑图书的机关,要多研究南洋的法律,出到南洋去衣冠最要整理,免致被人轻视。我们知道我们并没有什么侵略的野心,我们希望能够恢复原有的地位,就算达到我们的目的了。诸君此后如果想与兄弟通信的,兄弟很愿意将自己所知道的答覆。

(《中国与南洋》第2卷第2、3期,1921)

袁希涛

袁希涛(1866—1930),又名鹤龄,字宏毅,号观澜(一作观兰),江苏宝山(今属上海)人。1897年中举。次年被聘为广方言馆教授。1903年在宝山创办县学堂、蒙学堂,并徒步来往各镇劝学。1904年倡议将上海龙门书院改为师范学校,同年秋赴日本考察教育。后任天津学署总务科科长兼图书科科长,并与张相文创设地理学会。1912年应教育总长蔡元培之邀任教育部普通司司长,1914年任北京政府教育部次长。1917年草定全国义务教育计划。第一次世界大战后,主持收同济医工学堂(同济大学前身)为国立,在吴淞建校。发起组织欧美教育参观团,先后考察了美国二十多个州和欧洲十多个国家。1921年归国将考察笔记整理成书。1922年任暨南学校校董。1923年至1927年任同济大学常务校董。著有《义务教育商榷》《新学制与各国学制比较》《欧美各国教育考察记》等。

欧美教育之近况

（前教育部次长本校校董袁观澜先生在本校演讲）

袁希涛 讲
房新民　袁燮 记

今天有机会与暨南研究教育的同学谈谈，我很高兴。才先主席说我赞助暨南的功，实不敢当。不过教育是为人的，教育者的责任是帮助人的，所以我对于暨南，是我应该的责任。现在我拿欧美的教育近况，和诸位讲讲：

（甲）中等教育

（乙）小学教育

我为甚么要讲这两层呢？一因为诸位现在中等学校读书，对于今日中等教育的趋势，不可不晓得的。二因为诸位将来是担任小学教员的，所以我提出这两个问题来讲。

中等教育

学科分配：在美国大多数用选科制，欧洲方面都是用分科制，但初年级不分科的，高年级的分得很精细，譬如英国的中学分科，有分到八科之多，与美国的选科也差不多。美国选科制有三：

1. 自由选科。任学生之志愿，自由选择，不加以限制，人数很多。

2. 指导选科（或曰限制选科）。学科无论分与不分，总有主要的，选科以主要科为根据，再选习其他有重要关系的学科。学校有指导员先考察学生之性情、志愿及经历,然后许其在范围以内选习。

3. 学校选科。学校调查当地之需要而选定应有科目使学生一律习之,可以节省教员及经费。美国设在乡村的中学校,实行的很多。

以上三种的结果,以自由选科最无成绩,因为学生目的不定,不是与自己的性情不合,中途改变,就是选习泛滥没有联络之益处,不能得着完满的效果。现在美国对于教育的选科制,有精密的调查,据其调查结果,自由选科优秀者,百人中有三十人左右,指导选科优秀者,百人中有七十人左右。学校选科范围很小,是限于经费及学生过少的关系,不必论他了。

美国乡村学校很多,学校备有马车,接送学生,其教授是用复式的。现在有几省把几个小学联合起来做一个联合学校,于经费既省,而设备又能完善,除小学以外,还有中学。我曾经到一处地方,以前一百三十几个小学,现联合为二十个联合学校,没有联合的小学只有九个,而二十个联合学校之中,有中学班的有十六个,只有四个没有附设中学的。学生不出乡村一步,而能受中等教育,如果能推广得快,将来中学要普及了。

现在中国的教育,也有行选科制的,不过学校里边,要有适当及正确的支配,然后才可以行。如果照美国的自由选科,将来的结果,一定是不好的。

教科分量:美国行选科制,功课少,欧洲各国多行分科制,功课较多(与我国的差不多)。有一次我问他说:“教科分量这样多,学生的脑力有不足的吗?中国的学生因脑力不足,往往有病及体弱的现象。”他说:“不但学生不觉得,而教员亦无困难。”我以为这是体育的关系,因为他们的家庭教育很发达,儿童在家中,体格早已锻炼强壮。而他们的社会教育也很发达的,教员课余之暇,有种种的娱乐,以修养其精神,并且他们的图书馆到处都有,有很多的图书供给他们研究,所以他们当教员的没有感受困难。像中国当教员的,不但无有娱乐,并且无很多的图书及其他材料供给他们参考研究,自然是觉得干燥无味而感困难的了。

学生修养:才先说过,他们的学科很多,因有很多的图书供他们研究,所以减少许多困难,由此我们可以知道图书馆与学生修养之关系了。欧美各国,对于体育非常注重,但是组织的情形,各各不同的。除此以外,还有种种的娱乐(研究文学音乐等会),或出外旅行,讲到欧美学校的旅行甚多,以德国为最。德国的中学,一年有旅行八次的。他旅行的日期,有一天的或几天的。他旅行的目的,一方面可以领略天然,舒畅心身,一方面可以采集动植物及矿产标本,供自己研究的材料。所以他们旅行一次,收效很大。

学生自治:美国的学生自治有二种,一有形式的组织,好像政府一样,分部办事。一无形式的,由学生自己管理自己。近来美国对于形式的自治很注重,有几处的学校,由校董会议认定后交给校长,校长再交给学生。他们对于学生自治非常慎重的,有些学校预备了几年,及至成立,发生不良的结果,校长有权即时把他解散,再行组织。

要知自治的意义,不是专使学生自管,教员不问的,也不是学校行政也归在学生范围的,乃是关于学生生活的事,教员从旁指导,使他有机会练习,使他有充分的发展。所以教员与学生自治非常有关系的。

我国近日学生自治有二误点,一学生自治不许教员管他,二教员放弃指导责任,以为学生自治了,如果我去管他,是我侵害他,因此教员不敢去管。要知教员的责任,处处都要拿全副的精神指导学生,使臻完善的地位,而学生也要知道自己的地位,学校行政,学生无权参与的。欧美各国,学生有意见,可与校长、教员说,但是不能直接参与。

英国习惯很重礼貌,所以学生自治,以养成绅士为目的。我曾参观一个中学的宿舍,每一宿舍里边,有四十人左右,宿舍的一切布置,都是由学生自办的。如果学生有过,也是由学生自判的,但是特别大事,可以通知校长,由校长裁判。另外有一教员专监督学生自修,但食时与学生一起,为无形的陶冶。除英国以外,德、法等国的学生自治,还是幼稚,高级中学有自治会,初级的中学没有自治会,完全由教员管理的。

我以为学生自治,我国今日很要养成,不过不要误会才好。

小学教育

小学教授以美国为最活动,他们中学初年级和小学的教授,非常特别的(各校不同各教员教法不同),由各教员凭其个人之经验,独出心裁的用具体方法去教授学生,一般通用的就是设计教育法。此法如今南高暨南附小已仿效试办,苏州一师附小在国民科一二年级也已试办了。把各种功课联络起来,譬如国文与图画联络起来,手工与算术联络起来。从前的教法,是呆板的,是单独的,现在是实际的,互相联络的。

设计教育法之范围可以大,可以小,现在我提出两个例题来和诸位讲:

大的设计　例如布,使全教室的学生分为数组,由各组的人互相讨论"布是棉花织成的,棉花是农产物,产棉之地,棉花纺成纱织成布之原由及机械,布之销售"等等。由布一问题可以讨论到植物、地理、工业、商业等方面。解说以外,更制成标本。如讲机器,就要画机器图,并可就手工的作用,做成简单的机械。如总计布之销路,就要图表,就要调查。所以想把布这个问题讨论清楚,收足材料要很长的时间。各组讨论结果以后,再总合起来整理、补充,而教员再提其纲要说明,使个个学生都要有充分的明了。

从前的教育,是纸上谈兵,不切实用的;现在的教育,是实用的,需要的。所以吾们对于这些需要的智识,要分工去研究,才容易收效。

小的设计,教员可提出许多问题,使学生研究,或学生自己提出问题来互相讨论。至于设计教育,不但学科如此,训练也如此。如校园之设备,可使学生本其思想去布置。又如教室中死了一鸟,教员可与学生共同讨论:先生问:"这死鸟如何处置?"学生曰:"葬!"先生再问:"如何葬法?"学生曰:"用棺材!"那末就用做手工的材料,学生做个纸的棺材。先生再问:"葬在何处呢?"学生曰:"校园。"那末大家一齐送去,选一个地方掘泥葬埋了。这个问题虽小,但是中间包含了博爱、手工、地理、仪式,许多智识。所以设计法,推而广之,无论何事都用得着的,不过未实行之先,要有计划罢了。

欧洲各国,小学教育的趋势大都有二点:

1. 自动　使学生自身明了求学之重要,教员处于引导的地位。

2. 直观　以实物给学生看,如关于地理的,便出外实地观察,务使学生观察正确为主。

以上两种外,亦有最新的教育法,尚在研究中。但是研究出来的,实行下来,效果很好。

英国开尔斯理地方,有一个小学,开办了两年,是该校的校长夫妇二人同办。如今有二百多学生,分为六班,六个教员,每人分任各年级的学生。他教授的方法:不分班,无时间表,不按时间教授,但有各教科的标准,有教科材料。其教法是完全自动的,学生随意坐在教室中,书桌可由学生自制,无定形,教室的书桌学生能自由移动。我去参观他上课时,教员与学生谈几分钟话,然后随意分坐,有算学的,有读国文的,有写字的,有出在廊外学习或游戏的,教员不命令他去做,只暗地里指导他。他的功课一星期结束一次,在这星期里学生要把他自由学习的功课写在功课表上,如果没有做,就打个圈,不能说谎。如果有学生许久没有做这一科的功课,教员就要设法,暗地开导他,使他自己明了这一科的需要,没有这一种智识的苦处,那末他自己一定尽力去学,成绩竟比强迫的好得多。而毕业的时候,也可有一定的程度了。

他所以有这样好的结果,就是自动的功效。他们学校的器具、图书、教室整理、校园等,以及学生一切生活,都是学生自己管理。他管理得最有条理的就是图书馆,现在我提出和诸位说一说:这个学校的图书馆,有二十箱书,一人管一箱,负完全责任的,在每天散学时,检齐有一总结束,明晨到校必检视一过,如有错误,签名在一种表格上,即叫原管人整理清楚。我看了很佩服,就问:"这种管理是学生承认的还是教员分配的?"他们说:"教员使学生自己承认的,里头指定若干人分任的分任后,再开会讨论进行。如有不尽责的学生,可报知教员,教员有时准他一个星期,痛改前非;如其不能,就请他出来,用感化的方法,使他悔改。"

意大利蒙台梭利的幼稚园,如今已兴办一种小学。他的教授方面、管理方面,与开尔斯理大致相同,因难觅这种教员,不甚发达。

德之来勃斯虚女学校也是用自动及直观的方法。我去参观他一年级,每天有三个学生各拿一种实物来讲,其用意就是发展学生的思想,初时全级分为三组:一组游戏,一组排木块,一组绣纸,然后各人说明自己所做的。当我参观毕,有一女童,拿一张相片送给我,相片背后写着"新中国的青年与新德国的青年联络……"由此我们可以晓得,这种教育能使儿童知道国民外交的意思,又有世界的观念。还有一个女生,把她自己的相片送给我,背面写着"我八岁了,我家是种花的,这张照片是我祖母七十七岁生日拍的……"现在中国人往往说旧道德不好,要打破家庭,像这女童在她祖母生日时,拍个照,送给外国人做纪念,由此可想他们的家庭的亲爱了。

心理测验　这个方法,美国行了二三年,德国行了三四年。人的感觉、智识,都可测验出来。从前的教育,专注意智识,至于感觉的敏钝,及智识与年龄的关系,年龄与感觉的关系,一概不知道。自从有心理测验,我们可以用人的年龄分有三种:1. 生产年龄;2. 心理年龄;3. 身体年龄。所以教授的编级,要以心理为标准,然后才可以收完满的效果。所谓心理测验有二方面:1. 感觉——关于视力、听力、触觉,等等;2. 常识——平日所见所闻的事。

心理测验,现在美国大概完全通行了,对于低能儿童特别教授,对于高能儿童有另开班的,以最新的教材、最新的方法教授他。而德国尤为完备,在基础学校四年后,选取天才生送入天然学校,把九年的中学功课,于六年里读完。不但如此,他职业教育也有用心理测验的,因人之性质、感觉与各种职业,有相近的,有不相近的。凡经过测验者,于学者可以免去盲学的弊病,不致徒劳无功;于教者可以免去枉教的时间,而易成功!

我这次到外国去,参观他们的学校,觉得我们的聪明并不输他,为什么民国十年以来,中国几乎没有一事完善的?我以为外人之所以能胜我们,就是有组织力,有团结心!中国之所以败,就是缺乏组织力、团结心！外人虽有意见，但在公众事业上，晓得以大局为前提，把个人的意见丢开。中国人则不然，意见稍为不合，就一闹起来！他那有想到公共的事呵！

中国从前的教育，是少数人的教育，是不能养成公共心的教育，所以才有这种事发生。外人所以能胜我们，就是他们的教育能养成公共心，他们的教育，在幼稚园已有这种训练，在小学就有组织的训练了。譬如游戏，做领袖的人，必定要拿公意来指挥团体，被指挥的人他不是服从领袖，乃是服从公意！这种教育，他们已经行了许多年了，所以他们的政治、社会等，都比我国好得多！现在我们既然晓得了，要想救中国，就要注重这一点！

现在中国的政治，这样腐败；南侨的商业，这样凋零；而教育方面，又有注册条例发生障碍。讲到注册，本来应该的，但是内容条件若妨碍人家的发展，阻止人家的进步，这是不应该的。

我这次到广东去，看见市政很好。不但如此，而样样事情都有新的气象。因为广东的人才很多，而办事的又多是专门家，所以有这样好的气象。但是中国这样大，只有广东一省气象好，要把广东人才分散来改造中国，是不够用的，所以我的希望只在教育，有教育才能救国。将来教育发达了，人人有组织力，人人有公共心，中国就会强了。

我们是办教育的人，我们的志向要坚定！要努力做去！诸位来自南洋，负祖国的责任外，又要负南洋的责任，希望诸君努力做去！

（《中国与南洋》第2卷第6、7期，1921）

暨南之前途

（十二月一日，袁观澜先生在本校大礼堂演讲）

袁希涛 讲

房新民 陈希文 记

兄弟今天讲的题目就是“暨南之前途”。

暨南学校何以要办？因为了华侨学生才办的。校中重要之点何在？学生、教职员、经费，种种便是。因要养成学生，故设学校，所以暨南之前途，先须从学生方面说起。

一、学生学业 从前的教育以教员为本位，到了现世，学业之主要点以学生能自动为本。何谓自动？我到欧美考察教育时，看欧美小学校都有图书馆，供学生参考，所以他们的知识，由自己参考而得的多数。我国无论中学小学，多不能有完备之图书馆，大都是因经济关系：材料缺乏。外国学校的图书馆，比较我国容易办，因他们的经济比较充足，材料又容易得到。我国要办一个图书馆，要能得到便于参考的文学、历史、地理、哲学、科学等书籍甚为困难，从前我国的教育是被动的，所以参考的书籍也甚少。暨南的图书馆，比较他校完备得多，然亦不能满足我们的希望，所以以后尚须多多添置图书。希望大家对于图书馆参考要注意！希望大家对于自动的研究格外要注意！

现在的学问不是仅仅在纸片上去求的，故除了教授，有常识测验，此种学业甚为重要。我看外国学校之学生，往往剪报纸上有关于世界的材料，及有关于生活的材料，等等，以为常识的材料。我到美国，参观一处小学校，教师就问学生中国在何处？中国出产何物？其中多能答对者，由此也可以知道那小学生平日注意常识了。所以凡是我目能看得见的事物，耳能听得的事物，都是学问。诸位也曾试过常识测验，定也明白，希望还要留心去做去。

又如自然科学的观察，一草一木都是学问，目所见者，耳所闻者，都能得着知识。所以我们当要留心事物，运用我的脑筋。从前的人的脑筋多迟钝，现在的人的脑筋多敏利。什么缘故？因从前的教育是用注入式的，现在的教育是用启发式的，使学生能自动，能运用脑筋。脑筋好似机器一样，能常常用他，自然是很流畅的、伶俐的，若不去用他，他就要生起锈来。脑筋常有东西来刺激，这就是学识增加，所以我们无论到甚么地方，无论见到一山一石，无论遇到天气气象发现变换，他都是与我有关系的，我们就当留心他，他是能补充我们的学识很大！我们看外国人，他们凡一事未办之先，他胸中已有成竹，就是他已有充分的预备了，一遇事来，便能对付。试看我们中国人，事前既未先有准备，事到了临头，弄得手忙脚乱。这是什么缘故？就是平日能不能运用脑筋的结果。

二、学风 学风的关系非常重大。前人说修身，说品格……多近于消极的，现在应该重积极的。从前先生管束学生，现在已觉得专靠先生来管束学生是不好的，当要使学生自己能管束自己才好。但是要使学生能管束自己怎样？就是要能自治！要养成好学生又怎样？自治！又要养成好的学风怎样？也是要能自治！自治有广义的自治、狭义的自治。广义的自治，就是自己管自己，养成自尊、公德等习惯，这不是空言的，当要去实行的，所以当有练习的机会，以养成其能自治。狭义的自治，为具体的自治，是养成自治的方法，是有组织的，好像我们学校的学生自治会，有市长，有各部长，有会议，有市政厅。我看各国对于学生自治以美国为多些，欧洲各国比较略少。但美国学校对于学生自治非常慎重。我看有一学校在先有三四年的预备，先使学生有自治能力，有判断力，等察考其实在可以组成自治，然后由董事会议决交给校长，由校长交给学生。若学生做得不好，或者能力不够，校长立即解散,再行预备重组。此种自治,有教职员加入的,或教职员居于指导地位的。我国近来也有学生自治的组织了,但两方往往起了误会。教职员以为学生自治我不能管理他,若是去管理他,恐怕遭他反对;学生也有一种误会,以为我已自治了,教职员可以不必来费心了。所以这是不好的,当要彼此有诚心,精神相助,然后才能得到美满的自治结果。此外,欧美各国的校风都是甚好,精神又好,身体又好。这因他社会、家庭习惯好的缘故,无形中帮助他的。又如俱乐部、体育会、音乐会、文学社种种组织,这都是足以使他们助精神上愉快的。这也可以算无形中帮助自治发展的能力。

学生最要当有坚强的意志,如做一件事希望达到目的,一定先要决定意志,然后做去。能够决定意志去做,这就是能决定我们自治的根本。譬如早操,若有一二人,因为怕天气冷的很不去早操,这是很不好的。此等小事都不能有坚决的意志去做,将来遇了大事,怎样能够去做?

我到英国,参观一间私立学校,学生不过五十人,多是贵家子弟。学费甚重,一年约要一百数十磅,合国币要一千数百元。我看他有十二个澡盆,每四人一个,每星期只有温水浴一次,此外都是冷水浴,每天早起即要洗浴,不论寒暑,都是如此。并且浴后又须裸体体操约十分钟,这等事都是由校长率领一同做的。我们想想,这桩事苦不苦?他们都是有钱的子弟,何必要来受这种锻炼?要知这是实在是很好的!若能养成此等习惯,不论那么冷他也不怕,什么冰,什么雪,他都不畏惧的。在学校养成此种习惯,将来到社会上来,不论什么大事,他都能够去忍受,他也当得起。所以我看英国有这种锻炼习惯是非常好的,我们大家须要注意。

又如经济方面 不但于个人有关系,对于社会亦有莫大之关系。美国最富,但美国人最节俭。当父母携儿女出游,父母便给钱令儿女自己去用,使他练习用钱,知道经济的关系。美国的儿童多能储蓄。是即知道美国社会风尚俭节,也知道他致富之原由。所以当用者用,不当用者就宜俭省下来。我们都是由南洋来的,去年我经过新嘉坡,看看华人的商业失败到极点，所以现在华侨非常困难。诸君当要注意，也更宜节省！美国最富，因他最注意经济。现在我们地位不如美国，我们更宜格外注意！一方面能够养成使用经济，一方面又能养成节俭的德性。

以上所说留心常识，自然科学的关系，养成良好学风，注重参考图书，注重自治，注意经济，这都是我们在学校时，就当要预先准备好的，练习养成的。因为我们的担负很大，又重！现在学好，将来拿他发展出去，诸位想想，我们暨南前途的关系大不大？我们如此做去，养成一个很好的校风，社会对于暨南信用增高，我们暨南前途发展非常有关系啊！

（《中国与南洋》第2卷第6、7期，1921）

刘伯明

刘伯明（1887—1923），名经庶，字伯明，祖籍山东，生于南京。幼时学于汇文书院，后游学于日本。1911年赴美国留学，获博士学位。回国后历任金陵大学国文部主任及东南大学校长办公室主任兼文理科主任、校行政委员会主任、哲学教授，1923年夏代理该校校务。著有《西洋古代中世哲学史大纲》《近代西洋哲学史大纲》等。

华侨教育应注意之点

（十二月一日，刘伯明博士在本校礼堂演讲）

刘伯明 讲
铁民冰 记

我与华侨接触甚少，谈起华侨的事，真如隔靴搔痒，我在美国时所接触的，是China Town中的华侨，故以此来谈南洋的华侨恐有不切当。我今天讲的题目是“华侨教育应注意之点”。此题是根据美洲华侨推想而讲的。

一、国家精神 中国民族精神，不但华侨缺少，即留学生也缺少此种精神。留学生因根底不固，往往被外同化，故有人主张中学生不得往外国留学，须大学毕业生才准，因大学生根底比较坚固，可以保障外化。中国华侨子弟生长在外国，祖国文学根底甚浅，又因习俗不同，甚易同化于外人，而失去祖国之民族精神，所以寄居外国久了，不知有祖国。祖国政府不好，不能保护他，所以他们对于祖国感情也就渐渐淡了。他们在外国，于外人法律之下能保护他们的财产安宁，所以他们虽回到祖国来，不久他们仍旧要到回去的。因此国家精神渐渐丧失了，对于祖国毫无情感，好似没有国的一样。外国人侨居异域，他们与祖国有关系的，所以他们都能帮助祖国，若是对于祖国无切深的爱情，不能算他是华侨！

西洋国家思想起于十六世纪后，当中世纪时，全欧各国文字都是用拉丁文，到十六世纪民族思想发达，于是民族文学兴起，不用拉丁文著书,各用各国的文字著书,如法人用法人的文字,英人用英人的文字,德人用德人的文字……一直到现在还是如此。欧战以后,大同声浪唱得非常之高。但是我们想一想欧战后,是不是能做到大同?何以欧战后有许多新国兴起来?无他,这就是因民族思想发达的缘故,不愿受异族压迫,起来保障他民族的精神。所以华侨对于中国当有特别的爱情,时时有中国之观念。爱国并不是口头禅,当要真正去做的。我常听法人有法人的风,英人有英人的风,德人有德人的风,美人有美人的风……世界文化无论发达到如何,此种思想去不了的。我们中国人对于中国的特点是当要保存的!

中国文化精神有一点,即是士君子之风,我国自古至今非常注意,我看在外人办的学校,培养出来的学生,对于“礼”,不及中国学校培养出来的明白。吾敢断言,因他们的教育根本不同中国,想他教育出来的人有中国礼教,是难做到。中国士君子有特殊的训练,所谓“温良恭俭让”是训练礼的,又所谓“勇而无礼则乱”,故中国之士君子不外乎有礼,行事适宜不苟。此为中国甚好之习惯,当要保存的!又如“哀而不伤,乐而不淫”,不曰不哀,不曰不乐,但有节制,此为中国最好的精神,不消灭的,除非世界退化,否则世界一日存在,此种精神一日存在的。所以我们当要保存此种精神,不然不能算他是中国人!无根底的留学生非常危险,试看有几个变成是中国人?他们回到祖国来,就批评祖国这不好,那又不好,事事都不比外国。中国无论如何不好,但是中国民族的精神总是当要爱的。读中国书,就当明白中国民族的精神。希望诸位毕业以后,到南洋去,把中国民族的精神灌输到南洋华侨去。

二、吸收精神 这一点同前一点是联合的,一是保守,一是取进;即是吸收外人好的,来补我的不足。我看美洲华侨,不但不能保守中国的好,连外人好的也不能吸收。他们住在文化发达地方,偏僻在一处,好似一个人患了胃病,有一不消化的东西在那儿。他们在那边做商业的,不通英语,又不肯去学,怎能够吸收人的精神,来发展我的商业。因不能吸收精神,一定不能适应环境。所谓随机应变,是能变化人的,活动的,不是死的。如何能适应环境?拿智慧来反应之便是,但中国人居留异域,多缺少这种能力!我们看看日本人,我真佩服他的吸收精神。他到中国来经商的,他对于中国言语、习俗,学得同中国人一样,但他的精神仍是日本人,不过他吸收中国人外表,他的精神不被同化的,完全还是一个日本人,所以日本有这种吸收精神,我们当学的。但是此全在教育之功,继续的受教育,继续的应付环境,此为教育者当养成的,如不能养成,是教育失败!

三、自尊　我在美国时,我问美人:"我中国人的缺点何在?"因他所见的都是在 China Town 的中国人:吃鸦片的,赌博的,衣冠褴褛的,洗衣裳的,所以他答"中国人无自尊心",因此凡系中国留学生,衣冠整齐的,他就问:"汝是日本人?"我有一位亲戚,他从欧洲回来,他告诉我,外国人见他的牙齿很白,每每问他:"汝是不是日本人?""不是!我是中国人!"他很诧异,他说:"听说中国人的牙齿,一生只刷过一次,当他结婚那一天。"所以人格的标准,对于外表甚重,实在那一般华侨,怎能代表中国!他们暮气沉沉,又脏又臭,在唐人街上走过觉得阴森得很,毫无生气!就是在中国内,一般名士派,蓬首垢面,衣衫褴褛,自以为高洁。又一般人,睡无定时,起常在十一时后,这一类的人毫无朝气,真是亡国的现象!要晓得自尊即是保全人格。

四、组织互助的精神　互助的精神,不但华侨要有,即在祖国的人也要有,而华侨在外与人竞争尤为要有。现在中国人意见歧纷,不能牺牲一人的意见,来谋公众的幸福,这是中国人的大缺点。这是教育当培养的!我看中国人顶随便、疏懒、散漫、暮气沉沉,毫无整齐的精神。真是亡国气象!又不能有组织力、团结心,意见歧纷,党派又多,我看纽约的华侨,常常内部起冲突。应当彼此牺牲个人意见,团结起来,以固发展,和人竞争才是。所以他们都是草泽英雄,个人是可以,团体是不能。只有个人野心,而无团体野心。西洋十六世纪后,商业大变,前是个人的,后则团体的,所谓公司就是此时发生。他们出去经商,背后有政府做后盾,助他发展,如印度亡国,为了一间印度公司,所以他们是抱了大野心去做的。如我华侨不能觉悟,则不能维持地位。故我华侨能存在与否,亦视有无此种组织精神!生死存亡,关系于此。

(《中国与南洋》第2卷第6、7期,1921)

马寅初(1882—1982),字元善,浙江嵊县人。1910年毕业于美国耶鲁大学。1914年获哥伦比亚大学经济学博士学位。1916年后,任北京大学教授、教务长,后兼任浙江兴业银行顾问,中国银行顾问、总司券。1927年后任浙江省政府委员等职,中山大学、交通大学教授。抗日战争期间,任重庆大学教授兼商学院院长。1921年和1937年两次到暨南大学讲演。著有《新人口论》等。

马寅初

自由平等与中国之经济

（上海商科大学教务主任博士
马寅初先生在南京公共演讲厅讲）

马寅初 讲
新民　青杰 记

我们如今仍在私产制度之下（共产制度的好坏，我们暂不去问他），吾们就要研究私产制度下的中国的经济应当如何发展。

在私产制度之下，要经济的发展，有两个重要的原质，就是自由与平等。所谓自由平等，必须为双方的。譬如吾打奴婢，这是吾的权力所能为的，是我的自由，他人不能干涉。但在奴婢方面就是不自由不平等。所以我们所要的自由与平等是双方面的，并不是一方面的。想维持自由与平等有三个要件：

1. 法律平等；

2. 机会平等；

3. 契约平等。

1. 法律平等　法律的作用就是因为他能保护两方面的平等，我们所以求助于法律，也是因为他能维持我们的平等。法律总是公平的，我们如有事不能解决，即可诉之于法律，而法律上所解决的是很公平的。

2. 机会平等　想求平等，一定要使人人有平等的机会。譬如教育，一定要使无论贫富贵贱皆有受教育的机会。然后他的智力才能有平均的发展。其他如你有机会去做，我也有机会去做，并不能以阶级的关系来阻碍我的进行，于是人人的智力才力有充分的发展，结果于经济的发展上是很有益的。

3. 契约平等　奴隶制度未除的时候，主人对于奴婢只有一方面的情愿，而不顾他方面的平等与意志。我令奴婢做什么，他就须做什么，他自己并不能选择。主人对于奴婢亦无什么契约。奴婢处这样的地位，是很不自由、很不平等的。他自己并不能照自己所喜欢的、所能做的做去，而自己的才力是很受压迫的。如今这种制度已除去。就是由双方的同意，而定平等的契约。倘一方面不能履行契约，他方面尽可不干。如此一方面可本着他所需要的来寻觅相当的人才，一方面可视他所能做的而寻觅相当的工作，于是才能免去不自由不平等的待遇，而对于经济上才能平均的发展。

以上三种平等非常重要。如果完全无阙，经济上一定可以发展的。但以上三种皆是就个人的经济立论。讲到国家的经济，也是如此。因为个人经济扩大起来讲，就是国家经济。那么如今我们看外人对于中国是否有此三种平等。

1. 法律上中国能否平等。以我看起来，中国在法律上是不平等的。譬如外人在中国犯了罪，中国人不能直接的裁判他，只有将他拘留起来。详细的讲起来，譬如外人在温州犯了罪，必须经许多手续送到上海，请彼国的领事来判决。但彼国的领事必须派人去调查真相。经了许多手续，过了许多时日，而结果总是中国吃亏。这是因为彼国领事是专为保护彼国商人，裁判本非其分内事。他那里有不尽力保护他商人的。这样看起来，中国在法律上并未得到平等。大之如山东问题，中国提出在巴黎和会请协约的公判，因为日本早已在欧战未停之前与英法等国定了密约，将来对于山东问题要帮助他，所以到了和会时各国无有主持公道者。虽美国想帮助中国，但亦无能为力，中国结果又是失败。现在的太平洋会议虽未开会，结果尚未可知。不过以事实看起来中国实在是凶多吉少。因为中国财政紊乱达到极点，而南北又不统一,实在在会议席上很难发言。各国恐怕也无能帮助,其结果恐怕一定要失败的。我们再看日本,他已预备的非常完善。对于美国加州移民问题、雅泊岛问题已表示退步,以结好于美国,使美国将来不至帮助别国来反对他,使他将来一定操胜算。这样看起来,中国在法律上并没有平等。

2. 契约上中国能否平等。以我看起来,中国在契约上也是不平等。例如外人在中国的租借地。一千八百九十八年的时候,德国因中国人杀了他的教士,于是德皇借口要求青岛为租界,中国允许了。俄国又出来要求大连旅顺,英国要求威海卫,法国要求广州湾,他们只知道势力平均,并不问什么契约的平等。他们说中国可以放弃了契约的平等,但他们决不能弃了机会的平等。而在他们的势力范围之内,一切用品,如材料资本等,皆须用他们的,不能再用别人的。于是吾们想营一业,必须求之于彼,受了种种的限制。结果许多机会都失去了,于是商务实业亦遭失败。结果于经济上大受影响。又如日本所要求我国二十一条,内如胶州湾附近的岛屿不能租给外国,造路开矿应当先与彼商量,等等。最奇怪的就是汉冶萍铁厂,是我国商办的,而日本亦强要中国与之合办。这还有什么契约平等呢?

3. 机会上中国能否平等。以我看起来,中国在机会上也是不平等的。例如邮局。一千八百九十六年以前中国未设邮局,各国遂借口在中国设立邮局,中国也未同他们交涉。后来中国自己也试办了邮局。到了一千九百十一年,中国邮局由交通部收回直接办理,且办理的也渐渐完善,后中国亦加入万国邮政会。如今中国邮局亦不致遗失物件,已很得国内外的信用,也不如从前的亏本。论理各国应当将在中国所办的邮局收回,而使我们自己有机会去办理。不然即许我们在各国办邮局。如今外人既不将彼所设的邮局收回,而我们在外国设邮局更是办不到。那还有机会的可言呢。又如海关税。本来中国定的是值百抽十,后改为值百抽五,而且条约上定着中国的海关税如要修改必须先得通商各国的同意,以致修改一事,非常困难,虽欲增加关税也不可能。原来入口的货物有为我们很需要的,于我们很有益,我们应当设法奖励他;有为我们所不很需要的,且于我们很有害,我们要设法减少他的。海关税高低增减完全不能自主,无从行使这样的方法,遂使中国很受影响。(中国的入口货免税的不过百分之一,纳税的就有百分之八九。吾们察日本的入口货免税的有百分之五十,法国有百分之五十四,而中国受条约的束缚不能自由的增减。)如今想使中国的货物畅销到外国去,就要减轻出口税。想要外国的货不要进来,就要加增入口税。就如美国,从前国内的实业不发达,于是将入口货加增,提倡出口货。无论何国想振兴实业,发展经济,总要靠着关税的。如果关税不自由,实业也很难振兴,而国家的财政必须在国内筹出,于经济的影响非常重大。如今中国已经很贫弱,又无海关的扶助,而想振兴实业、发展经济,实在是很难的。

如果个人没有以上三种平等,即与奴隶无异。国家没有这三种平等,也不免成了奴隶的国家。这三种平等而今中国实在是很希望的,乃一种都没有。中国实在是已陷于奴隶国家的地位了。

现在南北未能统一,政府无能为力,军人更是靠不住,财政已到了破产的时期。所有的产业都抵押完了,借债亦无方法,将来的时局一定要大乱。那时只有农、工、商、学界联合起来,设法解决,一方面用和缓的手段将兵裁少,将教育经费加增。不过农、工、商、学各界中最主要还在学界。诸君的责任都是很大。我希望诸君从积极方面去做事,不要拿着罢课等手段为消极的抵制。

(《中国与南洋》第2卷第4、5期,1921)

预算法币与工业之连锁

马寅初 讲
范仁勇 周鸿慈 记

我今天本想讲的题目,是“财政金融和工业的连锁”,因为时间的关系,只能将预算代表财政,法币代表金融,而说明它们和工业三者间的关系。

我是不信万物互相竞争,而相信互相合作的。达尔文的所谓生存竞争,其实生物也仅以竞争为方法,其目的仍在连锁和合作。预算、法币和工业,也相互地保持着连锁的关系。

严格地说,我国现在还没有正确的预算。北京政府时代,虽实行过四次,但并不正确,国民政府的预算,因为手续的关系,常到事后始能决定。预算决定的手续是这样:先由各机关编制概算,交主计处编制概算,再交中央政治会议通过,再将概算作为预算,由立法院通过,手续颇杂,如有修改,往返费时。所以民国二十三年的预算,到民国二十四年才能决定,几等于决算了。

预算在外国是一种很好的制度,但把它搬到我国以后,毫无效用。它的原因,一面固由于我国的国土辽阔和交通不便,一面也因为我国尚非完全法治。即使预算能按时编好,但因上级机关的训令,从事预算以外的建设,于是以前的预算,又不能不破坏。所以将外国的原理搬到我国来,必须注意我国的环境。若不顾我国的环境,而随意搬来,是一定行不通的。除了预算,这种例子还多得很,如商标的采用使用主义，而不学日本的呈请主义，结果，外国商标得了保障而我国自己的商标仅占极少数。

预算平衡是健全财政必要的条件。而我国的预算是不平衡的。表面上虽然平衡，实则不是减少支出，就是增加收入，以造成表面的假的平衡。因为预算不能平衡，而且又非完全法治的国家，财政部与中央银行，似乎二而一的机关，所以财政上不能平衡，就向中央银行借款。因此，中央银行的法币，就很易形成滥发之弊，这就表明预算和法币有相互连锁的关系。

自从李滋罗斯来华以后，就竭力提中央银行的独立，使它和财政部脱离关系，因此才有中央储备银行的创议，以防法币的滥发，而求币价的稳定。所以现在的中央储备银行法中，规定资本为五千万元，而私人资本则占五分之三，即三千万元。理事为十二人，七人为商股理事，五人为官股理事。总裁不能兼职。这样，预算的亏缺，就不能随意向中央银行借款了。

上海的物价指数，民国二十四年六七月间为九〇左右，自法币政策实行以后，逐渐高涨，现在已涨至一二〇以上。在物价未涨以前，政府曾想用种种方法，以奖励我国的工业，但都没有成功。自法币政策实行，物价高涨以后，工厂就用不到补助，而营业自然蒸蒸日上。所以以前停工的纱厂，去年已全开工了。但物价的上涨，当然也不全由法币的关系。现在物价高涨最烈的是木材、五金和水泥。木材的高涨，由于美国大水和航运工人罢工；五金的高涨，由于各国的禁止出口；水泥的高涨，由于统税的增加。但法币的影响，终是不可否认的。

物价高涨以后，对于工厂本身固然是好的，但工资和其他，并没有随物价的高涨而提高，并且对于消费者也有极大的妨碍。如铁价已贵了一倍以上，政府要造铁路，建筑费将必然的增加；纸价也几乎涨了一倍，对于文化事业，也是极不利的。所以我国的外国顾问，虽然因为他们自己利益的关系，主张对外稳定，即将汇价加以稳定；而我则主张对内稳定，即将物价加以稳定。因为物价若上升不止，对于消费者极不利。

总之，预算的不能平衡，影响法币发行额的增加；法币发行额的增加，影响物价的高涨；物价的高涨，影响工商业的繁荣。这数者之间，有不可分离的连锁。

（《暨南校刊》1937 年第 210 期）

张君劢

张君劢(1887—1969),原名嘉森,字君劢,一字士森,号立斋,江苏嘉定人。1906年,考入日本早稻田大学修习法律与政治学。留学期间,参与发起梁启超主持的"政闻社",1918年曾随梁启超赴欧洲考察。1929年后任暨南大学文学院政治学教授。

华侨与政治能力

（暨南学校讲演，二月十八日）

张君劢

我一千九百十九年夏天在伦敦，那时候正是大英帝国教育会开会。其中议题之一项，为“以后各殖民地学生来英国求学时，应如何使其得特种便利”。议决结果则：第一、对于殖民地之优等生与以津贴。第二、殖民地大学中之入学期可以与母国大学之入学期合算。假如第一第二年在殖民地求学者，第三年可转学于母国，一律得受学位考试。此等举动，以战时各殖民地派兵至欧助战，母国为联络殖民地乃有此等计划。吾中国与海外侨胞之关系，自清末革命运动起后益加密切。而此暨南学校之设，正与英帝国之教育会议方针若合符节。可见吾教育界之眼光决不在人下。此我对于贵校当时发起人——现在赵校长与高主任等所欲致其钦佩之意者也。

我今日之演题，为“华侨与政治能力”。我之演题之意，诸君或者以为我要劝诸君爱祖国乎？非也。或者诸君以为我将说明国民与政治之关系乎？亦非也。或者以我演题中含有近来政潮之德摩克拉西之意乎？亦非也。我演题之意，使以具体方法表现之。即诸君来自海外之英属或荷属，此属地上吾中国人数不少，何以政治大权操之英人荷人之手，而不操于吾侨胞是也。再质言之，如我国香港，如新嘉坡两地。香港华人以三四十万计，外人不过数千，何以吾数十万反受数千人之支配乎？乃至新嘉坡侨民约以百万计，英人亦不过一万，何以吾近百万人反受万人之支配乎？诸君如能解答此问题，则吾演题之用意亦自然明白矣。诸君所以答吾者，其第一语必曰："英国强，英国有海军，故彼能支配我。我弱，我无海军，故我不能支配他。"此言也，自表面观之，似甚有理，而不知其非也。世界有海军之国不独英国，他国如法，如战前之德，皆有海军，何以法之殖民地从不采用自治组织，如英之加拿大、澳大利、南非洲？可知英人能管理殖民地，初不以有海军为惟一理由，故我侨胞之受人支配，亦不能专归咎于祖国之无海军也。第一语既不对，诸君必又想一想，而所以答我者必曰："德法等虽有海军，然其经营殖民地不如英人之早，故一切管理权自然落人之后。"所谓经营之迟早，以之适用于英德则可，以之适用英法则不可。德之占有殖民地，在普法战争之后，故其瞠乎人后，实以加入海外经营太迟之故。若夫法之着手海外殖民地，决不在英后。加拿大本法有，而今为英殖民地矣。埃及本法势力范围，而今为英有矣。印度大部昔亦为法有，今只留海滨弹丸之地，而其大部则为英殖民地矣。乃至我中国侨民之赴南洋，正在明郑和招致南洋各藩之日，可知我侨民所以受人支配，而他人之所以反能支配我者，决不能以经营之迟早为理由也。或者又曰："彼英人皆受教育，皆有科学智识，而商业上之实力又雄厚，故彼能支配我，而我不能支配他。"我以为此亦似是而非之论也。所谓有教育，有科学智识，英人如是，法人亦如是。何以同此教育，同此智识，而英人之自治殖民地遍于世界，而法之殖民地皆为官治殖民地？可知我侨胞之所以受人支配者，决不能以有教育有智识与无教育无智识为惟一理由也。

以中国苦力与一英国商人较，其智识，其财力，其国力，自然相差太远。故自表面言之，若我之不能不俯首听命者，即在此智识、财力、国力各端。若以法人与英人较，智识等也，财力等也，国力等也，何以舍地球上法之殖民地若安南、若非洲各地皆为官治组织，求一有责任政府如英之各属者而不可得？可知智识、财力、国力决非英人之所以成功于殖民，而吾国侨胞所以失败于殖民之惟一理由也。

乃至有人说："英人最善自谋，最能垄断世界各地。某地一经英人占有,然后慢慢经营,如今之所谓白澳洲政策(White Australia Policy)是也。惟其然也,故管理之权,自然在英人手上。”吾以为此亦似是而非者也。占有与经营纯然两事。有占有而不能经营者,有经营而不必占有者。彼腊丁民族何尝不占有南美洲,然世界引丧乱频仍,以国为例,必曰南美诸国。乃至昔之上海,昔之香港,何尝不归我占有,而我之经营则何如?可知以垄断之术断定英人之成功与我侨胞之失败者亦非也。

以上各项既已不对,然则其惟一理由安在乎?曰,政治能力之有无为之也。一国人民有无政治能力,在本国固易见,而在殖民地尤为显著。譬之法国内阁不到半年必换一次,而英之内阁短则四五年,长者七八年。此即国民政治能力长短之表现也。英人能忍耐,不易动感情,故对于内阁之信不信,不生于一时之感情。而法人则反是,以为倒一次内阁算不了一回事。然或者以为国民之好倒内阁,其国民性使然,无足怪者。不知内阁之倒系乎政党之离合,政党之离合即国民政治能力之反映。其合也,有宗旨,有纪律,自然不容易分离。其离也,无宗旨,无纪律,则分离也自易。不独内阁之兴扑系之,即殖民地之成败亦在其中也。法人易兴奋,易刺激,故遇有拿破仑其人者则倾倒之。至于英人,不甘为一二大英雄奔走,而乐于以不好大功、专务实际之政治家为领袖,故历来政治上不至于大失败者,即以此也。凡此所论,不过两国国民性之比较,而尚未及于政治能力也。所谓政治能力者,吾以为其表现处有四:自治组织一也,财源由本地筹画由本地用之二也,爱其所在之地三也,善管理异民族四也。而其所以能举此四项者,尤在其国民之政治行动。彼此相待有纪律,有道德,故其举此政治公器也,自无所谓意见或彼此拆台之弊矣。

所谓自治组织者,英人常云:“凡三英人所至之地,必有一俱乐部。”其中必有主任之人,必有不成文之宪法,以为不如此则不乐焉。彼之所以能组织俱乐部,而我中国人所以无三人以上之团体者,即可以证两国人合群性之强弱矣。英人惟好结合俱乐部,即以此组织移之于政治,故所至之地皆其人民自立政府,而不烦政府之代庖,譬之我国香港、新嘉坡虽有总督,然操其实权者则立法会(Legislative assembly)也。上海仅有六七人之参事员所组织之工部局(Municipal Council),并上级政府而无之。若夫法国租界则异是,工部局中虽亦以议员组织之,然其为会长者,为法政府所派之上海总领事。此英人之长于自治,而法之短于自治之证也。乃至加拿大、澳洲虽有英皇任命之总督,然其下皆以国民所信任之政府主持大政,而总督不过划诺而已。所谓自治组织之显于政治能力者,此也。

所谓财源由本地筹本地用者,英人既好自治而不好母国之干涉,故必求财政之独立。盖财政而不独立,仰给于母国,虽有自治之名而无其实。试考我国香港之财源出自船钞,新嘉坡之财源出自矿税、橡皮税、鸦片专卖,皆本地自筹,从未向母国索一文补助。英人亦善于经营,不求突飞进步,收入多一点,则事业亦扩张一点,故不至因进步太速而失败。惟我国香港、新嘉坡之海军设计费则由本国海军省负担,此外皆本地侨民自筹。一方既已自筹,而他方亦不至蹈西班牙之覆辙,准母国搜括殖民地之资财,借本国帝王豪族之消耗。更就近言之,吾人旅居上海,试一考上海之发达史,何尝英政府津贴一文以为侵占上海之计?则英人之善于经营事业更显然可见。所谓财政上之独立者,此也。

英人更有一种特质,爱其所在地不亚于其爱祖国。吾尝遇一澳大利之兵士在英伦者,依彼所言,一若天下之乐土无过澳洲者,土地空旷,谋生亦易,对于伦敦人口之拥挤,天气之阴沉,大不满意。又尝遇一加拿大女教士,苏格兰人也,随其父母至加,旅居彼土不过二十余年。彼之所以称道加拿大者,亦如某兵士之称道澳洲。惟英人爱其所居之土,故所至之地则要求市民权,而求所以善治其土者,而与吾国人以客乡为传舍之习正相反对。吾国人所至之地颇能刻苦劳作,然一旦致富以后,则又发"衣锦归故乡"之念。闻法人中亦与吾国人同一心理者,居北非洲殖民地上二三十年后,稍有积蓄,则归故乡。夫既不永久居于其所在地,自然想不到什么叫组织,什么叫自治权,什么叫我管人家或人家管我。吾以为闽广人之在海外者,其携资财归本省者,当为我国人所称许。然吾以为但知携资财以归者，迥不如拥有资财在其所在地争自治权者之为愈。此又英人所以能建设加拿大、澳洲、南非洲、马来半岛诸联邦之一理由也。

英国更有一擅长处，即善于统治异民族。英人统治异民族之方法，即太史公所谓变其政不易其俗之谓也。政治上荦荦大端，必由英人操之。此外风俗则悉听自然，不强人改革。譬如对于我国香港、新嘉坡之华人，英国政府之政策，简单说一句话就是，你们要吃鸦片尽你们吃去，你们要开赌馆尽你们开去，吾都不问，只要财权政权操之于我，你们不能丝毫与闻罢了。诸君之中，或者曾到过东伦敦之唐人街。各街中国店铺上所贴门条无非"出卖陈膏""此地开灯"之类，试问伦敦政府何尝去问一问。我记得我曾到此地演说，是日同行者为现在广东政府之总司令黄大伟君。演说既毕，我想在街上走一走。此地侨民会长告诉我，请你老先生不要在黑暗里走，华人为盗贼甚多，或者先生身上衣服金表就给人抢去了，则我却对不起先生了。我海外侨民之无智识与其恶习，到了外国从未改了一点，即系英人不易其俗之政策之结果。然英政府之干涉其人民向不如德国之严，故其不干涉我华侨亦即其素来政策，吾们不能过于责备他。总之以英人手下所管异民族之多，有荷兰人，有印人，有回教人，有各地土人，即以今日状况论，已不能不算成功。以印度人与英国之不两立，然战争之时印度反出兵帮英国打德国。德人所希望之印度革命竟未成功。故善于统治异民族，亦英帝国所以成立之大理由也。

以上四项中，其第四项为附属之点，与政治能力之义无关。且我并不希望吾中国民统治他民族，以他民族为奴隶。故第四点可置不论。而其余中之自治组织也，自筹财源也，好行使市民权利也，乃政治能力上绝对不能缺少之条件。不论为一国、一省、一市、一乡，其能具此三项，则百事以举。其不能具此三项，则百事以废。诸君莫说此三项若甚易事，似欧洲之国中无一不能具此资格者。然表面之为国同，其举自治也亦同，宜其政治能力亦与英人相去不远。不知表面上虽同，而实际程度之差可分数十级之多。英国人所至之地，苟有三人以上,则其组织如铜墙铁壁,绝对不能动摇,且其政治公开,故不腐败。而又能容许当地之异民族与闻一点,故人亦不觉其拒人千里之外。此则日所出入无处无英国之国旗者,原因在此。若谓殖民之成功在乎英国之海军,在乎英之殖民之早,此皆表面之语,尚未道及骨髓处也。吾更将英人所有之能力,而吾国人所无之能力,比较之如下。

(甲)中国人所无之能力

一、中国人之生计能力不亚于他国,然关于一身以外之事如何组织,则绝对不管。各地唐人街是一个铁证。

二、中国人之在外者好为同乡会,或公堂之组织,然皆家族思想之遗传,家族以外之政治行动难合得到一起。

三、中国人保守思想重,故至海外数十年后仍然保存其旧习惯,然除保持旧习惯外,不能应世界潮流而进行。

四、中国人在海外者好分党见,以内地之政争移而至于国外。

五、中国人不同化之力甚强,故虽在海外,常能表显其为中国人之特质,然仅能保守,故近日有岌岌不可终日之势。

(乙)英国人所有之能力

一、英国人非不能经商,然经商以外,必争市民权。且不仅空口争之,必能举自治之实。

二、英国人非不管其本乡。如苏格兰人之常自己表明其为苏格兰人,英吉利人常表明自己为英吉利人是也。然不忘本乡以外,关于政治上不论为苏人、为英人,常能共守一定之规则而行动。

三、英国人保守之念固重,其保守性但适用于习俗方面。若夫科学之进步,政治之潮流,英国人虽不为天下先,而常能顺着时势进行。

四、英国在国内者,其党的颜色甚分明,常亲口告人我是自由党、保守党或工党。然至海外者从不以旧日党界划分彼此。即有政见不同,大抵以当地事情为标准,如自治殖民地,原来施乡政党政治,故不能无党。至于直隶殖民地则绝无分党者。

五、英国人不同化之力亦强。故英国人之特质不如德国人易丧失。然不同化以外，更有一种内部组织，足以为他人所效法，甚或吸收，乃至宰割他民族。

以上各项，已甚明白，无需更为说明。然吾更欲申言者，则中国之生计能力确不在他人下，勤苦耐劳，只有在英人之上。然除一身以外，其所居之道路、公共卫生、电灯，绝对不管，污秽则让他去污秽，纷乱则让他去纷乱，绝不知有所谓公共行政、公共组织。吾尝乘船过新嘉坡，船中有一德国小女不耐船中苦闷，要上岸去玩，且语我云彼爱吃面。我于是带之至唐人街，不料行经各街，见乎各街之污秽之紊乱，彼心中大起恐惧，不及中途，向我摇头，说愿早回船上，不愿吃面。及车至“上海楼”前，见乎上下之扰杂，油气之扑鼻，彼乃绝对不肯下车。我亦无法，于是坐原车归船上。此小女儿初不知所谓法律政治或自治组织，然对于公共市街清洁之一种感觉则与生俱来。以中国人之赤赤裸裸立在街上，大呼大叫，街上秽气薰腾，彼之五官中实在耐不下去，而我乃安之若素。即此可以见中外人对于自治组织感觉之钝锐矣。或者以为吾海外华侨大抵皆不识字之辈，则其不知公共行政之必要又何足怪。然诸君不知海外富商中何尝个个识字而独知政治之必要。可知政治能力与平日遗传之关系，英人之所以独长，而我之所以独短者，决非偶然也。

英人殖民之成功确在其政治能力，其条目亦既如上述。然其所以能发挥此能力者，尚别有所在。第一，自治政治不能离选举，故必有选举上一定之标准。选举毕矣，必有开会议事，则又须有开会议事之规则；议事毕矣，则必有执行之人，对于执行人之地位不可视为权利，而人人争先恐后；有执行人矣，则政务之先后缓急必有正确之眼光，财政上之计算。此数者具，则自治之业以具。而不然者，虽条文上俨然共和国，而实际上几乎不国，则今日之中国是矣。今日之中国之选举以金钱买卖，为有合法标准乎？议事动以少数不出席为抵制，为有议事规则乎？人人惟恐不为总长，不为总统，执行人之进退，为有共守规则乎？政府且不成，遑论政务之进行。吾劝诸君当知自治。自治说说甚容易，及至身在场上，有权利义务关系，自己权利与人冲突时，必有多少克制工夫乃能先私而后公。则知世界上之英人所以能成政府，能举自治之业，且举此偌大世界在肩膀上担起来者，其中自有多少美德，多少精神，而吾国人不可不急起直追者也。诸君读昨日报，必见汇丰银行爱狄司 Lir Char'os Addlis 来华游历，在北京银行公会演说，其中有一语说中国人之不能监督公款已明白表示。夫共和国之要政，以预算明白为第一事。若预算糊涂，即其国中一部分人营私舞弊之表示，亦即其国民无政治能力之表示。诸君当知爱狄司之批评为吾国不可洗涤之耻辱。此耻辱洗不了，无论山东争回来，国家还是不免于乱，不免于黑暗，此则吾内地人亦缺乏政治能力之一证，而不仅华侨已焉。吾说至此，已到题外去了。言归本传，则诸君今日在学校中应如何养成此能力是矣。譬之打网球，一人买球，则负担太重，于是合十人组织一会。既已成会，则有会长，有会计。十人轮流来打，则必有一定时间，一定规则。所谓会长，即十人中之总统也。所谓球费及会计，则十人中之租税与财政总长也。轮流来打，即十人中之进退问题也。故网球虽小事，然既有组织，则与自治团体无二。诸君举会长时，举出好人来，不至因会长或内部分裂而遭校长干涉。乃至球费按时纳，开会时按时到，所有规定，一定遵守。此各项能一一练习，则政治能力之养成，自在其中矣。

诸君要知道合则强，分则弱，此一定之公理也。吾海外侨胞，惟不知此理，故事事受人欺侮。吾未尝到暹罗，但常闻暹罗国民人口之一半则为中国人。以数千英人在上海能组织一团体，谁亦不敢欺侮他，且以一二百万华人听他号令。吾中国人占暹罗国之半，反一无力量，而受人虐待。虐待受不了，则发几个电报哀求本国帮助。吾看到此类新闻，吾常顿足叹曰："中国人真是无用。以英帝国之大，所恃者皆少数商人赤手空拳打出世界来，何尝事事靠本国兴师动众来克服他人？"可知有政治能力，则以少数英人而为世界主人翁；无政治能力，则以数百万之众而为人奴隶。此则吾所望于诸君起而一洗此耻者也。

抑吾常有一种理想，以为亚洲远东地图上除日本外，国家颜色太少。即偌大土地上，只有中俄两国。惟国家太少，故无比较，故无进步。欧洲土地上不到二十四点钟以内，必经过一国。比较多，故进步速。亚东地图上将来可以建新国家者厥惟马来半岛。此半岛之主人翁，当然是中国人。现在英国治下之埃及、印度皆有朝不保夕之虞，此风传至东方，则马来半岛首当其冲。诸君对于此项大责任将起而担负之乎？抑甘心放弃乎？吾为此言，并非劝诸君去暴动。吾确信但能暴动，而不能有暴动后之组织，则虽推翻他人，仍是无用。吾所望于诸君，及早养成政治能力，则为他日南洋之主人翁者必诸君也，必暨南学校学生也。

（《中国与南洋》第3卷第2期，1922）

现代政治思想及其趋势

张君劢 讲
梁沃深 记

第一讲 总论

现在所讲的题目是“现代政治思想及其趋势”。此题范围极广，预算须作一有系统之演讲。今已将前后次序，大略拟定，以后即依此次序，继续演讲下去。或将来对于原定次序，有所移动，亦属未定。今日先讲总论。

在未讲本题之前，先将 Bryce 一段文章介绍，以证明现在思想界与从前思想界有极显著不同之点：

Bryce:*Modern Democracy*. Preface XI

“The absorption of men's minds with ideals and schemes of social reconstruction has diverted attentions from those problems of free government which occupied men's minds when let flood-tide of democracy was rising 70 or 80 years ago;and it has sometimes seemed to me in writing this book that it was being addressed rather the last than to the present generation.

That generation busied itself with institutions;this generation is bent rather upon the purposes which institution may be made to serve.”

Bryce 所著书之有名者二本：一为 *American Commonwealth*，于一八八八年出版，我国曾有译本，影响于当时的政治思想者甚大；一为现介绍的 *Modern Democracy*，于一九二〇年出版，对于现代政治思想的影响，可说不及前书，但兄弟在巴黎读它的时候，则较之前书，更有兴味。作者对于此二书，内容次序，约略相同，其材料皆由观察得来，并非随便假定的理论，每著一篇，必实地考察一遍，且详访其地之学者及政治家。数十年间，来往欧美各地，将观察所得，著此二书。欧战前犹往来于加拿大、美国、澳大利亚、纽西兰、瑞士等国，其不苟假如此。

Bryce 二书，同一作者，同一作法，但在十九世纪末期之看前书，与现在之看后书，令人所生的兴味，迥然有别，此何故？则时代之不同也。当十九世纪之末期，世界上只有一种思想，以为最完善者只有一种政治，即民主政治是。英、美、瑞士等先进国，其最高目的，亦以能达到民主政治为极点，不再作进一步思想，谓将来尚有最新的最完善的政治。到了二十世纪以来，俄德革命，继续而起，世界受此两大革命的影响，思想为之一新。对于 Bryce 的书，不觉生厌。……亦自知其书不能引起世人阅读兴味，故其序言如上述的一段，谓今人所注意者为社会改造的大计划，七八十年前，一般人所未注意者也。故现著此书，似专供数十年前之人阅读，而非今人之所喜。

前人所注意之点，与今人所注意之点，两不相同：前人注重制度，今人注重理想。以文学艺术之有写实浪漫之别而言，则前人之注重制度，似属政治的唯实主义，今人注重理想，似属政治的浪漫主义。切实描写制度组织，情状之唯实主义者……可作代表，Lowell 著英国政治史，用此作法，亦归入之。而现代思想家之浪漫主义作者，如一九〇一 Duguit，一九〇一 Jierke，一九一一 *Mait land*，一九一六 Russell，一九一六之 *Principles of Social Reconstruction*，一九一七 Laski Krabble S. & B. Webb 等均是也。

我们试一推究，前三四十年所注意的典章制度，现在何以不复注意？此中大有原因。因为自卢梭等提倡民权，后来政治思想家，遂以横写一种民主政治制度为能事，人民所渴望所要求者，亦惟民主政治的制度及宪法。要求之而不得,则激为革命,英法革命,其焦点均在此。及宪法既已颁布,觉其效果不过如是,一般学者,对于宪法本身,顿起怀疑。宪法之是否必需,遂成疑问,人人均注意及之。二十世纪的初年,更觉旧制度诸多不满,并怀疑到人世是否必需此种制度,此种制度于人生究有何用?倘谓现在国家的制度,均不适用,则又找寻应当如何改良的方法。今也,佥以有制度为善,故人人描写之,研究之;今也,对于所有制度,均根本怀疑,于是群然注意于社会改造问题。此为前后思想冲突的原因。至社会改造论调,对于社会是否有益,此是另一问题,别有解说,兹不具论。

Bryce 对于新旧思想之不同,其感想已如上述。其实新旧思想不同之点尚多,今分述如下:

(甲)形式上 形式上不同之特点,可分三项:

(一)前期重事实,后期重理论;前期只将当时制度描写,后期则将各人所具大规模的计划表现出来。根据此二点,可说前期用归纳法,后期用演绎法。前期四五十年中,Lowell、Bryce 二人可以代表。Lowell 于一九〇二年所著书内说,该书系因此时期而作,欲将英国行选举法四十年来之成绩,考察而比较之。Bryce 作美国政治史,谓美联邦成立来,于英前期制度,得许多经验,可资考察。凡此种种,均可证明其出发点重在事实。现时则与前期大相背反,试着 Russell 所著书,开宗明义便说吾人须想一种更好的改造方法,以救济今日社会。此种论调,实不自今日始,Plato 所要求的理想国,其态度已非如 Bryce 辈之切实描写矣。

(二)前期重在当时制度,后期则有俄德革命作背景。前期的思想界,以为民主政治制度完美,国法美满,有宪法,有国会,有地方自治,应有都已尽有,再不提及更好的事物;后期则社会运动、劳工运动、政党运动等,五花八门,日益扩大,谓应变更国家根本组织,对国家本身发生疑问,大家唾弃宪法不谈,趋于国家组织的原理、性质、主权等等。结果,以为十九世纪末期的政治思想学说,均属资本制度下的政治思想学说,在今视之,实等于强盗行为。在事实上证明,则俄国革命,确属不管事势如何，只以一种不可遏止的气概，造成新国；德国革命，亦属此种精神；英国之社会主义者，近多议论共和国宪法，未始非受此种思想的影响。简括言之，十九世纪末期之学者，以为人的本领有限，人的位置极小，惟有良好制度，可以造成良好国家，故应将国家制度分析而观察之；今则以为但有新计划，便可改造新国家，其气概实已迈越前古。

（三）前期学者，对于制度，详加研究，今日如何，明日如何，一一分析；现代学者则不然，第一，制度之如何变更，全不讨论，只谓制度已不适用，必须改造社会，必须改造至若何程度方可，第二，觉得现在社会极不满意，必须另实现新社会。是则一用归纳法，一用演绎法，一用实观，一用主观，新旧思想之不同如此。新思想界纯用主观，自己以为不好，则应另找一最好者，以为代替。故现代社会不好，便决要另造一新社会，各种制度均应废去，根本上不必研究之；且以为欲找得一个新社会，并不在研究制度的良否，只在于另新寻求。设一譬喻，则前期学者，譬犹讨论自己所住的房子，某处好，某处坏，切实描写而已。或好或坏，自有实物对照，不能胡道，正如方者不可谓为圆，圆者不可谓为方也。后期学者，譬犹此地原无房屋，主张造成圆者可，方者亦可，因现在并无实物，我所主张，无人敢于非难；所主张者，目者尚未实现，亦无可批评。前者只就事论事，后者则假设旧者不可用，而主张新者，新者今未实现，故可以妄说。甲说如此，乙说如彼，从甲说可，从乙说亦无不可。

形式上的不同，约略如上。今再引 Bryce 之言，作一说明。Bryce 谓 Plato、Aristotle 已有此种新观念，且谓所著书系供给事实，并非将自己的主张，强迫传授读者。其原文如下：

> The book is not meant to propound theories. Novelties are not possible in a subject the literature of which began with Plato and Aristotle and has been enriched by thousands of pens since their day. What I desire is, not to impress upon my readers views of my own, but to supply them with facts……

(乙)内容上　关于内容上,可见新思想界有下列三种的趋势:反对主权,反对契约,注重团体。

(一)反对主权。不管国家是否需要主权,而现在政治思想的趋势,已一致反对主权。Duguit 说:“国家如月,主权如月之光,月本无光,借日之光为光;国家原无主权,其主权由人民给与的。”Laski 说:“主权说易起纷争,不如取消之不加讨论,可以省却许多麻烦。”似此的论调甚多。其实现代国家之所以成立,由于主权的发达,不过国家发达之后,主权则应取消耳。当欧洲处教皇势力下之时,人民只有天下观念,而无国家观念;及后人民已厌教皇的专横,民族独立,遂成国家,于是乃有主权。故有主权然后有国家,有国家即有主权,两者相并而行。譬犹中国今日需要者为平等独立,即谓对内对外主权,均须与他国一样也。主权为吾人所要求,故吾人重视之。但共产主义者、无政府主义者最痛恨主权,何故?彼以为国家定法律,既定之后,不计法律本身之善否,主权在手,一味强制执行。譬如人民欠债不还者,告发之后,则拘拿暨禁,多设警察以司其事;又国家对于地方上,法制既立,亦不管法制之良否,不计地方上人之愿意实行与否,如有违背者,则以军队弹压,为最后的处置。警察与军队,均所以推行主权者,而均所以苦人民者也。在从前时代,人民对于国家行使主权,加以原谅,直谓人类应有设置军警之必要,无人敢说军警为不可用者。自后思想自由,不能禁人民对于国家之反抗。十九世纪的末期,共产主义、无政府主义兴,乃痛斥国家主权过重,军警应当取消不用,而欲打倒十七世纪的主权论,当时政治家虽未采用,今则思想界多有趋向者,Bryce 对此,亦谓应加以考虑,皆事实也。共产主义者、无政府主义者所倡如此,其影响不可谓小。但主权论究应打倒与否,容后再论。

(二)反对契约。此为最大一个问题。自十七世纪至今,学者无不知民约论之说创始于卢梭。以为人民有了契约,然后合成国家,故应绝对服从主权。(其说确当否,另有批评)契约说之后,有民众总意说,谓根据众民总意,国家遂有团体人格,故应尊重国家的主权。有民约论及民众总意论之后,乃讨论到国家与政府。国家与政府,在吾人讨论时,似极明了,其实此问题极复杂。试问何谓国家?何谓政府?Laski、Duguit 等直截说无国家,只有治人者及治于人者,否认国家及政府的存在,谓一部分人握权而成为治人者,正如人持枪而有势力,并非另外一物也。治人者虽握权,但仍受民意监督,倘治人者措施不合民意,得另选举之。选举可表现真正的民意,故被选者可代表人民。惟细考今日政客,只知藉此争权捣乱,何曾有真正民意。Russell 因此极端反对民主政治,谓无论内阁或国会,同为腐败不堪,背后有资本家操纵,以金钱作祟,虽名民主政治,并不恤民众总意,只顾资本家一方面之利益而已。又不承认有政体国体等分别,只讨论其如何以夺得政权,为一人一党之擅专乎?抑为数党相争乎?国体政体等区别,在十九世纪时,最为重视,今则轻视之如此。现在政治思想,可说是没一种反对民主政治之趋向。欧战以后,惟美、法、英等已上轨道的三数国家,未受Duguit 等反对民主的影响。其余政治尚不清明的国家,如俄,如意,则受此影响甚大。德国亦曾受俄国革命影响,但能立即回头,复上轨道,因其从前实政治清明之国也。反对民主政治趋向之中,比较不甚趋于极端者为 Laski,谓今日人民之不平等,是人民对于现在政治不满意的原因。今日人民中,有有政选举权者,有无政选举权者;有有产者,有无产者;有有知识者,有无知识者;是以分出许多阶级。倘能使无选举权者皆有选举权,无产者皆有产,无智识者皆有智识,则真正民意自能表现,而得到良好结果矣。Laski 持论之特点如此,盖并不谓民主政治为绝对的不好。现在民主政治之所以不好,因未曾真正实行民主政治耳。

(三)注重团体。此亦一重大问题。吾人研究经济思想,知 Adam Smith 欲根本打倒 Guild 制度,而主张个人自由发展。后来重农学派,即沿此种趋向。以 Guild 为十五世纪以前之一种集会,只包含社会上一部分极少人数,遂握权垄断,使多数人均受其害,故应打倒。但未及百年,英国学者又多主张回复 Guild 制度。Adam Smith 所用全力以打倒之者,今复以为最好的制度矣。近代学者不主张主权集中于国家,故欲分散国家权力于各团体。所谓团体者,由地位相同、利害相关之一群人相集合而成。如银行家可成一银行家团体,工人可成一工人团体,喜谈政治者可成一政治学会,喜谈经济者可成一经济学会。既成团体,则产生权力。如英国的历史学会,非经该会考试及格,不许担任历史教员。又如各地的医生公会,非经该会检查及格,不得悬壶行医。无形中有考试权,有取缔权,可知团体实能行使一部分的国家主权。倘其团体更为扩大,则其影响当必更广。如上海邮政工会,是同一地位、同一职业的团体,其利害上有相互的关系。倘邮务上,工人有感觉痛苦时,不得不用罢工——一部分人与他部分人不合作是谓罢工——之一法,以求解决。但一遇邮政罢工,则其影响大矣。在现代政治思想上,已似有承认同一团体(Group)或同一职业(Profession)为选举单位的趋势,盖以从前只以人为单位,并不能解除人民之不平等,故欲以团体或职业为单位,以共同解决社会改造问题也。

以上不过大略言之,后来对于主权、民约、团体三点,将再提出讨论。

(《暨南周刊》第4卷第4期,1928)

毕云程

毕云程(1891—1971),笔名新生,浙江海盐人。早年曾在上海商务印书馆工作,长期从事棉纱业。曾建议在家乡兴学,与黄炎培、胡愈之等交往。1927年后任邹韬奋主编的《生活》周刊特约撰述。1934年至1936年间先后担任生活书店总经理和《世界知识》主编兼发行人,并与沈钧儒、邹韬奋等并肩战斗,出任香港《生活日报》社经理,宣传抗日民族统一战线,投身抗日救国事业。1938年10月赴重庆,任生活书店总稽核。1949年后任上海韬奋纪念馆馆长、上海文史馆馆员等。

中国之棉纱贸易

（在上海暨南学校商科之演讲）

毕云程

中国之棉纱贸易，范围极广，大概可分三时期。在五十年前，中国尚无棉纱贸易，家家自纺自织，供给一家之需要。迨五口通商之后，英人首先至中国贸易。英布之运销中国市场，即自此始。间有棉纱输入，以印度纱为最多。其时中国商人，犹少专营棉纱业者，大都为洋布商人之一种副卖买。在西历一八七六年，英、印棉纱运至中国者，计十七万二千四百八十二担，以后逐年增加。至一八九二年，增至一百三十万三千五百另七担，其中百分之九十以上皆印度纱也。此时中国之棉纱贸易可称之谓印纱最盛时期。其时日本纱业未旺。在一八九〇年，日本只有纱锭二十七万七千八百八十五枚。是年日本纱输入中国，只有三十一包，约九十八担。至一八九四年，输入日纱骤增至三万一千一百另三担。是年中日交战，中国大败，即所谓甲午之役是。以后日纱输入，逐年剧增，非常迅速。直至一九一四年，此时可称之谓印、日纱竞争时期。兹将一八九四年至一九另三年及一九另三年至一九一四年两时期内进口之印、日纱比较之，可知日纱之猛进，已驾印纱而过之矣。一八九四年，输入中国棉纱之总数为一百十五万九千五百九十五担，内印纱一百另六万五百四十五担，日纱三万一千一百另三担。印纱占百分之九一点四，日纱不过占百分之二点六。至一九另三年，中国总输入为二百七十三万八千四百四十八担，内印纱一百八十八万九百十一担,占百分之六八点七,日纱八十三万一千四百另六担,占百分之三〇点四。至一九一四年,中国总输入为二百七十一万一千七百九十一担,内印纱一百十三万九千九百另九担,日纱一百四十九万九千二百二十六担。日纱已占百分之五五点三,而印纱仅占百分之四二。试与一八九四年比较,日纱输入中国,仅占进口总额百分之二点六,已增二十一倍有余。进步之速,殊可惊异。迨一九一五年后,以欧战故,欧洲纺织业停工甚多,印纱须供给英国之需要,日本则以织业大兴,输入中国之印、日纱逐年减少,由是迄今,可称之谓中国纱代兴时期。然在此数年内,日纱进口虽见减少,而日本棉布之进口则年增巨额。在欧战以前,中国洋布商所经售之洋布皆来自欧美,战后来源几绝。日本乘此时机大兴织业,虽出品欠佳,而输入中国之数日增月盛。据日本海关统计所载,一九一六年输入中国之日本纱布,估值三千四百万日金,一九一七年剧增至八千四百万日金,一九一八年至八千八百万日金。是日人在中国之经济侵略,较前益进步也。兹再一考中国纺织厂之设立,至一八九〇年,始有华商三新(原名华盛)、恒丰(原名纺织新局)两纱厂之出现。至一八九五年增加七厂,一八九七、一八九八年各增一厂。一八九九年,大生纱厂开办。其后逐年增设。至一九一四年底,共有三十厂。其中完全属华人者二十厂,锭子五十四万;属日人者四厂,锭子十五万;属英人者五厂,锭子二十五万;属德人者一厂,锭子五万。至于现在,即以一九二二年二月底为止计算,全国共有锭子三百二十六万六千六百六十六枚,内中华商占二百十四万四百六十二,日商人八十六万六千九百二十,英商二十五万九千二百八十四。其中尚未开工者,华商人八十五万,日商五十万;已开工者,华商锭子数为一百二十四万,日商为三十七万,英商二十五万,皆纺单纱。此外线锭,中外合计五万有零。近来中国纺织业,渐见兴盛,现象似觉可喜。惟日本在华纱厂,近来大事扩充。青岛夙无纱厂,自被日本占领,新建纱厂近二十万锭,在上海增设之数,亦有三十万锭。推其原因,则以我国自一九一九年八月一日修正关税实行,纳税以纱之粗细而分轻重,日纱比印纱较细,故纳税略重。最近华盛顿会议结果,中国又将增收进口关税。在我虽不满足，而已不利于日本之输出。此日本纺织业所以努力在中国设厂，利用中国原料、人工，并藉以避免关税之重征。为日本计则得矣，而对于我国方兴之纺织业，实大有害。此不得不请我国人注意者一也。

棉纱之输入及制造，已略述矣。兹再述其销路及价格。印、日棉纱，最早皆由上海进口，由洋商售与上海商人，再由上海商人售与各客帮，运销内地。销路以天津、汉口、重庆、九江、芜湖、南京、牛庄、烟台、青岛、大连、广州、福州、蒙自、山海关为较巨，尤以天津为最。一九一四年，各口运销之数，计二百六十三万九千二百担。日本人主张直接贸易，不欲中国人占其余润，故于天津、汉口等地逐年增设分行，渐由日商直接运销。中国纱之销路，以四川、天津、九江、上海、芜湖、广州等处为巨。在一九一四年，经由海关运销之数，计六十八万七千三百二十九担。至一九一七年，增至一百十六万五百六十三担。其在纱厂附近地点出售之纱不经由海关者不在内。棉纱价格，最初输入之印纱，每包四百二十磅，仅售银五十余两。直至一九一四年，印纱售价亦不过六十余两至八十余两。因印纱多十支十二支之粗纱，故售价不高。日纱则多为十六支二十支之纱，售价自八十余两至一百十余两为最多。此外来自日本之三十二支四十二支六十支各线，售价更高。中国纱价则自六十余两至一百十余两均有，以其所纺之纱十支至二十支均有也。自欧战后，纱价飞涨。十六支纱每包售价，在一九一八年，自一百三十五两至一百七十五两。一九一九年，一百五十二两至二百三十八两。一九二〇年，一百五十两至二百另九两。一九二一年，一百三十两至一百六十八两。一九二二年二月，为一百四十五两，则以欧战终后物价跌落之影响也。若以上述十六支纱最大价与最小价统扯，每包价格为一百六十七两，再除去每包之关税、运费、保险等项计十二两，则为每包一百五十五两。若以此为标准，则本届修正关税时，进口十六支棉纱，每担估价应为五十两。切实值百抽五，应征税二两五钱，而现行之关税，每担十六支棉纱，估价仅二十五两五钱，征税仅一两二钱七分半。此不得不请国人注意者又一也。

最后请述中国进出口贸易大势,以明棉纱贸易所处之地位。棉纱为进口货之大宗,据海关报告,民国元年入口棉货,估值一百三十兆六十八万二千六百三十四两;民国二年,一百八十二兆四十一万九千零二十三两;民国三年,一百八十三兆三十二万八千四百七十三两;民国四年,一百四十九兆三十万零五百十三两;民国五年,一百三十六兆六十七万九千三百八十六两;民国六年,一百五十八兆九十五万零二百六十七两;民国七年,一百五十一兆三十八万零四百二十三两;民国八年,二百零九兆七十八万六千三百三十七两。自元年至八年,共计入口棉货计值一千三百零二兆五十二万七千另五十六两。再就此八年中中国之进口贸易比较,在元年入超一百另二兆五十七万六千六百二十八两,二年入超一百六十六兆八十五万七千另十一百两,三年入超二百十三兆零一万四千七百五十三两,四年入超三十五兆六十一万四千五百五十五两,五年入超三十四兆六十万另九千六百二十九两,六年入超八十六兆五十八万七千一百四十四两,七年入超六十九兆一万另五十一两,八年入超十六兆十八万八千二百七十两。自元年至八年,共计入超,即中国金钱外溢之数,计七百二十四兆四十五万八千零四十一两。假使中国自己能供给棉货之需要,如面粉,然自中国面粉厂发达后,不但外国面粉毫无进口,而且输出不少。假使在此八年内,棉货毫无进口,则入超七百二十四兆四十五万八千零四十一两,将一变而为出超,即外国金钱输入中国之数,计有五百七十八兆六万九千零十五两之多。即以民国八年一年而论,输入棉货,值二百另九兆七十八万六千三百三十七两,而入超仅十六兆十八万八千二百七十两。若无棉货输入,则入超十六兆十八万八千二百七十两,将一变而为出超一百九十三兆五十九万八千另六十七两。然此尤就海关估价而言,自民国元年至八年,进口洋布约计二百兆匹,统扯每匹售银十元,计银二千兆元。进口洋纱约计有五百八十万包,统扯每包售银一百六十元,计银九百二十八兆元。两共计银近三千兆元,即三十万万元。中国所欠债务,连内债在内,亦仅三十万万元,而外人监督财政之危险已迫于眉睫。经济权为一国之血脉,岂可让之外人。全世界有纱锭一万六千万枚，英占五千七百万枚，美占三千万枚，德、法、俄各占一千万枚，印度占六百万枚，日本亦占四百万枚。以我中国人口之多，占全世界四分之一，而纺纱锭子已开工者，不足二百万枚，且有英、日之六十余万枚在内。每年因输入棉货而输出之金钱之数，恒数百兆元。曾忆民国四年五月七日中日交涉之时，国人不忍再购日货，而日本报纸插画，画一完全裸体之中国人，题曰“汝不买日本布不将冻死乎”。呜呼！此真中国国民所当念念不忘者。吾国人将如何努力以谋纺织业之进步，以保我国之经济权，以湔雪日人对我之侮辱。仆虽不敏，所以愿投身纺织业而为棉业救国之马前卒也。

（《中国与南洋》第3卷第2期，1922）

姜琦(1886—1951),字伯韩,别号柏盦,浙江永嘉人。1919年留学日本,获东京高等师范学校和明治大学学士学位。回国后,历任浙江省立第十中学、杭州第一师范学堂教员、校长等职。1922年又赴美国哥伦比亚大学深造,获教育硕士学位。1925年回国后任暨南大学教务主任、校长。1945年赴台湾。著有《现代西洋教育史》《教育哲学》等。

姜 琦

教育问题

姜　琦讲
铁　君记

姜先生前为本校的教务主任,后来浙江第一师范学校请先生去做校长。因为先生有不能不去的理由,所以就和我们分别了。此次到南京来是因为自己要到美国去留学,在南京尚有一点私事。暨南学校教育研究社的同人,因为和先生分离了两年,早想一听先生的教训,并且现在先生又要出国门而赴美,真是机会难得。所以在先生到南京的第二天(民国十一年一月十一日)就假暨南的大礼堂,请先生讲演近来的教育经验和心得。一来可以增进同人的知识,二来可以当先生的临别赠言,并且将来先生回国时,同人再听先生的伟论,亦可以有个比较的根据了。

今天蒙诸君的盛意,请我来讲演教育问题,我此次来宁,并不预备讲演,但是我既然身处教育界,讲演是教育界的天职,今天蒙诸君相邀,是不能不讲的。

说及教育问题甚多,譬如现在的新学制问题,以及教育方法、学校设施、教材改良种种,都是教育问题。教育问题既然如此的多,我今天究竟讲哪种好呢?如果都讲罢,限于时间。所以我今天单提出二个问题来和诸君讨论:1. 教育是什么?2. 教育者的态度当怎样?

一、教育是什么? 这个问题是近年来教育上的大问题,我以为教育是人与人间的关系，是为人生的；离人生而谈教育，是非教育。从前的教育，所以无甚大的成功，就是因为没有从人生的方面做起。教育与人生既然有如此密切的关系，我们对于人生的问题，就不能不先解决了。

近来的人，讨论人生观的，常说"我的人生观"。我对于"我的人生观"的标题，异常反对。因人生观是公众的，世界只能有一个人生观，所以应当说"我们的人生观"。从前的人何以说我的、你的、他的？是因为有境遇、职业、地位……的不同。因为出发点不同，所以人生观就有你我之分了。但是我以为不论其境遇、地位、职业如何不同，人生观总是同的。前人的人生观大概不外四种：

1. 生世的人生观，主张此派的人以为人生是为衣食住的，求衣食住的满足是人生的大目的。人之所以要受教育，是因为现今的衣食住尚不能满足，要藉教育来改良的。

2. 荣世的人生观，主张此派的人，以为人生单求衣食住之充足，还不能满足人生之愿望。除衣食住之外，必须更求官职、权利、名誉，来显现荣名。此派人的人生观，似乎比较前一派为进一步，然而价值还是相等的。

3. 传世的人生观，此派人的人生观，是要立一业而流芳百世的。以为以上二种的人生观，是乍时的、现在的，不是永久的，中国的孔子就是这派的人。

4. 厌世的人生观，此派的人，以为世界是有末日的，地球是要破裂的。以上各种，都是靠不住。所以此派的人自杀的甚多。

我们教育者，对于以上四种的人生观，都不可取。何以故呢？第一派求衣食住，禽兽都能做到。主此派是与禽兽无异。第二派如果人生是求权利、荣誉的，那末人生是无甚乐趣的。第三派也是无趣，并且是靠不住的。以孔子的势力，相传的久远，到现在尚且不免被人唾骂。你想可靠吗？第四派是虚妄的，不可能的。地球要消灭、世界末日，没有证明，不可相信。若说是假说，难道我们不能假说世界是永久生存的，是不能消灭的吗？

以上各派的人生观,既然不对,我们都不该取,于是我们就不能不找适合我们的新人生观了。世上的人,无论他所操的职业是什么,所学的学问是什么,然而他所以要操,所以要学的目的,总是同的。这共同的目的就是进化。——我们的人生观自古至今对于进化的学说可以分为:

1. 轮回进化论,是佛家主张的。以为人生有过去、现在、未来之关系,辗转生死于六道之中。何以这样呢?佛家就用“劫”字来解答,以为众生遭这样的轮回完全是他的劫运造成的。此说虽然比较以前四说更进一层,有未来的希望,然而这也是不可取的。

2. 直进进化论。此说因各人主张不同又可分为:(1)目的进化论,(2)进械进化论,(3)创造进化论。

(1)目的进化论 此说是希腊的大哲学家亚力士多德提倡的。他以为人生是有一定的目的。我们找着我们的目的,朝目的做去,终究可以达到的。

(2)机械进化论 此说是大哲学家达尔文提倡的。他以为,一切生物都受环境的影响,受环境的支配而进化的,自己是无自动的能力的。所以他说,我们的进化是被动的,是机械的。此说在教育上无甚价值。

(3)创造进化论 主张人有天赋的自动能力,人能改造环境,人能创造环境,人有创造的能力。此说是柏格森提倡的。教育受了此说的影响,于是教育思潮大起变化。欧战以前的教育,还是被动的,以教师为本位的,是根据第二说机械进化论的。现在的教育是自动的,以学生为本位的。由此看来,我们可以得一个结论:我们的人生观即是创世的人生观。诸位听见我这话,千万不要误会与《圣经》上的创世相同。《圣经》上的创世,是说世界是上帝创造的;我说的创世,是说我们人类有创造的能力,用我们的能力去创造各种事物。

二、教育者的态度当怎样? 我以为,教育家当有哲学家的态度。我所谓哲学家的态度,是以人生为主体,而对于各种事物发生疑问的。譬如我为什么要做校长、教员、学生?这也是哲学家的态度。我们如果解答这个问题,就说,我所以要做校长、教员、学生,为的是要解决世界人类的问题。我们应当切实的、彻底的明了,我们应当拿创世的人生观去创造一切事物。我们无论学什么,不过是方法上的不同,目的都是为的创造世界之进化。此种创世的精神,创造的能力,以教育家为最重。我以为教育家是不应当丧气的。无论社会如何恶劣,环境如何黑暗,都当向前奋斗。这是我近几年来很想和一般青年诸君谈的。现今能在此处和诸君谈,我非常喜欢。很希望诸君将来一同起来改造中国的社会。

编者语:这篇记录,因为被天气所迫,是在讲演后一个月才整理的。所以中间错误遗漏的地方,是不能免了的。还要请姜先生教育研究社会的同志以及阅者诸君原谅。铁君志。

(《中国与南洋》第3卷第4期,1922)

今后暨南教务应取之方针

姜 琦 讲
陈翔永 记

兄弟今天与诸君相聚一堂,是件非常荣幸的事,但自觉学识浅陋,能否发展暨南学校还是一个问题,所以不禁有怅惘之情!幸赖前校长和诸教员的努力,以及同学们的爱护本校,已开美好之局面,无庸我多所费心。不然,单靠兄弟个人力量,万于暨南前途无补,那是必然的。所以很希望诸教员和同学以后都能继续本此精神干去。那末,暨南前途之光明是可指日而待的!

现在我且把以后办事的方针,分做三层来说明,使大家分外明了我的意见。虽说一切的谋划多半是随时间而变易而改进,不是今日这短促集会所不能明白宣示,且为今日所不能预定的,可是提纲挈领,未始不于将来进行□所标明。

第一是学程适应社会的需要。这一层即是达尔文之所谓"适者生存,不适者自然淘汰"之意。人类之所以永获胜利而为万物灵长者,其最大原因就在能适应社会这一点,但是负改造人类使完全适应社会的责任,却是教育。因为人类的生活方式常随时间而起变易,所以教育便是改造人类生活的工具。办教育者对于这一层自然不容有所忽略。现在我们且看暨南学校所以设立的目的,便可知道我们应该如何教育,使之适合华侨社会,而为未来华侨打更稳固的基础。

苟不此之图,又何异于普通学,又何贵于有暨南学校的设立!我于这一层很觉得重要,因为办一事必须认清一事的目的,才不致功亏一篑。那末,教材的改订,我认为是件不可免的事。想来这并非我的特点,而为大家所感觉得到的。所以改订学程的话更刻不容缓。苟欲详言之,则教材统一的话,并非行之全国而皆合的,如拘泥此说,必致弄到远背教育原理,那我们又何可顾利害而行之呢。

第二是训育适应个性。因一地有一地的土风,一国有一国的国风。即约而至于家庭个人,亦莫不有其家风和个性在焉。教育者惟一的任务,在于因国之风与夫个性的分别,而利导之,使臻于完善的境域。所以教育不能埋灭个性是不可讳言的事实。何况华侨学生,万里海外,其个性之殊异于国内学生有不可以道里计者,自然不能不特别注意而图有以利导之,启发之,使克于成。所以此后我对于训育,依据上言,决采取个性的训育。

第三是事务采取渐进主义。大凡三千界内无事不是渐进的,虽说有时看来好似突变,其实它内部的变迁已在先,不过我们的眼光不能窥探其中情实,遂致误认为实变。我对今后的校务和各科组织都要本此原则做去。因为突加更易,有时增纠纷,即于暨南前途的贻害是可猜□得到的。并且当我离暨南任职浙江第一师范时,也曾用这样经验,后来不幸竟因此而得到很不良效果。这算是我办浙一师范的失败。现在我很希望能够避免这种失败的再生,也就是为暨南进步之设想。

总之,我于教育目的是认定适合社会为原则的,教育是个性的,事务是渐进的。这三点便是我今后办暨南学校的重要理念。深愿诸教员和同学们本往日合作的精神共同进行,来改造暨南学校,将来如有相当之成功,也就暨南全体的成功,也就华侨教育的成功。

(《民国日报·觉悟》第7卷第2期,1925)

严直方

严直方(1884—?),名端,字直方,广西昭平人。日本早稻田大学政治科毕业。曾任广西都督府财政部长。1921年在上海与马玉山等集资数百万创办中华国民制糖公司,任董事兼协理。1922年,东南大学暨南学校合立上海商科大学归东南大学独立专办,被推为国立东南大学分设上海商科大学委员。

暨南学校糖业演讲录

严直方

世界糖业大势——中国糖业情形——本公司经营计划——所希望于华侨学生——所希望于暨南商科

今天承贵校邀来演讲糖业，兄弟实不敢当。因为兄弟在外国留学的时代是学政治经济，回国后所阅历的事情，又是财政一方面。近来因政治环境不良，故从事创办糖厂。自问对于本业，既无学识，又乏经验，何敢置词。但兄弟与赵厚生校长是十年前在桂林光复的老同志，数次相约，情不可却，只好举我所知，以贡献诸君子作为研究讨论的资料已耳。疏漏谬妄，自知不免，尚希原谅，进而教之，幸甚，幸甚。

吾人欲知世界糖业之大势，不可不先研究世界糖业之统计。（包生产消费而言）最近世界糖产统共为一千六百五十八万吨，甘蔗糖占一千一百七十万四千七百吨，甜菜糖占四百七十五万二千四百吨。甜菜糖因欧战之影响，不免锐减。此乃一时的现象，战后当回复原状。今将一九一六年以后五年间之统计，甘蔗糖及甜菜糖各产糖国别、数量列表如下。

甘蔗糖各国产额最近五年统计表

以吨为单位

国名	一九一九—二〇	一九一八—一九	一九一七—一八	一九一六—一七	一九一五—一六
路易西安拿	一〇八·〇〇〇	二五〇·八〇〇	二一七·五〇〇	二七一·三〇〇	一二二·八〇〇
德克萨	—	—	五·〇〇〇	六·三〇〇	三·〇〇〇
波多里哥	四三三·八〇〇	三六二·六〇〇	四一四·〇〇〇	四四八·六〇〇	四三一·三〇〇
海威	四九六·二〇〇	五三八·九〇〇	五一五·〇〇〇	五七五·五〇〇	五二九·九〇〇
古巴	三·七三〇·一〇〇	三·九七一·八〇〇	三·四四六·一〇〇	三·〇二三·七〇〇	三·〇〇七·九〇〇
三夸	一二·四〇〇	九·〇〇〇	五·四〇〇	七·八〇〇	一四·八〇〇
菲律滨	二〇四·三〇〇	一九五·三〇〇	一二六·三〇〇	二〇二·七〇〇	三三二·二〇〇
三多米诺	一七五·七〇〇	一五八·三〇〇	一二七·三〇〇	一三〇·二〇〇	一二六·一〇〇
海提	五·〇〇〇	三·三〇〇	—	—	—
墨西哥	九二·〇〇〇	六〇·〇〇〇	四〇·〇〇〇	五〇·〇〇〇	六五·〇〇〇
中美	三五·〇〇〇	二八·四〇〇	三二·八〇〇	二五·〇〇〇	三五·〇〇〇
贪尼打	五八·四〇〇	四七·九〇〇	四五·三〇〇	七〇·九〇〇	六四·二〇〇
巴巴多	五四·三〇〇	八〇·〇〇〇	五五·二〇〇	五五·五〇〇	六五·〇〇〇
加美噶	四六·九〇〇	四〇·〇〇〇	三四·三〇〇	二八·三〇〇	一五·一〇〇
英领西印度	三一·二〇〇	二九·三〇〇	三五·〇〇〇	四〇·〇〇〇	三五·四〇〇

（续表）

国　名	一九一九—二〇	一九一八—一九	一九一七—一八	一九一六—一七	一九一五—一六
英领格拉拿	九六·〇〇〇	一〇七·六〇〇	一〇八·二〇〇	一〇一·七〇〇	一一六·二〇〇
英领印度	三·〇四九·二〇〇	二·三三七·〇〇〇	三·三一一·〇〇〇	二·七二八·〇〇〇	二·六三四·〇〇〇
皇后路苏易瓦	一七九·一〇〇	二二六·〇〇〇	三二五·九〇〇	一九二·八〇〇	一五九·七〇〇
贾儿易	六〇·〇〇〇	八〇·〇〇〇	七〇·八〇〇	九五·九〇〇	九九·〇〇〇
埃　及	九九·〇〇〇	八二·〇〇〇	七九·五〇〇	一〇一·〇〇〇	九九·〇〇〇
麦果提	二三五·五〇〇	二七八·六〇〇	二四九·〇〇〇	一〇九·〇〇〇	二一五·五〇〇
拿　打	一五〇·〇〇〇	一四四·〇〇〇	一〇六·三〇〇	一一四·五〇〇	一一二·一〇〇
墨丹尼克	二二·〇〇〇	二〇·七〇〇	二〇·九〇〇	三四·四〇〇	三八·九〇〇
格得罗甫	二二·五〇〇	二六·六〇〇	三〇·四〇〇	三六·二〇〇	三四·一〇〇
害易降	三二·三〇〇	五〇·〇〇〇	五〇·〇〇〇	四二·二〇〇	三五·二〇〇
荷领志养拿	一二·〇〇〇	八·〇〇〇	九·七〇〇	一二·〇〇〇	一三·〇〇〇
爪　哇	一·三三六·一〇〇	一·七七八·二〇〇	一·八二二·一〇〇	一·六二九·八〇〇	一·三一九·一〇〇
芬勒斯拉	一八·〇〇〇	一五·〇〇〇	一五·〇〇〇	一八·四〇〇	八·四〇〇
爱括多	七·〇〇〇	七·〇〇〇	八·〇〇〇	七·〇〇〇	七·六〇〇
秘　鲁	三三〇·〇〇〇	二五〇·〇〇〇	二六五·〇〇〇	二七六·〇〇〇	二六二·八〇〇

（续表）

国　名	一九一九—二〇	一九一八—一九	一九一七—一八	一九一六—一七	一九一五—一六
阿根廷	二九二·一〇〇	一三〇·〇〇〇	八八·一〇〇	八四·七〇〇	一四九·三〇〇
阿冈笛	一七七·二〇〇	一六六·〇〇〇	四四九·〇〇〇	一四六·一〇〇	一九四·〇〇〇
中国台湾	二六三·五〇〇	四一五·七〇〇	三九六·〇〇〇	四三四·〇〇〇	四〇五·二〇〇
荷三璧克	三五·〇〇〇	五〇·〇〇〇	五九·〇〇〇	六六·〇〇〇	五〇·〇〇〇
西班牙	六·〇〇〇	六·〇〇〇	七·〇〇〇	四·五〇〇	四·三〇〇
统　计	二·九二二·八〇〇	二·九七一·七〇〇	一二·三五九·六〇〇	二·二六五·九〇〇	一〇·七九四·一〇〇

甜菜糖各国产量最近五年统计表

以吨为单位

国　名	一九一九—二〇	一九一八—一九	一九一七—一八	一九一六—一七	一九一五—一六
德　国	七一七·九〇〇	一·三四一·六〇〇	一·五四一·一〇〇	一·五五七·九〇〇	一·五一五·三〇〇
奥　匈	五五〇·〇〇〇	七〇〇·〇〇〇	六七〇·〇〇〇	九四四·〇〇〇	九三九·〇〇〇
法	一六九·六〇〇	一二九·八〇〇	二一八·九〇〇	二〇二·二〇〇	一四八·一〇〇
比	一四六·〇〇〇	七五·〇〇〇	一三一·〇〇〇	一三五·〇〇〇	一一三·一〇〇
荷	二三七·五〇〇	一七二·四〇〇	二〇〇·〇〇〇	二六九·二〇〇	二四二·八〇〇
俄	二二五·〇〇〇	七〇〇·〇〇〇	一·〇二八·六〇〇	一·三三四·六〇〇	一·六五二·九〇〇

（续表）

国　名	一九一九—二〇	一九一八—一九	一九一七—一八	一九一六—一七	一九一五—一六
瑞　典	一四五·一〇〇	一二七·五〇〇	一二五·〇〇〇	一一八·〇〇〇	一二七·三〇〇
丹　麦	一五二·九〇〇	一四四·六〇〇	一三六·八〇〇	一一二·八〇〇	一二五·二〇〇
意大利	一七八·七〇〇	一〇〇·〇〇〇	一〇〇·〇〇〇	一四〇·〇〇〇	一五〇·四〇〇
西班牙	九一·八〇〇	一三五·〇〇〇	一三五·〇〇〇	一二五·五〇〇	一〇三·一〇〇
罗　马	—	一二·〇〇〇	—	—	二七·八〇〇
塞尔维亚	—	—	—	—	—
勃牙利	一一·〇〇〇	一六·〇〇〇	二二·〇〇〇	一五·〇〇〇	—
英　国	—	—	—	—	—
瑞　士	四·〇〇〇	四·〇〇〇	四·〇〇〇	四·〇〇〇	—
Vereenigde Staten	七一五·五〇〇	七四九·九〇〇	七五八·七〇〇	八一六·二〇〇	八六六·四〇〇
加拿大	一八·三〇〇	二四·八〇〇	一二·五〇〇	一三·九〇〇	一七·八〇〇
统　计	三·三七三·三〇〇	四·四三·六〇〇(?)	五·〇八三·六〇〇	五·七七八·三〇〇	六·〇二九·二〇〇

至于各国砂糖消费额及各国国民每人之消费量，据 1908 年调查统计如下：

国　名	一年消费量(万担)	每人每一年消费量(斤)
瑞　士	一四三	九二·〇
英　国	三·〇四〇	六九·七
北美合众国	五·三五一	六一·四
丹　麦	一五一	五七·六
德　国	二·〇〇〇	三一·九
荷　兰	一七三	三一·三
法　国	一·〇九一	二七·五
比利时	一七〇	二四·一
奥　匈	九一三	一八·七
俄　国	一·七五五	一四·八
日　本	四八三	九·七
土耳其	一二二六	九·七
意大利	二〇八	六·二
中　国	因无统计故不载	约二·〇

据以上各统计观之，世界上蔗糖产额最多者首推古巴为第一，英领印度次之，爪哇又次之。

古巴当十九世之初，曾被英国占领，由非洲移入黑奴，从事种植，糖业因之发达。嗣以放奴，劳力不足，稍受影响。但其地质丰腴，气候和暖，宜于种蔗。且一九〇三年米国实行减税，又复振兴，今更改良种植，产额加增，平均年约产三百五十六十万吨，执世界糖业之牛耳。糖市之涨落，多以此为转移。其大部分输出于美国，若爪哇糖不敷供给欧洲时，输出于欧洲者亦属不少。前因欧洲大战之故，古巴曾设糖业财政委员会，管理一切。该委员会曾消去大宗存糖，对于糖市，力求坚稳，以免跌价而起恐慌。今已恢复自由贸易矣。近闻美国国会对于古巴糖之入口税，则尚未表决。此种税则极苛，竟在值百抽百者。但美国与古巴糖业上利害相关，将必有完满之解决，因美国每年须古巴供给糖二百五十万吨故也。

英领印度平均年产蔗糖二百四十五万五千吨，为砂糖之大生产国，同时又为大消费地。其制造方法，尚属旧式，生产之数只供本国消费，无输出之能力，或时反有由爪哇输入云。

爪哇蔗糖生产地，居世界第三位，平均年产约一百五十万四千六百七十吨。其地人口稠密，工价亦廉，气候最宜于种蔗，收获率之高及生产费之低，世界上任何甘蔗或甜菜产地莫能及之。该岛在东印度公司时代，土人已从事种蔗制糖，其后荷人复以绝大资本、最新科学，惨淡经营，进步极速。据一九一八年统计，共有糖厂一百九十所，其中泗水占三十八所，八寿鲁安二十九所，三宝垅等处亦不少，资本约五万万。年中输出欧洲约八百万担，印度约六百万担，香港三百三十万担，日本一百七十万担。自欧战后，其销场且及于美国澳洲，洵足与古巴对峙，雄据东西矣。比来该岛业糖者类多失败，实缘爪哇糖业之兴衰，以古巴为转移，古巴则以欧洲为转移。欧洲和平恢复后，因战时糖荒，节食成为习惯，故食糖量大减，而甜菜糖生产渐次复元，欧洲糖价反廉于爪哇。古巴存糖尚有一千六百余万包，爪哇前年生产只销去八百万担，所存尚多。益以新货，更形堆积，其数不下三千万担，供过于求，宜其价落而至亏折也。甜菜糖则以德国为巨擘，其发达之历史，亦最速。当一八六〇年所产不过百万担，迨一九一三年欧战开始之前一年，则增至四千三百万担。固缘德国科学湛深，应用学理，可使生产增加，然彼政府采用特种保护政策，亦有以促之也。该国消费年约二千万担，其余均输出英法美诸国，战时受协约国抵制，固无输出。而国民从军，劳力骤缺，生产大减。当时曾将全国糖业收归政府管理，以资分配，现已不复过问，恢复自由贸易矣。德国甜菜糖复兴后，其影响于世界糖业大矣哉。

吾国富于糖产，古有八州之称。或谓印度蔗种，初自我输入，再由波斯而传达于欧洲，是为糖之祖国者，亦中国也。以气候、土地论，南部甘蔗，北部甜菜，生产之力，宜与古巴、印度、爪哇诸大糖业国相抗衡。顾世界产糖统计上，曾不能占一位置，已属可耻，而洋糖输入，土糖日就式微，每年漏卮，不下七八千万金，尤属可惧。兹将最近五年间华洋各糖输出输入之比较，列表如下。

最近五年间中国各种糖输出及外国各种糖输入比较表

（数目据海关贸易册　以担为单位）

年次	赤砂糖		白砂糖		精制糖		冰糖		甘蔗		合计	
	外国输入	中国输出	外国输入	中国输出	外国输入	中国输出	外国输入	中国输出	外国输入	中国输出	外国输入	中国输出
1915	1,680,275	215,926	98,023	30,516	1,979,031	—	130,251	678	163,087	131,202	383,210	4,907,782
1916	1,904,936	163,700	930,943	27,700	2,158,879	—	176,281	263	151,702	110,314	343,365	5,281,353
1917	2,880,502	184,475	1,111,107	45,707	2,980,369	—	225,103	1,350	239,836	125,875	461,368	7,322,756
1918	2,358,719	168,811	1,940,732	32,585	4,145,313	—	314,034	394	140,262	136,644	341,952	8,895,442
1919	1,329,085	105,187	641,845	29,698	2,981,343	—	235,673	1,360	284,673	174,349	250,788	5,362,325

依上表统计，洋糖输入最近三年平均计算总在七百万担以上。或谓吾国人口四万万，每人若用糖三斤，年须一千二百万担。西人谓文明愈进，用糖愈多。今后交通便利，生活程度日高，嗜用洋糖之量，亦必日增。若不设法振兴糖业，则利权外溢，不堪设想矣。

吾国糖业不振，原因甚多。综其大要，约有数端。

（一）农业守旧　凡土质、气候、肥料、灌溉、选种、栽培等，皆不研究。

（二）工业窳败　凡压榨、澄清、化学、干燥以及精制，既不应用机器，又不研究新法。

（三）商业幼稚　凡营业组织、金融运用、推销广告，皆不讲求。

（四）税制不良　厘税烦苛，刻勒留难，反不如洋商得享子口半税之便利。

（五）企业家无大规模之组织。

（六）交通不便，运费甚昂。

（七）人才缺乏。

病原复杂，挽救之法，不可徒望政府，其责当在国民。兄弟去年与马玉山君创办中华国民制糖公司，资本一千万元，业已招足。上承政府提倡，特准免税十年，下荷各界赞助，进行甚利。敝公司经营之法，拟合农工商一举而成之。而进行程序，则先办工商，即以粗糖原料制炼精糖，俟三数年后，于南方如琼州或潮州方面开一蔗糖厂，于北方如豫晋方面，开一甜糖厂。琼州人工地价甚廉，土质气候亦好，且无飓风，较台湾尤佳。豫晋宜于甜糖，试验结果，介休县有甜菜一枚重至九斤者，忻县甜菜含糖百分之二十四，河南至少含糖百分之十三而强。其他各省，宜于糖业者不可缕数。吾国真广土众民，地大物博哉。敝公司逐步调查，通盘筹划，分期实行，期以十年，或有可观。在座诸君子多系敝公司股东，夙承爱注，今日可乘此告慰也。兄弟对于糖业抱无穷之志愿，惟造端闳大，非群策群力，难达目的。今日讲演不觉发生两种希望。

（一）希望于华侨学生　吾国内地糖业日趋萎靡，但华侨在海外经营糖业则甚著成效,如檀香山、菲律滨、爪哇各处华侨是也。查爪哇一岛经营糖厂者,荷人为最多,华侨次之,英日二国人又次之。(日本现有糖厂三所,亦系出重价购自侨胞者)据敝公司派员调查报告,华侨在爪哇各地共有糖厂十六家,而为糖商者尤众。其中因糖致富,大者积资万万,次者数千万,小者亦数百万。如黄仲涵、黄奕住、郭春秧、陈文贞、陈全福、张远记等,其最著也。此等华侨,既拥巨资,复富经验,不回祖国经营,至为可惜。近年糖价大跌,闻去年泗水一埠,张远记损失七千万盾,和美损失三千万盾。其余损失,不可胜纪,无不受制于荷人。近闻荷政府有追索欧战临时所得税百分之三十八,将强迫行之。侨胞痛苦无路可诉。其他荷属苛例未除,菲律滨英文簿记问题未了,皆予华侨以莫大之打击。今后愈演愈激,来日大难。兄弟尝谓吾国之琼州最宜于蔗糖,若得华侨回国投资经营,将来必可与爪哇相伯仲。兄弟久有承租琼州、开发糖业实行自治之具体计划。俟上海工厂成立后,即可试行,深望有识之华侨回国协助。但华侨与国内实业家太过隔膜,不知彼此情形。在座诸君,华侨之子弟也,深望时时输送国内消息,以期逐渐接近,免致裹足不前。尤望力劝父兄回国,免受外人苛待。则糖业前途,实利赖之。敝公司志在为国家办一大事业,为国民辟一新富源,亦甚愿开诚联络。此所以希望于华侨学生之传布鼓吹联络也。

(二)希望于暨南商科　糖业包括农工商而言,当此竞争时代,各种人才俱备,方能战胜。关于农业方面,广东岭南学堂钟荣光先生允任在广东试验种蔗,东南大学邹秉文先生允任在南京试验种甜菜,至为可感。工业方面,留美毕业于糖科者,虽有数人,有已在敝公司服务者,正拟资助令其实习,将来尚望国中工业专门学校注意制糖一科。商业方面,则所望于暨南学校者,至深且远也。敝公司先从工商入手,商业比工业较难,其与时变化,尤非富于经验,善于应付,不为功。如财政之运用,汇兑之行情,营业之机变,推销广告之方法、簿记管理之实施,凡此种种,心领神会,无一不需学识。若不学无术,乌足以言商战。暨南学校商科，济济多才，当能于吾国商业一放异彩也。希望之切，又岂第糖业而已哉。

（《中国与南洋》第 3 卷第 5 期，1922）

张默君

张默君（1882—1965），女，原名昭汉，字默君，号涵秋，湖南湘乡人。早年毕业于上海务本女学及圣约瑟女书院，加入同盟会。1911 年，在苏州创办《大汉报》，宣传革命。旋赴沪组织女界协赞会，为革命军募捐，组织红十字会女子救护队，准备北伐。1912 年创神州女界共和协济会，任会长。同年秋，办神州女学校，任校长。1918 年赴欧美考察教育，入哥伦比亚大学专攻教育学。1920 年，环游英、法、意、瑞士诸国，著《战后之欧美女子教育》一书。回国后，任上海《时报》妇女周刊编辑。后历任江苏省立第一女子师范学校校长、杭州市教育局局长等职。著有《默君诗存》等。

欧美女子之教育

（江苏省立第一女师校长张默君先生在本校演讲）

张默君 讲
房新民 记

今晚蒙贵校长赵先生之请，来此谈话，甚是荣幸。鄙人与诸位虽未在一校共同做事，但曾经相会过一次，就是前次江苏水灾学界闲游艺会筹款的时候，诸位急公好义出来演剧，而表演的成绩，又在他人之右，由此可知贵校的内容了。贵校近来的新发展，就是赵先生此次来的新精神的表现。鄙人早就想来详细的参观，但屡次都是因为事务很忙不能来。刚才赵先生说，诸位昨晚在此地有愉快的集会，然而今晚就是无味的演说，恐不能引起诸位的兴趣。刚才赵先生过分的奖励，更加使鄙人惭愧。今晚所说的题目是“欧美女子的教育”。听说贵校新添设女子部，男女教育并重，鄙人很欢迎这种计划；所以虽无伟论贡献，但是很愿意和诸位谈一谈，不过事务很忙，无暇修辞，又无系统，这是要请诸位原谅的。

今晚所讲的“欧美女子教育”，是战后的女子教育，不是战前的女子教育，想要明白女子教育，要先明白此次大战的影响。此次大战破坏世界的和平，剥落人们的幸福，摧残世界的文化，他的罪实在大极了；然而他贡献于人们的，使得人们觉悟的，也很不少：

第一，此次大战发生在欧洲，其后加入的有美洲、亚洲。以人种而论，有黄白等；以人性而论，有男女。但是何以致此？我以为是教育的结果,察各国教育的成绩,他的精神文化、物质文化,都增进得很快,所以有此次大战的起源。当初瑞士是中立国,比利时也是中立国,后来因受德国的侵犯,也加入战团。考德国的教育,他是崇尚军国民的主义。所以近四十年中,自小学到大学,都是大大的提倡大德意志主义。何以故呢?因为他想雄立在世界上。我们晓得他这种教育,一方面固是利己,然而他方面就是侵人,所以他的教育以养成服从心为主,他的人民的思想自由远不及美法两国,由此可知自动教育与被动的利弊了。英虽是君主立宪,制度守旧,然而他的教育极有民主的精神。美是先进的共和国,他的人民富于自动能力,这是不消说的。还有法国、瑞士,他们的文化都是一天发达一天,这是欧美各国教育大概的情形。

第二,此次大战,奥是祸首,加入的双方,各有联盟联军,而东方的中国和日本也加入去了。经过此次大战以后,各国教育的方针大大的变化了;而且也觉得人民共同的弱点是体育无基本的训练,无耐劳的精神。可是讲到中国华侨参与此次大战,就不是这样。此次鄙人到欧洲的时候,适逢和会开幕,中国的外交人物、留学生和华侨,都很注意这个问题,大家都开会讨论挽救的方法。外人看我们如此,都来问我们想得到怎样的利益,鄙人答以山东当然是无条件收回。他说:“日本应当得优胜的权利,因为他曾动了几万兵队,攻下青岛。”鄙人说:“中国有兵,不过因自己缺乏战船,并且西北利亚铁路又已经坏了,所以不能出兵,然而中国虽无正式军队出而助战,已经有几万华工在战场服务,被打死的不知多少。”他听了这话,甚以为是。因为中国人耐劳性成,到欧洲去的华工,都是体魄强壮的,服务的成绩甚好,外人很赞服。不过华工于智育方面很缺乏,当鄙人到战场的时候,举目一望,四野荒凉,山河不但失色,而且失形,但是墙壁上写了很多“中国老爷到此,天下太平”等字。凡在战线范围,不许外人乱去的。有一次,华工要到那边去,外人不肯,并且和他说明,华工以为他是骗人的,私自奔去,守卫兵初开空枪恫吓,他不听,那末开了一排实枪,打死了很多,华工还是前进,外人不得已,乃叫警察押回去。从此看起来,华工实在缺乏常识的缘故。还有些华工时常抢掠外人,为人所轻视。如果华工既有强壮的体魄，更加以智识的训练，实是外人所不及的啊！

第三，从前基督教盛行，人人都说是基督万能。近代科学发达，人人又说是科学万能。但是我以为教育才算是万能！我们在此次大战就能看出来。如果各国的教育方针正当，各国都以人们幸福为前提，那有这次的惨状啊！

这次大战，不知死了多少英俊的少年，又把四千多年传下来的艺术一概破坏，说起来实在惨极了！但是有人对我说："这句话男子说可以的，女子说就不可以了，因为有了这次大战，女子才能一现身手，从前女子的一切不平等都从此次大战打破了。"譬如美国的关于海陆军军职，从前专是男子担任的，后来因为男子去打仗了，女子去担任的很多，她们都是穿着军服，成绩很好，海陆军里面的下级军官，差不多都是女子。然而她所以能成功的缘故，就是受了教育的训练。法国的女子，也有很多到战场服务的。还有一种最大的帮助，就是红十字会。这个会是 Miss Cover(?)发起的，她本是一个医院的院长，一发起了就有五万女子加入做会员，美国有三万，日本有四人，中国有二人，这二人是生长欧洲的，听说一个是福建籍，一个是广东籍，现在已经死了，可惜不能把她的姓名调查下来。其余各国的女子很多，不详说了。

第四，欧美女子教育的精神，我国实在不及他，现以归纳法说出来：

(1)凡是受过教育的女子，都能尊重自己的人格，并且能尊重他人的人格，还有她们时常说："人民有法律的保障，经济的满足，不是真自由。所谓真自由，乃是心坎中即知即行无所愧怍的就是。"譬如自治会的纠察员，他是纠察同学失当行为的，但是他恐怕强蛮的同学报复，不敢说出来，这种人是良心的奴隶，是不自由的。欧美的女子，事事都本良心上的主张而行，所以他们能真解放，能得真自由。中国的女子，以为解放、自由，就剪发，实在是误解。我经历三大洲，没有看见很多剪发的女子，她们所做的事，都是为人们谋幸福的。

(2)欧美女子，看人生有极浓的兴味，无论做什么事，都是积极进行的，没有一个怀消极思想的。中国的哲学思想很深，可惜多是消极的,时常都说:"像这样大乱的世界,死了比较安心些。"这实在是亡国的现象。我以为要发展事业,非打破这种思想不可。要晓得人生责任重大,我们要利用人生浓厚的兴味,而谋人们的幸福才是。像贵校和东南大学,蓬蓬勃勃的发展,就是抱有责任心的啊!

(3)欧美女子教育的优点,就是有强固的忍耐心,我们有了这种强固的忍耐心,就能认真做事,能认真做事,就无往而不进步的了。欧美的银行警察,都是女子的势力范围。她们做起事来,非常敏捷。因为生活的关系,一天要做几个地方。前次我去教育厅调查教育,教育厅长是个男子,他的时间非常宝贵,我问他各种的情形,他以极简单的话问答,我要他介绍到各处去参观,他吩咐一个女书记写几封信给我,那个女书记一刻儿就写好了。我□看见一女子手在打字机上打字,耳朵又听电话——电话机装在头上——口又和我谈话。你看她同时耳、手、口、目做事,何等灵敏!她能这样做事,她的身体之强,可想而知了。我从前试习了一下,非常疲倦,欧美女子的忍耐心,我们实不可及的。

(4)还有她们对于社会国家,都有很大的贡献。譬如 Madame Curie,她是巴黎大学的女教授,她发明□Badium 的。我在巴黎的时候,很想会会她,后知道□□□了,我曾经写了一封信给她。她回信说了许多不能相会抱歉的话。还有一位 Mrs. Presiden(?),她现任女子教育会会长,她从前任教育局长时,薪水很少,□常说"凡是智力相同的,酬报应该平均"。她运动很多女子起来反抗,她后来占了胜利。

第五,中国从前的教育,专门注重智德体三育,欧美从前亦是这样,后来因为觉得不能满足人生,所以又加上群、美两育。所谓群育,是关系人与人的问题,是关系人们生活的。所谓美育,不是要穿美丽的衣服,乃是道德等等的美。我们想工业出品胜人,要讲求美,要改造社会,如果没有美育,就会干燥无味。而女子是最富于美性的,我之所谓美性,不是说女子好修饰。从前屈原借芳草美人以譬君子。史公谓:"其志洁,故其称物芳。"孟子说:"充实之谓美。"由此我们可想"美"这样东西,是非常尊贵的。物资固然要美,但精神的美,也是很要紧的。

我们中国的女子教育方始萌芽，现在贵校添设女子部，我很希望贵校本原有的精神，以达到欧美女子的精神，并且还要把他光大起来。讲到贵校添设女子部，总要因地制宜。从前的教育，都是注重智德体三育，现在时势不同了，人们的问题很繁，那三育是不够支配的，所以要加上群美二育。我想贵校早已晓得的了。今晚我能与诸位谈话，我很感谢章先生和赵先生。

（《中国与南洋》第 3 卷第 7 期，1922）

章士钊

章士钊(1882—1973),字行严,号秋桐,湖南长沙人。清末任《苏报》主笔。1908年留学英国,在爱丁堡大学专攻政治经济学,1911年武昌起义后回国,始任《民立报》编辑,继而创办《独立周报》。1913年参与“二次革命”。1914年创办《甲寅杂志》。1916—1917年参与“护国”“护法”两役。1921年去英国考察政治,回国后任段祺瑞执政府教育总长、司法总长等职。北洋军阀覆灭后至沈阳任东北大学文学院院长。“九一八”事变后去上海当律师,抗战全面爆发后去香港,胜利后仍返上海为律师。1949年初至北京参与国共谈判。中华人民共和国成立后任中央文史研究馆馆长,全国政协常委。1923年和1948年两次到暨南大学讲演。著有《长沙章氏丛稿》等。

欧游之感想

（在上海暨南学校商科讲）

章士钊

此次游历欧洲，调查欧洲各国战后状况，所得感想，与十余年前留学欧洲所得感想不同。十余年前归国时，以为欲使中国平治而富强，但须采行列强政治制度，如议会内阁总统联邦等。及此次欧战后再到欧洲，尽行调查各国战后状况，始悟根本上吾国与欧洲各国有一大不同之点。吾国以农立国，人民尚节俭，以恶衣食卑宫室为美德，自尧舜禹汤文武直至清季，治国者以端拱无为不至扰民为能事。但欧洲各国皆以工业立国，人民尚奢侈，以华服广厦相尚。其政治制度无不因工业立国而产生。夫以农业立国者，皆主消极，但求自治。至于以工业立国者，则事事皆积极进行，恒至生产过剩，竞争市场，推广殖民地，因此血战前后相继。凡载欧史者，皆可复按。此次欧战后，各国精华消耗，筋疲力尽。有识之士，遂群起谋根本改革，以去乱源。及今数年，尚未见眉目。诚以欧洲之以工业立国根深蒂固，一时不易划除。但工业立国制度不改，则因生产过剩，竞争市场，仍将层见叠出。是乱源不去，战终不能免也。欧洲各国如此，固甚可悯，但吾不愿见吾国不以欧洲各国为鉴，而再蹈此覆辙。故吾此次欧游所得之结论，乃“中国宜保存农业立国之制，以后提倡农村，使一村自给自治。一村如此，一县一省莫不如此，及农村制推行各省，国可治也”。诸君在此习学商业，吾恐所学者为工业立国之商业，而非农业立国之商业。若诸君所习，仍为工业立国之商业,则所志仍为竞争市场、经济侵略。但农业立国之商家,其志但在懋迁有无,占什一之利,并以利人而已。大抵吾人作事,不外有意识与无意识之分。凡事必有系统,吾人能认明本身立于系统之何部,并明本部与他部及全部之关系,而因此调剂吾动作者,谓之有意识,否则谓之无意识。地球之于天际,大系统内之一点也;吾国之于全球中,系统内之一部也,吾人之于一国,小系统内之一身也。诸君当自问本身立于各系统内之地位,并与各部之关系,因之求有意识之作为乎。此固吾所愿与诸君相勉者也。

(《来复》1923 年第 241 期)

世界道德重整问题

章士钊 讲
章学良 记

诸位同学,记得二十年前兄弟曾到贵校讲演过一次,后来不出外讲演几二十年,今天是二十年来第一次的公开演讲,因闻贵校办理得很好,同学皆富于求学热忱,所以不能拒绝贵校坚邀的盛情。但现在首先要与诸位提到的,是现代思潮有一个严重的错误!一般见解,认为社会进化是直线的,我明白告诉诸位,社会铁律,是历史重演。历史之有价值,即在其能重演。历史不重演,还有什么文化基础、文物制度?人类是称万物之灵,能由野蛮进于文明,主要原因,就在人类有历史。

近日报载美国参议员勃里奇发起的世界道德重整委员会,现正集合世界各国、各人种的代表数万人,在美国开会,讨论世界道德重整问题。其开会动机虽不可知,但可断定,这是为了两次世界大战的结果,道德全部摧毁,所以才有这种道德重整运动的展开。在二十世纪上半期短短四十年中,接连发生两次大战,因未开辟出人类精神向上的道德,所以愈战愈混乱。长崎原子弹之余热未冷,而第三次大战之信号又在发出,今后之世界趋势如何?文化前途如何?以世界人、东方人之立场,究应如何做人?如何治国?这都是我们,尤其是青年们,所迫切需要知道的。这些问题,并不简单,但可一提其纲领,以确定世界社会文化应如何向前走?如何走?才能得到效果。

在第一次世界大战酝酿期(一九一一—一九一四),兄弟正在美国留学。当时世界形势,正是英德竞争海上霸权最激烈的时期,这时外交途径是不能走的。诸位要知道,英德竞争海上霸权,其目的无非在竞争推销商品,以垄断世界商场。自十八世纪世界工业革命以还,英国一向执着工业的牛耳,商权海权,融而为一。十九世纪后,德国威廉第二,励精图治,努力生产,市价廉,品质好,非英国工业产品所能竞争。一九一一年,正是我辛亥革命那年,伦敦报纸批评其国内各级学校亦都普遍采用德货,长此以往,国运堪忧!当时局势,两国非一战不可。所以历史家说一九一四年之大战是少数伦敦商人所造成的。因为海上霸权只能操在一国,为争海权,不得不战。大战之发生,英国灭亡殆将趋于。其理至明。他们拼命所争的,只是安享战争之利而已。一九一八年,巴黎和会开幕。战胜国意见,殊不协调,只因不肯放弃既得利益。美总统威尔逊,抱无穷希望,亲赴巴黎,参加和会,但竟毫无成果,威尔逊一怒返美。未及二十年,德国又利用欧洲各国间之矛盾,得以死灰复燃。希特勒与威廉第二,在德人眼中都是德国唯一无二的领袖,而整个欧洲,整个世界,亦深受其苦痛。两次大战,相距不过二十年,在此二十年中,欧洲思想家曾提出种种方案以建立和平,但何以未一一见诸实行?无情战争,何以始终难于避免?以兄弟不敏的浅见,以为此因欧洲国家都属工业国,文化不能突出工业范围,所以各个思想家的方案,均不能为根本之救治。一九二一年至一九二二年和会之后,兄弟再度赴欧。这时欧洲正侈谈中国文化,甚至老庄哲学。代议制是欧洲最夸大的制度,此时差不多受到全世界的总攻击。马克思所倡唯物史观,言“历史不能脱离生产工具,历史价值全凭物质判断”,亦遭全欧反对。但愈反对而马克思主义愈战愈强,甚至反对者自身,亦陷入重围而不自知。此盖因其学说乃由工业文化所形成之故。工业前身是农,但工业革命后,生活便都改观了。若看我国历史,夏商周三代都是农业社会,夏人尚忠,殷人尚质,周人尚文,都不离乎农。宋苏明允先生说:“忠之变,而入于质;质之变,而入于文;兵势便也。及夫文变,而又欲返之于质也,是犹欲移江河而行之山也。人之喜文而恶质与忠也，犹水之不肯避下而就高也。彼其始未尝文焉而不辞，今日食之以太牢，而欲使之啜其菽哉。”这就证明文化是不能回头的。这犹如有电灯，而欲使其复用油灯，食肉之人，而欲使其再食蔬菜，同样的困难。据此原则，欲以工业复返农业，因其过苦，这是不可能的。人类只是要享受，家庭生活虽足够享受，但人类不满足，要向前走，由农业进入工业社会，由农村跑到都市，后来便感觉拿了工资吃不饱饭，生活反大受威胁。史密斯之分工论，是经济学上的大发明，但亦是道德上之大失败。如皮鞋厂分十余部门工作，每日产鞋万双，工人每日八小时中所做的只是一件事。人生完全变成机械化，因此人人感觉苦痛，而缅怀农业社会的高尚，有享受，富于艺术性，能发挥人类自由的意志。但世界是有连环性的。欧洲许多思想家，想尽种种办法，但无法使社会返回古代。兄弟在英国，与大史家威尔斯晤谈，他说，代议制本身并不好，我们五分钟内，可以将此制度粉碎无遗，但破坏以后，最困难的是我们想不出比代议制更好的制度。即此可见欧洲思想家之苦闷。又法国史宾果洛所著《欧化西沉论》，言世界文化终要还到农业时代，但非工业垮了，不能看出，穴居生食，终有一天会到。这可看出工业文化不能自动向农业走。我国文化以农为中心，就大体言，农业文化讲伦理，工业文化尚自然；农业文化分本末，工业文化颠倒本末；农业文化讲知足，工业文化求成功享受漫无限制；农业文化崇礼，工业文化重律，重功利；农业文化是消极的，工业文化是积极的；前者有所不为，后者耻所不为。这是农业文化与工业文化之区别，但非当然的区别。中国之所以为中国，数千年国运上维持，全凭一礼字。这决不是容易的。国家有良好之制度，数千年培植不易，而一旦破坏之有余。孟、荀争论人性问题，实则异途而同归。孟子是教育家态度，荀子则盛言尊王，人之性格，本无区别。孟子曾说出一个真理，人与兽是一样的，伦常是人为的，尊兄长，教父母，都是人类造成的。在五十年前伦常，无人敢反对，现在则有人讲共和，有人复过辟。从前圣人之所以能用伦常治国，就因其具有宗教力。圣人之所以能成功，只因能使民知耻。耻我不为君子，耻我不为圣人门弟子，希望每人怕自心的制裁。

但我们晓得,泥菩萨扔在粪坑中以后,不能再供人膜拜。中国文化重在礼,如今都破坏了。现在的中国文化在何处?旧文化已破坏了,中国文化已无处可找,整理中国道德,以何为标准?中国尚在青黄不接之时代。勃里奇多年前曾见过中山先生,中山先生曾对他说,惟有中国文化,才足以救世界。但我国之农业文化,已早破坏,将如何以我国之农业文化救济工业文化之弊?新文化在何处?旧文化在哪里?世界道德,已趋末路,如更欲以工业文化挽救工业之弊,是以水救水,以火救火。所以外国人极希望能以中国文化来救济。但世界已面临共同之新危机,究应如何救治?其方法如何?依兄弟浅见,先须各位承认下列数原则:(一)人类道德与生活方式,是相连的。否则便是僧道生活。(二)人心是唯物的。(三)自然是无情的。(四)历史是重演的。这点尤其重要。人类把戏,只有那么一点点。不承认这原则,便是自己上当。等你知道时,已化尽全身精力了。承认上述原则后,然后集合下列各种方式的人,重新讨论世界道德重整问题:(一)荀卿式的儒家。(二)佛洛伊特(Froite)式的心理学家。现在世界上人,都有点精神病,所以需要变态心理学家来诊断。(三)马尔萨斯(Malsox)式之史学家,人口论学者。(四)马克思(Marx)式之经济学家。(五)斯宾果洛式的新闻学家。以共同探究人类弊病究在何处。赤裸裸的暴露人性之弱点,然后开一方案,施以共同的药石。采取中国之孔子与秦始皇,和欧洲的耶稣与希特勒的长处,而抹杀其短处,以谋工业文化与农业文化之调和与共济。夫如是,世界道德,才有重整之可能!人类文化,才有光明的希望!

(《国立暨南大学校刊》1948年复刊第17、18期)

徐永祚

徐永祚（1891—1959），又名玉书，浙江海宁人。年少时就读海宁达才学堂、浙江省高等学堂。1914年毕业于上海神州大学经济科，翌年被聘回母校银行科任教。1917年至1919年，任《银行周报》编辑及总编辑。1920年任上海证券交易所会计科科长。1921年在上海创办“徐永祚会计师事务所”。曾担任神州大学、上海商学院、复旦大学、光华大学教授。1925年成立上海会计师公会，为发起者之一。1933年创办《会计杂志》月刊及会计人员训练班。1925年和1934年两次到暨南大学讲演。著有《改良中式簿记概说》《所得税与会计》等。

我国会计师事业之现状

徐永祚

本月七日下午四时，本校特请上海著名会计师徐永祚先生来校演讲“我国会计师事业之现状”。先由雷先生致介绍词，略谓：“今日承徐先生惠然肯来，不胜荣幸。徐先生虽初次来校，然精神上之期望，已有二三年之久。诸生平日得徐先生指导者不一而足，今日定能增吾侪之智识。”

余屡承诸君与诸教授相邀，来贵校演讲，甚为荣幸！今日得与诸君相见，得益非浅。余学识荒疏已久，实不能餍诸君之厚望，抱歉之至！今日之讲题为“会计师之现状”。今日会计师事业之重要，无待赘言。会计事业之历史颇短，在中国尤无成绩可言，故社会对于会计师常发生种种误会。其次，则会计师不知其自身之重要。余既欲讲现状，不得不先将会计师之历史略述之。会计师业务之发现，在中国时间固甚短。但英国虽已实现一二百年之久，其发达至今，亦不过三四十年。美国则实行较迟，至今亦不过一二十年，非仅我国然也。民国元年时，英美之会计师方渐来我国，但统计亦不过一二十人而已。彼等所执行之业务，仅英美商人所设之行号而已。自中国无形将会审公堂管理权移于外人之手后，案件多须按外人律例办理。凡清算破产管财等事，皆须会计师经手办理。后公堂与会计师薛逻罗订约，凡公堂内涉会计师范围之事务，多由彼经手办理，故会计师中，薛知名较早。

当时日本亦拟实行会计师条例,曾通过彼国下院。我国谢霖先生知会计师事业之重要,乃与李征等议例一《会计师暂行章程》呈部采用。后经部批准,即于民国七年九月七日颁布。是时,余适主《银行周报》,即拟一题曰"说会计师"以研究会计事业。我国所颁布之条例,多译自日本,但当时资格限制极严,凡大学或专门学校毕业,而曾在五十万元资本以上之行号服务五年以上,而证明确实者,方得声请立案执行会计师业务。对于行为方面,则并未规定。此项章程于民国七年颁行后,余曾著《中国会计师之商榷》一书。书中对于章程,亦尝论及之。盖英国会计师资格之限制甚严,须经预备;中间最终三次考试,其间各距三年;最终考试通过后,方得为副会计师;再经三年,方得为正会计师。商科大学或专门学校毕业生则可免预备试验。其限制之严可以想见。美国则先在学校中已养成充分之学识,然后分省考试,先副后正。回顾中国则相形见绌,即使实行考试制,监试者固无其人。即应考之人才,亦不可得。自章程颁布后,至余于十月七日领执照时,相去三载,仅有十一人。其所以稀少之故,以资格限制之严,与国人不知其重要也。国人首先为会计师者为谢霖,而实行业务者,余为第一人。当交易所盛行时,余任信托公司会计师,一年后即行停业。其后余又执行业务于民国十一年。是时,会计师又增童诗闻一人。当民国十二年五月李根源长农商时,对于会计师条例,尝开一农商会议。佥以条例限制太严,致声请注册者寥寥。未几,即通过修改会计师条例,明文规定凡在商科大学或专门学校毕业而有相当之学识者,或曾在资本五十万元以上之公司行号服务连续会计要职五年以上而经验宏博者,皆得声请注册立案而为会计师。其后声请者日多,嗣后闻已领执照者有一百五十余人之多;其所以人数骤增者,条例修改之效果也。人数虽较前增加,但实行业务者,据调查所得,在上海仅二三人,在京津方面者,则阒然无闻焉。原因多由无人视会计师为专门职业;其次则社会不明会计师之意义。此经历之大概也。自会计师人数激增后,上海自较内地为发达,同人乃集议在沪设一会计师公会,于今年三月宣告成立;会址即附设在余之事务所,今已成为有组织之一团体矣。会计师英名

“chatered accountant”,系皇家特许之专名;我国会计师多沿用之。因此引起外人之交涉,以我国会计师日渐增多,不免与外人利害相冲突,故藉词交涉。我国农商部不问是非,下令禁止。同业以为用“chatered accountant”者他国亦有,何以强向中国提出抗议?且中国不能引用英律认为理由不足,当以详情上达农商部。后亦无下文,究不知此案作若何结束也?

以现状而论,人数,京津最多,现有六七十人之谱。上海则有四十余人,而入会者仅卅人。多因入会,一则限制资格,二则又须得会员二人以上之介绍。所述皆我国会计师分布之情形也。现今会计师之履历,以欧美留学生为多,出身银行者则较少。现今会计师所执行之业务,为如查账清算等,多系附属的,而非主要的。余今再言我国会计师不发达之原因。试思我国仅有一百余人,而实行以此为职业者仅三四人。英则为五万余人之多,日本虽亦发达颇迟,但现今亦有三四十人。我国未免相形见绌。其不发达之原因,一则由于社会误解会计师之性质与其执业。今试询人以会计师之所业,则人将答以会计师所以查账目之弊窦,或为官厅清理破产者也。曾有友人询余所业,当以会计师告之,彼瞠目不知会计师为何业;可见社会人士对于会计师之隔膜。人既视会计师为专查弊窦者,则如账目无弊发现,即不需会计师。有不知此实会计师消极方面之业务也。即以查账而论,积极言之,实欲求其资产负债之真确状态也。例如商店中之折旧,而论如何方得财产之实价,颇属紧要。譬如一桌价值十元,每年平均减去价值一元,减去之后是否真确?此实最费研究者也。他如资本的支出与收益的支出,例如一机械附加一机械而增生产,则属资本的支出;又如机械失去一钉而修补之,则实为收益的支出。及损益计算于财产上,常不能得十分之正确。会计师之查账,即对于财产求较真实之损益。余自执行业务以来,窃思此问题实关最要,如上海前华人开设之纱厂,闻红利极厚。后受日纱之影响,多相率亦闭。余□手审查时,方知各厂所有机器,每季结账,多不折旧,致资产负债,不得其实也。凡英美之公司行号,每年结算时,多必提出盈余若干,作为各种公积金;而我国则不仅用具不折旧,即开办费不匀摊,于此可见吾国会计之幼稚。若各商号多依会计师之规划计算,自属精确。故我人之利用会计师,最要者,即欲得财产真实之状况也。第二会计师之不发达原因,则以我国商店会计大都守秘密,此实一牢不可破之习惯,实属大谬。不知账目公开,实有莫大利益。于股东方面,则可免经理之舞弊;于经理一方面的则日后亏蚀,庶可不负其责。但社会人士,多不知其利。即平日信用较著之商号,亦不欲将其账目顾问于会计师也。余前主《银行周报》时,欲征求各银行之借贷对照表,而应者寥寥。号称新企业,尚且如此,况其他乎?第三种之原,为账簿之不改良。我国旧式簿记,亦有可取,然易生弊窦。但如钱庄等以沿革较久,故记账法多含有复记式原理。但新事业如报关行等,则所用簿记毫无优点之可言。现今即有用复式簿记者,或不知斟酌情形而应用于不论何种事业,或只知机械式之记账法而不明晓簿式之原理,故多不能显著其效用。我国旧式簿记,登记多无一定之方法,审查时必须一一校对。所有会计原理,几无所用。会计师对于旧式账簿,查检可谓最困难,若一有谬误不能发见,则会计师将失人信仰。若用西式簿记,则自无此等困难矣。余今再述我国法律上对于会计师之窒碍,第一则由于我国之会计师之暂行章程太取放任主义,致失会计师之尊严而不得升高其地位。第二则对于行为方面毫无规定,英美会计师条例,对于行为方面者,凡会计师(一)不得兼职,(二)不得用佣钱等制度,(三)不得登广告招揽营业。良以会计师之人格须高尚而超然者也。美之公司律规定某号股东,即为某号监理人,检查一切账目。我国司法制度,多译自日本,办理破产等,多由法庭执行,推事办理,而英美则多于会计师之手。余今将业务现状约略讲解:英之会计师业务中有常年查账与临时查账,小商人之营业顾问,调查所得税之实况等;核办开设公司,则凡有注册召集股东会等文书等,均由会计师办理之;或应多数小股东之要求,为其清查账目等事,以保护其权利而防大股东之操纵垄断之弊。美国之情形则大同小异,因其为首先发明之国,故对于公益而专利性质之营业,其价目均由会计师审查而核定之。余为闸北水电厂加价事,曾发表一论文,大意谓须两得其平。如公司实属亏蚀，则理宜加价以顾血本，否则不能随意增价以增用户之负担。中国会计师之现状，就余之所业而论，最多者为查账，次会计组织，次文书。而他若童诗闻等，则兼业清算以后之方针，则唯改良簿记为要。余此次演讲之目的希望有三：一、社会人士对于会计师事业能完全了解；二、改良簿记；三、法律组织应有所改正。诸君肄业商科，能用各人之智力以宣传之，则将来毕业后对于所业，可不如今日之困难矣。

余今日所讲，毫无次序，定不能满诸君之望，尚祈原谅！

（《暨南周刊》1925 年第 14、15 期）

中国簿记改良问题

（在暨南大学商学院演讲）

徐永祚

今天承董院长之请，邀赴贵校讲演，曷胜荣幸。只以时间匆匆，只将鄙人对于中国簿记改良经过之情形略与诸位一述焉。

鄙人于簿记会计之学虽习自学校，但专意研究，则在民国七八年以后，时适主编《银行周报》。为求同好之切磋起见，特就该报辟一“会计研究”专栏，略抒所见。当时对于西式簿记及会计原理，虽已粗知梗概，而于中国通行之簿记及账法，则几一无所知。以为中国簿记颠倒紊乱，支离破碎，毫无研究之价值，充其极不过一种单式簿记耳，故主张根本废弃，完全改用西式簿记。间或为各公司规划会计制度，亦尝本此主张以从事，如交易所业簿记即其一例。此为鄙人对于中国簿记改良之第一时也。

民国十一二年，鄙人执行会计师业务有年，鉴于西式簿记不能为一般人所认识，完全仿行，究有未便；且因改用西式簿记而致簿册笔墨均须仰给于舶来品，价值昂贵，亦非提改良之道。最使余感触者，尝因某案提用查账报告书于法院，法官竟以不惯阅亚拉伯数字为理由，要求另造。因此益觉全用西式簿记尚多窒碍，乃主张就西式簿记之形式加以改变，如横写之改为直行，记载全用中文，金额亦以中文列记，但省去每个数间之位名，如十百千万等而以线或点区分其位数。账簿用国纸，记账用毛笔。先后为某商会及某某数大学规划会计组织，即本此主张以从事,用者均尚称便。但其所用之账理账法全仿西式,非一般人所能习,数字正写于格内,不便疾书,账簿规定格式,须特别印刷,添置不易,凡此种种,均属窒碍,故未能推行于工商各业,此为鄙人对于中国簿记改良之第二时期。迄今官厅簿记尚多用此主式以改良者,但鄙人此时所主张维持者仅中式簿记之形式,至其内容,仍完全为西式簿记也。

民国十四五年,鄙人既鉴于吾国推行西式簿记之不易,而维持中式簿记形式之改良方案又多窒碍,复因执行业务关系,与工商界之接触日多,同时并努力于中式簿记之调查,略有所得。对于中式簿记之观念,为之一变,认为中式簿记,并非全无组织,记账方法并非全不合理,病在参差不一耳;不仅在形式上有维持之必要,即在实质上,亦有保存之价值,且以其行使之广,历史之久,愈觉其势力之大,基础之固,决非西式簿记所能取而代之。但其缺点甚多,非加改良不可,当时为各公司规划会计组织,即本此主张以从事,为之规定账户分类、账簿组织、会计规则等,使其会计事务之处理有一定之准绳,而对于中国历来通行之收付簿记法,仍照旧沿用。金额之用金写字或数码字记载,则一任记账员之自由,账簿不特别印定格式,以期易行,此为鄙人对于中国簿记改良之第三时期。

近数年来,作者受托为改良中式簿记之殷计者日多,对于中式簿记之认识与改良方案之发现,似续有进步,其最足快心者则有三事:(一)近世簿记法之能应事业规模之大小,与账目收付之繁简,以变化其账簿组织者,全赖利用多栏记账法与账簿分割法,以达到其分化与集合之能事,增进会计上办事之效能。中式账簿中文直写,其直幅不宜过长,虽无敷设多栏多额之便利,但能利用账簿分割法,以变化其账簿之组织。如银钱日记,若以收付目的物为标准,可分为现款日记、行庄日记、来票日记、出票日记、转账日记等数簿;若以账目之性质为标准,可分为进货付款、销货收款、各项开支、银钱日记等数簿。此外如货品簿、誊清簿等,莫不可依其性质分为数簿,此其一也。(二)西式簿记,所谓凭单记账法者,即以凭单代用账簿,又有所谓统辖记账法者,即汇合同类项目记账,以便过账及结算,均于记账事务上节省极大之劳费。尝因代办某纸版公司及某轮船公司之会计事务(均用西式簿记凭单记账法),而发现中式簿记简便的统辖记账法,行之于某药房某书局,而成效大著,此其二也。(三)四柱清册为吾国之古法,能善用之则可根据各种分日记簿,及誊清簿,编成每日每月或每年之结算表,可以检验每一个期间记账及计算之有无错误,并可表现每一个期间账目收付之结果及经过与比较,较诸西式簿记之平衡试算法,效用尤大,此其三也。有此三点新发现,故认为中式簿记亦能适用于大规模事业之会计,如某大烟草公司、某大药房、某大书局等,其著例也,改良中式簿记至此堪称粗具轮廓。去年以来,决意订定标准方案,以谋中国簿记普遍的改良,匆匆未果。去年五六月间应计政学会之请,讲演于南京,听者多会计专家,间亦涉及此问题,均蒙赞许,而职务繁忙,久久无成。十月以还,始屏绝诸务,壹志于此,乃成《改良中式簿记概说》一书,此为鄙人对于中国簿记改良之第四时期。

观于上述可知十数年来鄙人对于中式簿记所抱之态度矣。方其因不认识而鄙弃也,凡仅知西式簿记者,必与有同感。及因执行职务而发生窒碍,因窒碍而思变通也,亦今日会计学家与旧式商家接触后之征态。至于感觉中式簿记之可贵,认为值得调查研究,值得改良提倡者,求之今日研究会计者,尚属罕见。惟社会上对于中式簿记之观感,确已因此而发生影响矣。

(《暨南校刊》1934年第102期)

张子柱

张子柱(1896—1981),字澜洲,号梅景,广东新会人。少年时曾入蚕业学堂学习。1920年公费留学法国,先习法文,再入巴黎大学学习经济学。1925年回国后,执教于上海大夏大学、法政大学。次年任云南省府高级顾问兼任东陆大学教授等。1928年后在香港为青年党进行广泛活动,曾创办西南中学、《香港时报》、《探海灯》三日刊、中国书局。著有《国家主义与世界潮流》《濠江遗难集》等。

护侨政策

（在国立暨南大学演讲）

张子柱

兄弟生长广东，而且是生长于广东新会，所谓“四邑乡里”，兄弟就是他们中一分子。年轻的时候住在乡间喜欢听那“桥头伯父”“巷尾太叔”谈历史，说春秋，因而知道不少的华侨故事。那时便叹息：好勇敢啊！白发驼背的老人家！好厉害啊！赤眼高鼻的“番鬼佬”！及六年前赴法留学，道经南洋，更亲眼看见华侨的生活，那时便立下决心，替华侨打个不平，替祖国争个体面！及到了法国，自己也做了华侨；自己虽然是念书，但是住在巴黎，常和中国的商人们、工人们搅到一块儿，所以他们的状况也得尽量领略。尤其是常常会着许许多多侨胞：有由祖国来取道往美洲的，有由美洲来取道回祖国的，有因到伦敦不得上岸或被英国政府驱逐出境而来的；这都是足以使我生无限的感想，表无限的同情！及今年五卅惨案发生，兄弟与侨胞们组织一个“旅法各界救国联合会”，兄弟是这个会的中文文书部主任，兄弟此次归国就是代表这个会，那么兄弟就是华侨的代表。华侨救国的意见固然要尽量发表，华侨本身的利害也不能不尽宣布；可是国内的大人先生们只知华侨是富商大贾，捐款，募金，虽然趋之若鹜，若听见呼援求救之声，恐怕避之若浼了！那么我们华侨的苦情，向谁申诉？且我以为口头上说几句同情的话，于华侨本身仍无大裨益，我们应进而为事实上的援助，应进而为彻底事实上的援助。今天得了一个很好的机会，蒙贵校长姜先生请来演讲。兄弟知道贵校是华侨教育一个最高的学府，诸位同学多是华侨子弟；兄弟相信贵校教职员先生和诸位同学一定能够与华侨以一个事实上的援助，给华侨以一个彻底的事实上的援助！所以兄弟特地来，把多年如鲠在喉，援助华侨的意见，向诸位面前吐出，作诸位一个参考。现在先谢谢主席雷先生的介绍，并即开首演讲我要讲的题目——“护侨政策”。

兄弟此次归国，因路途之便，重游南洋各埠，触景生情，悲喜交集；可喜者，各埠华侨人数的众多。新加坡、安南两部，由海边以至内地，由小买卖以至大商店，举眼而望，华人多，外人少，华人人数不知超过白人与土人多少倍。即如处在印度洋西岸，气候酷热的哥伦布，从前仅有林伯泉一家（广东香山人），现在已增多几家做绸缎的中国店子了。以我们富于冒险性的中国人，对于这个热带中物产丰富的商埠，既有人开通在前，后来当然络绎不绝。当时我很高兴地对同行的朋友说，英国人自夸，太阳到处有英国旗，今我们可以自夸，太阳到处有中国人。同行的朋友某君答道：“还是人多便宜，我们中国人满布全球，使列强莫奈之何，杀他们杀不死，烧他们烧不尽。”这确是可喜的地方啊！然则可怒的地方何在？南洋各埠白人的数目总比我们华人少，而白人总居统治者的地位，我们华人总居奴隶地位，白人到处受人尊崇，我们华人到处受人践踏，华人的生活有时简直牛马之不若！我思之复思之，为什么一样的移民，只因皮色不同，尊卑之别，至于如此?！这无非是因为人家移民，有政府保护，我们移民，政府全不理会，一任他们自来自去，自生自灭的缘故。因此兄弟便想到“护侨政策”四个字，而且要尽力提倡它，以至于实施为止。

兄弟主张保护华侨，不仅是因为发生于一点同情心，即经过理性的判断，也以为非保护华侨不可。不保护华侨，不但是对华侨不住，而且中国的国际地位也将因此动摇，因为华侨事业和祖国有莫大的关系，华侨曾对祖国有极大的贡献：

一、华侨对于经济上的贡献

我国经济所以陷于恐慌的地位，有两大原因：第一实业不兴，第二现金外溢。对于开发实业，我国固不缺乏天然力与劳动力，所缺乏者，雄厚的资本与进步的技术而已。但是近来已有人去办工厂，开矿山了。他们安得雄厚的资本？多由华侨处集来。他们安得进步的技术？多由华侨处传来。他如电灯、电话、电车、火车、轮船以及商业大公司等新事业，恐怕谁也不能否认，有许多是由华侨创办，有许多是由华侨投资而成的。那么华侨对于开发国内的实业，便有不少的功绩。至谈到现金外溢一层，我国现金流出的路有三：一偿债，二赔款，三因进口货超过出口货，外人每年多拿去三万万两以上。这三条路子，年年如是，流出如许的现金，诚足以使我国银粮短绌，经济破产而有余！然而自海禁开后，现金如海水一般的流出去，流到现在，还未源枯流竭，岂不是一件很神秘的事吗？不足为奇，如果我们到外国银行和中国人开的金山庄一查，便知道补漏卮者不是别人，乃是远处海外的华侨。华侨每年向外人卖力（体力和心力），赚外人的金银，大宗大宗的汇回祖国，实在不知道多少。华侨之所以遭外人诟忌，被外人排斥，和这个原因很有关系。你们说华侨对祖国的经济上是不是有很大的贡献？

二、华侨对政治上的贡献

古人说"近乡情更切"，但我们出过国的人反觉得"远乡情更切"。华侨爱国的心情大概由"远乡"而起。远托异国的华侨，因为一直接受外人欺侮而愤激，二眼见亡国奴处境之凄惨而恐惧，三见人国之强盛而羡慕，四见己国之衰微而羞耻，乃知祖国之可宝可贵，且以为努力救国，人人有责，所以每当国内爱国运动，华侨必闻风而起。对内则文电声援和捐款经济——闻上海总商会中人言，五卅惨案发生以后，收入捐款三百余万，其中由海外华侨电汇者，占二百七十万余。欧美华侨固得公开募集，而南洋方面的华侨在外人压制之下，也秘密筹款，几十万几十万的寄回，这便可见华侨爱国的热忱！——对外，积极方面，在居留地举行示威运动,警诫外国政府——巴黎会议,中国所以不致丧失国权,华盛顿会议,中国所以能够得到些少利益,都是当地华侨包括本国代表,警诫外国政府的成功。就是五卅惨案发生以后,各地华侨不知道做了多少国民外交功夫了。——此外关于革命运动,也大得华侨的努力:华侨爱国情重,救国心切,见祖国之衰微而不满意于无能的政府,以为非根本铲除政治上的恶势力,不足使祖国转弱为强,因而主张革命,赞助革命,实行革命。大家都知道中山先生是革命的先觉者,但是大家不要忘记,中山先生是檀香山华侨的子弟。大家不要忘记,清末之所以能够起革命,辛亥革命之所以能够成功,得华侨响应之助不少——华侨中为革命而破产者大有其人。大家不要忘记,每次革命华侨多有用"华侨敢死队""华侨决死队""华侨义勇队"的名义参加。以上种种就是华侨主张革命,赞助革命,实行革命的表现。我国一线生命所寄,是寄在"爱国运动"与"革命运动"之上,而华侨对于这两种运动,实在已经立了很大的功绩。你们说华侨对祖国的政治上是不是有很大的贡献?

其实华侨对祖国的贡献,不止在经济与政治两者之上,我相信东方文化的传播,西洋文化的输入,得华侨有意无意不断的效力也不少。但是人们多不注意这种种的事实,竟至把华侨的功绩完全埋没,华侨便成了无名的英雄啊!同时我们要知道华侨能够为祖国立功,不是白白可以做到的,是有很大的代价。在座诸君多是华侨子弟,一定知道你们的祖宗、你们的父兄曾经有极大的牺牲。兄弟现在概括的和诸君谈谈,看过所举的事实对不对?

(一)出国时的牺牲

从前华侨出洋,所搭的是木船,在茫茫洋海中,挂帆逐浪而去,东风吹来,船向西摆,南风吹来,船向北倾;如果遇着大风大浪,木船只好搁在山边,等到风平浪静然后再行;有时大风大浪一来,躲避不及,便船没人亡了;或者因为避风浪避得太久,船中粮尽,也可以饿死。从前华侨出洋可以说是完全赌彩头:为饥寒所迫,尽管下船,但是何时得达目的地是在不可知之数,一年半载到埠不定,永远不到也不定。所以从前船主登记，并不写搭客几位，而是写"寿坛"几个（寿坛即骨坛）。世人赞叹哥伦布寻新大陆的冒险精神，其实我们中国不知道有多少哥伦布！自然现在很坚固、很快捷的火轮船，到什么地方都是很平安、很方便的。但是这种幸福，在"腰缠十万"的阔人，或者可以完全享受，若那欲以一条光身换人家几十万几百万回来的华侨，恐怕还要受许多污辱，许多危险呢：关墨房啊，熏硫磺啊，验钩虫啊，验肉砂啊！岂不是受了许多污辱吗？至说到危险，危险之大，莫过于偷关，因为有许多商埠排斥华侨，禁止华侨入口，华侨欲正正式式拿护照去，是万不可能，所以华侨们多铤而走险，买私位设法偷关，是"家常便饭"的。他们是由船上中国工人或水手秘密包引落船，躲在船底下，不幸被船主或船员查出，抛向海中喂鱼，是常有的事！即不然，蒙洋大人开恩轻办，也要中途起岸，终身坐牢！纵或侥幸船主或船员查不出来，可以到埠，但无护照的人未必能够上岸，此时又恐税关查验员的发觉了！其因躲避查验而丧命的也不知多少：民国九年七月中有一支由中国到美国旧金山的邮船，船上有四十几名要偷关入美的华人，船入港后，税关人员来查舱时，他们一齐装入船底的大淡水箱内，一个水手不小心把箱盖闭紧了，这几十人完全窒息而死。嗳哟！像这样的惨事，不是杜撰，也不止一次，近年来，还常常发现的呢！诸君想想，这是何等的冒险，何等的牺牲！

（二）在埠时的牺牲

千侥幸，万侥幸，神鬼有灵，保佑得偷关上岸了——华侨出门，大概他们的家人都向祖先，或天神、地主前，朝夕叩头敬礼，烧香点灯，以至接到到埠的回头信为止——但是无钱照的人欲领居留照又是一个问题，因为护照领不到居留照的人，到外人处找工固然很不容易，即到同乡（华人）处做工，如果被警察查出也要受罪。兄弟留学巴黎时，遇着不少的"四邑乡里"，他们在伦敦做工，因为没有居留照，被警察追迫，逃到法国。听说有些当警察追迫的时候，一日数迁，在屋顶上露宿，挨饥抵寒，三数日以至一星期不等。无居留照固然是住埠找工的障碍，然而言语不通，习惯不同，也不容易讨生活。纵然有许多人到开放的商埠，居留找工不如是之困难，或能由工转商，多赚几文钱；但这又恐难逃外人苛税杂捐，重重抽剥了！据南洋方面华侨说："南洋群岛的英法荷各国殖民政府，因己国所受欧战时经济上的损失，急待弥补，乃图取偿于殖民地，狡计百出，横征暴敛，小大不弃，华侨的膏血不足供其吸取。四五年来，挑夫小贩固然到了山穷水尽之境，就是资财素丰的人也多破产。"于此可见华侨在外谋生的不易。此外各地勤苦的华侨因食住不良、工作过重，而疾病、而死亡者不计其数：食则粗米饭、臭咸鱼、烂菜叶；住则多人同居一狭陋、卑湿、污秽、不通空气、不透日光的窖中。因食住不良，身体已是瘦弱不堪。再加以作长时间超过体力的又繁难又笨重的工作，焉得不疾病不死亡呢？嗳哟！世人只见南洋客，金山老的大个大个的铁箱满载而归，不见大坛大坛的骸骨运回国内，寄放在义祠里啊！

（三）家庭的连带牺牲

华侨们离家别井，不单是他们本身要受极大的牺牲，他们的家庭也要连带的牺牲呢。华侨开初出外的旅费，多有由重利借贷，典当田地，甚或质卖子女而来。那么华侨出了门，还未赚到钱寄回家以前，他们的父母妻子短衣缩食，挨饥抵寒还不了，还要设法还债，按期清利呢。不幸因为找不到钱，飘流海外，久假不归，甚或因贫苦而疾病，而死亡，做了外国土地（粤语，做了外国鬼的意思），那便寡人之妻，孤人之子，独人之父母了！侥幸"运气好"得"发了洋财"，但恐怕不是三两年的事，最少要十年二十年三十年的时候。到了"满载而归"的时候，大有"少小离家老大回，乡音无改鬓毛衰。儿童相见不相识，笑问客从何处来"的情景，那"高堂白发"等不来，早已到地下安息去了！那贤德的妻子，老"守生寡"（粤语，丈夫死了曰守寡，丈夫出门多时不归，曰守生寡）也"鹤发鸡皮"，而她的生人乐趣，已为她的丈夫牺牲尽了！我记有位乡亲年老归里，囊中颇丰，他的邻舍向他的妻子道喜，都说"大叔发了财"，这位"金山婆"（粤语，丈夫在金山谋生，他的妻子称做"金山婆"）眼中带着泪珠儿，回答道："列位婶姆不要替我欢喜，这些不过是卖仔钱。"她的意思是，如果我的丈夫不出外，夫妇同居，不知生了多少个儿子，只因饥寒所迫，丈夫出外谋生，致自己“守寡”几十年，如今两人俱老，膝下无儿，好不伤悲呢！诸君，我们看华侨的妻子何等的怨屈！岂不是华侨的家庭也连带牺牲吗？

我们由华侨的贡献方面看起来，便可明白华侨事业与国家之关系如何重大；由华侨的牺牲方面看起来，便应主张国家急须保护华侨。否则华侨事业日就衰落，将失去原有的地位，不特华侨之大不幸，亦国家之大不利。老实地说，保护华侨，就是保护国家。爱国之士可不注意“护侨政策”么？“护侨政策”之设施，兄弟以为最低限度有以下十条：

（一）编发“侨民须知”，详告侨民以出国的预备，旅中的状况，入埠的手续，各埠工商业的情形和各埠风俗习惯及禁例等。

（二）向各国政府交涉取消一切不平等条约及待遇。

（三）委任熟识侨务人员充当各埠领事以切实保护侨民；领事的委任，须得该华侨民的同意，并许侨民以监督之权。（现在有许多有华侨的商埠，还未设有领事，其余已设有的，亦不过发给护照和证书而已，此外别无能事。）

（四）将侨民的家庭情形详细登记，如有贫穷无告者，给以相当的赡养费。

（五）设立“侨民银行”专收侨民存款，予以确实的担保，并轻利借款与侨民，以充实其营业资本。

（六）在国内外举办工商业展览会，使海内外的本国工商业家互相明白两方的工商业情形，以便营业。

（七）对于侨民教育应指定的款，特派专员办理。对于侨民本身则设各种补习学校，对于侨民子女则设大学以至幼稚园。（若不注意于侨民教育，则侨民之子女将来不同化于白人，即同化于土人。）

（八）许侨民选举代表归国充当国会议员，参预本国政治。此种代表之资格，限于侨民，别人不得冒充，政府亦不得指派。

（九）对于侨民及其子女回国予以特别保护，对于侨民所置立的产业，予以特别保障。

（十）对于侨民投资发展本国实业，予以种种优越权利。

以上十条不过是“护侨政策”的大纲，详细说明当然不是一两点钟的事情，并且兄弟以为以上十条未足以尽“护侨政策”的能事，还要下一番研究的功夫。因此兄弟欲向诸君提议组织一个“护侨政策研究会”。这个会自然是研究“护侨政策”的标准、内容和实施的方法……然统计华侨的人数，调查华侨的状况，征集华侨的意见和唤起国内人士的注意……都是第一步应做的工作。我想在座诸君对于这个问题一定比旁人热心！因为诸君是华侨子弟，保护华侨就是保护诸君的父兄，也是诸君应主张的权利，所以兄弟今日特来在诸君面前演讲“护侨政策”，并向诸君提议组织一个“护侨政策研究会”。希望诸君起来发起，兄弟必尽力助成，务使“护侨政策”由理想以至实行，把海外华侨由牛马的地位，提到人的地位，由人的地位，提到中国人的地位！

（《醒狮》1926 年第 69 期）

鲁 迅

鲁迅(1881—1936),原名周树人,字豫才,浙江绍兴人。1898年入江南水师学堂。1902年东渡日本留学。在东京参加章太炎主持的革命团体光复会。1909年回国。临时政府成立后,应教育总长蔡元培之邀,到教育部任职。新文化运动开始后,和李大钊等一起参加《新青年》的编辑活动。1927年和1929年多次在暨南大学讲演。

在上海暨南大学的讲演

（一九二七年十一月六日）

鲁　迅

今天，承蒙夏先生叫我到这里来和你们见面而且漫谈谈，我觉得很高兴，因为我很喜欢和艰苦卓绝怀有雄心壮志的青年人谈天。好！我们就随便谈谈吧。我从广州回来不久，对于广州有一些感觉，那个地方的蚊虫很多而且比较江浙的要大些，嘴也要长些，吸起血来不用说是厉害得多，我是供给不起的。（说到这里，先生微笑了，同时，引起了大家一阵欢笑；但到了大家发笑的时候，他却不笑了，反而看着大家笑。——这是鲁迅先生演讲时惯有的风格）广州也有些特点，花草和水果极为丰富，这是一般游客所艳羡的。不过，权柄仍然是掌握在军阀和富商的手里头，一般人民的生活并不怎么样好过，这是使我以前的想象都落了空。（先生显出失望的神气）

中国算是又革了一次命，但我最近一个月来看看上海的情况还是老样子。一动没动，不过，各种税捐增加了，物价上涨了，尤其是吃的东西。我是略无宏图的人，当然要注意到“江东的米价”，这哪里能不注意呢？常言道“民以食为本”，如此弄得小百姓就连吃口稀粥都比较以前还要困难。（讲到这里，声音低而有点哽咽）那么，这一次革命，算是成功，还是失败呢？我真茫然了！好在将来的历史学者是会有定论的。

我们“中华大国”，真是形形色色，无奇不有。辛亥革命以来已经十几年了,而剃发编小辫子的仍然大有人在,被他们称为三家村的愚民自不待言,就是那班“青春作赋,皓首穷经”的老道学家们,也还仍然有把小辫子盘在头顶上用瓜皮帽子罩起来,这其间想是大有道理的,恐怕是谨遵先圣的遗训“身体发肤,受之父母,不敢毁伤”吧。如然仍旧端居高拱,手捧宝书,终日在那里咿唔呫哔着,但不知还能持续多少时候。暴风雨总是要到来的,我看这一类人也应该朝窗户外面觑一觑,久发“思古之幽情”也没味道,最好换换调门吧。到了现在,还谈得上“幽情”吗?其实是“哀鸣”。这也有诗为证。不见康南海有句云“袖手河山白日曛”,这真不愧为“爱新觉罗氏”坚贞不渝的“忠臣”啊!(先生面呈鄙夷之容)

我想,年纪大一些的人(按:演讲那年先生四十七岁),应该走在前头作为带路人,这也不是以“前驱”自居,而是应该这样做。因为世界上的路原来是没有的,是由人们逐渐地走出来的。前头的人踩出一个路影子来,大家跟着不断地向前走,那就会开出“康庄大道”来的。但是,“康庄大道”的出现,是很多人艰辛劳动的结果,是要付出相当大的代价,而不是“一蹴即就”的。现在,我们需要开出一条“康庄大道”,不但是便利人民大众和后代的人,同时,自己也好走。我看,我们不必在崎岖的羊肠小道边盘桓了。不过,要走这条路,在自己看来是正确的,但在另有些人看来却是“歧途”,他们就要设“路障”,扯“铁蒺藜”,阻止你前进。怎么办?当然就要引起争论,争论不已,就不得不“混斗”一团了。假如就在这“万弩齐张”,以你为“的”的时候,有人出来叫你“带住”,从表面上看来这是“和事佬”的善意,其实是帮敌人的大忙。你们看,怎么能“带住”呢?假如一“带住”的话,那不但有“没落”之危,实际是自趋“灭亡”之道。因此,我们要有勇气,必须拆除“路障”,也必须把“铁蒺藜”扯得干干净净,然后才能向前进。(讲到这里,先生把香烟放下,作扯“铁蒺藜”的姿态,声音激昂,气势雄浑)现在,我们在一个“大铁幕”里面生活着,实在透不过气来,用“笔杆子”来戳破几个小洞给大家透点气也觉不容易,更何况阻力丛生哩。我看,光靠“笔杆子”总嫌弱,将来若要把这个“大铁幕”掀掉,那就非“枪杆子”和“炸弹”不可，但这点要有人“带头”才行。（说到这里，声音较为缓慢）我们应该晓得，这是要有巨大的力量的，现在还是“聚集力量”的时候。

以下，我们谈谈文艺方面的“创作”。依理而论，既然是“创作”，就要有“闯劲”，要开辟出一条新路子来，不能受前人的框框所限制，陈陈相因，依样画葫芦，老是那一套，那还有什么意思呢？要写东西，首先要把“主意”拿定了，“方向”切准了，就写起来。胆量要大些，不要怕人家批评。（音高而气雄）批评的人，他们有他们一套的观点、手法和作用，恐怕未必和我们执笔的人一致，因此，他们说他们的，我们写我们的，不管他。（说到这，丏尊老师风趣地说：“那方光焘先生就缺少工作做了。”方先生微笑着说：“我们的方向是一致的，我有我的事好做。”鲁迅先生略停一下，继续讲下去）开始写东西，或许“词汇”不够，或“词不达意”，这是难免的，不要胆怯。须知一个人并不是一出母胎就成为大人的，是逐渐地壮大的。幼稚点也不足怕，不足羞，久炼成钢嘛，只要能“自强不息”，不断地求进步，那自然会充实起来的。当然，没有从天而降的“天才”，“天才”也是在人民大众里面产生的。大众是产生“天才”的“土壤”，现在“土壤”雄厚了些，将来就有产生“天才”的可能。不过，刻下能动笔的青年作家并不多，我是把“文艺的未来”和“中国的未来”寄希望于你们的。（先生好像慈母喂婴，向大家默默地环顾着）

你们现在能够上大学，真是幸运。学中国文学并不容易，因为中国文学遗产确是汗牛充栋，其中精华不少，垃圾确也很多，应当汲取其精华，不要被垃圾压倒了。从前有一句老话叫做“鹅王择乳”，说的是“乳”和“水”放在一道，鹅有特殊的选择能力，只吃“乳”而不喝“水”。这是不是事实呢？我们且不管它，但这个故事很有启发作用。我们应该吃些“乳”以滋养身体，若是多喝些“清水”，就不免发生膨胀病，而况是“浊水”和“毒水”呢？假如喝得多一些，那就是速死之道，无药可医了。我自幼是读过一点古书的，回忆起来真有趣，当时的老师教我用朱笔圈点（不是标点）古书，这是很耗费光阴和脑力的。并且，一本书用朱笔点完了，又要改用绿颜色的笔复校。因此，我总希望有人出来把切合目前需要的古书加上新式标点，以节省学人的时间和脑力。但是，标点古书不是一件简单的事，标点弄错了，就会使人误解和曲解原文的涵义。唉！我们中国的古书真难读，据传说班昭把她父、兄的遗业《汉书》继续完成了，当时的大儒就要请求她面授句读。你们看，专在纸头上考古之难，有如此者。我想，在古书里面取材料以资参考是可以的，倘若一头钻进故纸堆里面爬不出来，那就不好了。（先生作怜惜之态）当然，也会有些老头子起来反对我的说法，那就只好让他们一味笼统盲目地“古之又古”，“作古”“千古”去罢。

现在，各处报刊发稿费都是按字数多寡算钱的，因此就有人故意把“大作”拉得长些，则稿费从丰。此风实不可长，因为不求内容的充实而只贪字数的增多，这实在是一种病态。你们假如要做文章向报刊投稿的话：第一，切忌言之无物；第二，切忌冗长；第三，切忌“敝帚千金”，需要“改之又改”；第四，不因袭前人；第五，务必精炼些；第六，如为环境所限，不便用“直笔”，就改用“曲笔”，也可以。

关于外国的文艺名著也可以选读，这是有借鉴的作用的。但有先决条件，最好能懂得一种欧洲语文，若是专靠华文译本，那就隔了一层。听说，你们多是读英语的，好了，许多世界文艺名著都有英译本，而中译本很不全，这是一个缺陷，将来可能会填补起来。不过就我的经验很感觉用这种“方块汉字”去翻译外国文艺名著，有的时候就是“配合”不上，若是“诗歌”，它那“韵律”的美妙，都是含有“音乐性”的，一经翻译，可以说完全失掉了。当然，“诗中有画”的中国“古诗”尤其是“律诗”的“对仗”，用“拼音文字”来翻译，也是无法着笔的。

（《鲁迅演讲全集》，长江文艺出版社，2007）

文艺与政治的歧途[①]

（十二月二十一日在上海暨南大学讲）

鲁 迅

我是不大出来讲演的；今天到此地来，不过因为说过了好几次，来讲一回也算了却一件事。我所以不出来讲演，一则没有什么意见可讲，二则刚才这位先生说过，在座的很多读过我的书，我更不能讲什么。书上的人大概比实物好一点，《红楼梦》[②]里面的人物，像贾宝玉、林黛玉这些人物，都使我有异样的同情；后来，考究一些当时的事实，到北京后，看看梅兰芳、姜妙香[③]扮的贾宝玉、林黛玉，觉得并不怎样高明。

我没有整篇的鸿论，也没有高明的见解，只能讲讲我近来所想到的。我每每觉到文艺和政治时时在冲突之中；文艺和革命原不是相反的，两者之间，倒有不安于现状的同一。惟政治是要维持现状，自然和不安于现状的文艺处在不同的方向。不过不满意现状的文艺，直到十九世纪以后才兴起来，只有一段短短历史。政治家最不喜欢人家反抗他的意见，最不喜欢人家要想，要开口。而从前的社会也的确没有人

① 本篇记录稿最初发表于一九二八年一月二十九日、三十日上海《新闻报·学海》第一八二、一八三期，署周鲁迅讲，刘率真记。收入本书时经过作者校阅。

② 《红楼梦》：长篇小说，清代曹雪芹著。通行本为一二〇回，后四十回一般认为是高鹗续作。

③ 梅兰芳（1894—1961），字畹华，江苏泰州人，京剧艺术家。姜妙香，北京人，京剧演员，他们二人自一九一六年起同台演出《黛玉葬花》。

想过什么，又没有人开过口。且看动物中的猴子，它们自有它们的首领；首领要它们怎样，它们就怎样。在部落里，他们有一个酋长，他们跟着酋长走，酋长的吩咐，就是他们的标准。酋长要他们死，也只好去死。那时没有什么文艺，即使有，也不过赞美上帝（还没有后人所谓God[①]那么玄妙）罢了！那里会有自由思想？后来，一个部落一个部落你吃我吞，渐渐扩大起来，所谓大国，就是吞吃那多多少少的小部落；一到了大国，内部情形就复杂得多，夹着许多不同的思想，许多不同的问题。这时，文艺也起来了，和政治不断地冲突；政治想维系现状使它统一，文艺催促社会进化使它渐渐分离；文艺虽使社会分裂，但是社会这样才进步起来。文艺既然是政治家的眼中钉，那就不免被挤出去。外国许多文学家，在本国站不住脚，相率亡命到别个国度去；这个方法，就是"逃"。要是逃不掉，那就被杀掉，割掉他的头；割掉头那是最好的方法，既不会开口，又不会想了。俄国许多文学家，受到这个结果，还有许多充军到冰雪的西伯利亚去。

有一派讲文艺的，主张离开人生，讲些月呀花呀鸟呀的话（在中国又不同，有国粹的道德，连花呀月呀都不许讲，当作别论），或者专讲"梦"，专讲些将来的社会，不要讲得太近。这种文学家，他们都躲在象牙之塔[②]里面；但是"象牙之塔"毕竟不能住得很长久的呀！象牙之塔总是要安放在人间，就免不掉还要受政治的压迫。打起仗来，就不能不逃开去。北京有一班文人[③]，顶看不起描写社会的文学家，他们想，小说里面连车夫的生活都可以写进去，岂不把小说应该写才子佳人一首诗生爱情的定律都打破了吗？现在呢，他们也不能做高尚的文学家了，还是要逃到南边来；"象牙之塔"的窗子里，到底没有一块一块面包

---

① God：英语上帝。

② 象牙之塔：原是法国十九世纪文艺评论家圣佩韦（1804—1869）批评同时代消极浪漫主义诗人维尼的用语，后来用以比喻脱离现实生活的文艺家的小天地。

③ 指新月社的一些人。梁实秋在一九二六年三月二十七日《晨报副刊》发表的《现代中国文学之浪漫的趋势》中说："近年来新诗中产出了一个'人力车夫派'。这一派是专门为人力车夫抱不平，以为神圣的人力车夫被经济制度压迫过甚……其实人力车夫……既没有什么可怜恤的，更没有什么可赞美。"

递进来的呀！

等到这些文学家也逃出来了，其他文学家早已死的死，逃的逃了。别的文学家，对于现状早感到不满意，又不能不反对，不能不开口，“反对”“开口”就是有他们的下场。我以为文艺大概由于现在生活的感受，亲身所感到的，便影印到文艺中去。挪威有一文学家①，他描写肚子饿，写了一本书，这是依他所经验的写的。对于人生的经验，别的且不说，“肚子饿”这件事，要是欢喜，便可以试试看，只要两天不吃饭，饭的香味便会是一个特别的诱惑；要是走过街上饭铺子门口，更会觉得这个香味一阵阵冲到鼻子来。我们有钱的时候，用几个钱不算什么；直到没有钱，一个钱都有它的意味。那本描写肚子饿的书里，它说起那人饿得久了，看见路人个个是仇人，即是穿一件单褂子的，在他眼里也见得那是骄傲。我记起我自己曾经写过这样一个人，他身边什么都光了，时常抽开抽屉看看，看角上边上可以找到什么；路上一处一处去找，看有什么可以找得到；这个情形，我自己是体验过来的。

从生活窘迫过来的人，一到了有钱，容易变成两种情形：一种是理想世界，替处同一境遇的人着想，便成为人道主义；一种是什么都是自己挣起来，从前的遭遇，使他觉得什么都是冷酷，便流为个人主义。我们中国大概是变成个人主义者多。主张人道主义的，要想替穷人想想法子，改变改变现状，在政治家眼里，倒还不如个人主义的好；所以人道主义者和政治家就有冲突。俄国文学家托尔斯泰②讲人道主义，反对战争，写过三册很厚的小说——那部《战争与和平》，他自己是个贵族，却是经过战场的生活，他感到战争是怎么一个惨痛。尤其是他一

① 指汉姆生（K. Hamsun，1859—1952），又译哈姆生，他曾当过水手和木工。所作长篇小说《饥饿》，于一九二〇年获得诺贝尔文学奖。参看《集外集拾遗 · 哈谟生的几句话》。

② 托尔斯泰：列夫 · 托尔斯泰（Л. Н. Толстой，1828—1910），俄国作家。出身于贵族地主家庭。他的作品无情地揭露沙皇制度和资本主义势力的种种罪恶，同时又宣扬道德的自我完善和“不用暴力抵抗邪恶”。著有长篇小说《战争与和平》《安娜 · 卡列尼娜》《复活》等。《战争与和平》是他以一八一二年拿破仑入侵俄国为题材的长篇小说，写于一八六三年至一八六九年。

临到长官的铁板前(战场上重要军官都有铁板挡住枪弹),更有刺心的痛楚。而他又眼见他的朋友们,很多在战场上牺牲掉。战争的结果,也可以变成两种态度:一种是英雄,他见别人死的死伤的伤,只有他健存,自己就觉得怎样了不得,这么那么夸耀战场上的威雄。一种是变成反对战争的,希望世界上不要再打仗了。托尔斯泰便是后一种,主张用无抵抗主义来消灭战争。他这么主张,政府自然讨厌他;反对战争,和俄皇的侵掠欲望冲突;主张无抵抗主义,叫兵士不替皇帝打仗,警察不替皇帝执法,审判官不替皇帝裁判,大家都不去捧皇帝;皇帝是全要人捧的,没有人捧,还成什么皇帝,更和政治相冲突。这种文学家出来,对于社会现状不满意,这样批评,那样批评,弄得社会上个个都自己觉到,都不安起来,自然非杀头不可。

但是,文艺家的话其实还是社会的话,他不过感觉灵敏,早感到早说出来(有时,他说得太早,连社会也反对他,也排轧他)。譬如我们学兵式体操,行举枪礼,照规矩口令是“举……枪”这般叫,一定要等“枪”字令下,才可以举起。有些人却是一听到“举”字便举起来,叫口令的要罚他,说他做错。文艺家在社会上正是这样;他说得早一点,大家都讨厌他。政治家认定文学家是社会扰乱的煽动者,必想杀掉他,社会就可平安。殊不知杀了文学家,社会还是要革命;俄国的文学家被杀掉的充军的不在少数,革命的火焰不是到处燃着吗?文学家生前大概不能得到社会的同情,潦倒地过了一生,直到死后四五十年,才为社会所认识,大家大闹起来。政治家因此更厌恶文学家,以为文学家早就种下大祸根;政治家想不准大家思想,而那野蛮时代早已过去了。在座诸位的见解,我虽然不知道;据我推测,一定和政治家是不相同;政治家既永远怪文艺家破坏他们的统一,偏见如此,所以我从来不肯和政治家去说。

到了后来,社会终于变动了;文艺家先时讲的话,渐渐大家都记起来了,大家都赞成他,恭维他是先知先觉。虽是他活的时候,怎样受过社会的奚落。刚才我来讲演,大家一阵子拍手,这拍手就见得我并不怎样伟大;那拍手是很危险的东西,拍了手或者使我自以为伟大不再向前了，所以还是不拍手的好。上面我讲过，文学家是感觉灵敏了一点，许多观念，文学家早感到了，社会还没有感到。譬如今天××先生穿了皮袍，我还只穿棉袍；××先生对于天寒的感觉比我灵。再过一月，也许我也感到非穿皮袍不可，在天气上的感觉，相差到一个月，在思想上的感觉就得相差到三四十年。这个话，我这么讲，也有许多文学家在反对。我在广东，曾经批评一个革命文学家①——现在的广东，是非革命文学不能算做文学的，是非“打打打，杀杀杀，革革革，命命命”不能算做革命文学的——我以为革命并不能和文学连在一块儿，虽然文学中也有文学革命。但做文学的人总得闲定一点，正在革命中，那有功夫做文学。我们且想想：在生活困乏中，一面拉车，一面“之乎者也”，到底不大便当。古人虽有种田做诗的，那一定不是自己在种田；雇了几个人替他种田，他才能吟他的诗；真要种田，就没有功夫做诗。革命时候也是一样；正在革命，那有功夫做诗？我有几个学生，在打陈炯明②时候，他们都在战场；我读了他们的来信，只见他们的字与词一封一封生疏下去。俄国革命以后，拿了面包票排了队一排一排去领面包；这时，国家既不管你什么文学家、艺术家、雕刻家；大家连想面包都来不及，那有功夫去想文学？等到有了文学，革命早成功了。革命成功以后，闲空了一点；有人恭维革命，有人颂扬革命，这已不是革命文学。他们恭维革命颂扬革命，就是颂扬有权力者，和革命有什么关系？

这时，也许有感觉灵敏的文学家，又感到现状的不满意，又要出来开口。从前文艺家的话，政治革命家原是赞同过；直到革命成功，政治家把从前所反对那些人用过的老法子重新采用起来，在文艺家仍不免

① 指吴稚晖。参看《而已集·革命文学》。

② 陈炯明(1875—1933)：字竞存，广东海丰人，广东军阀。一九二五年所部被广东革命军消灭。鲁迅的学生李秉中等曾参加讨伐陈炯明的战争。鲁迅在一九二六年六月十七日致李秉中信中说：“这一年来，不闻消息，我可是历来没有忘记，但常有两种推测，一是在东江负伤或战死了，一是你已经变了一个武人，不再写字，因为去年你从梅县给我的信，内中已很有几个空白及没有写全的字了。”

于不满意,又非被排轧出去不可,或是割掉他的头。割掉他的头,前面我讲过,那是顶好的法子咾,——从十九世纪到现在,世界文艺的趋势,大都如此。

十九世纪以后的文艺,和十八世纪以前的文艺大不相同。十八世纪的英国小说,它的目的就在供给太太小姐们的消遣,所讲的都是愉快风趣的话。十九世纪的后半世纪,完全变成和人生问题发生密切关系。我们看了,总觉得十二分的不舒服,可是我们还得气也不透地看下去。这因为以前的文艺,好像写别一个社会,我们只要鉴赏;现在的文艺,就在写我们自己的社会,连我们自己也写进去;在小说里可以发见社会,也可以发见我们自己;以前的文艺,如隔岸观火,没有什么切身关系;现在的文艺,连自己也烧在这里面,自己一定深深感觉到;一到自己感觉到,一定要参加到社会去!

十九世纪,可以说是一个革命的时代;所谓革命,那不安于现在,不满意于现状的都是。文艺催促旧的渐渐消灭的也是革命(旧的消灭,新的才能产生),而文学家的命运并不因自己参加过革命而有一样改变,还是处处碰钉子。现在革命的势力已经到了徐州①,在徐州以北文学家原站不住脚;在徐州以南,文学家还是站不住脚,即共了产,文学家还是站不住脚。革命文学家和革命家竟可说完全两件事。诋斥军阀怎样怎样不合理,是革命文学家;打倒军阀是革命家;孙传芳②所以赶走,是革命家用炮轰掉的,决不是革命文艺家做了几句"孙传芳呀,我们要赶掉你呀"的文章赶掉的。在革命的时候,文学家都在做一个梦,以为革命成功将有怎样怎样一个世界;革命以后,他看看现实全不是那么一回事,于是他又要吃苦了。照他们这样叫、啼、哭都不成功;向前不成功,向后也不成功,理想和现实不一致,这是注定的运命;正如你们从《呐喊》上看出的鲁迅和讲坛上的鲁迅并不一致;或许大家

① 革命的势力到了徐州:蒋介石叛变革命后仍打着"北伐革命"的旗帜,于一九二七年十二月十六日占领徐州。

② 孙传芳(1885—1935):字馨远,山东历城人。北洋直系军阀。一九二五年盘踞东南五省,一九二六年冬,其主力在江西南昌、九江一带被北伐军击溃。

以为我穿洋服头发分开，我却没有穿洋服，头发也这样短短的。所以以革命文学自命的，一定不是革命文学，世间那有满意现状的革命文学？除了吃麻醉药！苏俄革命以前，有两个文学家，叶遂宁和梭波里①，他们都讴歌过革命，直到后来，他们还是碰死在自己所讴歌希望的现实碑上，那时，苏维埃是成立了！

不过，社会太寂寞了，有这样的人，才觉得有趣些。人类是欢喜看看戏的，文学家自己来做戏给人家看，或是绑出去砍头，或是在最近墙脚下枪毙，都可以热闹一下子。且如上海巡捕用棒打人，大家围着去看，他们自己虽然不愿意挨打，但看见人家挨打，倒觉得颇有趣的。文学家便是用自己的皮肉在挨打的啦！

今天所讲的，就是这么一点点，给它一个题目，叫做……“文艺与政治的歧途”。

（《集外集》，人民文学出版社，1973）

① 叶遂宁（С. А. Есенин，1895—1925）：通译叶赛宁，苏联诗人。他以描写宗法制度下田园生活的抒情诗著称。十月革命时曾向往革命，写过一些赞美革命的诗，如《天上的鼓手》等。但革命后陷入苦闷，最后自杀。著有长诗《四旬祭》《苏维埃俄罗斯》等。梭波里（А. Соболъ，1888—1926），苏联作家。十月革命后曾接近革命，但终因不满于现实生活而自杀。著有长篇小说《尘土》，短篇小说集《樱桃开花的时候》。

离骚与反离骚

鲁　迅 讲
郭博如 记

我今天想和诸位讲的，是“离骚与反离骚”。《离骚》这册书，是战国时楚人屈原做的。他因为当时的王糊涂，听信奸人的谗言，不亲信他；他于是恨而作《离骚》，自己也就投江自杀了。至于“离骚”两字的解释，离，罹也；骚，忧也。离骚者，因得忧患而发牢骚也。从屈原做了这册发牢骚的《离骚》以后，中国文学界为之一变；许多失意的人都仿他的体裁呐喊，这叫做骚体。而摹仿《诗经》的文学就因此湮灭。仿《诗经》的句子是须修饰的，须要文雅的，句的长短也不能十分差异。而骚体则能自由伸缩，句子粗些也不妨。所以从骚体盛行之后，《诗经》体可说是亡了。秦朝末年项羽和刘邦称兵，羽败走时的《垓下歌》：

力拔山兮气盖世，
时不利兮骓不逝；
骓不逝兮可奈何，
虞兮虞兮奈若何！

和汉高祖的大风歌：

大风起兮云飞扬，
威加海内兮归故乡，
安得猛士兮守四方！

都是骚体的作品。汉末董卓造反，帝也唱着骚体的歌；从此看来，发牢骚是人的天性，只要有一些不满意，便喜欢发牢骚。不过，发牢骚这个事情，却不是很轻易的，实有很大的危险。当皇帝的权力强盛时，发牢骚也须变更方式；像唐贾岛在长安呈帝的诗中有两句：

不才明主弃，
多病故人疏！

就听皇帝的骂声。这个方式是以说自己的不好而来发牢骚，现在的新闻记者常采用这种方式。譬如自己总用“小记者”“小子”“吾侪小民”等来骂大人物；把自己弄成无价值，一方面愈显对方的无价值。不过，这究属是很危险的。

综述发牢骚有三种方式：

（一）赤裸裸地说对方不好——像屈原一类的。

（二）仅说对方有某方面的不好——胡适之先生就如此。现在舆论界议论得他很利害，其实他的行为决非造反。

（三）说自己的不好——像贾岛一类的，现在的小报最会像这样的发牢骚；譬如他一方面说自己不是人而一方面评论你，那你更不是人了。

现在且说到《反离骚》吧。《反离骚》是汉扬雄做的。《反离骚》是反离骚的，换句话说，他就是反对发牢骚的。他的意思，是人应听天由命，发什么牢骚；人一发牢骚，社会就会扰乱了。而发牢骚的也往往说，因为社会扰乱了，所以我要发牢骚。

其实，发牢骚多少会使人们的意识清醒些。而反牢骚究竟也不是绝对的不发牢骚，一点反牢骚的牢骚就是他的牢骚。现在的出版物《新月》说是只限于文艺的研究，却不许人发牢骚，这便是反牢骚遗下来的精神。

不过，我们须认清，这两派——牢骚与反牢骚——都不是社会的叛徒。发发牢骚也绝不至扰乱社会，不过发牢骚的也都为一己的利禄而已，整个的社会问题仍是不会涉及的！今天我看到《申报》上载有《新文艺之没落》一文，大概说是中国在几年前产生了一点肤浅的文学,后来由欧洲、日本传来了一些无产阶级文学恋爱文学,于是文艺界以为大获了;而现在却什么都不成东西,新文艺的末日到了等等一段话。像这种言论,实在处于牢骚与反牢骚之间,他的意思是谁都不好的,只有我一个人好。这种人思想的没有统系,正和我今天的演讲一样。

(《暨南校刊》1930年第28—32期)

简又文

简又文(1896—1978),字永真,号驭繁,笔名大华烈士,广东新会人。早年就读于岭南学堂。1914年入美国奥伯林学院,获文学学士学位。1919年入美国芝加哥大学研究院攻宗教学,获文学硕士学位,1921年辍学返国。1924年任燕京大学宗教学院副教授,旋任冯玉祥创办的今是学校校长。1926年加入中国国民党。1936年创办《逸经》(半月刊)。1938年在香港与林语堂等创办《大风》旬刊,至1941年日军袭港停刊。1945年抗日战争胜利,创办广东文献馆。1954—1959年受聘为香港大学东方文化研究院研究员、名誉研究员。1964—1965年受聘为美国耶鲁大学客座研究员。1978年卒于香港。编著有《太平天国全史》《冯玉祥传》《白沙子研究》等。

西北军一年来之革命奋斗史

（在上海青年会及暨南大学演讲词）

简又文

西北军具有十余年的历史，在中华民国的革命史中历著勋劳，如在清季之秘密革命运动，如在蜀倒袁之役，如打倒张勋复辟之役，如驱曹锟逐宣统之役。是其名誉与伟绩不独为国人所共知，即在世界亦极惹人注意，而其军纪之优尤为世人所称赞。自去年南口退师之后，全军即加入国民党，成为党化的军队，与南方国民革命军联合战线共同奋斗。一年以来，于艰难困苦、饥寒交迫之中从绥远、甘肃一直打出来，至能与南方革命军会师中原，今且结合北方革命势力继续北伐。但是因年来僻处西北，交通不便，消息不灵，以致外间虽然对于其行动甚为注意，而于其近年来之历史与现在之实况却很少知道。余去年在粤，蒙中央党部派赴西北任政治工作，跋涉数千里到该军服务半年，故略知其梗概。今因家事告假回来，蒙邀请演讲，很欢喜将我所知道者详为邦人士告。

西北军之党化自前年（十四年）讨奉之役兴，后李景林虽消灭于天津，然郭松龄被杀于新民，孙传芳背盟于苏，岳维峻失败于河南，而吴佩孚本以讨贼始，忽亦与贼联合，全局变化于西北至为不利。总司令冯玉祥氏为减少战祸计，忽令全军退至南口，个人则决心下野，赴俄留学以图再举。到库伦时，适顾孟余、徐谦等君及俄顾问鲍罗廷亦到，即共商救国大计。有一天晚上，冯与鲍详谈进行计画。鲍用坚决凶猛的语问冯："公拥有中国唯一强勇的军队，素抱救国的宗旨，但究竟有何具体的整个的救国计画和政见？如有而又胜于国民党的，我们将离国民党而群来扶助你；如其没有，则请你立刻加入国民党，接受其主义与政策，联合一致，共谋国是。"这简直是挑战。据冯自述，当时无言可答，因自知自己乃是一个军人，素乏政治见识，只有革命之心而却无计画和政见，当时眉头皱了一夜，不曾合眼，翌日即下决心入党。自此以后，西北军的新生命便产生了。他在俄国一住三月，专研究革命理论、革命方法、党的组织及纪律及政治经济等，得益不浅，差不多将其全部思想概念改变了，而成为一个真诚的国民党党员及彻底革命的健将。及至去年八月南口退兵（当时因多伦失守，后方危急，故不得不全军撤退），西北军之生命危殆已极，各将领乃恳切电请冯回国主持大计，冯氏因于九月与于右任氏回到绥远收拾残破之军队而重造新局面。九月十七日在五原正式接收国民党旗及新国旗，就各军将领所公推之国民军联军总司令职，发表宣言及誓词。词曰："国民军之目的，以国民党之主张唤起民众，铲除卖国军阀，打倒帝国主义，求中国自由独立，并联合世界上以平等待我之民族共同奋斗，特宣誓，生死与共，不达目的，不止此誓。"冯复被国民党任命为兼全军党代表。自是之后，西北军自身的生存得以继续而发展，且得有时代的新使命，政治的新生命。

富有历史价值的长征　先是南口张垣之退兵，几乎是变起仓卒，全军十余万人于急切间铁路西退，以包头平地泉为集中地点，秩序凌乱，火车屡失事，损坏不少，有五六万人完全散失流亡于察哈尔绥远一带。复有韩复榘、石友三所统率之五师之众留于晋北，归商震改编。此是战略作用，因为一则可掩护其余部队安然退却，次可免奉军之穷追，三则可助商震防守绥远，至为上策。而陆续西退集中平地泉，五原之军队，除丧失者外，合一、二、三各军，尚有五六万之众。全军经新败之后，复困于饥寒，又无主帅，精神颓丧，希望断绝，军心摇动，能力全消，秩序全乱，几不成军队，光景至为恶劣。及冯氏由苏俄经库伦回国，汽车将抵平地泉之际，有亲信者数人私往迎接，谓光景不好，大势已去，力劝其不必前来，不若乘原车回俄。讵冯氏自信力极坚，谓定有办法，有进无退。到后即着手收拾残部，改编师旅，复冒险至包头一行（时已入晋军之手）。时留在晋北之五师军队闻老总回来，全军欢跃，自动的全队回来归冯统率。而尤奇者，则沿途失散之五六万人，虽无将官，亦陆续各自携枪归来。盖一闻主帅复职之消息传播于西北，国民军人无不额手称庆，群言“不怕了，有办法了”，全军已死的希望和已失的信仰顿时复苏。十五六万残破之大军不移时又复集中绥远西陲，预备再来奋斗了。计此时全军损失者仅为物质，而实力损失则尚不到万人。冯氏之归来有如磁石高举，群铁被吸，奔赴团聚。其人格摄力之伟大可以想见。所以某外报记者称此举为世界军队中罕见之伟绩云。十余年来辛苦训练之功，于此完全呈现。

西北军既接受了党旗，及稍事重编之后，全军即起了两种大变化。

其一则是军队党化、政治化。因从前是表同情于革命，如冯自云行革命之实，而不居革命之名，至是则完全加入革命战线，自是对于全军党化教育政治训练即开始。但人才极难，只有由苏俄回国的几个人，再由本军干部学校选出一部分加以远戍的训练以应急需。其后北京及广东中央党部均派有人去，而全军政治训练计，始略具规模。其中感功最大者实为冯氏个人被日夕讲演宣传主义，故自干部全体以至士兵，皆有为主义而战之精神，人人胸前佩一白布章，上刊有“我们为取消不平等条约誓死拼命”，军中名为“拼命章”，足与南军于开火后系于颈上之三色“牺牲带”相媲美。全军上下均要背总理遗嘱，而下级军官更要为士兵讲解之。以后数月全军于补充整顿休养之外，政治工作在军中最为注意。独惜人才不足，印刷品缺乏，财政拮据，事事无不棘手，但其成绩亦比较大有可观也。（余等由粤派去工作者特委二人携宣传品两箱，由海参崴趁西伯里亚铁路经蒙古、甘肃而至陕，阅时六阅月，费款数千元始到）

第二种变化即为变更作战计画，由返攻张垣经南口克北京之计画一变而为全军退甘肃入陕西出潼关与南方党军会师中原后再行北伐，犁庭扫穴。此计画当时北京政治分会如李石曾、李大钊诸同志主张最力，密派人北上献计，并将奉鲁军阀势力之内容及驻兵地点等军事消息一一侦探清楚，汇报于冯。在平地泉、五原等地休养之后，冯即率全军退甘肃入陕西，而富有历史价值之千里长征即开始了。其时刘镇华受吴佩孚指使，率兵一万将西安重重围住已逾八月，但因守将杨虎臣、李虎臣二人坚守，宁与城俱亡而不肯投降，杨氏尤为坚决，尝对李氏言："决不投降，如城破之日，你在那边鼓楼，我在这边鼓楼，各拿一根绳子双双吊死。"以故守兵万象一心，决死守城。刘镇华终莫奈何。倔强善战是陕军特性，孰敢谓秦无人耶？西安为入甘大路，城终不破，因此西北军之甘肃根据地亦得以保全，杨李在西北革命之功实不小也。同时甘肃之吴逆死党孔繁锦、张兆钾两镇守使亦受吴贼煽动，起兵攻西北军留在甘肃之驻军。其时留守甘肃之西北军约有十万，为刘郁芬所统率，此军队向未打过败仗，军心尤壮，锐气充足。孔张变叛，刘郁芬即以全军扩灭之，夺获子弹、粮食、现洋不少，足济一时之急。既肃清孔张二贼，冯氏即定四路扰陕之计。先电令常胜将军孙良诚、马鸿逵、方振武、刘汝明、孙连仲等，或就近由甘东出发，或由榆林北路南下以解西安之围。复暗约杨、李守将以为内应，孙氏以一万二千之众从马鸿逵所部借得子弹十七万粒，日夜奔走，得至西安。鏖战三十余日，卒以少胜众，镇嵩军大败，狼狈往豫西而西安之围已解。孙军复追至豫西之阌乡始止，时城内食品早尽，人民惊骇，易子，以树果皮鞋等果腹，饿殍载道，人现菜色，希望久绝了。至是救兵忽至，有如天外飞来，民困因以立苏。冯氏统率大军亦陆续到，一方面尽力办城内善后事宜，一方面则加紧训练士卒，补充粮食，以备实行出关会师之计划，计此次大军在冰地雪天之荒漠中耐饥畏寒而卒达陕西，历程三千里有奇。外人至称之为具有历史价值之远征。至杨氏之守城，孙氏等以少数军队击破七倍之众，此亦吾国革命史中之伟绩也。

在陕西之预备时期　陕局既定，西北军即注意于赶办善后，整顿政治，发展党务，提倡民众运动，加紧训练及编制军队等事。时以刘郁芬为驻甘总司令，于右任为驻陕总司令，宋哲元为北路军总司令，岳维峻由晋归来，休息数月，复奋勇请，自陈，苟有一根枪在手，也要出关杀贼以雪丧师失败之耻，而为国民革命尽力。冯总司令嘉之，即委为南路总司令,拨旧二军五万人归其指挥。时旧日留陕之二、三军及吴新田所部统帅国民军联军旗下,连甘军计算,全军额已达三十余万矣。

陕甘本属瘠瘠,收入极少,加以连年用兵,而西安又经长围,民力已尽。今忽加增如是军队,财政拮据之状立见,是时西北军第一难关即在此点。犹记薛笃弼氏以甘肃省长随冯入陕管理财政就任之始,一连数月,全省每日收入仅得千元,筹饷简直没有一点办法,全军每日买面钱都不敷用。时中央虽允每月接济,但交通阻隔,汇兑不通,亦等于无。甘肃虽有些少接济,仍不过车薪杯水。当时我适抵西安,目睹其困状,市面不特无现洋,即铜元亦不多见,当时只拿西北银行纸票(系从张垣带来者)即作现洋通用,不久纸币亦已用完,仍借陕西省立之富秦钱局所存之纸票,加盖总司令部印通用,是为加字票,及后连加字票也发完,乃不得不临时自印一种不兑换的金融流通券应用,直至到豫后两月仍用之。(现已停用,既换公□券以某种产业作抵押,预备分期收回)此数月全军真是困苦万状,士兵每月只准借伙食费五元,官长则无论上中下级每月一律借十元(西北票及富秦或流通券各半,实得七成五)。有一天总司令悯部众生活太苦,大发恩典,准官将每人借零用钱五元,兵士二元半,是为一年来初次发饷。生活之艰苦可想而知了。

在此时期,为打通陕甘与湖北之交通计,冯总司令派出孙连仲率师二万人赶赴陕,沿路修理电线,剿办土匪,保护南方之接济,兼以防御盘踞河南西南之逆军,其后,派冯治安、韩德元两师精兵兼程入豫。此四万人均西北军精锐而远由绥远长征路上出来者,其时吴佩孚放杨森为四川督办,于学忠为湖北督办及其他镇守使多人,意图死灰复燃,谋占川鄂为根据地。于逆部下犹有万人,联合其他灰色军队亦有二三万,据豫西南、南阳及鄂北一带,声势颇大,殊为武汉之大患,且日夕伺隙而进,南军受其牵制,不能轻易北伐。冯总司令调兵数万,蹑其后路,明定战略,彼进我军亦进,彼退我军亦退,不问胜负,惟予牵制任用。及至南军四月出师,中原底定,而于逆卒不能危及武胜关及鄂西北诸地,免致牵动后方者,此一券之功为不少也。其后于逆穷无所归,只身遁去,所部或遣散,或受我军改编,亦此□军之力也。

在陕数月，期中尚有数事颇足纪述。一则为民众运动之勃兴。冯总司令饱受革命化，最注重扶助农工下层工作，农民协会、妇女协会、工会等乃应运而兴。一时陕西革命空气忽然紧张，民气勃发，其浓厚程度仅亚于南方。独惜主持者不得其人，犯“幼稚病”与南方如出一辙，故后来卒不免于停止进行。西安附近农民久困于兵灾，田地荒芜，□□无有，欲耕不得。冯总司令乃于今春拨军马三千匹、军士数千人助各处农民开耕。后来谷子成熟，收获极丰，万民德之。至到处修桥整路，则自是西北军人之习惯，其他社会服务尚有多种。此可云民生主义之实行者。其时与南方之交通逐渐恢复，无线电直接通讯，陆路可由陕南而至鄂，因此西北军事政治行动与南方渐趋一致。如军队连坐法及总理纪念周之施行，如邮政权之收回，又如西北以前之军事政治种种施设，向由总司令命令颁发者，至是一一呈报国民政府请求承认。他如党务之发展及民众宣传之成效，均与南方革命区域相同。

东出潼关，会师中原　至本年四月，与武汉政府合力出兵北伐、会师中原之计画已成熟，种种军事布置亦已准备。是时奉军入豫逾月，势力雄厚，饷械充足，南军独力北伐有所未能，而西北军以元气究未恢复，独力出关亦有所不足。但两军齐发，一沿京汉线北上，一沿陇海线东出，定收夹击破敌之效。政府是时委冯为国民革命军第二集团总司令（在宁汉未分裂之前），冯知南军于四月十九日誓师武汉，二十日出师，由唐生智、张发奎二氏率精锐数万北上，冯即于五月一日在西安宣誓就总司令职，旋于五日下动员令东进，而其本人于六日到潼关指挥一切。西北方面任前敌总指挥者为常胜将军孙良诚氏，副总指挥为方振武、马鸿逵二氏，而任前敌总执法者则为百战老将张之江氏（代表总司令在前方督战及执法）。进攻令下后，大军八万人即兼程前进，几一日下一城，军士徒步日行百余里，时当盛暑，沿途跋涉亦艰苦非常，加以运输惟难，军士常有一二日不得食者，而全军踊跃出发。孙良诚氏尤为勇敢，与士兵同行，足底起泡即以刺刀刺破再前进。大军跋涉千里，挨饥忍饿，屡折顽敌，卒达目的。先是，镇嵩军刘镇华自陕败退后复据豫西一带，由新乡至洛阳均入其掌握。刘本人坐镇陕州，其部下张治公则据洛阳，刘曾与冯商协作并接受委任，且屡受接济，但因狐疑太大，不敢前进攻，及至战机已迫，犹徘徊坐视，盖其决不信我军敢冒险出潼关也。至我军东进"推动"之，刘乃不得不弃城而去，其部下四散窜入西山，我军沿途遂无障碍。大军分三路沿铁路东进，至新安始遇张治公部来抵抗，乃两日即下。我军乘胜急进，二十五日，即攻下洛阳，张治公狼狈而逃，来洛驻守之奉军经大战数场完全消灭。前锋遂长驱直进，于五月三十日骑兵先锋队先入郑州，翌日唐军乘胜亦继入。同时张发奎氏率第一纵队从右翼克复开封，张学良、韩麟春等率败残部兵狼狈北逃而全豫乃告肃清。历年首窜两端，先降吴，后降奉之国民二军旧将田维勤被擒于郑州，即解往洛阳正法。此亦一段大快人心之事。河南之役实为革命史上最光荣而最沉痛的一章，足与攻鄂攻赣诸役之战功血迹先后相辉映。

原来奉军是役作战之方略，系以全军直扑南军，拟以最短期间沿京汉线□之出武胜关以南，然后回陇海路攻西北军，故张学良只遣万福麟率其卫队三旅人据守洛阳，以止西北军之东出，即举二、四方面军团精锐之师六七万人迎击南军。但因其看不起"南方之强"，又料不到东出之西北军如是之多及如是之速，以致一败涂地。攻豫之役之胜利原素有二：一为精神的胜利，次为战略的胜利。曷为精神的胜利？国民革命军饱受政治训练，人肯拼命为主义牺牲，简直不知有生死。每遇大敌当前，无论敌人炮火如何猛烈充塞，下级干部之黄埔健儿及指导政治工作之党代表以至上中级军官振臂一呼，口号齐喊，即率队奋勇向前冲锋，前仆后继，有进无退，以故无坚不克。其中以张发奎所率之第四军十一军铁军者尤为锐不可当，敌人至闻其名而胆震心惊。南军是次战略，一与敌人接触，放弹不到三四粒，即行冲锋，血肉相搏。小商河之战牺牲尤大，我革命军人喑呜叱咤，一往无前，整排整排的战士血肉横飞，倒在河里，后队几至践尸而过。奉军气馁，不得不败退。此种悲壮沉痛之战术足为革命史之无上光荣也。是役南军与奉军相比，人不及其众，械不及其精，弹不及其多，粮不及其足，而奉军更有重炮，多种炮弹堆积如山，又有骑兵及坦克战车等，均南军所无者，然而南军作战之妙术惟靠冲锋,作战之工具惟凭主义,卒以制胜。尤可笑者,奉军虽有重炮掩护前线之步兵,然而后来简直不敢放炮,何则?因炮声一响,南军大喊几声即有数百人向着炮烟起处拼命越过炮火线,蜂拥前进,夺其大炮。奉军上了几回大当,于是连炮也不敢再放了,至于奉军如张学良、韩麟春之第二、四方面军团,是奉军之精锐,甚有军事训练,然素乏精神训练,士兵不知主义,不知为什么而战,战时军士所倚靠者惟在器械,及一遇不怕枪械大炮并不知生死的革命军人,自然不是敌手,每遇南军一冲到面前,惟有喊声"弟兄莫打",即便双手缴械,或跪下投降,否则弃械逃散,而且军心不振,兵无斗志。更看前敌的奉军日夜在火线拼命打仗,而其将领张韩辈在后方日夜也拼命去打麻将,打茶围,狂赌狂嫖,如此之军马与万众一心甘为主义牺牲之革命军战而仍能取胜者,真是千古怪事。

综上观之,则谓攻豫之胜利为精神之胜利,岂非宜乎?然而此役在京汉线大战两星期,南军牺牲之数连伤亡共达一万四千人,政治工作人员及党代表等阵亡者亦四五十名,伤亡之数占全军四分之一,牺牲之巨,比例尤甚于攻鄂攻赣两役。革命史最光荣的这一章是用我们武装同志的宝血写出的,我们后死者其勿忘诸。是役胜利之第二原素即是战略之成功。西北军兼程东出,夹击敌军,致使其首尾不能兼顾,卒至仓惶北遁。当时南军虽屡挫奉军于京汉线,然而精锐损失过重,补充几无,饷械子弹及一应军用品俱乏,而奉军则后方补充及接济尚源源而来,苟再独力战斗,则汉之为汉尚未可知也,而且当时夏斗寅变于肘腋,杨林东下之师及于沙市,武汉危急万分,北方战事苟再延长,结果实不堪设想。幸而西北军依时赶到,遂奏肤功,而且由陕南经荆紫关而入,豫南之孙连仲所部数万人此时正含辛茹苦跋涉于崎岖山路间,在后方牵制于学忠之逆军及鄂北之灰色军队,使其不致乘虚而拊南军之背及与一切反革命的吴逆残部相联合,因此南军得免后顾之忧。计此一路军阵亡二千余人,而由潼关东出之师亦阵亡数百人。

今日我们追述河南战绩,当不能忽略西北军的功劳。至于战略之胜利则是南北国民革命军全部的胜利。张发奎率其军队由广东极南之琼崖北上，经广东下湖南取湖北夺江西，一直打到河南而入开封，转战三千里路，没有打过败仗；同时孙良诚、方振武等亦率西北军或由南口或由甘肃经察哈尔，过绥远，进甘肃，定陕西，出潼关，一直打到河南而入郑州，转战三千里路，也没有打过败仗。而两军皆号称铁军，一南一北，丰功伟绩遥遥相对，无独有偶。卒之南北二铁夹击顽敌，会师中原，使敌人不敢南下而牧马，猗欤盛哉。此岂非革命史中足耀于千秋之佳话乎？

尚有一段趣语：张学良北遁时留下一封亲笔信与南军，内云，此次因“政见不同”，至南北交兵，但由训练无方，威令不行，以致不敌，“见笑见笑”，但有三件事请南军注意，一则巩县兵工厂及黄河铁桥本来退兵时可以破坏，但不毁之，以为国家保一点元气，请为见谅（但奉军已炸毁黄河桥）；次则南军所得俘虏请好为照料（但奉军惨杀俘虏）；三则河南人民久受兵灾，困苦已极，本人已捐五万元赈济之，望南军尽力抚恤云云（其实分文未捐出）。这一封书尤足为攻豫之悲壮沉痛的战史之小小点缀品。

入豫后之西北军 郑州攻下后之数日，武汉国民政府汪、谭、徐、顾、唐等委员即北上约冯总司令会议军政大计，冯即由潼关赶至。彼此会商了两日两夜，结果在政治方面，豫陕甘三省省政府正式委定以冯为豫之主席，刘郁芬为甘之主席，于右任为陕之主席（后于辞不就，乃以石敬亭继）。又组织开封政治分会以指导三省政治党务，并留徐、顾二委员驻豫。在军事方面，则改编第二集团军为七个方面军，以孙良诚、靳云鹗、方振武、宋哲元、刘郁芬、于右任、岳维峻诸人为总指挥（后于氏不就，乃改为石敬亭），并拨河南旧有之军队数部如梁寿恺等归冯指挥。是时杨森率师东下，迫近武汉政府，诸公乃以南军全部撤退南下迎击之，而以全豫防地交西北军负责。到会诸公于商定军政大计之外，复对冯详述鲍氏之专擅及两湖人民所受幼稚病之苦痛，其中以徐顾二氏及唐部下军官某某等之言尤为痛切。适西北军中及陕甘各省区亦发现了同样的幼稚病，冯闻言大为动容，后来西北军之清党运动即肇源于此。

郑州会议之后未久，宁方蒋总司令又各委员亦去电约冯会议商大计，于是在六月中旬有徐州会议之出现。宁方蒋、胡、吴、李诸委员均到会议，结果为军事合作一致北伐及清党诸事，冯与蒋会衔，发一通电，宣言合力北伐，以竟国民革命之全功。是时宁汉之裂痕愈深，骎骎乎有对敌行动，冯乃表示决不加入党内私争，并力劝诸领袖顾全大局，不要决裂。其在徐之言与在郑之言正相同。西北军远处一隅，于南中政治党务未明真相，其初以为一入豫境即可合全党之力一致北伐，完成国民革命。此时党势至盛，□□震慑。张学良至派人携亲笔函来冯处求和，愿以直隶及塞北三特别区让出而自动的退出关外。其他奉系将领亦纷纷遣人通款，以故六月入京之梦当时确有把握。然自宁汉分家，各称中央，各欲拉冯卷入漩涡，汉则令其攻宁，宁又令其攻汉，冯处其中，困难可想。冯本军人，政治头脑之单简，人所共知，且又为新进之党员，故对于党义上、法统上之事颇不了了，甚至莫明其妙；而且主持宁汉两局者多为其最友善及最听信的友人，更有左右做人难之感觉；再因其本身是军人，对于政治上、理论上之是非不大注重，所斤斤注意惟在军事上之利害，当时西北军虽已得豫省，然而身处于四战之地，顽敌当前，且心腹之患处处皆是，更觉种种掣肘，苦不能尽说，故自不能转举妄动。因此种种原故，冯遂决定在消极上对于党内私争，决不参预何方，而在积极上则更以最诚恳之电文及派遣代表分赴两方，力行促进宁汉合一之运动。盖苟两方一旦开战，以西北军当时之势力及地位计，不特不能出兵北伐，而且势不得不放弃河南，复退入潼关，而宁汉两局恐亦保不得矣。因冯之不肯加入内战，且于双方意见最深之时倡言合一，双方均不能讨好，双方均为之失望乃责骂交至面。冯对两方仍尽力调解，函电盈尺也。后来大局危急，两方均感悟，而今日合一之新局面卒以成功。冯氏自己也通电认罪，愿受党之裁判云云。

自徐州回汴，冯即着手清党。军中有政治工作员四五十人一律停职，送其南下。手定清党章程者为徐谦氏。俄国军事顾问数人旋亦回国。陕甘豫三省党部及民众运动之跨党分子亦全行退出。至俄国之接济，则一年以来，毫没有外间，仍有疑西北军为□□者，余能证明其全为谣言也（鲍罗廷氏离汉回俄过郑时，冯氏只以客气款待之，越宿即乘原车西去，但沿途亦无扣留之事）。此次在政治方面，新的省政府尽力整顿财政，提倡党化教育，改良民政司法等项，一时政治涣然刷新。尤足纪者，则在开封办一政治训练班，有男女学员千余人，是为三省行政、党务、民众运动及政治工作等之储才馆。冯又设立农村组织训练处、改良工人生活委员会、放足处等机关，以施行新政策。在军事上则刘镇华之镇嵩军全部正式加入西北军，奉令改编为第八方面军，全部移师攻鲁，孙连仲收编于学忠等残部，连原有之本部，共改编为第九方面军，并以韩复榘本部及张联升一军共编为第十方面军，兵有六万人，加紧训练，已成劲旅。刘镇华旧部方振武有三千人，于西北军入陕后仍据陕东之同州，始终抗命，至九月下旬亦为张维玺、刘汝明等攻克阵亡。潼关后方之患除了。

是时，徐州已复为直鲁联军夺回，冯前与宁方军事合作一致北伐之计画即于反攻徐州之役实现，但可惜宁方之主力军则移师向西，以防武汉。北进之军为王天培等部，饷械不足，不能取胜，而西北军东路鹿钟麟率兵攻至九里山，离徐州仅十里，而后方靳云鹗之师既不肯前进，复现变叛之象。靳拥兵数万盘踞豫中京汉线上十一县，一有变动，二小时内即可兵临郑州城下。西北军后方既受此牵制，自不能前进，而直鲁军孙传芳等遂得长驰直下以至浦口。功亏一篑，是谁之过？同时河北彰德之红枪会万余人，杂有土匪流氓无数于其中，彼辈不知主义，惟知抢掠劫财，横行霸道，为害地方；复受奉鲁军之秘密运动与我军为难，乘我军（一团人）换防之际起而包围车站，非缴械不放行。我军苦战两昼夜，始乘夜冒雨撤退，而辎重车尽为劫夺，彰德一带落在匪手，杀人越货，人民备受蹂躏。此处为北伐必经之路，万不能任其落在奉鲁军手。冯即派大兵往剿，二日悉平之，杀会匪约千人，恢复城池，维持地方。后闻有西报造谣，谓西北军在此后残杀妇孺良民达万人云云，皆谎言也。盖是时余任前敌政治部主任，率部员数十人适在彰德工作，始终身与其役。有一政治部工作员且被会匪惨杀，余等均只身逃出，故此役始末知之最详。西报这造谣果何意乎？敢问。

上言靳云鹗叛变事，今详述之。按靳本部为吴逆部下之小军阀，吴倒后无路可归，乃托庇于青天白日旗下，因其于讨奉之役不无微劳，国民政府乃委为第二方面军总指挥、河南省政府委员，后方又兼民政厅长等职，冯待之亦不薄，先后曾拨放现洋五十四万元，军衣、子弹、粮食无数，比待自己军队为优。惟靳则先是军阀官僚，惟升官发财、占据地盘是务，屡为要求政府升之为第五集团总司令，武汉政府不得已，乃改调为中央政府直辖军之第八方面军。靳仍不满，始终欲占河南地盘，乃密与孙张二逆结三角同盟，其条件则孙攫苏皖，张保山东，出兵攻豫，而以靳为内应，约定共灭西北军后则以豫归之。故靳属抗命不肯出兵攻徐，以致徐州之役功败垂成。靳复假开拔之名向武汉骗款三十万，运动红枪会响应，私在总部刻安国军关防，定期起事。唐生智亦与之有秘密联络，为其后盾，假刀杀人，殊可痛恨。冯见靳逆迹已彰，且为北伐之后患，乃以最敏捷之手段于三日内调马步兵十余万四面包围靳某所据之十一县防地，七日间即消灭之。靳前□报军额十二万以骗粮饷，而实则不过二三万人，是役除残部一二千人逃窜皖北，及秦德纯一部始终不变外，余悉解决。此十月中旬事也。靳逆既平，内患尽去（陕西田玉洁部后亦变叛，已为宋哲元削平），同时宁汉合一与晋合作之计画又成熟，故西北军与晋分路大举北伐，务达到打倒奉鲁军阀，完成国民革命之目的。计西北军现在共有之兵额连新兵旧兵及收编者共六十余万人，内基本队伍占其半，分驻三省，今在陇海线者有十余万，在河北者十万，在郑州及豫南之预备队十余万，冯则坐镇郑州，指挥军事。最近战事胜利，露布传播全国，奉鲁灭亡为期不远，行见黄龙直捣，青天白日旗将辉耀于北京太和殿上矣。

（《申报》1927 年 11 月 13—18、20 日）

徐志摩

徐志摩（1897—1931），原名章垿，初字槱森，后改字志摩，浙江海宁人。1915年后曾在沪江大学、北洋大学、北京大学就读。1918年赴美留学，1920年获硕士学位，转赴英国剑桥大学学习政治经济。1921年开始诗歌创作，模仿英国唯美派。1922年回国后，曾在北京大学、清华大学、中央大学等校任教。1923年发起成立以美英留学生为主体的文学团体新月社。1924年曾随印度诗人泰戈尔漫游欧洲。1927年参与创办新月书店、《新月》月刊，并任《新月》总编辑。1928年秋，在暨南大学作演讲。1931年因飞机失事遇难。著有《志摩的诗》《猛虎集》等诗集，另有散文集、小说集、译作多种。

秋 声

徐志摩

在两年前，在北京，也是这么一个秋风生动的日子，我有一次讲演，题目叫作“落叶”。我把一个人的感想比作落叶，从生命那树上掉下来的叶子。落叶，不错，是衰败和凋零的象征，它的情调几乎是悲哀的。但是这些在半空里飘摇，在街道上颠倒的小树叶儿也未尝没有它们的妩媚，它们的颜色，它们的意味。在少数有心人看来，它们在这宇宙间并不是完全没有地位的。

“多谢你们的摧残，使我们得到解放，得到自由”，它们仿佛对无情的秋风说。“劳驾你们了，把我们踹成粉跺成泥，使我们得到解脱，实现消灭”，它们又仿佛对不经心的人们说。因为看着，在春风回来的那一天，这些卑微的生命的种子又会从冰封的泥土里翻成一个新鲜的世界。它们的力量，虽则是看不见，可是不容疑惑的。

我那时感着的沉闷真是一种不可形容的沉闷。它仿佛是一座大山，我整个的生命叫它压在底下。我那时的思想简直是毒的，我有一首诗，题目就叫“一毒药”，开头的两行是：“今天不是，我歌唱的日子，我口边涎着狞恶的冷笑，不是我说笑的日子，我胸怀间插着发冷光的，刀剑；相信我，我的思想是恶毒的，因为这世界是恶毒的；我的灵魂是黑暗的，因为太阳已经灭绝了光彩；我的声调像是坟堆里的夜枭，因为人间已经杀尽了一切的和谐；我的口音像是冤鬼责问他的仇人，因为一切的恩已经让归给一切的怨。”

我借这一首不成形的咒诅的诗发泄了我一腔的闷气，但我却并不绝望，并不悲观，在极深刻的沉闷的底里，我那时还摸着了希望。所以我在“婴儿”——那首不成形诗的前后一节——那时的后段，在描写一个产妇在她生产的受罪中，还能有这样的句子。

……

在我那时当有预言性的想象中，我想望着一个伟大的革命。因此我在那篇落叶讲演的末尾，我还有勇气来对付人生的挑战，郑重的宣告一个态度，尊声的喊一声——借用两个有力量的外国字——“Everlasting Yea”。

“Everlasting Yea”，“Everlasting Yea”。一年，一年，又过去了两年。这两年间我那时的想望有实现了没有？那伟大的“婴儿”有出世了没有？我们的受罪取了认识与价值没有？

我不知道，我不知道。我知道的还只是那一大堆丑陋的雍肿的沉闷，压得瘪人的沉闷，笼盖着我的思想，我的生命。它在我的经络里，在我血液里。我不能抵抗，我再没有力量。

我们靠着维持我们生命的不仅是面包，不仅是饭，我们靠着活命的，用一个诗人的话，是情爱、敬仰心、希望。“We live by love, admiration and hope”这话又包涵一个条件，就是说这世界，这人类是能承受我们的爱，值得我们的敬仰，容许我们的希望，但现代是什么光景？人性的表现，我们看得见听得到的，倒是怎么回事？我想我们都不是外人，用不着掩讳，实在也无从掩讳，这里没有什么人性的表现，除了丑恶，下流，黑暗。太丑恶了，我们火热的胸膛里有爱不能爱；太下流了，我们有敬仰心不能敬仰；太黑暗了，我们要希望也无从希望。太阳给天狗吃了去。我们只能在无边的黑暗中沉默着，永远的沉默着！这仿佛是经过一次强烈的地震的悲惨，思想、感情、人格，全给震成了无可收拾的断片，再也不成系统，再也不得连贯，再也没有表现。但你们偏偏在这个时候要我来讲话。这使我感着一种异样的难受。难受，因为我自身的悲惨。难受，尤其因为我，感到你们的邀请不是不寻常演讲的邀请。你们来邀我，当然不是要什么现成的主义，那我是外行，也不为什么专门的学识，那我是草包。你们明知我是一个诗人，他的家当，除了几座空中的楼阁，至多只是一颗热烈的心。你们邀我来，也许在你们中间也有同我一样感到这时代的悲哀，一种不可解说不可摆脱的况味，所以邀我这同是这悲哀沉闷中的同志来，希冀万一能可以给你们打几个幽默的比喻，说一点笑话，给一点子安慰，有这么小的一半个时辰，彼此可以在同情的温暖中忘却了时间的冷酷。因此我踌躇，我来怕没有交代，不来又于心不安。我也曾想选几个离着实际的人生较远些的事儿来和你们谈谈，但是相信我，朋友们，这念头是枉然的，因为不论你思想的起点是星光，是月，是蝴蝶，只一转身你又逢着了人生的基本问题，冷森森的竖着像是几座拦路的墓碑。

不，我们躲不了它们；关于这时代人生的问题，小的，大的，歪的，正的，像蝴蝶们的绕满了我们的周遭。正如在两年前它们逼迫我宣告一个坚决的态度，今天它们还是逼迫着要我出来表示一个坚决的态度。也好，我想，这是我再来清理一次我们思想的机会。在我们完全没有能力解决人生问题时，我们只能承认失败。但我们当前的问题究竟是些什么？如其它们有力量压倒我们，我们至少也须抬起头来认一认我们敌人的面目。再说譬如医病，我们先得看清是什么病而后用药，才可以有希望治病。说我们是有病，那是无可置疑的。但病在那一部，最重要的症候是什么，我们却不一定答得上，至少，各人有各人的答案，决不会一致的。就说这时代的烦闷：烦闷也不能凭空来的，不是它也得有种种造成它的原因，它到底是怎么回事，我们也得查个明白。换句话说，我们先得确定我们的问题，然后再试第二步的解决。也许在分析我们的病症的研究中，某种对症的医法就会不期然的显现。我们来试试看。

说到这里，我们可以想像一班乐观派的先生们冷眼的看着我们好笑。他们笑我们无事忙，谈什么人生，谈什么根本问题。人生根本就没有问题。这都是那玄学鬼钻进了懒惰人的脑筋里，在那里不相干的捣玄虚来了！做人就是做人，重在这做字上，你天性喜欢工业，你去找工程事情做去就得。你爱整理国故，你寻你的国故整理去就得。工作,更多的工作,是唯一的福音。把你的脑力精神一齐放在你愿意做的工作上,你就不会轻易发挥感伤主义,你就不会无病呻吟。你只要尽力去工作,什么问题都没有了。

这话初听到是又生辣又干脆的,本来末,有什么问题,做你的工好了,何必自寻烦恼。但是你仔细一想的时候,这明白晓畅的福音道是有漏洞的。固然这时代很多的呻吟只是懒鬼的装病,或是虚幻的想象,但我们因此就能说这时代本来是健全的,所谓病痛所谓烦恼无非是心理作用了吗?固然,当初德国有一个大诗人,他的伟大的天才使他在什么心智的活动中都找到趣味,他在科学实验室里工作得厌倦了,他就跑出来带住一个女性就发迷,西洋人说的"跌进了恋爱",回头他又厌倦了或是失败了,只一感到烦恼,或悲哀的压迫,他又赶快飞进了他的实验室,关上了门,也关上了他自己的感情的门,又潜心他的科学研究去了。在他,所谓工作确是一种救济,一种关拦,一种调剂,但我们怎能比得?在我们一班青年,感情和理智还不能分清的时候,如何能有这样伟大的克制的工夫?所以我们还得来研究我们自身的病痛,想法可能的补救。

并且这工作论是实际上不可能的。因为假如社会的组织果然能容得我们各人从各人的心愿选定各人的工作,并且有机会继续从事这部分的工作,那还不是一种黄金时代,"民各乐其业,安其生",还有什么问题可谈的?现代是这样的一个时候吗?商人能安心做他的生意,学生能安心读他的书,文学家能安心做他的文学吗?正因为这时代从思想起什么事情都颠倒了,混乱了,所以才会发生这普通的烦闷病,所以才有"问题",否则认真吃饱了饭没有事就大家甘心自寻烦恼不成?

我们来看看我们的病症。

第一个显明的症候是混乱。一个人群社会的存在与进行是有条件的。这条件是种种体力与智力的活动的和谐的合作,在这诸种活动中的总线索、总指挥,是无形迹可寻的思想,我们简直可以说哲理的思想,它顺着时代或领着时代规定人类努力的方向,并且在可能时给它一种解释,一种价值的估定与意义的发见。思想的一个使命是引导人类从非意识的乃至无意识的活动进化到有意识的活动，这点子意识性的认识与觉悟是人类文化史上最光荣的一种胜利，也是最透彻的一种快乐。果然是这部分哲理的思想统豁得住这人群社会全体的活动，这社会就上了正轨；反面说，这部分思想要是失去了它那总指挥的地位，那就坏了。种种体力和智力的活动就随时随地有发生冲突的可能，这重心的抽去是种种不平衡现象主要的原因。现在的中国就吃亏在没有了这个重心，结果什么都豁了边，都不合适了。我们这老大帝国，说也可惨，在近百年来根本就没有思想可说。从安逸到宽松，从宽松到怠惰，从怠惰到着忙，从着忙到瞎闯，从瞎闯到混乱——这几个形容词我想可以概括近百年来中国的思想史——简单说，它完全放弃了总指挥的地位。没有了统系，没有了目标，没有了和谐，结果是现代的中国：一团混乱。

混乱，混乱，那儿都是的。因为思想的无能，所以引起种种混乱的现象，这是一步。再从这种种的混乱更影响到思想本体，使它也传染了这混乱，好比一个人因为身体软弱才受外感，得了种种的病，这病的蔓延又回过来销蚀病人有限的精力，使他变成更软弱了，这是第二步。经济，政治，社会，那儿不是蹊跷，那儿不是混乱？这影响到个人方面是理智与感情的不平衡，感情不受理智的节制就是意气，意气永远是浮的，浅的，无结果的。因为意气占了上风，结果是错误的活动。为了一个不曾辨认清楚的目标，我们的文人变成了政客，研究科学的做了非科学的官，学生抛弃了学问的寻求，工人做了野心家的牺牲，这种种混乱现象影响到我们青年，是造成烦闷心理的原因的一个。

这第一个症候——混乱——又过渡到第二个症候——变态。什么是人群社会的常态？人群是感情的结合。虽则尽有好奇的思想家告诉我们人是互杀互害的，或是人的团结是基本于怕惧的本能，虽则就在有秩序上轨道的社会里，我们也看得见恶性的表现，我们还是相信社会的纪纲是靠着积极的情感来维系的。这是说在一个常态社会的天平上，情爱的分量一定超过仇恨的分量，互助的精神一定超过互害互杀的现象。但在一个社会没有了负有指导使命的思想的中心的情形之下,种种离奇的变态的现象都是可能的了。

一个社会不能供给正当的职业时,它即使有严厉的法令,也不能禁止盗匪的横行。一个社会不能保障安全奖励恒业恒心,结果原来正当的商人都变成了拿妻子生命财产来买空卖空的投机家。我们只要翻开我们的日报,就可以知道这现代的社会是常态还是变态。笼统一点说,我们现在只有两个阶级可分,一个是执行恐怖的主体,强盗、军队、土匪、绑匪、政客、野心的政治家、所有得势的投机家都是的,他们实行的,不论明的暗的,直接间接,都是一种恐怖主义;还有一个是被恐怖的。前一阶级永远拿着杀人的利器,或是类似的东西在威吓着,压迫着,要求满足他们的私欲,后一阶级永远是在地上爬着,发着抖,喊救命。这不是变态吗?这变态的现象表现在思想上就是种种荒谬的主义,离奇的主张。笼统说,我们现在听得见的主义主张,除了平庸不足道的,大都是计算领着我们向死路上走的。这不是变态吗?

这种种变态现象影响到我们青年,又是造成烦闷心理的原因的一个。

这混乱与变态的现象又协同造成了第三种的现象——一切标准的颠倒。人类生活的条件,不仅仅是衣食住;"人之异于禽兽者几希",我们一讲到人道,就不能脱离相当的道德观念。这比是无形的空气,它的清鲜是我们健康生活的必要条件。我们不能没有理想,没有信念,我们真生命的寄托决不在单纯的衣食间。我们崇拜英雄——广义的英雄,因为在他们事业上所表现的品性里,我们可以感到精神的满足与灵感,鼓励我们更高尚的天性,勇敢的发挥人道的伟大。你崇拜你的爱人,因为她代表的是女性的美德。你崇拜当代的政治家,因为他们代表的是无私心的努力。你崇拜思想家,因为他们代表的是寻求真理的勇敢。这崇拜的涵义就是标准。时代的风尚尽管变迁,但道义的标准是永远不动摇的。我们向时代要求的是随时给我们一个具体的表现,这些道义准则仿佛是在渺茫的人生道上给悬着几颗照路的明星。但现代给我们的是什么?我们何尝没有热烈的崇拜心?我们何尝不在这一件事那一件事上，或是这一个人物那一个人物的身上安放过我们迫切的期望？但是，但是，还用我说吗，有那一件事不使我们重大的迷惑、失望、悲伤？说到人的方面，那有比普遍的人格的破产更可悲悼的？在不知那一种魔鬼主义的秋风里，我们眼见我们心目中的偶像像败叶似的一个个全掉了下来！眼见一个个，道义的标准都叫丑恶的人性给沾上了不可清洗的污秽！标准是没有了的。这种种道德方面人格方面颠倒的现象影响到我们青年，又是造成烦闷的心理的原因的一个。

跟着这种种症候还有一个惊心的现象是一般创作活动的消沉。这也是当然的结果。因为文艺创作活动的条件是和平有秩序的社会状态，常态的生活，以及理想主义的根据。我们现在却只有混乱，变态，以及精神生活的破产。这仿佛是拿毒药放进了人生的泉源，从这里流出来的思想，那还有什么真善美的表现？

这时代病的症候是说不尽的，这是最复杂的一种病，但单就我们上面说到的几点看来，我们似乎已经可以采得一点消息，多少我个人是这么想。——那一点消息就是生命的枯窘，或是活力的衰耗。我们所以得病是因为我们生活的组织上缺少了思想的重心，它的使命是领导与指挥。但这又为什么呢？我的解释是我们这民族已经到了一个活力枯窘的时期。生命上流的本身已经是近于干涸了，再加上我们现得的病又是直接克伐生命本体的致命症候，我们怎么能受得住？这话可又讲远了，但又不能不从本原上讲起。我们第一要记得我们这民族是老得不堪的一个民族。我们知道什么东西都有它天限的寿命：一种树只能青多少年，过了这期限就得衰，一种花也只能开几度花，过此就得死（虽则从另一个看法，它们都是永生的，因为它们本身虽则死，它们的种子还是有机会继续发长）。我们汉族这棵树在人类的树林里已经算得是寿命极长的了。我们的血统比较又是纯粹的，就连我们的近邻民族都等于不和我们混合。还有一个特点是我们历来因为四民制的结果，士之子恒为士，商之子恒为商，思想这任务完全为士民阶级的专制，又因为经济制度的关系，活力最充足的农民简直没有机会读书，因此士民阶级形成了一种孤单的地位。我们要知道知识是一种堕落，尤其从活力的观点看,这士民阶级是特别堕落的一个阶级,再加之我们旧教育观念的偏窄,单就知识论,我们思想本能活动的范围简直是荒谬的狭小。我们只有几本书,一套无生命的陈腐的文字,是我们唯一的工具。这情形,就比是本来是一个海湾,和大海是相通的,但后来因为沙地的涨起,这一湾水渐渐的隔离它所从来的海,而变成了湖。这湖原先也许还承受得着几股山水的来源,但后来又经过陵谷的变迁,连这部分的来源也断绝了,结果这湖又干成一只小沼,乃至一小潭的止水,涨满了青苔与萍梗,钝迟迟的眼看得见就可以完全干涸了去的一个东西。这是我们受教育的士民阶级的相仿情形。现在所谓智识阶级亦无非是这潭死水里比较泥草松动些风来还多少吹得皱的一洼臭水,别瞧它矜矜自喜,可怜它能有多少前程?还能有多少生命?

所以我们这病,虽则症候不止一种,虽然看来复杂,归根只是中医所谓气血两亏的一种本原病。我们现在所感觉的烦闷,也只是沉没在这一洼离死不远的臭水里的气闷,还有什么可说的?水因为不流所以滋生了水草,这水草的涨性又帮助浸干这有限的水。同样的我们的活力因为断绝了来源所以发生了种种本原性的病症,这些病又回过来侵蚀本原,帮助消尽这点仅存的活力。

病情既是如此,那不是完全绝望了吗?

那也不能这么容易。一棵大树的凋零,一个民族的衰歇,决不是一朝一夕的事儿。我们当然还是要命。只是怎么要法,是我们的问题。我说过我们的病根是在失去了思想的重心,那又是原因于活力的单薄。在事实上我们这读书阶级形成了一种极孤单的状况,一来因为阶级关系它和民族里活力最充足的农民阶级完全隔绝了,二来因为畸形的教育,以及社会的风尚的结果,它在生活方面是极端的城市化、腐化、奢侈化、惰化,完全脱离了大自然健全的影响,变成自蚀的一种蛀虫,在智力活动方面只偏向于纤巧的浅薄的诡辩的乃至于程式化的一道。再没有创造的力量的表示,渐次的完全失去了它自身的尊严以及统辖领导全社会活动的无上的权威。这些没有了统帅,种种紊乱的现象就都跟着来了。

这畸形的发展是值得寻味的。一方面你有你的读书阶级,中了过度文明的毒,一天一天望腐化僵化的方向走,但你却不能否认它智力的发达,只因为道义标准的颠倒以及理想主义的缺乏,它的活动也全不是在正理上。就说这一堂的翩翩年少——尤其是文化最发旺的江浙的青年,十个里有九个是弱不禁风的。但问题还不全在体力的单薄,可虑的是智力活动本身是有了病,它只有毒性的戟刺,没有健全的来源,没有天然的资质。纤巧的新奇的思想不是我们需要的,我们要的是从丰满的生命与强健的活力里流露出来纯正的健全的思想,那才是有力量的思想。

同时我们再看占了我们民族十分之八九的农民阶级。他们生活的简单,脑筋的简单,感情的简单,意识的疏浅,文化的地位,几于使他们形成一种仅仅有生物作用的人类。他们的肌肉是发达的,他们是能工作的,但因为教育的不普及,他们智力的活动简直的没有机会结果,按照生物学的公例,因无用而退化,他们的脑筋简直是不行的了。农人的孩子当然比城市的孩子不灵,粗人的子弟当然比不上书香家的子弟,这是一定的。但我们现在为救这文化的性命,非得赶快就有健全的活力来补充我们受足了过度文明的毒的读书阶级不可。也有人说这读书阶级是不可救药的了,希望如其有,是在我们民族里还未经开化的农民阶级。我的意思是我们应得利用这部分未开凿的精力来补充我们开凿过分的士民阶级。讲到实施第一先得打破这无形的阶级分限以及省分分限。通婚和婚是必要的,比较的说,广东、湖南乃至北方人比江浙人健全得多,乡下人比城市人健全得多,所以江浙人和北方人非得尽量的通婚,城市人非得与农人尽量的通婚不可。但是这话说着容易,实际上是极困难的。讲到结婚谁愿意弃自身的艳福,为的是渺茫的民族的前途,那一个翩翩的少年甘心放着窈窕风流的江南女郎不要,而去乡村里找大姑娘作配,谁肯不就近结识血统逼近的姨妹表妹乃至于同学妹,而肯远去异乡到口音不相通的外省人中间去寻配偶?这是难的我知道。但希望并不是完全没有——这希望完全是在教育上。第一我们赶快得认清这时代病无非是一种本原病,什么混乱的变态的现象都无非显示生命的缺乏,这种种病又都是直接克伐生命的,所以我们为要文化与思想的健全,就不能不想方法开通路了,使这几洼孤立的呆定的死水重复得到天然泉水的接济,重复灵活起来,一切的障碍与游塞自然会得消灭——思想非得直接从生命的本体里热烈的迸裂出来才有力量,才是力量。这过度文明的人种非得带它回到生命的本原上去不可,它非得重新生过根不可。按着这个目标,我们在教育上就不能不极力推广教育的机会到健全的农民阶级里去,同时奖励阶级间的通婚。假如国家的力量可以干涉到个人婚姻的话,我们尽可以用强迫性的方法叫你们这些翩翩的少年都去娶乡下大姑子,而同时把我们窈窕风流的女郎去嫁农民做媳妇。况且谁知道,我们现在择偶的标准本身就是不健全的。女人要嫁给金钱、奢侈、虚荣、女性的男子。男人的口味可是也同样的不妥当。什么都是不健全的,喔,这毒气充塞的文明社会!在我们理想实现的那一天,我们这文化如其有救的话,将来的青年男女一定可以兼有士民与农民的特长,体力与知识得到均平的发达,从这棵健全的生命树上我们可以盼望吃得着美丽鲜甜的思想的果子!

至于我们个人方面,我也有一部分的意见,只是今天时光局促了,怕没有机会发挥。但总结一句话,我们要认清我们是什么病,这病毒是在我们一个个,你的我的身体上,血液里,无容讳言的,只要我们不认错了病,多少总有办法。我们意见是要多多接近自然,因为自然是健全的纯正的影响,这里面有无穷尽性灵的资善与启发与灵感。这完全靠我们各个人自觉的修养。我们先得要立志不做时代和光阴的奴隶,我们要做我们思想和生命的主人,这暂时的沉闷决不能压倒我们的理想,我们正应得感谢这深刻的沉闷,因为在这里我们才感悟着一些自觉的消息,如我方才讲的,我们还是得努力,我们还是得坚持我们的态度是积极的。正如我两年前"落叶"的结束是喊一声"Everlasting Yea",我今天还是要你们跟着我来喊一声"Everlasting Yea"!

(《光华》1928 年第 2 期)

石 颎

石颎(1899—1968),字超庸,广西藤县人,1923年东吴大学法科毕业,获得法学士学位,以法科第一名的身份考取清华公费留美。1924年在密歇根大学获得法学硕士学位。1925年获得耶鲁大学法学博士学位。后去法国,入巴黎大学研究国际公法。1926年回国后任东吴大学教授,1927年转任暨南大学法律系主任、法学院院长。同时在上海从事律师业务。1949年去香港。1954年任香港崇基学院教授。

体育之真义

石　颎

诸位先生,诸位同学,我们学校的体育,在过去的成绩,亦是非常之好。今年来,在中大学校各种锦标比赛之中,其结果我们又夺得十一个锦标!这种惊人的成绩,非但是在暨南的体育史上,是开个新纪录,怕在江南各大学的体育史上,亦是开个新纪录!这都是诸位同学努力的成绩,和学校予以充分经济上的帮助的结果。

今天的成绩,兄弟是永久忘记不掉的,我现在是非常之高兴,非常之喜欢。想郑校长和诸位先生和诸位同学的高兴和喜欢,其热度,和兄弟大概是一样的。可是我们,对于今天的成绩,要希望能永久保存下去,能再精益求精,使得将来的成绩,更比现在要好,我们不是有了今天的成绩,就算是满足,我们更大的使命,就是要在远东运动会中,为我们中国雪耻!在每次远东运动会中,我们中国,失取的锦标总是被日本或菲律宾拿了去,所以我们应当从今天起,励精图治地作个准备,要在来次的远东运动会中,把日菲两国打倒,来和我们中国,一洗积弱之污点。所以希望诸位同学,一方面要为国家努力,把身体锻炼得非常之强健,而一方面要为国际地位而努力,把技术学习得非常之精巧,将来非特要把日菲打败,并且要想在世界运动会中,亦能占得胜利。我记得在世界运动会中,我们中国,从没有代表出席过,闻只有一次,有几个善打网球的中国人,以个人的名义加入比赛,不过结果是失败的。诸位看中国的体育,在国际上的地位,是怎样低落。所以希望诸位,除了为国家要努力之外,还要为国际而努力。

兄弟以为,体育有体育之真义。兄弟到暨校来服务,差不多将近一年了,觉得诸位对于体育的真义还没有十分的明白,所以在练习的时候,就用自己的方法,不受教员的指导;在运动场上比赛的时候,往往就不听指导员的话,任意离开了会场。对于饮食方面,妄不加注意,所以到了比赛的时候,有的说是肚子痛了,有的说是头昏了,这都是把体育的真义忘了,而心中只存着胜利观念的缘故。诸位要晓得,到体育的真义忘却了,那争论的事情,就容易发生了。所以在去年一学期中,沪上体育界中纷争的事情,就发生了很多。这是由于各方都把体育的真义忘记,而只知道争一时的胜利的原由,所以对于体育的真义,我们学校是要鼓励的,而对于体育上的胜利,我们学校是不要鼓励的。

兄弟再来把球类的运动和诸位说说,球类的运动,可以分作球技和球德两方面来说:

(甲)球技 就是玩球的本领。那种本领,是不可贵的,是暂时的。因为一个运动员,到了四十岁之后,他的精神,就要疲惫了,他的气力,就要弱小了,精神一到疲惫,气力一到弱小,那任他有怎样好的玩球本领,亦是没终用了。

(乙)球德 就是玩球员的士君子态度。这种态度,是可贵的,是永久的。因为球技的精神能随年龄的长大而颓疲的,但是球德的精神不受年龄的影响。换句话说,那种球德的精神,在现在,在将来,在学校里,在社会上,都是很有用的,所以我们对于球技,是要注意,而对于球德,我们更是要注意。至说到球德的意义,那是很广大,不是今天的席上所能说得完的,现在简括的说起来,亦有几种要素在内:

(1)合作的精神 有了合作的精神,才能攻守如意,进退适宜,传递敏捷,射击得当,把我们习惯的精神发扬出来,那才能够收致胜之效。

(2)牺牲的精神 譬如和人比赛足球,如我队中之任何队员,对于攻敌的机会,较我为便且捷的时候,那就应当把球传给他,自己不应该存有显技之心,致生失胜利。

(3)勇敢奋斗的精神　这种精神,就是百折不挠的精神,就是在运动的时候,不因触痛而表示不忍的态度,不因稍负而露出颓丧的容貌,仍旧应当要把我们的精神,维持到底,自始至终,一贯不渝的才对。

(4)责任心　在我们和人比赛足球或篮球的时候,我们为学校竞争名誉,这是应当要负责的。可是我们对于会场秩序,亦要维持,不可因为小有误会,遂致秩序于不顾,这是讲到会场秩序的。至说到球员之对内部,就应当各各联络,负有互相扶助的责任心。若是那种责任心大,那团体的力量就大,反之,若是那种责任心小,那团体的力量亦就小。力量大,就易致胜,力量小,就不易致胜。所以诸位,对于责任心一点,要特别注意。

(5)信义心与服从心　在衙署里,我们的公正人就是法官;在球场上,我们的公正人就是评判员。法官的定谳,我们必须要信义的服从的;所以评判员的决断,我们亦应当要信义的服从的。

今天我讲的话,是很长,而希望于诸位的,亦是很多。然而把它总括起来,我所希望于诸位的,只有二点,就是球技和球德。球技,诸位是可以了解,但是球德,觉得诸位尚有注意的必要。希望诸位到比赛的时候,不要专做球技的动作,而同时亦要表示球德的精神。球德是永远不灭的,我们是要的,锦标不是永远不灭的东西,所以我们不十分希望的。这是今天兄弟对于诸位的两大希望,愿诸位勉励些去做,以冀将来为各学校之模楷,那就不辜负我今天的一番意思了。

(《暨南周刊》1928 年第 5 期)

郑洪年

郑洪年（1876—1958），字韶觉，广东番禺人。光绪举人。早年受业于康有为门下，后来就读于广雅书院，毕业于两江法政学校。1906年暨南学堂初创时，被任命为首任庶务长。1921年任交通部次长兼铁路督办。1922年任暨南大学校董。后任广东军政府财政厅长，国民政府交通部、财政部、工商部次长及全国华侨事务委员会委员等职。1927年国立暨南学校改为国立暨南大学，再次出任校长。1931年春，暨南大学成立11人校董会，郑洪年为常务校董。1934年离任，赴南洋考察华侨教育。1937年旅居香港，创办华夏学院、汉华中学。1952年回上海定居。1956年被任命为上海市人民政府参事室参事。著有《郑洪年华侨教育言论集》《橐园诗稿》等。

华侨教育之意义

郑洪年

诸位同志:我们要知道甚么叫做“华侨教育”。本来人只要有教育就是了,为甚么要冠以华侨呢?总理遗嘱说:“余致力国民革命,凡四十年,其目的在求中国之自由平等……”是要求中华民族整个独立自由平等。华侨也是中华民族之一,他们在海外的地位如何?我们根据统计有八百万人,内中有好几百万已给人家同化了,很多的数典忘祖,抛弃本国的文化。我们怎样能不用教育的力量,根据三民主义,来谋全中华民族整个的独立,整个的自由平等?这样“华侨教育”就具有他特殊的意义与所负的使命了。海外华侨办教育,已有三十多年的历史,到现在完全还是些小学,中学没有几个。最大的原因,一,受帝国主义压迫;二,行政不能统一。在欧美方面,侨胞子弟去留学的,比回到国内读书的来得多,华侨子弟进殖民政府办理的学校,比较都是些有钱的,如在爪哇,就进荷政府的学校,在星嘉坡就进英政府的学校。凡是进华人所办的学校,多是些贫苦子弟,回到国内来的,大抵也是些贫苦子弟,纵然有钱的,也是极少数。海外办学,全靠侨胞父老热心捐款,学校没有一定的款。在这种情况之下,中央若不定出具体方案,切实推行,即使再过二十年三十年,海外教育,还是和现在一样。所以我们对于华侨教育,希望政府方面,要予以有力量的帮助和指导,单靠侨民经营,是永远不会发达。还有我们提出整个方案,殖民政府难免不予种种的牵制。我们要认识清楚,我们求侨胞的自由平等,要以不妨碍人家的自由平等为原则。我们所揭橥的是民族主义,并非国家主义。我们求侨胞子弟的知识程度提高,以达到人类的均等,同时要提挈弱小民族,以共进于大同。增进侨胞的幸福,即所以增进殖民政府所在地的幸福。那么,殖民政府可不致发生许多的非难,我们根据总理的主张,才易于推行。前次暨南大学召集华侨教育会议,以此标准立为方案。去年在报纸上曾见中央党部也有同样的主张,能够实现,那是很对。在海外办教育的人,派别很多,意见纷歧,要定出一个方针,统一他们的意志,这是最迫切的、莫先乎此的工作。

(《暨南校刊》1929 年第 23 期)

确立师道与改进学风

（二十一年度开学日郑校长在招待教职员会中演词）

郑洪年 讲

杨裕芬 陈其英 记

诸位先生：

自“一·二八”以来数月间，全校师生千余人无日不在颠沛流离中，现在能搬回真如原校，有今日之开学上课，师生重聚一堂，这一种状况，是诸位先生共同努力，与同学爱护学校之结果。吾校今后之发皇光大，亦以今日为开始，兄弟甚为感激，深觉欣慰！关于“一·二八”战后，吾校因环境关系分在沪苏粤三处设校，救济同学学业，及校舍校具摧毁损失，与修理购置情形，在今早举行纪念周开学礼中已报告很详细。诸位先生参与开会均有听见，并在校刊发表，现在不用再行赘述。

代表学父深致敬礼

兄弟自再长吾校以来，举行开学礼，此是第六次。兄弟每次均宴请诸位先生，对于诸位先生不辞烦劳、谆谆教导同学深为感激，特代表全体同学父兄对诸位先生深致敬礼。每次所说之话，均属老生常话。现在亦复如是，但因环境发生重大变化，所以又有一番要说之话，为历次未说者，特简略说之。

改变环境转移风气

我国文化落后，大学教育尚未发达，吾校具有二十余年历史，为华侨教育之最高学府。最高学府是负有发展学术精神，造成舆论重心，以期改变环境，转移风气之责任，尤其吾校于负此种责任之外，更须负研究华侨问题，发展海外事业之重大责任。吾校此时在事实上基础尚未十分稳固，可说是仍在风雨飘摇之中，今后能否打开难关迈步向前，是在诸位先生之能否通力合作。诸位先生与兄弟相处多年，相知甚深，即少数新聘先生亦均在教育界、学术界负有重望，人格清高，兄弟相信以后对于校务方面，当可通力合作。

各部联络增进效能

因为以前数年的经验，于行政方面仍应努力改进，在以前数年中，不能养成行政人员，以故行政事务，头绪紊乱，间有派别争执等事发生。本年上海与广州行政组织无大差异。秘书处之下亦设总务、注册二课。彼此均能分工合作，毫无争执，各事均有头绪，此实难得。这几个月来上海大学部办事人员不多，尚能努力任事，所办各事大致不差，不过未上轨道地方恐仍不少，望诸位常忠诚相告，以匡不逮。

教务行政切实联络

现在所感觉此后应注意者：各院各学系中，彼此应互相联络，除去派别观念，教务方面方有长足之发展。至于教务与行政方面，尤宜有切实之联络，于办事效能，方易增进。在诸位教职员中有许多是毕业同学，所以兄弟尤须郑重说几句话。

尊重师道改进学风

中国向来尊重师道，为师长者虽报酬甚薄，但地位极高，所以师道向来是极尊严，因为师道尊严，所以几千年来学风淳厚，人才辈出。语曰“师道立则善人多”，即是此意。尊师重道，实为中国美德，不能谓为腐化。吾人欲求提高国际地位，增进人类幸福，达到世界大同，首先要尊师重道，所以毕业同学现在任教职员对于以前教师，现时虽属同事，仍应待以师礼，于任何种学问都应切实研究，以求深造。间有不明白地方，仍可请诸位先生指导，或者还可选课。兄弟对毕业同学均仍视为子弟一般的训导，绝不客气。

爱护学校努力做去

本校老同学，因在校甚久，爱护学校之念倍切，尤其是运动员方面，常见有人欲破坏本校，即自动出而制止。但捏造谣言者，常常攻击运动员为绝无学问，只能运动而已，其实本校运动员中对于学问用心研究不少。兄弟此次将已毕业之运动员在图书馆服务，是因为他们以前稍过于动，现时宜静，以便用功，望各人共体这种意思，努力做去！

严厉督责因材施教

现在政治情形复杂，学术派别繁多，因之思想极形分歧。兄弟居校长地位，对于此点不加干涉，唯诸位先生对于同学应切实在学问上严厉督促用功，先将基本智识培养好，最切要是中英文工具必先弄好。如果中英文尚未弄好，将来简直不能在社会上立足，还说什么发展？近来各地学风极坏，教师对学生多事姑息放任，间且有以身为教师之尊严，不惜煽鼓学生操纵学生以作政治上、社会上活动之工具，以这一班基本学问尚未弄好的学生，要他们出来活动，结果是自误误人。诸位先生对于同学应不要客气去切实训导，使养成研究学术兴趣，至对于同学各个的特性尤应注意因材施教。我国近代伟大政治家如曾文正先生对于门人施行个别训练，故其门人有“三圣七贤”之称。其中有李成谋先生者在少时脾气极怪，曾先生谓他是大器晚成，不应少年得志，如使少年得志，确于国家不利。所以后来李鸿章先生等这位李先生六十八岁才荐任闽浙提督，后调江苏提督，于创办新军极具成效，直至庚子赔款时，他老先生坚持不可。他老先生不是曾先生有深知之明，老早就完了。所以吾人对于同学应从其个人特性去指导训练，挽回一般姑息放任的不良风气，不要使一班前途远大之青年弄到疯痴，只顾目前的势利。

吾校经过几许波折，诸位都很明白，吾校将来到什么地步，是不是如劳大、中公之将被解散停办？或者发扬光大，能树立学府伟大精神？全在诸位先生之努力。希望诸位切实指导，发表意见。今天茶点过于简慢。仅代表同学家长恭祝诸位康健！

（《暨南校刊》1932年第33期）

阐发学术与巩固学府

（九月二十六日纪念周校长训话）

郑洪年 讲

杨裕芬 陈希文 记

诸位先生，同学：

今天全体师生几乎都到纪念周，至引为慰，希望此种精神，要永远保持下去。前次纪念周已说过，纪念总理即崇德报本之义，崇德报本四字，为我国数千年来社会精神。总理创造民国，辛苦四十余年，后死者每周纪念他是应该的。现在国内仍极纷乱，乃后死者对总理不住，总理在天之灵必然抱恨！此后如欲安慰总理在天之灵，必须遵守遗教，实现三民主义。

国文英文应特注意

本学期我校大学部所开学程颇费斟酌，着重求学工具之培养。希望一年级主任，对于国文英文要格外注意，担任国文英文之教授，应常常开会研究。国文尤应注意连系，便成系统，切不可各人随意选择。近坊间所出国文教本，均不妥善，盖其中所选教材，可议之处甚多。此病在凭个人之主观取舍，十三年时任公先生尝告我谓其得意之作常未选及，而其所认为不满之作，反为读本教材。近阅同学来信文字多无可观，故国文一道，应加特别注意。至英文不好，亦为出路与求知之障碍。第三、四年同学应多作英文笔记，并分组在礼堂辩论，或谈话，务使英语清顺纯熟。国文英文为求智与应世之工具,倘一知半解,必贻后悔。即出谋事,因感到不足应付之时,而已不及补救之矣。近坊间译本,除商务、中华出版者外多不能令人相信。一般青年喜看新书,但译书多不可靠,如自身英文不行,必为译本所骗。目下乃中国出版界贫乏之秋,凡有求知欲望之青年,第二外国语不可不学好。研究文字,必须认真,切不可大意。国文尤应注重文字学,张天方先生等为文字学专学,可常往请教;洪深、张端珍、毛彦文、顾仲彝等先生英文造诣甚深,均为吾校良好之导师。

学术贡献表现特色

凡大学必有其特出之处,我校虽为华侨学府,对于华侨问题固应特别加以研究,而对于其他问题,如认为必须研究者,亦当提出研究。在民国十七年春,兄弟在校议上,即提议在政治系内应增土地政策一门。其后又提出人口与土地问题,作为吾校研究之中心问题,盖此问题不仅为我国局部之问题,实为全世界当前之大问题,吾校对于此两问题如有贡献,吾校在学术上始有地位。

自然科学可以由欧美整个搬来,但文学与实际之社会问题,则决不能原样搬来。近人多谈新文学,而实际所谈者,多为欧美之文学,与中国毫无相干,本应以欧美之思想融化为中国的,如以欧美之思想强之苟同,实殊背学术研究之精神。人口与土地之问题,在国中已有人注意,而我校过去则尚未设此学程,本学期特聘刘竞渡先生讲授。刘先生对于土地之问题,极有心得,现其讲授内容,须费二百六十小时方可讲毕。将来以其讲义作为本校丛书,对于社会必为有益的贡献。该科原来欲作为一般公开演讲,因过于专门,改为选修,但同学中对于该科有兴味者,仍发讲义,使大众都来研究此一问题。

凡学问当求一的确

时下青年,喜讨论两性问题,然目下所谈者,多不彻底,只为冲动所支配,此种趋势,将来必弄成满街都是白头妇。现因两性问题之纠纷,已为现社会之严重问题。凡学问当求一的确,现在因一般的不求的确,在社会上所反映出来的,即为一般的混乱状态。今后有志之士,切勿只看目前,应看远些,免贻后悔。兄弟因不懂洋文,对于问题多不敢妄下判断,望诸同学,格外注意。

注重卫生协力合作

我校过去,因电灯耗费太大,不得不自备电机。初不预备中学部迁回,计□大学部之用,有三十基罗瓦特已足,现中学部迁回,电力不足,故电灯近来稍感不明。现已与慎昌洋行议定,改装五十七基罗瓦特大电机,八星期后,全校电灯当大放光明。目下希望同学要格外为灯节省电力,勿为一人之便,私自装灯,致全校益加不明。至于井水,大井水已由新马达抽送,全校饮水一项,业已解决。而其成分甚好,实为良好之饮料。

战后校内外尚未十分注意消毒,故蚊虫仍甚多,诸同学当格外小心卫生,预防虐疾痢疾。校医多备防虐防痢之药水,有病,即要打针。远道来校之同学,尤应格外注意。校内沟渠本不多,且不甚通畅,秋淋一至,不免淤积,故亟应开通水道。至于校景,当定出整个计划,使全校成为优美之学园。开学至今,设备不周之处仍多,兄弟心中至感不安,然当在复兴期中,师生中应一致忍耐,协力合作,而后全校始能进步。

开发学术巩固学府

本学期起,训育当要严紧,尤其中学部应特别严格。五卅运动青年多得人同情,其后则渐失重心,所以失去社会同情之原因,乃青年渐趋于轻浮浅薄。今后青年如欲恢复其过去之光荣历史,养成社会的势力,则当从学术上去努力。本学期本校成立出版委员会,主持全校师生学术表现的任务,学术团体应多组织,如有出版物,交出版委员会审查,认有出版价值者,均可代为出版。出版物为表现学术之工具,希望诸同学应好好利用他。学术问题本校向取公开之研究态度,然在学府研究之场合，切不能有所行动。一有行动则学府应加入民众团体，而非学术研究之机关矣。年来青年多为人工具，至人一登舞台，则连见一面亦不能，往往上当。今后之青年，切勿为人抬轿，应把握住学术的立场，使人来求己，我不必去求人。吾校同学能达到此种地位，则华侨学府，任何势力皆不能动摇其丝毫。

（《暨南校刊》1932 年第 34 期）

专门学者应专负阐扬学术使命

（五月八日纪念周郑校长演讲词）

郑洪年 讲

杨裕芬 陈其英 记

各位先生，各位同学：

本日有几件事报告。本来应报告课程内容，但尚有多少修改，留待下次再完全报告。

关于政经史社两系

教育部前批令本校政治经济系办至本学期暑假为止，后来经兄弟到南京亲自接洽继续办理，并两次去文呈请，昨经接到指令允办至现有学生毕业为止，以后不能继续。又关于历史社会学系改为历史地理学系事，本校呈文并未提及，径由教育部同时批示下来。忖其用意，大概欲使归国侨生多得习求地理智识机会，为将来便利于海外经商。所有历史社会学系仅以现在三四年级读至毕业为止，一二年级不升上去。所以下学期政治经济系仅有三四年级，将来学完之后，能否继续？我以为此不是政府与教育部问题，而是本校内部办理完善与否问题。

当局注重农工医理

近一年来政府当局对于社会科学与文学发生极大疑义。根据事实所表现出来而言，教育部所公布正式令文中曾规定以后出洋留学，不能再习此二科,应习农、工、医、理等科。就教育部所发表,北平各处所被裁撤的不需要学院或学科等,实以文、法二科为居多。吴稚晖先生日前所发表谈话,政府当局今后注重适于实用之农、工、兵三科人材。兄弟时与几位与教育界有深切关系之中委私谈,虽然各人政见不能尽同,但对教育方面是完全一致。因此,半年来深觉现在所有社会科学内容,应加极大改革,此次编订课程,对于社会学系是要以历史为根据。兄弟常感觉以前社会历史课程所选材料,属于本国方面实在太少;即对外国方面,仅注重几个强大国家,欧洲许多小国,亦是极少。须知社会状况所以发生变迁,是受时代与环境的影响,并非无缘无故,即发生变迁。譬如就个人而说,无论任何人,其政治思想之产生与变动,均受时代与环境所影响。何以在某一种时代中,能产生某种人物,应先研究其背景与环境,然后得确实的辩证。所以研究社会科学者对于各种材料,都应搜集丰富,加以切实整理,研究出系统来,始有办法。如果现在仍是空空洞洞,究竟有何用处?在普通一般,固用不着此种空洞学问,即对将来新技术政治,更难安置上去。此不但同学个人出路有极大妨碍,即国家与社会前途亦无丝毫裨益。

社会科学应重实际

但我们不能因一时的现象,就根本将社会科学文学不要。如果是如此,未免因噎废食。文学为民族精神所寄托,民族之有自信力,大部分是收效于文艺方面。国家社会弄至现在之纷乱与不安定,实由社会科学不能弄好,以致国家社会组织不健全之结果。所以对这方面应加以切实之改革。打算政治经济与历史社会两系,请诸位先生尤其此两系负责二三位先生先从教材内容编订完备,然后尽一年的努力,求得相当的成绩表现出来,使人能明白我校此两系是很健全,自然不怕不能继续。如果再是空空洞洞,无关实际,自然是无存在必要。

课程系统编订妥善

此次对于课程之编订,历时八九个月,开会二十余次,已先将系统弄清楚。至于内容,如教材选取适合与否,此是第二步工作。国文方面现经数次开会讨论,其他俟下学期开学后二三天讨论。无论何种教材选取适合与否,全是人才问题。上海教授人才大部分都聚集在吾校,其他各校实比不上。人才是如此,办事是否适宜,是另一问题。欲专门学者来办行政事务固属不对;若于本门之外,欲其照顾其他学术,自非其所长。即一门中,如常教高年级者欲其教低年级,亦间多不适宜。经最近数月之研究,国文方面适已报告。英文方面,经决定一年级全用英文讲解,不用中文。二三年级或参用中文,现正在商量中。现在教英文先生都很好,不过稍为调动,无大变更。

专门学问不能普遍

至谈到中国文学一门,本人虽不敢自认为学者,但亦稍有研究,懂得门径。某一种专门文学,并非人人所能成就,须就其人之性格相近而浸润之。我国自来讲文学名师,虽经数十年之启导,不过得几个门生而已,不能教出许多人来。广东近六十年有三位名师,专门讲学,但造就人才并不多。如陈兰甫先生——番禺人,在东塾讲学故又称东塾先生,专讲汉学,至三十余年之久,其所成就之门生,自始至终,不过二十余人,其著名者不过陶春海、廖廷相、梁节庵数位而已。朱子襄先生——南海九江人,故又称九江先生,专讲宋学,亦经三十余年之久,其所造就之门生更少,最著名者不过简竹居、康长素、梁保三等数人。本来康南海先生不是专讲宋学,唯对九江先生极为推崇,言必称先生。至康有为先生,南海人,故又称为南海先生,教人方法是自己发明,讲学十数年,所成就门生亦不过梁任公、徐君勉等十数而已。此外如现在专讲词学之朱古微先生——龙榆生先生老师,仅造就数人而已。龙先生就是其中之一人。所以一种过于专门之学问,不能以之做普通必修科,勉强人人去学习,应让几个特别发生兴趣者专作深切之研究,以期有所成就,而表现出文学精神来。所以中国语文学系不能以词赋作基础,列为必修,因为词赋未必个个相近,能成就少数人便足。至于外国语文学系亦不能以诗歌、戏剧为基础,列为必修,应以文字为基础。

务使对外国文法与本国文法先弄清楚，由本国文翻外国文，由外国文翻本国文都能通达。现在讲文艺之人均主张现代文艺须大众化，如果外国语文学系专讲外国戏剧，用外国语言演唱，就根本不是大众化。使在上海最热闹之南京路演起剧来，试问有几人可以听得懂？所以曾对陈中凡院长说，下半年让几位专门学者，专领导对于其所授学科特别有兴趣之同学，作高深之研究，不必再兼其他事务。

各院人员无大变动

洪深先生日前来谈，略谓据闻下半年文学院要变动云云。兄弟对陈院长是极深知，彼此相处多年，极为融合，绝无变动意思。外国语文学，仍是要洪深先生教授，洪先生不但戏剧很好，其他学问均好。洪先生再三辞职，称下半年在外任导演工作，不能兼行政事务，如仍请教书，他是可以担任。每到学期将终，总不免有多少谣言，说要如何变动。陈中凡先生在校任职多年，并未兼其他学校功课，极为尽职，兄弟是不肯让其离开，陈先生亦无离校之意，特再为全体同学说明。

关于课程内容，下次再详细报告。

本日起卫生局已派员来校打预防针，以预防伤寒、霍乱等病。望全体同学注意健康，各人均须去打。

一年来有许多同学对于体育，极为努力，成绩甚佳，并能保持士君子态度，未发生如何纠纷，个人甚觉安慰，现在特做几种纪念品，赠给成绩优良同学，藉表慰劳。

（《暨南校刊》1933年第64期）

实行教育专业精神

（郑校长于五月二十二日纪念周中演词）

郑洪年 讲
杨裕芬 陈其英 记

各位先生,各位同学:

今天纪念周,有几件事报告:

招生人数各院平均

关于招生问题,教育部最近有命令到校:以后各学校招生人数,侧重理工等科,把这科人数增加,文法两科人数不可增加。这不是对本校如此,是全国一律。本校第一年级是不分院,第二年级始分院,希望在第一年级同学下半年不要升入政治经济系。因政府对教育所定方针为暂时不发展文法两科,而极力发展理工等科。如勉强升入政治经济系,将来政府必不承认其资格,上半年某法学院已试验过一次。望各同学应特别注意以免将来发生问题。

教部通令中学会考

教育部通令中学毕业考试是举行会考,即国立大学之中学部,亦须参加。上海方面会考时期为六月中旬。昨据市教育局负责人员所谈,上海现时尚无大会考堂,要分几部分举行。交通大学为其中之一部分。我即提到本校大礼堂亦可以借用。从此点可知中学会考是分几处，不是在一处会考。大约此种会考题目不致十分艰难，多属于普通方面。我以为国立大学设附之中学部，将来如成绩不好，比不上其他学校，于全校都有重大影响。希望中学部同学注意，努力！

学期考试已在准备

至本校学期考试，经已准备。考完后拟即先选课，以免下半学期开学后再选。如这一课选的人过少，只有一二人，即可通知其改选。这是其中一个极小的原因。最大的原因，即下学期教授人数甚多，一人教几门功课，如先选课后，选课人数多少，与教室排列，便不致冲突。每年于开学后始选课，往往教室大小，与人数多少，或不适合，彼此调换，非牺牲一二个星期时间不能弄清楚，照现在所定办法，下半年开学后，只缴费，注册去一二天时间，即可上课。此为精神振作之一端。但事实上能否办到，俟考虑后再行决定。

确定发展三院方针

前几天商学院同学会布告开会挽留院长云云，实在有点莫明其妙。本校以前有文、商、法、理、教五院，现在只有文、商、理三院。此三院中以商学院开办最早，自兄弟于十六年再任校长，即从商科而完成为商学院，毕业同学比其他各院为多，且在外做事的亦较多。本校现在有三院，究竟应定发展那一院的方针呢？照最近的形势而言，是应该发展理学院。但理学院设备是不能过于简单，不是一年即可以发展起来，须经过相当的时期。关于仪器方面，战后搬回来已添置几万元，下半年亦准备再购置几万元。如政局能安定，教费可照领。本校节省其他消耗，再过三年当可完全。目前可以发展的为文学院，但文学院应注重实际应用方面，不要随便赶什样新潮流。所谓新潮流者是日日转变不息，如随便迎合各种新潮流，自己无一定的方针，则文学院基本就站不住。但本校又不是要落人后，如有学者于文学上有新创造、新发明，当特设讲座，使全院都有研究机会。至商学院在目前尤其是在上海是最适应实际应用，上海是居世界大都会中第五位，商务既日臻发展，商业人才亦日见需要，所以国立上海商学院及私立沪江大学商学院均极力发展。本校商学院本应在上海分设分校，于下午五六时上课，求使一般店员机关服务人员有机会可以受高深教育，但本校自“一·二八”以后损失极大，正积极恢复，如同时再图扩充，精神经济，均来不及，既准备寒假后看情形如何，再行决定。

教育经费将无问题

就现在形势而言，政府财政在三个月内是无甚问题，以后恐发生困难。唯相信政府到那时候，另辟新途径，当然有办法。学校经费自不成问题。至全国教育经费现在虽然困难，再过二三年便可宽裕。全国收入有九万万至十万万之多，教育经费，统计全国凡国立、私立高中等学校共不过八千万左右。将来最浩费者为民众教育，如要办得好，大约要一万万至一万万五千万。但民众教育为期不过三五年而已。近来教育经费独立运动，不但全国教育界人士一致待努力进行，即党国要人亦颇多赞助。此次起草宪法，相信亦必能根据“宽筹教育经费，并保障其独立”之党纲，妥为详细规定。将来当然无问题，所成问题者，是如何渡过目前之难关而已。

负责人员应常在校

本校商学院是向来办得极好，各位先生均学问甚好，教授有经验。但有一点为全院同学所公认为欠缺者，就是教完后，无人指导其自修及讨论问题。因为商学院各先生均兼课不少，且多住在上海。欲其专来本校教书是不可能。本校商学是重实际应用，以在商业界服务人员来兼教是较明了实际情形，容易体验。如铁道管理学系，以现在办理车务人员来教，最为适合。最要紧的是院长系主任等，应常在校。叶先生在校多年是极爱护学校，现在因兼银行职务，不能常来，经表示下半年只来校教书，不愿兼院长。文学院、理学院各系主任均可专任不兼职，正在征求意见中。如果能住在真如，专在校任事是极为欢迎。否则只请来校教书，不请任行政事务。服务教育界人士往往不视教育事业为专业,只视为吃饭,解决生活问题,以致失去教育精神。如此下去,教育前途,实难望发展。兄弟决定下半年一定要各院长各系主任等常住在本校。

兄弟向来对人对事是极诚意,事事公开,绝不弄手腕。对于下半年用人问题,现在可以公开来讲,使兼职先生有机会可以自释,如愿不在外兼职,是毫无问题。兄弟是为发展学校而出此,希望各先生原谅。

本校一天比一天进步,现在全校办事人员均能认真负责,希望全校师生加紧努力,以求发展。

(《暨南校刊》1933 年第 66 期)

循序求进 发扬学术精神

（郑校长于二十二年度开学日——九月十一日演词）

郑洪年 讲

陈希文 陈其英 记

各位先生，各位同学：

今天为本校秋季始业，举行开学典礼，并举行总理纪念周后，于九时上课。

兄弟今天所应报告事项，经于本月六日在华安招待全体教职员时有详细报告，如关于上年度本校财务状况、教务状况、行政状况与乎本年度教务上、行政上的改进，图书仪器的设备等等，均有详细报告，已登在本校校刊（战后校刊七十二期开学专号三十四页）。请各位同学详细看一遍。今天所报告的与六号不同。兄弟今天所报告的：

全校学生人数统计

现在大学部学生人数，除去年毕业外共有八百五十余人，现在新同学经注册者有七百三十余人，还有因病请假，因家庭有要事请假的七八十人。请假期间，长的约二星期，短的不过一星期，就可来校注册。是大学部同学大约有八百余人。至中学部新同学约共有二百二十余人，现经注册者有一百五十余人，又最近因路途远隔，已赶不及考期，请求再行补考的有四十余人，因病或因事请假当未能到校的有二三十人。就全校统计起来，内地同学约占十分之六，海外侨生约占十分之四。讲到海外侨生方面,当海外不景气益趋深刻的现在,本年度回国来本校求学者却特别多,大中学部总计三百余人。就往年统计,大学部甚少,仅二十余人,即中学部亦不过六七十人;本年度大中学部均各有一百余。大学部以一年级为最多;转学生、内地生、侨生共计二十余人,以理学院为最多。以上为本校全体同学人数统计与内地生侨生多少比例。

特殊情形收试读生

本校过去本收有旁听生及试读生,经一学期后如成绩较好,总平均分数在七十分以上,即承认为正式生。自上年度校务会议议决以后不收,本年度本应不再收,但是这几天来却发现有困难情形,不能不变通办法:有几位海外侨生,确是最近回来,证明文件均是最近期间,因在路途中发生意外事故——在海外遇飓风,遇盗,致耽误了考期,内地生如四川省也有几个具同样情形,所以不能不暂时变通,收为试读生,俟下次校务会议提出,请求追认。

教材应与时间适合

关于课程方面,虽在华安招待全校教员时有所报告,此时也应补充几句。本校此时重订课程,开会讨论十数次,费七八个月时间,到最后订定后,兄弟还研究出有一二门不免重复地方,如外国语文学系的"英国文学批评"与"近代文学批评",教材不免有大部分重复。但此种重复地方,是很少的。兄弟敢相信此次所订学程大部分是未有重复,不过有一层,兄弟是不敢相信,就是有许多门功课,如开一年,究竟时间是否是过长?如开半年,又究竟时间是否会过短?在诸位先生采取教材时应注意选择于一年或半年时间讲授是否适当?开学后请各院长系主任与各教授研究清楚,务使各门功课材料与所开期间长短适合。

仪器图书补充完备

关于仪器图书的购置补充事项,此时亦补充报告几句。最要急用图书,即目前教授与同学所应参考的,计购有四千五百余元,一二日内可订购齐备。有一种书是许多人需要参考的,特多买几部。本学期新购置仪器共三万五千余元,已付定洋八千余元,快的二三星期间可到,慢的约六星期内亦可运到。

本校理学院规模虽不甚宏大,设备虽非完备,但所有仪器均是最新式。照目前情形而言,高年级所用仪器,虽不少尚欠缺,此批购进以后,再设法补充,相信四五月后,可以完备。因此,兄弟有一点感想:本校虽有二十五年历史,但大学部的完成,只有六年,为时固甚短。近年来自然科学是一日千里的进步,他校仪器虽然是很多,但现在已不适用的亦很多;本校仪器数量虽然是较少,惟均属最新式,可迎头赶上去。如无重大事故发生,一二年后,可以比得上国内著名大学。

本校图书现已编目者有四万多卷,约十八九万册,尚有一部分未编目,"一·二八"之役,图书损失并不多,杂志损失是很多,本年度已添购杂志八十余种,以英文、科学方面居大部分。至关于图书仪器之购置详情,请诸位查阅校刊所登六号的报告。

以上报告方面已告一段落,兄弟现以十二分诚恳态度对各位先生说几句:

站在学术上做工夫

本校标榜"华侨最高学府",其使命是何等重大,我们应如何尽此种使命?兄弟前时已说过,本校许多刊物亦常讨论及,此时不必再说。现在欲与各位先生谈及者,就是原来老话,请各先生站在学术立场上领导同学作研究工夫,不要有政治行动。诸位先生大部分在校时间已有五六年之久,少或三四年,至本年度新聘的甚少,仅有几位,职员更多属原来多年服务人员,大家相处甚久,谅能相知较深。兄弟几年来感觉国内高等教育未能多大进步原故,就是过去发生风潮过多。有好多个有名大学,如中国公学在二十五年前至八年前是很有名,即民国十六年新创办的劳动大学,其先生与同学对于学术上亦极多表现,何以至现在不能够存在?又几年来其他关门停办的大学亦很多。其原故在有一部分教职员从事政治工作,先生似当军官,学生似当士兵,一般各派各别钩心斗角，从事斗争，内哄外争，结果只有“关门大吉”。本校过去虽有几次风潮，不过是校内一二人，与外界少数教育政客所播弄，故结果无大影响，这二三年已较安定。兄弟在校七年来，一贯主张，办教育的，应完全站在学术上做工夫，学术是开放，不要站在政治立场，无论政治好不好，都是不应该参进的，因政治必有背景，常彼此互相排斥，教员不教书，学生不读书，弄下去，结果是学生吃亏，上人大当。兄弟在政治上社会上服务几十年，从来中庸自居，对人无恩无怨，个人从未用过辛辣手段对任何人，亦从未与任何人下不去，各位去问问与兄弟相交较久几位先生便明白。但到本校来后便有点不同：有时看见行政上措施不大行，不免要发脾气；又因大家欲望过高，时常要求加薪，尤其毕业在校服务同学，时常计较待遇，不知为母校尽义务，所以每遇到此类事项亦不免要发脾气，此为兄弟感到“识者，所以叹世道之衰也”。每学年终了，发觉教职员有政治行动，所以不继续聘任，不免有得罪人的地方。所以兄弟每次纪念周中常说，请各位先生最好在学术上领导同学做工夫，不要在政治上引诱同学活动。有一层使兄弟始终怀疑的，即过去有几位先生何以喜欢在校中做政治活动，但何以不去做官？他们既是有背景，做官是很便当，自不必在学校中做政治活动。兄弟现特郑重托付各位先生：希望以后应在学术方面指导同学，不要做政治工作，以害人害己。

青年应抱一定宗旨

从前有许多同学是喜欢政治活动，常今天在此党明天又在彼派，结果是自己吃亏。最近有几位同学来信说已在政治上有所活动，兄弟复信，劝其应认定宗旨，始终站在一方面，不要朝三暮四。此就毕业同学而言。至在校同学，是应完全研究学术，青年是应保持其纯洁自由。切不要上当。大家要晓得，在做学生时代，何以有人来拉拢？是人家利用学生地位，可以做人家群众。倘到毕业后出去向人家找工作做，人家是不理睬，十次访人，总有八九次托故不见，弄到走投无路。前车不远，各位同学，切不要再上此种当。说到此地，兄弟又要说出那一套老话,不过老同学虽当听得耳熟,因新同学未尝听过,所以应再说说。青年应备有工具,遇有机会可以上台发挥其怀抱,无机会则各自己吃饭,不必依靠人家。青年最重要工具为文字,许多大学生,对国文既不通,英文又不好,所以随处都遇到困难。诸位不要以为现在谋事的人过多,事情很难找到;实在是有事找称职的人更难。兄弟现在有一件事需人办理,不要中文过好,即英文不通亦好,但要找适当人员来担任便觉得有许多困难。至一般教育政客是利用青年为其群众,作夺取个人权力的工具,根本不要青年自身有相当工具。青年应把定对国家社会服务精神,总理所谓"以服务为目的"。为人抬轿,是上人的当,尤其上海方面,情形尤复杂,青年最易上当,一失足,后悔无及。因为有许多新同学对此种情形未详细明白,因而特别提出。

希望教授集中精神

还有一层应与新同学说及:本校教员均属知名之士,上海许多大学,都比不及本校。任何一位,都有实地工夫,只希望不要在他校兼课,精神集中在本校,是最好不过的。"一·二八"后各位先生住在真如的不多,其到现在已有大多数住在真如,文学院教授有十分七八住在真如,商学院教授除一二位因上海有兼课外,大部分也住在真如,理学院教授亦有好多住在真如,诸位同学下课后,如研究出有疑问地方,可请各位教授请教。

兄弟前二星期到南京教育部将本校行政上、教务上的改进与课程的重订等等向王部长报告,请求教育部于开学后派人来校,作详尽考察,大约在双十节前后可望实现。

本年度各种规章,现经校务会议通过,将来汇订成本分发各同学参阅。

希望新同学对师长应如对自己家长一般,各师长对新同学如对子弟一般,大家一心一德,循序求进,以发扬学术精神。

(《暨南校刊》1933 年第 73 期)

郑通和

郑通和(1899—1985),字西谷,安徽庐江人。1912年就读于舒城县立第二高等小学,毕业后考入天津南开中学。1919年升入南开大学,获文学士学位。1923年赴美留学,入斯坦福大学,次年获教育学士学位。旋入哥伦比亚大学师范学院研习,1925年获教育硕士学位,继续留校深造。次年回国,任上海大夏大学教授。1927年任江苏省立上海中学校长。抗日战争期间及抗战胜利后,曾任国民政府甘肃省教育厅厅长、国民党第六届中央执行委员等职。1949年去台湾。著有《中等学校行政》等。

怎样做中学校长

（在本校教育研究会演讲）

郑通和 讲
F. Y. 记

本篇文字，是当时在会场上的笔记，尚未经郑先生本人的改正，错漏自所不免。——附识

我今天得这样好的机会来和各位谈谈教育问题，荣幸得很！刚才郜爽秋先生所讲的实在过奖，鄙人愧不敢当。我虽是学教育的人，但对于教育没有深彻的研究，现在来贵校演讲，只好随便谈谈。然各位多数都是研究教育的人，就算有说不对之处，要请各位原谅指教。

现在所讲的题目，就是怎样做中学校长。这个问题范围很广，并且也不容易讲的。而郜先生还叫我把办上海中学的经验告诉各位，那更非易事。

第一，因为这个问题的理论太过空泛，若把怎样做中学校长的实际“做”的问题讲出来是不易的。

第二，因为我接办上海中学不过两年，经验很少，成绩也不算多，若讲起来，还是没有多大资料。

第三，因为这个问题范围太广，若讲起来，恐怕在此一点多钟的短时间内也说不完的。

所以我只好把怎样做中学校长的几个最重要问题选出来和各位讨论讨论。因为时间有限,等到四点钟,还要赶回上海,另有一个□会,所以能否讲完尚说不定。

怎样做中学校长,有三个最重要的问题:

……

(一)学校行政的职务要分配

这个问题很重大,苟职务分配不清楚,责任不专一,那末这个学校就没有转法,并且会引起种种误会。一个学校里面,有的管理怎样教学生,有的管理怎样指导学生,有的管理养育的事项,有的管理一切杂务。所以内容很复杂,尤其是中学组织较大,职务较多,因此就容易弄乱。有时你推我做,我推你干,结果就无人负责,有时虽有校长负责,但一个校长,那能够办得这许多事。所以一校的行政职务要分配清楚,一人担任一部分的工作,校长以下分为若干部分。如教务部专综理全校教务事宜,关于商同各科主任设计课程,考查教室,指导教学及其他教务;训育部则专管理全校训育事情,关于指导学生课外作业,学生日常生活,评奖学生操作成绩及其他指导;事务部则掌理全校事务,分配房舍,校款收发,校具购备及校中一切杂务,等等。略如下图:

校长
—教务部主任
—事务部主任
—训育部主任
—体育部主任

现在我先说校长本身负有什么责任。中学校长是一校的领袖,须能领导全校。他的责任就是对于学校须有整个的方针、计划、大纲和政策。他须把整个学校监督指导,依着他的计划大纲和进行方针,与教职员共同合作,使校务整饬,教务发展,以收教育完满的效能。如于一年之中,应进行之教务如何?训育如何?事务如何?为校长者均须先拟定整个完备计划,分发各部分别按照所定之计划执行。然后由各部主任根据所定之大计划,更再定各部办事细则,行办法,以便进行实施,则收事半功倍之效。否则,各部办事纷乱,茫无标准,不知何所适从。那末，一校的行政，将无良好的效率了。

譬如上海中学在此三年的过程中，在第一年初正在改组，学生程度和学校情形都很复杂，此时办学计划为维持现状，故为维持时期。第二年现状既可维持，校务即须整理，以固校基，故办学计划为整理时期。现在第三年是到了改进时期，则重研究与实验。但如何研究？如何实验？做校长的应先将进行方针规定清楚。如：

一、校长方面，须指导修养的职务。

二、教员方面，须注意实验研究的工作。

三、职员方面，须注意科学方法的运用及学校环境的改善。

四、学生方面，须注意程度之标准化，行动纪律化。

五、工作方面，注重勤职守，多训练。

分别各部行政权限。由各部主任开部务会议商酌如何实行方法，校长不得无故干预之。惟每日只须询问各部主任如何实施以资鼓励，不应干预各部的琐碎事项。各部的事务应由各部主任负责去办理，校长只负有督促鼓励之责，和想法使大计划如何能够实现而已。

校中一切行政，既由各部划分职务，各司其职，不相侵扰，校长不过总其大成而已，但对于学生仍不能直接发生行政上的关系。譬之校中发生问题，学生向学校请求某种事项。学校当局，应由某部主任处理之。学生须看事项的性质如何，向该部主任接洽。校长不应直接去办理。倘若问题重大，该部主任不能解决时，仍不能由学生直接去找校长，须由该部主任转达，与校长商量解决办法。倘若再也不能够允许，仍须由该部主任将商量结果转告学生，惟该部主任须以和蔼的态度，说明校长的意见。倘学生仍不悦服，于是学生始直接来找校长，要求完满答复。此时校长意志要坚决，态度要和善，言词要婉转。第一步向学生说明自己的意见，由部主任答复了，部主任的答复就是本人的意见。倘学生再不满意，于是第二步以和善诚恳坚决的态度，说明学校实际上的困难，务用种种婉转的言词，和其他各样理由，使学生了解悦服。

因为校长苟易于允许答应，则将来学校行政办事上会发生不良的影响,且使学生对各部主任减少信仰,那末以后各种误会就会发生,故校长应付学生的态度始终要坚决,但也不应责骂学生,务使学生听了佩服,不存怀恨之心,此为最重要。

试观现在学校风潮之发生,不外这种原因:

一、校长擅自答应学生的要求,而未先得该部主任的同意,致生误会,而发生风潮。

二、校长容易责骂学生之请求,以致激起风潮。

总之,凡事先由该部主任解决,不应由校长直接去处理。否则,该部主任不知此事底蕴,容易引起误会,致碍行政办事上不统一,互相不联络。所以学校行政组织有两点最重要:

一、职权统一。

二、分工合作。

有些人以为学校如此办法,那末校长和学生相互间不是不联络了吗?此实误解。校长可以常常和学生谈话,问问学生的成绩,常常去关照他们的状况和他们的功课,这样使师生间的感情更加联络。换言之,校长于办事上不要和学生直接发生关系,而于感情上则应常常联络关照。盖教育者不单独是“教”,还须一方面怎样去“养”。为校长者,应本此旨去施教育。

……

(二)怎样使教员和校长合作

一个学校之办得好和不好,不是校长一个人的能力所能及,必须由全校的各个教职员都能够和校长通力合作,方能得到良好的效率,否则就没有完满的成绩了。大概一个学校之所以有问题发生,多数是由教员大家不能够一致合作,致会有风潮。本来学生入学之目的,志在求学,他们对于学校行政,本无干预的意思。是故校长能够得到全体教职员一致的信仰,通力合作,以全副精神,把学校整理完善,指导有方,那末一个学校里面是绝对不会发生风潮的。所以做中学校长的人,能够把这个问题解决了,那末这个校长也算成功一大半了。

但是校长怎样才能得到教职员的合作和信仰呢?有些人说,这是要任用自己的亲信朋友和亲戚私人，那就一定能够一致合作了。但也不必如此。盖任用私人，其弊亦多，说不定还会发生更不良的结果。所以还是要注重人才主义，现在我从经验所知，有三个方法可以得到教职员的信仰合作。

一、校长对教职员须以互助合作平等的态度。

校长平时在一切的事情方面，须能常常和教职员接近，互通感情。切勿以地位骄人，轻视下级人员，不屑与教职员为伍。有些做校长的，每以为自己超人一等，对于教职员摆起官僚架子，用命令式的招之使来，挥之使去。这样最易引起教职员之恶感，实为合作之妨碍。有些做校长的更长久不到校视事，致使各教职员欲与校长磋商亦无机会，此亦最足以发生误会。故校长应常常和教职员接触，加入教职员的娱乐范围，设法增进互相间的友谊。务使大家互相了解，消除隔膜，那末自然就会得到合作的利益了。

二、奖励勤职守与研究学术有心得的教职员。

凡教职员对于学术上研究很有心得的，或对于办事上很热心尽责的，校长须常常去鼓励他，承认他的绩点，了解他的贡献。或设法使他得到良好的酬报，或设法帮助他发表他学术上的研究的结果，或替他在社会上宣传。务使这些勤职守、热心研究的教职员，更加努力，那末学校的名誉就会提高。否则，做校长者，糊里糊涂，对于这些良好教职员的功绩，完全一点都不知道，那末就会令到这些教职员灰心意冷，不再尽力，正所谓"卖力不讨好"。所以校长须时时留意，鼓励他们，不要使他们灰心。

譬如这次上海中学成绩展览会，虽□有多大好成绩，而两年来维持整理的结果，也差满人意。然展览会办理最出力的有沈亦珍先生及其他几位，我都很佩服他们的。

三、对教职员须以积极的鼓励，不应以消极批评。

一个学校里面，自然会有两三个办事缺乏能力的教职员。校长须要积极的设法去帮助他，不应有丝毫的消极的批评。因为有些地方做得不好，并非他故意如此，实因他的能力稍差，或欠缺经验，校长应暗中的设法去协助他,用婉转的方法去指导他,使他能够明白改良,并且不要给别的人知道,致失面子。所以校长对于各个教职员,切忌消极的批评,或向大家面前宣布出来。因为这样实易发生误会,对教职员和学校两方面,都无良好影响,结果教职员与校长的感情日渐恶劣,而致酿成风潮,于校长毫无裨益,于学校其害更大!

综上之点,是怎样能使教职员和校长合作的问题。还有一个问题是"中学校的教学问题",就是说中学校长怎样去指导教员增加教学上的效率。今因时间关系,未能续讲,只好留在下次有机会再谈罢。

(《暨南校刊》1929 年第 18 期)

如何做现代青年

郑通和　讲
陈汉源　记

诸位先生，全体同学，今天承曾主任之约，来和各位谈谈，鄙人十分高兴。今天在座同学都是国家有为青年、未来主人翁，当此国家多难之秋，回视国家贫弱，处处受人欺凌，而各位意志刚强，一定都感觉到要复仇雪耻，复兴国家民族。对敌人要有办法，所以我今天特别把"如何做现代青年"这一个题目提出来和各位谈谈。

我以为要做现代青年，最低限度须具备四种条件。

（一）我们要有远大的识见　生在今日的青年，对于世界国家，要有切实的认识，要明了世界的新趋势已到若何程度，将来如何结果，尤其是生在我们这么破难的国家的青年，应当切实注意，我们无论研究那一项事业或是那一个问题，应当以世界成绩最优的国家或个人为目标，不应敷衍了事，这样国家方会得到进步，这才是我们远大的识见。

（二）我们要有为公的决心　诸位知道，现社会是为大多数人谋幸福的，所以做事要给大家景仰崇拜，这是为公。像一些自私自利之徒，在某一个过渡时期的场合之下或可侥幸，但是过了这时期，就必为大众所不齿了。所以替大众谋幸福、为大众服务的，都可以立身无愧，这是为公的好处。中国这几十年来，弄到河山破碎，国亡无日，都是过去一班自私自利不肖之徒造成的。举个浅近的例子来说，如我国的招商局比日本的邮船会社要早成立两年，而资本也比较雄厚得多，到今日来日本的邮船会社已经蓬蓬勃勃，不可一世；而咱们中国的招商局，在前年未改革以前，已经是弄到航线日短，船只日少，几有倒闭之势。这固然是与国家的强弱有关，同时也是过去负责人员的不负责任及只顾自己的私图有以致之。其次如汉冶萍公司，这是以大冶的铁，萍乡的煤运到汉阳兵工厂去制造兵器的一个组织，这是一件多么伟大的工作，可是也因为负责人的自私和不负责任，结果弄到落于日本之手。由此我们可以知道，不为公，可以叫国家危亡。所以我们要做现代的青年，一定要有为公的决心，将来做事处处要为公家着想，不要以一己的私图抹煞大众的福利。

（三）我们要有健全的体魄　有健全的体魄，才能肩起重大的事业，有健全的体魄，才有健全的国家，这是任何人不能否认的。可是咱们中国人的体魄实在是太不行了。诸位只要在上海的马路行人道上，去将十个异国人及十个中国人比较比较，就可以明白。我记得从前有人说，我们中国人的智慧并不亚于任何国人，且有过之，可是体魄太不行了。由此我们可知中国之所以弄到如此地步，体魄不行也是原因之一。设有人说"体魄是先天的，我们的种族根本不好，那里可以有健强体魄的国民呢?"这在我认为是错误的。诸位不信，可以试看日本人，日本在维新以前他们不是矮小懦弱的吗？为什么到后来他们每年的平均重量及长度都在增加呢？以我知道这纯粹是他们每天切实锻炼的结果，所以我们知道，体魄不行，不能纯粹是先天的影响，即每天的缺乏锻炼亦大有关系。诸位要救国家，要复兴民族，就非有健强的体魄不行，要有健强的体魄，就非勤加锻炼不可了。

（四）我们要有创造的精神　生于今日世界，要是没有创造的能力和争取的决心，那就非亡不可。过去封建思想，"多一动不如多一静，多一事不如少一事"的一类东西，现在是不适用了，是会被淘汰的。曾经有人说，"德国人是做而不说"，英国人是"做了再说"，日本人是"说了就做"，咱们中国人是"说了不做"，甚至不说也不做。又有英国哲学家罗素先生的 *Change World* 一书说"英美富有创造能力，日本富于模仿，中国人根本不做"。由此我们可以知道中国人的毛病，诸位想想世界上那有这样便宜的事,去坐享其成的事。我现在还举一件事实对诸位说说,就是从前有个朋友,他从美国大学毕业回来,后来又在安徽、江苏、江西等地做了几年事情,一天,忽然碰到我,我问他:"近况怎么样?"他说:"还谈什么近况,想不到中国是这个样子,真倒霉,你看美国多么好……"当时,我听到他这番话颇为诧异,同时看他一副形色又实在是怪不高兴的样子,所以也就没有再说什么了。诸位,你想一个从外国大学毕业回来所谓博士,还这样不知创造事业、不知改造环境、不知奋斗而只知坐享其成,怎不叫人痛心呢?所以我现在劝诸位凡事绝对不要灰心,应当养成刻苦耐劳奋斗的精神和抱绝大的创造决心,来创造新的中国。

诸位现在是中学生,毕业之后,就要升入大学,但不论升入大学或到大学毕业、中学毕业,实在一切的事业都在等着我们去干。

要做现代青年,上面四点如果时时刻刻都注意到,都做到,谁会挨饿,国家怎不强盛?所以我很希望诸位青年帮助政府,拥护领袖!中国前途远大!

(《暨南校刊》1937 年第 208 期)

牛厚泽

牛厚泽（1886—1934），名载坤，字厚泽，甘肃狄道州（今临洮）人。1905年中童子试，后领附生。1907年考入甘肃文高等学堂，后被校方以不丁母忧予以除名，遂去新疆探望长兄秉坤。1909年经新疆巡抚保送，以优异成绩考入京师大学堂，学习测绘等。民国建立，复入北京簿记讲习所攻会计学。曾游历南方各省，结识张謇、黄炎培等人。回到甘肃后，积极实践“教育救国”“实业救国”之路。1914年应周务学之邀，赴青海玉树搞勘界测绘。后在家乡创建“树风学校”，在兰州创办“正本书社”“手工传习所”“陇右公学”。1929年代表甘肃赈务委员会到南京、上海等地求赈。1933年任民勤县长，创办“师范传习所”。

中国文字之特点及教小学生学习文字之研究

（在师范科教生实习讨论会中演讲）

牛厚泽　讲

褚绍唐　记

本稿曾经邓胥功先生仔细修正。特此附志。

教学中国的文字，大多数人只注重文字的读法和意义，而不注重文字本身的特质，这实在是不对的。现在我们要研究普通识字的方法，应该要从文字的特质去着手，所以《说文》这部书是很可以参考和研究的。

中国字是世界最难学习的文字。我记得前几年的日本教育界里，曾有提议废止汉文的运动，主张全用假名，还有人主张连假名亦不用，改做罗马字拼音法的，后来因为大部分人反对，所以也没有成为事实。但即此一点，也可以证明中国文字有能存在的价值了。

世界的文字，一般分作二种：（一）象形字，（二）拼音字。中国和古代埃及的字就是象形字，现代欧美的文字，就是拼音字。这二种字不同之点最显著的是：象形字是文内有义，拼音字是文内无义。

这里所说"文"的意思是指简单的字形，即所谓单体文，比如在

—爪，—采

二个“文”内看，便可分明他有意思在里边的。又如：

𠂢—采，读如“辨”

他的意思就是兽迹鸟迹的辨别，故从这“文”可推知“释”“悉”等字的意思。

至于在拼音字里边，比如俄文 Ma u ru kr，意为“小孩”。他共有四文，我们把他每个文来看，是没有意思的，除非四个文合起来读，才知是“小孩”的意思，所以拼音字文内无义。以上所讲的，是中国文字的第一个特点。

我们要知道“文”是写出来的一个字，“言”是说出来的一个字，“文”从“言”生，先有语言而后有文字。有文字后，他的作用，就可把语言行诸“远”而垂诸“久”了；所以古时的文字，即是当时的言语，并非两样东西。比如“元者，善之长也”一语，就是“元哪，是善的顶高呀”的一句白话。因为社会情状早已变化，因此我们的语言组织也生了许多变化。而文字本身，却是自古迄今，没有甚么大变迁的，但在现在把他读诵起来，就觉得难懂了。这就是中国文字的第二个特点。

文字的特点，已讲过了。现在进而讨论怎样教小学生学习文字，我以为教授的步骤，应分三段：

（一）利用书画、器物、唱歌、游戏等先使认识楷书习见之字二三百个，其年龄当自六七岁起。

（二）读写字典部首二百十四字，使知单体字与复体字拼合之法，同时要读写国音字母三十九个。凡一字的构成，分形、声、义三种，由“形”见“义”。比如：枝是左形右声，见木，便可得义的；剑是左声右形，见刀，便可得义的；圃是外形内声，见围，便可得义的。

教授的时候，可将诸如此类的单体字复体字并合的方法告诉小学生。至国音字母，也是很重要，小学生时常读后便忘，可用国音字母记下。还有国语的普及，亦是一个大问题，往往有北方人到南洋去以后，不能和闽广的同胞讲话，这岂不是笑话么？

（三）读写《说文》建首五百四十个，使知六书大意。六书是中国文字的基础，最重要的，要算最初的四种。他的大要如下：象形指事，字之原始—单体字;会意形声,字之孳乳—复体字;转注假借,字之繁衍。

我们教小学生读文的时候,可以把六书的大意讲给他们听。比如:

一、象形　日是“日”的象形,木是“木”的象形,艸是“草”的象形。

二、指事　父是执火的人,是“父”的指事;丄丅是上下的指事;左右是左右的指事。

三、会意　甫是能干的意思,是“甫”的会意。

四、形声　如前例左形右声、右形左声、外形内声、上形下声、下形上声等字。

五、转注　即“数字作一用”的意思,如予、余、吾同作“我”字解。

六、假借　即“一字作数用”的意思,如地、底、之又可作“的”字解。

等等,不是很容易的么? 如果能够这样教他们,使他们脑中从小就能留着六书的印象,那末,他们以后学习文字,自然能够的。

以上的三个步骤以外,在读文教学里边,习字也是很重要的,我也有七个字的口诀:

一、拉到——关于用笔;

二、摆匀——关于间架;

三、勿丢差——关于细心。

最后希望师范生不必怕《说文》太难,小学生不容易懂,只要能解释得有兴味,原是不成什么问题的。现在海外方面华侨,对于祖国文字的特质,都不大明了,最好能使他们对于祖国文字的观念,得早早保留起。我这个主张,希望诸位将来办华侨教育的时候,作一个参考。

(《暨南校刊》1929 年第 25—27/28—32 期)

丘汉平

丘汉平(1904—1990),字知行,原籍福建海澄,生于缅甸仰光。上海“五行山”和“仁社”成员。1924年毕业于上海国立暨南学校商科。1925年毕业于中国公学商学院。1927年毕业于上海东吴大学法律学院,旋回仰光。次年春赴美国留学,1929年获华盛顿大学法学博士学位。1930年赴欧洲考察后,返回上海开展律师业务。1931年起,出任暨南大学教授,兼外交领事专科主任,南洋文化事业部主任。曾创办省立福建大学,并兼校长。

法律之语源

丘汉平

无论在那一个社会，总有一种规定社会现象的规范。这个规范的详细内容，虽不尽同，但其重要纲领却不外是维持社会与保护关系。这就是我们听习闻的法律了。讲来很奇怪，今古民族虽是参差不齐，文化程度高低不一，却各有一种法律以维系他们的生存。这种表现，在文字或言语上尤易看出。本题就是要说明法律一词在语言上的意义。现在为谋便利起见，分为二节述之。

一、法在中国语源上之意义

法的本字是“灋”，《说文》下注释说：“灋，刑也，平之如水，从水；廌所以触不直者去之，从廌去。”廌是什么东西呢？《说文》说是似牛，一角，古者决讼，令触不直者。由此看来，今文“法”字是具平直的意思，就是说，“法”字之创造，已是包涵正直。易言之，法律是求公平的。不但如此，法为要求平直，所以令不直者去之。去之则所以罚之也。故“法”字兼有刑罚的意思。《尚书·吕刑》说：“苗民弗用灵，制以刑，惟作五虐之刑，曰法。”这益可释明后来刑罚的观念。这种苗民的风俗到了和汉人接触之后，自然发生多少影响。至于《说文》说的古人决讼，令廌触不直者，原是初民状态。在历史上与此类似的决讼的方法亦有不少的例证。后来社会渐次发达，诉讼程序自然是改变，法的范围也就慢慢的广了。《释名》说：“法，逼也。莫不欲从其志，逼正使有所限也。”这个意义很明了,读过西洋法的人当然不必待我们来解释。法律是社会的必然现象,所以法是“逼”的,就是说,法是由于社会所造成的。其在社会个人方面则因人人要自由。若听其无限制的自由,社会本身并无存在的可能。法律就是要逼他们不要过分自由,易句话说,各人的自由或意志,应当有界限,才可保持社会的安宁。“逼”字云云,无非是强制意思。

此外,还有一个“法”字使我们不容易解释。《说文》说:“法,今文省;佱,古文。”这就是说,中国古时有二个法字,一是“灋”,一是“佱”。今文的法是由前一字脱胎出来的,这是很易见的。因为中国古时有许多字很复杂,后来的人为节省麻烦起见,便把“廌”字省去了,不过后一个“佱”字,据胡适之先生看来,是另外一个意义。他说,“佱”字是训模范的意思,这大约是他看到“佱”字从亼从正,乃所以谋模范也。胡先生又说“佱”字比“灋”字来得古,“大概古人用法字,起初多含模范之义”,这点也有些道理。一是合乎历史的进化定例。在邃古的人类,他们只顾到目前的,关于社会的各种现象,没有普遍的认识。所以现今所认为很明白的“法律”,在最古之时,却还是莫明其妙。那时所谓法,大约是一种天道,后来社会进步,才能了解“模范”的意义。复次,我们就西洋的法字语源来说,也是一样的道理。单据罗马法而言,拉丁文的 Jus 比 Lex 来得古,而包涵的意思也很广。前一个字,在初时是指权利、正义、公正的意思,后来便慢慢地转解为法律之法。迨至罗马史乘时代,法律的专门名词就有另外一个 Lex 字。由此看来,胡先生说的“佱”字是“模范”的意义,虽然没有充分的历史证据,却至少能给我们这样断定:在中国文字上,“佱”字的语源来得古,意义来得广,而“灋”字是比较进步的文字,其造字之动因是由于诉讼现象的增加。

不过,我们自己有一点疑问:假令我们的推论是对的,那末模范的“佱”字,后人为什么不用呢?何以后来所谓模范的法也是用“灋”字呢?这点我们似乎不能解答了。

《说文》“灋”下注“井刂也”。“井刂”与“刑”是不同的。在《说文》的刀部只有“刑”字,是“刭”的意思。由此看来,井刂的本义很狭。但是后来“井刂”字常以“刑”字代之。据《段注》说：“井刂罚典井刂仪井刂等字，以刑当之者，俗字也。造字之旨既殊，并声开声各部。凡井声在十一部，凡开声在十二部也。”《易》曰：“利用井刂人，以正法也。”荀子《强国篇》说：“井刂范正，金锡美。”就此两项观之，井刂是“正”的意思。《说文》虽无“井刂”字，但在土部“型”下说“铸器之法也”，却亦是井刂的意思。不过，“灋”字为什么要说是与“井刂”通呢？

因为井刂是模型的意思，含有有条不紊的意义，寓有强制的解释。“井刂”是从井从刀。从井者，所以取其有秩序；从刀者，所以取其有解剖条理。易言之，井刂就是求公正的意思。“灋”者，即令诉讼的当事人藉一不知不觉之物得到公平。

今人说“法律”，实则古时的“律”字另有其语源。《说文》律下云：“均布也。”《段注》说：“律者，所以范天下之不一而归于一，故曰均布。”《史记·律书》说：“王者制事立法，物度轨则，一禀于六律——六律为万事根本焉。”

这都可释明律的语源不是用于法律的律字，却是在于“乐律”的律字。“乐”是有和谐的音调，一定的高低或拍子。这就是说“律”字具有标准的意思。音乐的拍子或音调不对，就不能动听。后来用到行为规则的法律上去，律字几乎代法而用，所以明严限也。我们只听古人谈“汉律”“唐律”“宋刑统”“明律”“大清律例”，固未闻有“汉法”也。研究法律之学，古时称为“刑名”或“律学”，法学实是近代凑合的名词。

此外尚有三个字和法律有因缘的关系，现在顺便简单的说明一下。第一个是“典”字。《毛传》说：“典，常也。”《说文》“典”下说：“五帝之书也，从册在丌上，尊阁之也。”可见典的本义是尊贵的书册。后来对于古代的制度，通常说是“典章”，言其贵可为法。及至现在“法典”一词已专用于法律之有条文者。今人称民法曰“民法典”就是这个意思。第二个是“则”字。《说文》“则”下说：“等画物也，从刀贝；贝，古之物货也。”《段注》云：等画物者，定其差等而各为介画也。物货有贵贱之差，故从刀介画之。梁任公先生解释这段说：“余谓古者以贝为货币，而货币之用，在于易中（易中即是交易之媒介）；故能权物之贵贱而等差之者，莫如贝，故曰等物。齐之如刀切焉，故曰画物。从贝以示等，从刀以示画，会意字也。盖含均齐秩序之意，既差等而又名之曰均齐者。孟子曰：‘物之不齐，物之情也。’本不齐者，因其等而等之，是则所谓齐也。故吾国文所谓‘则’，常以为‘自然法’之称。《易》‘乃见天则’；诗‘天生蒸民，有物有则’，是其义也。然既从刀则人事寓焉，故‘人为法’亦得适用之。《周礼》‘以八则治都鄙’，郑注云：‘则，亦法也。’”第三个是“范”字，《说文》无“范”字，只在竹部的“范”下云：“法也，竹简书也，古法有竹刑。”《段注》说通俗文之规模曰范。《易·系辞》说：“范围天地之化而不过。”《郑注》云：“范，法也。”后来“模范”“范围”等词，仍留字的本义；但在法律上却未曾将“范”字洗礼过。

二、法在外国语源上之意义

在外国文字上，“法律”一词也是由广泛进到狭义的。及至比较进步的社会，文字上常有数个不同的文字代表不同的意义。就现时各国文字上来说，大抵法律有二种名词：一个是包括广泛的，一个是包括狭义的。前者如拉丁文之 Jus，法文之 Droit，德文之 Recht，意文之 Diritto，西文之 Derecho 等。后者则有另外的字以代表法律的意义。所以上述的各国名词，各有对待的名词如 lex，loi，gesetz，legge，ley 等。不过在英文里，我们殊难找出与 law 对待的字。英文里纵有区别，亦不外是 law 与 a law 而已。

现在为便利说明起见，我们只举罗马法的优士（Jus）为例。优士与勒克士的分别究在那里？第一，优士一字不但是具有法律上的适用，且包涵道德或伦理的观念。而勒克士则只有法律上的意义，没有别项的适用了。前一字既是具有伦理的观念，则是、非、善、恶，自然是其所必谈的。不但如此，优士亦兼涵权利的意义，例如罗马法家邬尔禀（Ulpian）说：“正义是恒久继续的，使各人得到其优士（就是权利）。”这里所说的优士，便不是“法律”，乃是权利。如果解作“法律”，岂不是无意义么？但是在别个地方，他却说“优士”的使命是诚实的生活，不要伤害他人，给各人其应得的部分。这里的“优士”既不是狭义的法律，又不是权利的观念，乃是一广义的法律，具有道德的色彩。由此看来，我们就可知道“优士”的意义之广泛了。从历史上说来，“优士”比“勒克士”来得古。这因为在原始时代，文化简单，没有分别道德刑法等观念。

其次，“优士”常是用作抽象的意义，而“勒克士”却常是实质或具体的。这种分别，我们可在德、法、意、西诸国文字上找证明。依萨尔孟(Salmond)的解释，Droit，Recht，Diritto 等字经过的途径演进，是如此的：在最早之时，这几个字无非是表示“物体的正直”的意思，故英文中到现在还有保存这个意义。例如说“直角”，英文曰 right angle，从拉丁文的 rag 脱胎出来的。拉丁字 rag 是指“正直”或“伸直”的意思。到了后来，社会日形发达，往来渐多，同群间自然发生关系，由这个关系，而渐次产生相同的道德观念，就把原来“物体的正直”意义借用。等到道德的正直观念发达之后，社会已是得到相当的进步，由道德的意义而转到法律了。到了这个时期，不但“法律”是包括法律的全体意义，且兼涵特个的法律而言。如英国之称“动产法”为 Law of Personal Property。这里所说的 Law，是表明法律的一部分意义。

因为这个缘故，“法律”一词的涵义得分为二，一是抽象的，一是具体的。例如我们说德国法、英国法，这里的“法”字是抽象的观念，因为我们说德国法时，并不知其完全的内容；也许当我们说时，德国议会正在取消或增多一个法案了。这种变动事实，并不影响我们所说的德国法，这好比中华民国一个名词是个抽象的观念一样。我们说中华民国时，并不知道，也不能知道，其分子的确数。所以今日死亡了十万同胞和添增了百万同胞，完全不能变更中华民国的抽象观念。

但若我们只说“英国劳动法”时，“法”字就变为具体的意义了。就是说，我们所讲的不是英国法全体，也不是“劳动法”而已，却是“英国的劳动法”。英国只有一种劳动法,如果英议会把它取消了,英国劳动法便不能存在。从适用方面来看,更可证明抽象的法与具体的法之不同。当我们说英国法时,所谓“法”并不指定那一部分。至于具体的“法”所说却是特种事实。

(《法学杂志》第5卷第2期,1931)

郁达夫

郁达夫(1896—1945),原名郁文,字达夫,浙江富阳人。1913年去日本,考入东京第一高等学校预科。1919年进入东京帝国大学经济学部,毕业后获经济学学士学位。1921年与郭沫若、成仿吾等在东京成立创造社。1923年回国,应聘于北京大学任统计学讲师。1925年任武昌师范大学文科教授。1926年与郭沫若同赴广州,任广东大学文科教授。同年底返沪主持创造社出版部事务,先后主编《创造月刊》《洪水》半月刊等。1938年抵新加坡,主编《星洲日报》早版和《晨星》副刊、晚报的《繁星》副刊。1945年8月29日深夜被日本宪兵杀害。著有《沉沦》《春风沉醉的晚上》等。1932年1月7日,在暨南大学作以"文学漫谈"为题的讲演。

文学漫谈

郁达夫

一、“文学是宣传”

这一句话,是无论把文学狭义的或广义的解释起来,都可以说得通的。譬如依艺术最上主义者的话说起来,艺术是美的表现,那么一首绝美的诗和一幅最美的画,使人读了看了,读者看者自然而然地会得到一种美感,而感到愉快,这时候艺术就成了宣传了。更进一步,最大广义的解释起文学来,则从前的六言告示,或“此处不可小便”与画一个乌龟之类,也是文学,也是宣传,至少可以使你晓得这些文字或画形是些什么意思。

中国古来的文人,把这“文学是宣传”的功效说得最大最具体的,是《西厢记》里的那句“笔尖儿横扫五千人”。假使这一句话可以不打折扣而照实应用的时候,那么日本帝国主义者有十万大军来袭,只消有二十个张生就可抵制了。可是现代的这位张生,却只能打两个嫁祸于人,因而开始内战的电报,此外是一个日帝国主义的军队也吓不退的。若想真正的找出这样有笔力的文人来的话,那除非是去找孙悟空或剑仙大侠之类来作法不行。这些荒唐的文人的幻想,又那里可以据为事实呢?

当然《西厢记》里的这一句话,也并不是照这样死解释的。宣传的力量若到,则一篇檄文就可以使为个人权力而战的军队倒戈,则笔尖儿横扫五千人的事实,也未始是不可能。所以现在我们若要利用文字来作宣传的话,那应该先查明我们所要宣传的是什么事情。譬如第一要打倒帝国主义在中国的势力,那就得先查明帝国主义在中国所以能跋扈维持的原因在那里?在帝国主义下所受的中国民众的痛苦是如何?要想打倒它应该采取怎么的一种手段步骤?更还须估量估量在这些帝国主义本国的劳苦群众能不能和我们合作起来?第二,废除不平等条约,应该怎样去进行才得发生效力?第三,打倒国内一切军阀官僚土豪劣绅买办阶级腐化分子以及封建势力,应该从那些地方入手?第四,要建设一个真正大众的革命政府,须采取怎么的一个战略?凡这些事情,无一不赖宣传,无一不可以用文学来作武器的。

可是有一点,我们必须注意。文学这一件东西本身,并不是飞机、机关枪。文学的效力功用,是间接的,所以必须写得动人,才能达到宣传的目的。光是喊喊口号,或作一些教训指示的空壳文章,是没有用处的,所以在过去的两三年中,普罗文学的喊声,也很热闹,但终于收到了反对的效果,致使民众运动受着莫大的压迫与损失,弱点就在这里。

二、“文学是革命的先驱”

革命是必须破坏的,但这破坏的真意义,并不是无一定目的意识的盲目的破坏。大抵都因社会的积弊,到了万不得已,方才有破坏的事实出现。文学家的神经是最纤敏也没有的组织。对于社会环境,一有了什么不通不顺之处,文学家必在一般人所感到之前预先就有所感触。文学家之所感所思,并且还一定非写出来喊出来不行。所以一般人在笑文学家是作无病呻吟的时候,其实社会的破绽,已经芽锋茁露了。所以法国在大革命之先,有启蒙哲学家一流的人先出来空喊,俄国十月革命未成熟的时候,早就有一九〇五年前后的文学者的一群在谈革命。文学譬如是一根火柴,而革命的客观条件就譬如是装好在炮里的火药弹丸和药线。

三、“文学是进化的”

一切艺术都是时代和社会环境的产物，这是谁也知道的很浅近的一句话。因为创制艺术的人，谁都不能够遗世而独立，去抹杀时代与社会，而孤独地过着鲁滨孙在荒岛上的那么样的生活的。所以生活和艺术是同出于一源，紧抱在一块，同在一种社会现象的下层深处合流着的一面时代的镜子。时代是不断地在跑，社会也是不断地在变化，所以艺术当然也非同样地更换着不可。譬如一个人的面孔，从小而大而老，耳目五官的位置虽则不动，但是表情纹路，与夫须发之类，却是常在变换移易的。德国的一位哲学家叔本华(Schopenhauer)说：“每一期的时代精神(Zeitgeist)正像尖利的东风，它是无物不洞穿吹过的。所以吾人在无论那一种作为思想和写作的东西上，或在音乐，绘画之中，与夫这种那种艺术的消长之内，都可以看出它的痕迹来。”

可是这时代精神在各种艺术之中表现得最明显的，当然是莫过于文学，因为文学所用以表现的工具，是和吾人的说话一样的文字。文学家将周围给与他的影响，从他的内部汹涌着的思想和本能感觉里整理排列，用文字表现出来，文学作品就成立了。

那么文学作品，完全是外界的影响，周围的环境所给与文学家的印象么？文学完全是时代的产物么？若是这样的话，那我们所说的文学的永久性又在那里？前时代的文学，产生这文学的时代已经过去了的伟大文学作品，又何以会还有价值呢？这矛盾，我们在这里就不得不用一个仿佛是二元的，其实却仍旧是一元的理论来解释。当然在文学作品之中，有一部分完全系属于时代的产物，那是要和时代一道地过去的，譬如十几年前的中国那些红男绿女佳人才子式的小说，现在当然是没有人再去翻读了，因为现代的社会环境，已经是完全变过了的缘故。

可是还有一部分伟大的文学作品，则不问时之古今与地的中外，对我们还有兴趣，我们觉得它们还是有价值者，其理由究在什么地方呢？在这里，我们就不得不把作家的自我和人性加入到思考里去。大作家的把捉时代,是要把捉住时代精神的最主要的一个根本观念,是要把捉住超出在一短时候和各种不相干的琐碎关系之外的人性的本质(Das Wesen der Menschheit)的。这时代的基础观念和人性的本质融化入作家的个性,天才作者然后再把它们完完整整地再现出来,于是千古不灭的大作品,就马上可以成立了。作家的自我通过了艺术作品这重门而冲入到了时代精神之内,时代精神同样的也通过了自我而淋漓尽致地参入去混在艺术作品之中,两相融化,各相为用,在这里方才能够发出灿烂的光辉,铸成金字的高塔。所以时代可以影响作家,而结果作家也可以影响和促进时代。

因为作家所把捉着的是时代精神的基础观念,所以这观念一定是大众的、一般的。因为作家所具现的是人性的本质,所以他的作品也就是古今中外不易的东西。

所以照这样的看来,文学之为时代和社会环境的产物这一句话,是千真万确的了。时代和社会有变化,自然地文学也必定有变化。但时代是向前进的,社会也在不断地改善的。而文学家所追求表现的,又系是最高的理想和最适应时代的人生统系(Das Lebens System)。从这各方面综合起来,那"文学是进化的"这一个真理,自然是可以说毫无疑义的了(文学的本质既是如此,那么将这本质具体化出来的文体形式当然也是一样的)。

四、结论

正唯其是如此,所以我们到了这样内忧外患一时俱集的时候,还要来谈文学。我们要用文学来作宣传,唤醒我们本国的群众,叫他们大家起来反抗帝国主义。我们要用文学来作水门汀,使我们和世界各国的被压迫群众都能联合起来,站在一条战线之上。我们要用文学来鼓吹世界革命,用以抵抗帝国主义者和资本家的世界第二次大屠杀。最后我们还要用了文学来促成最合理最进步的新社会的实现。虽然我所说的新社会却和那位英国的老僧正 The gloomy Dean Inge 所说的梦话 Utopia 是完全不同的。

在这样寒冷的冬天,以这样无聊平淡的废话来占据了诸君的许多宝贵的光阴,这是我所抱歉的地方。但今天在场的诸君,听了我这一席话之后,倘能够去分析一分析现在的时代社会,而不屈不挠地去寻出吾人现在所应该走的大道,那我的喜悦,就最大也不能更过于此的了。

一九三二年一月七日

(《青年界》第 2 卷第 3 期,1932)

郑宝照

郑宝照，郑洪年之子，生卒年未详，1932年任京沪杭甬两路车务处处长。1932年和1933年曾两次到暨南大学讲演。1936年后曾任北宁铁路局副局长、粮食运销局局长。1937年率领国米运销考察团赴华南与西贡等处考察。著有《铁道实际运转》，编有《“一·二八”事变京沪铁路车务纪要》等。

“一·二八”事变前后之两路概况

（四月廿八日在暨南大学演词）

郑宝照

这一次中日事变的发生，我们在一月二十一日已有相当的明白，也知道日本人的背景，我们不能够没有相当的抵抗。因为从去年九月十八，东北事情发生以后，有许多老前辈，都抱无抵抗主义，这虽是我们中国人的旧道德，但是在事实上讲，不论如何是应当抵抗的。在抵抗的时候，除了军事以外，其他和军事有密切关系的，就是铁道、国道、水道、有线电、无线电及军用鸽。今天兄弟所说的，只关于铁路方面，分为四点：（一）事变以前，两路的准备。（二）事变时，京沪路员工的应付方法。（三）事变以后，对于员工、车辆、机车及其他的调度。（四）事变以后，我们经过的观察，和对于军事设备的意见。

（一）现在稍微和大家讲一些我们事变以前的准备。关于这一点，对于战事经过情形，大概诸位在报纸上都已看到，并且都很明了，不必兄弟再讲。至于这次日本人目标，并不是占领上海，那末为什么要在上海发生事变呢？因为上海是东亚唯一重要的商埠，也是对于各国有利害关系的地点。日本人要实现他们的大陆政策，使亚洲全由日本主持，也就是和美国的门罗主义一样。我们要知道，铁道运输，在军事方面占很重要的地位，所以日本人的目标在闸北一带者，就是因为容易占据交通机关。在闸北方面，有京沪、沪杭甬两路的总站，也有真茹的无线电台，并且军事运输也很便利。所以在一月二十四五六七那几天,吴淞张华浜一带,每天有日本汽船侦察地势。因此我们就知道,他们将有不利于我们的举动。但是我们有一种最困难的情形,就是虽然车务处有权,可以把车辆移到别处去,然而对于营业进款,也要负相当的责任。并且如果铁道当局,不和我们表同情,那末更要负重大的责任。但是当时为国家,为民众着想,不得不把车辆往西移送,以求安全。平时京沪铁路的营业,是以跑台□至苏州一段(东段)为最盛,客运和货运都很发达。大概客运占全路十分之四,货运差不多全是由南京一带到上海来的,所以东段的车辆,竟占全线车辆总数的半数以上。当时我们一方面想法子把车辆移到苏州以西,一方面要设法维持营业。同时也想到,如果路轨或其他因为受了战争而损坏,我们也必须准备修理,要修路轨,一定要用救险车,这一列车,倘然在事变后,仍旧在吴淞厂里,那这一次就没有法子可以赶工修理了。还有我们想到布置人的问题,因为从二十一日起,风声甚紧,须要预备一班精明强干,所谓不怕死能做事的人,才可以应付一切。不过大家要说,现在那里再有不怕死的人呢?我说如果我们国家亡了,那就是怕死的,也没有什么益处。所以吾挑选了几位精明而富有经验的员司,每天轮流值班,另一方面也通知机务工务两处,要他们也派人值班,和我们共同负责。因为车务员司,对于机务或工务的工作,是不明了的,一定要他们也有相当的预备才好。这是关于第一点,京沪路事变以前的准备。但是兄弟还要补充一句,就是为什么我们要把车辆移到苏州无锡之间呢?这因为我们知道十九路军是准备抵抗的军队,我们应当把车辆移到他们集中地点,以便运输。

(二)在一月二十八日下午四点钟的时候,我们知道市政府当局,已经承认一切条件,这是非常痛心的事情。我想我们中国青年,能受这种痛苦,恐怕是很少数。我们再三询问市政府,他们回答说是完全没有问题了。并且公安局也是这样说。但是吾个人,以为日本的外交方式,是没有一定的。虽然经我们当局承认条件,也未必一定能够保险不再发生意外,同时我们也须知道,十九路军是决不忍受这种无理要求的。大家不要误会,兄弟并不是为十九路军宣传,这不过是吾良心上公正的评论。那天四点钟，租界上已经戒严，然而我们奉到上峰的命令，说是特别快车，不能停止，因为恐怕容易扰乱人心。我想这也是有充分理由的。但是我们的旅客，到了车站而不能出去，那是铁路应该负完全责任，我所以就请几位英国朋友，向租界当局接洽，允许旅客到租界上去，因此那天由南京和杭州来的许多客人，得以很平安的回去。后来有一位美国访员，来告诉我们说，他刚从日本司令部来，他知道日本人决意占领北站。然而我们想：市政府当局的话，大概不至于假的，也许这位美国访员，有意和我们开玩笑，也就淡然处之。但是到晚上十一点钟，我们的确听见第一声炮声，那时候天通庵站长，在长途电话里报告吾说日本人的铁甲车冲过来了！吾就通知调度课和机厂，把车辆开出，一方面关照值班员司到月台上，大家预备把车辆拉出来，也请员司的眷属统统上车。同时并由电话通知沪杭线驻上南段长，将南站所有车辆，移过四十三号桥梁以南，因为我们很明白敌人要破坏交通，一定先来炸断桥梁。

到十一点四十五分，敌人已经离站很近，而那时候夜快车还没有开，许多客人听见了枪声，大家往下跑，我们阻止他，因为这是非常危险的。要想法把夜车开出，但是那天真茹站有四列兵车，把所有的一条弯道，一条直道，都塞阻了！所以只能先把夜车开到麦根路。一方面将真如路线清理再开过去。因此那天有很多地方是违背行车规章的，但是为安全起见，不得不这样办。等车辆弄好之后，我们再把电话机、电气路签机等拆下来，因为那时候，想不到我们忠勇的十九路军将士，能抵抗到一个多月的。

但是，还有客车二十八辆，货车二十多辆，机车十二辆，留在北站，来不及拉出来，我们觉得非常惭愧。但是在事实上讲起来，实在是没有办法了。后来想了种种方法，才把其中的一部分拿出来。

十二点十分左右，敌人开始总攻击，枪声从东南方面来，我看情形非常危险，就叫员工们，上我们预先准备的车辆，把这列车开到旱桥底下等我。我自己到调度课，调派几位很能干的员司留在北站，然后于第二天清晨一点多钟，离开北站。在麦根路停的时候，对站员说了几句勉励的话,也在电话里,把吾遗漏的话,告诉留在北站的员司。再往西开,就在车上,预备二十九日,应用的时刻表,把客车由南京开到南翔,同时把事变的情形,报告铁道部和叶部长。车子到了南翔之后,我们暂时停下,那时候有许多员司,哭哭啼啼的,因为他们家属都在闸北。这一点使我非常困难,吾就用许多说话鼓励他们,以后才觉得振作得多。

(三)到了二十九日四点多钟,敌人的侦察机来了。那时候我们在事实上,不能不离开南翔,因为一切设备都不完全,要用电报都从苏州转,非常不便,所以不得已只能往苏州。搬到苏州后,十九路军就来和我接洽,他们要十一列车,并且有二万多兵,急待运送。我们想到,军用车辆比客运列车更重要,在事实上,客车不能再像平时一样多。我们也知道,在事变的第一天,我们的军队只有三千多人,而敌人方面比我们多一倍。所以我回答他们,十一列车是可以的,但是军队上下的时候,不能过于阻滞,就是上的时候,不能超过一点半钟,下的时候,不能超过四十五分钟,因为车辆不能耽搁太久。这一点承蒙十九路军允许,我觉得非常快活。因为中国军队,素来多不和路员合作,这一次他们竟能够和我们开诚布公的共同奋斗,实在可算是有纪律,而不可多得的军队。因此二万多兵,从早晨六点钟,运到晚上十一点,统统运完。我要说,京沪铁路,除了大站之外,其他各小站都是一条直道、一条弯道,而这次军队,都是运到真茹南翔等小站,而竟能够这样快,一些没有延迟,所以路员尽力与军队合作,才有这样光荣的成绩。

这一回,我们受了敌机许多损失,不单是铁路,就是其他民众的财产和生命也很多。这是因为事变以前,缺少防备。那天开战时,我军的高射炮一架都没有,所用来打飞机的,只有迫击炮和步枪。大概诸位也记得,有一天在真茹打下来一架飞机,是用的步枪。后来在三十号那天,在租界上,买了三个高射炮,这种高射炮,在欧战时,是德国用来打很低的飞机,因为当时协约国常用许多飞机,飞得很低,开机关枪扫射德军阵线,所以这种炮,对于很高的飞机,是毫无效力。因此交通方面的桥梁同其他,时常被敌军尽量损坏,但是我们对于修理工程,也可以说是很快,并没有一些延误。譬如真茹车站的铁轨,在二十九日被炸,在三十日已经修好。南翔车站在二月二十四日被炸后,我们也很快的在晚上赶工修好。这一点,我们非常感谢十九路军,因为他们派了二百多个工兵来帮助修理,所以这样快就修好。对于修理的器具方面,我们也有相当的准备,所以也没有感觉到困难。二月二十一日,京沪路车务员工,第一次被难,吾觉得非常悲痛,因为每次派人往前线去时,都是他们自愿的。有时人嫌太多,所以往往拣选几位非常能干而有经验的员司,到我们所谓的最前线去。这一次的惨状,是兄弟亲眼看见的,但是铁路员工,虽然有死有伤,然而为国家的生存着想,觉得还没有完全失望。我们应当再往前进,努力奋斗,不过为国家而牺牲,虽然值得荣幸;然而在可能范围之内,也要使员工生命有一种保障。所以我就费了二三天工夫,同工程处商量,预备造地窟,在二十一日之后的一个礼拜内,从麦根路到苏州各站,统统都造好了。

大家学过铁路管理,和有铁路常识的人,大概都知道铁路和商店一样。铁路所贡献给社会的,就是运转和机力,对于机力方面,须有燃料。然而此次两路竟没有充分的预备,所存的燃料,最多只能应用六天。除了煤之外,机车油同车轮油和棉纱,也只能使用十天,诸位想,怎么能够长期抵抗呢?我就同中兴煤矿公司商量,由他们供给我们燃煤,暂时欠账,中兴当局不答应这样办法。这是中国商人的恶习惯,在欧战时候,有许多联邦国,所买的材料,都是不用现钱,为什么中国商人就不肯这样呢?后来实在因为没有办法,只得请铁道部同军政部,把他们的煤封了,每天由浦口运过江,给我们应用,将来付钱。有人要说我们青年人,办事太激烈,但是为当时的环境所迫,不得已才这样办。

还有发薪的日子,同年关将到一样,每天有许多员工,因为没有钱用,哭哭啼啼的来请我想法。本来对于路局经济的事情,并不是由车务处长负责的,并且我所学的铁路管理,也从来没有学过筹发薪水。不过事到如此,兄弟就不得不勉为其难,竭力设法,把收入款项,借给大家应将来用,在薪水上照扣,另一方面,幸赖几位老前辈帮助我,这是我非常感谢的。

平常时候，每一站有了二三个人就足够支配，而在敌人飞机来扰乱的时候，就不够分配。一是因为事情比从前繁，二是因为员工受了刺激以后，工作能力当然减低，这一层，我们也有相当的补救办法。

（四）在战争的时候，全路民众，对于敌人飞机，觉得十分惊□。不过据我个人的观察，和在美国所得的经验看来，这部飞机非常幼稚，比方在真茹店，敌机飞得不到一千米突，在事实上讲，从飞机上一千米突距离看下来，可以很清楚，即使衣服的颜色，也可以看得很清楚。但是他在真茹掷了六个炸弹，方才炸到我们的路轨，三月二日，他们在青阳港桥上面，掷了二十一个炸弹，也只炸中桥边，损失不大。二月底的时候，我得到一个报告，说是日本人要来炸京沪、沪杭甬两线的桥梁，我就同十九路军商量，对于车辆调度，由铁路自己主持。所以三月一日起，大部分车辆，都移到青阳港以西。在吾军后退的时候，也没有受到一些损失。实际上，我觉得军事运输，的确非常困难，因为从前在内战的时候，军事当局，以为铁路员司是局外人，消息不肯告诉，所以在这种地方，我们受了很大的痛苦。但是这一次十九路军的抵抗，完全是牺牲主义，把我们中国许多年来柔弱的国民性，振作起来。然而在我个人看起来，还有一个很大的缺点。因为在军队方面，除了敌人来攻，或冲锋的时候以外，最要紧的，是有统系的运输支持能力。因为我们军队，向来没有统系。所以外国人说中国人是没有组织能力，我们应当承认，因为我们的确没有这种经验，但是我们要想法子注意他。还有一件要紧的事情，就是我们知道，欧战时候，运输最高当局，他是军队的一部，所以对于军事会议的战略计划，运输人应当知道。但是这一次，我们何曾知道呢？我们好像是瞎子，不过是用常识来猜他们军事的行动。还有十九路军，对于军事消息的遗漏，没有相当的预防。譬如三十日晚上，吾通知调度课，预备材料和救险车去到北站修路，然而敌人早已知道。还有真茹车站，为安全起见，搬到民房里去，敌人也早已知道，这是军队的缺点。还有他们的工程队，只能掘战壕，就是修桥梁也不能办。工程队队长，也没有工程的智识。还有军队里，铁道人才太缺乏,后来我和他们商量,派我们路员,到交通处(就是铁道运输课)去帮忙。当时铁道部有人建议,设立军车管理处,铁道部叫我去,我就主张,办欧战时候一样的军运办法,就是设立一个运输司令,同车务处长并行军运事宜,以后进行,便很顺利了。

(《铁道》第2卷第1、2期,1932)

银行、铁路与农业专家合作

郑宝照 讲
郭盛尊 记

兄弟在近几年来很少和一般青年见面，今天能得与大家见面，深觉荣幸。现在把“银行、铁路与农业专家合作”这个题目，来和诸位谈谈。

谁都知道，中国是以农立国的，但现在农村中的一切现状，实在使人痛心。这原因虽然是由于天灾、人祸以及政治不良等的缘故，但人力所能做而未做的地方也很多。所以一方面我们应如何使农民的出产增加，农产品的输出便利，经济流通；他方面我们应如何铲除农村中的土豪劣绅，怎样唤起政府注意及改良农民的生活状况并减轻他们的负担。一切的一切，均非一方面之力所能胜任，必合各方面心思财力，才有办法的。尤其是银行、铁路及农业专家，共同合作，使农村的生产增加，推销的市场扩大，运输的方法便利，金融的周转灵通。这样一来，不特可复兴农村，裨益社会，即银行铁路等本身也是很有利益的。现在就把银行、铁路和农业专家合作中，应早日促其实现的，提出来和诸位谈谈。

（一）促成水陆联运，实行农产运销合作　谈起交通，中国是非常不便，这是无可讳言的。例如潼关以西的运输工具，几乎倚靠东洋车，这是不适于大量生产的。即长江一带农产品推销地，也只限于上海。至若内河流通的地方，亦因沿用旧日的运输工具及组织窳败，运输上极感不便。河流不通的内地,那更不必说了。因此常有此处是丰年,那地却是饥荒的怪现象。灾象已成,无法调济,外国粮食乃得乘隙而入。据海关报告,每年入口粮食达几千万元,金钱外溢固可惜,而不能利用此款以拯救吾国同胞,更觉可叹。所以应如何改良内河航运,怎样使其组织严密,都要注意,使内河轮、海轮、铁路实行联运,以减少货主运货之麻烦及节省运货的时间及金钱,而杜绝外米进我市场。不过农村产物,多在乡僻之地,出售方法,多由中间人(即商人)零星收买,农民因为要钱用,且又不谙商情,也只得贬价求售,致有谷贱伤农之叹。所以农业专家应调查研究农村中的实在情形,并由银行界设立运销合作机关,用公平价格,收买农产品,这不特于农民很有利,即银行本身,将货物运至市场,待价而沽,实有大利可图,较之做投机事业,稳固得多。

(二)建筑大堆栈并设立烘干、冷气、压棉、打包等厂　大量出产,是很需要堆栈的。所以欧美政府常许人民建筑各种堆栈以收租。不过建筑以前,须向政府注册,并遵守政府所颁行之堆栈条例。因此不但信用极可靠,而农民亦可因价格低落,将农产品存于堆栈,而将栈单抵押现款,借以周转农村金融,其有裨于农民,很是重大,吾国极应仿行。其他如设立烘干厂,使物品可以久藏;建筑冷气厂,使出产不致腐败;创办压棉厂,使棉花易于运载;建造打包厂,使运费可以节省,这都是要次第使其实现的。可是我们要达此目的,一方应由银行界纠集资本,建造堆栈及各厂,他方应由农业专家研究农产品之性质,及存储方法;最后铁路当局,应与银行合作外,更应多筑岔道,以达各堆栈,使运输迅速,收到宏效。

(三)创设模范农场,提倡农民副业　模范农场在我国是不多见的,但在外国却深切注意。例如美国铁路有营业发展部,对沿线出产极为注意,且聘农业专家或与农业学校合作,实地试验,广为宣传,所以出产很丰富。又如南满铁路,也有农林试验场之设立,因此南满铁路沿线农产品,逐年增加,铁路营业,也得到很大的利益。吾国农村,因风气闭塞,而交通又不便,因此对于农具及种子,大都沿用老法,致出产逐年减少,这是我们中国前途一件很危险的事。而不能不希望银行界多纠集款项,铁路当局多利用沿线空地,共同合作,创设模范农场。并由农业专家,研究土质,改良种子,肥料怎样利用,鱼介如何饲养,都要特别注意,广为宣传。务使农民以最少之代价,能得优良之收获,如农民因经济关系,无法改良,那种子不妨赠送,或以最低之价格出售。至若农具,则不妨由银行供给,俟将来农产品卖出后,才由农民交回款项,这样也较之直接借钱给农民,恐其不作为生产,稳固得多了。还有就是一年四季,有时农民是不甚忙的,在这时候,应增加农民副业,以裕民生。这种例子,外国也很多,例如美国较大之农村,几乎即有罐头制造厂。在农民不忙的时候,该厂即雇用农民做工,而农民也得乘此机会,得到额外的收入。可是在吾国各农村,什么是他们最好的副业呢?这当然是有待于农业专家实地调查的。据现在所知,例如葡萄可以酿酒,兽肉可以熏腊,瓜果蔬菜可制罐头,这都是很明显的例子。不过经农业专家调查知道,某农村应举办某种副业时,最好由银行家与铁路合作,纠集资本,建筑工厂,出产定极可观。银行家固可获利,铁路营业也可日增月盛,岂不是两全之计。

末了,我希望诸位对于农村问题,多下研究工夫,将研究所得提出来和大家讨论,这是很重要的,希望大家努力。还有就是诸位在校时固然要学,出了校门后,无论对什么事情,还是要学,要学才能得到经验。并要吃得苦中苦,因为吃得苦,才能做出一番伟大的事业。

(《暨南校刊》1933 年第 84 期)

潘序伦

潘序伦(1893—1985),江苏宜兴人。1914年毕业于海军学校无线电班,曾任舰艇无线电员。1921年毕业于上海圣约翰大学。1923年获美国哈佛大学管理学硕士学位,次年获哥伦比亚大学经济学博士学位。1924年回国后,受聘为国立东南大学附设商科大学教务主任兼会计系主任,上海国立暨南学校商学院院长、会计系主任,立信会计事务所主任会计师。40年代初,组织编著出版《立信会计丛书》,40年代末,成立"立信会计编译社"。中华人民共和国成立后,历任上海市政协委员、中国会计学会顾问、中国审计学会顾问、《立信会计丛书》编辑委员会主任委员、上海会计师事务所董事长等职。著译有《基本会计学》《潘序伦文集》等。

会计职业之准备

（在本校商学院第一次公开演讲辞）

潘序伦 讲
郭盛尊 记

兄弟自民国十六年离开暨南后，很少和诸位见面，今天能得与诸位相聚一堂，非常荣幸。现就民国十六年后，兄弟在社会上服务所得经验，来和诸位谈谈"会计职业之准备"，以作诸位的参考。说到吃会计饭，责任是非常重的，即在学习的时候，也较其他各系为难，所以学会计的，应如何做法，怎样选择，均要特别留意。

第一，要决定意志百折不挠的做法。当兄弟往外国留学的时候，自然也是预备入商科的。但商科中有数系，有人劝我进工商管理系，我不赞成；或劝我进国外贸易系，我觉不好；更有劝我进银行系，仍不愿意。因为进那几系的人多，出路较难，而学会计的人少，易找饭碗。何况一个银行系毕业生，初在银行界中也不过三四十元，外国回来的也不过七八十元。至工商管理、国外贸易，也要先有天才始能发展业务。例如兜售货物，不一定品学兼优的即能觅得生意，而学识稍差但善交际的，或能得优良成绩。惟有会计，决不是空口说白话，须有真才实学，始能胜任愉快，换句话说，习会计的，人家不能争他位置，而他或可夺人饭碗。当然也许有人要说，在政府各机关，最重要的就是管理银钱的人，其职位最不稳固，常随主管人员同进退，这话当然是事实，不过政治上了轨道后，当不至如此。至工商界则不然，会计人员绝少更动,因一更动,替代无人,所以会计员如做得好,工作佳者,经理不特不辞退,即彼要告退,经理也只好加薪挽留。照此说来,会计的职位,实最稳固。不过会计上也有几种难题,现在就以商科中几系而说,亦以会计系学生最忙,平常其他各系功课,每科在八十分以上者可以说是成绩优良,但学会计的对于会计方面各种功课,非一百分不成。因为会计上的数目,略有不符,那银钱上的出入,相差便很大了。诸位要学会计的,成绩要一百分,最少也要九十多分。并要吃得人所不能吃的苦,有决心,有恒心,多读书,少说话,如成绩优良,出路是不成问题的。至大学生读会计的,最少要读簿记、会计、高等会计、成本会计、审计学等五门功课。

第二,会计职业的选定。研究会计与将来职务,是有密切关系的。谈到会计职业,约可分为四类:(一)簿记员,(二)会计员,(三)会计主任,(四)会计师。诸位要进那一种,现在便要决定。

(一)簿记员　簿记员所做工作,是很机械的,以大学毕业生当簿记员,实不相宜。因为当簿记员,只要算盘纯熟,小楷端正就得了。工商界中人,是讲生意经的,所以雇用簿记员多不要大学毕业生,而宁取中学毕业或补习学校出来的。因为大学生为簿记员,多存五日京兆之心,有机会便溜之大吉了,做生意不是开玩笑,那里可以随便乱跑呢。所以普通工商界,多雇用中学毕业或补习学校毕业成绩优良的为簿记员。不过我在前面已经说过,大学毕业生当簿记员,实是大材小用,不大相称,而社会上一般人更有一种见解:“与其雇用成绩拙劣大学生,不如取中学或补习学校成绩优良毕业生;与其取成绩拙劣之留学生,不如取成绩优异之大学毕业生。”这样看来,成绩拙劣之大学毕业生,不但上不足以夺留学生饭碗,下亦难争中学生位置,寻求出路,非常困难。所以做大学生,要做成绩优良的大学生,成绩优良的大学生,终归是有出路的。

(二)会计员　做会计员的有时是吩咐人家做事,大学毕业生充当会计员,较为适当。不过大学刚毕业的学生,在社会上服务所得的成绩,不见得比一个有二三年经验的中学毕业生来得好。这正好像有二三年经验的中学生,是一间设备精美的小房子;而刚毕业的大学生,是一间刚做好的空的大房子。初看起来,当然是设备精美的小房子好,但我们为发展业务计,大房子是很需要而且要设法装置起来的。所以大学毕业生,至少要练习一年半载,如试算表(Try Balance)做得一点不错,那较重要的事体也是胜任愉快的。至会计员除簿记、会计、高等会计、成本会计、审计学等应读得纯熟外,常识也很重要。

(三)会计主任　做会计主任,那就非有广博的学识不可。因为营业的范围已大,断不是局限于会计事项。所以会计主任,固然需要大学生,然大学生亦须有二三年经验始能胜任。其他如法律方面的商法、民法等也要懂。

(四)会计师　一般人做事,总是希望发财,发财的方法,约可分为三类:一是靠薪水吃饭的,二是自由职业者,三是商人。我们所做的会计师,就是属于中间的自由职业者,虽不能像商人般的发大财,但也可以发小财,较之靠薪水吃饭的似乎是好一些。不过做会计师的,除了会计方面的一切知识外,还要能自己动手做。他如民法、公司法、票据法,以及其他的一切法律,都要预早预备好。

第三,打倒虚荣心,服务先从小工厂里做起。平常一般的中学生在写信的时候,都喜欢在信封上写某某中学某某寄,在大学读书的时候亦然,好像写了这几个字,心里觉得很荣幸。就是毕业生出了校门在社会上服务的时候,如在大公司、大银行服务,也喜欢写某某公司,或某某银行寄。其实,规模宏大的公司、银行、工厂,正如一头大象;规模小的公司、银行、工厂,亦如一只老鼠。象与老鼠大小虽不同,然五脏六腑完全一样。可是我们要细考老鼠的五脏六腑,很是容易,若要观察大象,那是很难了。诸位如在大公司、大银行,或大工厂服务,正好像观察大象,最多也不过明了一部分的事务。所以诸位在会计系毕业后,最好在规模小的公司、银行或工厂服务,借以明了会计上及其他一切情形,这是很重要的。希望诸位不要因在小规模的工厂或银行服务,便觉得不好意思。

(《暨南校刊》1933 年第 81 期)

雷 震

雷震(1897—1979),字儆寰,浙江长兴人。1916年中学毕业后赴日本留学,在京都帝国大学法学院主修行政法学,后专攻宪法学。此间加入中华革命党。1926年回国后担任国民政府法制局编审、中央大学教授等职。1931年后从学界进入政界,曾先后任国民参政会秘书长、政治协商会议秘书长、国大副秘书长等职。后去台湾。

对暨南大学的感想

雷　震 讲
江应梁 记

各位先生,各位同学:

兄弟有事由京来沪,适值贵校二十八周纪念,举行纪念大会,沈校长要兄弟来参加,兄弟感到这是很好的一个机会来和各位见面,在兄弟个人是觉到非常荣幸慰快。说到训话,则无甚可讲,不过兄弟对暨大向来有很深的感想,尤其在到教育部服务以后,今天便略把这种感想来谈谈。

暨南大学是华侨最高学府,所谓华侨学府,应当有特殊使命,与普通一般教育不同。暨大自创办以后,经郑校长办理规模已很好,现在又由沈校长再加整顿,今后前途,自会向充实发展方面走去,不过,华侨教育既然有特殊使命,这种特殊使命究何在?这不惟政府当局及学校当局对此应有种研究,即整个国民也应有种认识,在今日的中国情况下,华侨教育应有两个使命。其一,华侨子弟回国求学,因为语言、文字、习惯种种关系,不能与国内一般学校相适合,因要求便适于这种情形起见,乃有为归国求学华侨特殊办一个学校的必要,这可以说是暨大设立的第一个使命。不过,若仅为这一个使命而办华侨教育,则华侨教育尽可在一个中等学校中完成,是否有办大学的必要,实是一问题。所以华侨教育应当有更进一步的企图,这便是华侨教育的第二种使命,便是如何保持海外华侨固有的地位,进而使其向上发展。今日中国的海外华侨,可以说是在衰落倒退的途程中,这原因一方面固然是受国内政治不安定的影响,一方面也是受当地殖民政府的重重压迫,以致使华侨事业日往□走,这实在是一个值得注意的问题。兄弟常觉到中国的生命线是在海上而不是在大陆,若发展中国政治仅注力于大陆,这实是一种失败的政策。政府固为国事纷繁,无多力注意到海外问题,然国家则应当有专门研究此问题的机关。中央现有一个侨委员,然南洋地方极大,兄弟虽未到过南洋,然在概念下知道南洋各地方情形是各不相同的。在这种不同的情形下,应当分别研究,决定一个整个的海外政策,即如国内办理的商业学校往往失败,这是因为商业学校皆为一般的普遍的课程,而各地商业情况多不相同,不分别研究适应办法,所以结果一定失败,研究海外事业亦如此。要发展海外商业应当首先研究当地人民生活情形、日常习惯、各种嗜好,再与国内制造家联络,然后方能希望发展。中国人在海外的势力,是千余年前即种下了的。现在当此国际竞争时代,若仍照老方法去做,决不能维持,结果必根基全失,只好大家回老家。所以兄弟感到既办一特殊教育,自必向特殊使命上去发展,暨南关于第一个使命可说已达到,今后则希望向第二个使命努力,这是兄弟对学校方面的感想。

暨大同学虽不尽属华侨,然华侨却占重要成分,兄弟对于华侨同学有一个希望,即是希望华侨同学今后应注重者为研究中国国内对现在海外华侨应发生的关系。华侨同学生长海外,对当地情形,是亲身经历,比我们知道得很详,有了这种基础,则今后对国内情形知道明白,回到海外,一方面维持海外华侨固有的势力,一方则进而求更大的发展。今日国人之到海外去者,多数是去向华侨募捐,很少人是去维持华侨海外基础者。中国人在某种方面说来本来是不适宜于向海外发展的,国内很大的美腴土地很可生活,自不必一定要到海外去,至于到海外去的,其目的仅在赚几个钱却无远大的目的。故今日之回国侨生应注重于这一个问题的研究,这是兄弟今天的一点希望。

再有一点,兄弟很不客气的讲,一般人都异口同声地说上海学校的风气不好,内地父母亦多不愿使子弟到上海来读书。此并非兄弟个人的观念,想大家也常听到这类的话。造成这种事实的原因,一方面固然是社会环境使然,一方面也是学校主持者政策的错误及学生本身的堕落。在此不名誉状况下,暨大当然为其中之一,这是学校当局应当设法改良,也是各方面都得负责努力的。政府对国内各个学校,虽然在此紧困时期也在努力求各校内容的充备,国立学校因为经费较充足的关系,在设备及教员方面都较之私立学校好。照此推论,国立学校的学风及学生程度自也应较私立学校高,否则岂不因果倒置?要使学风向上,自当先从国立学校着手,国立学校办好,私立学校方始有个正确的标准。上海国立大学较少,除暨南外只有交通大学,其他便是专科或专门学院,暨南是个完全大学,学生亦较多,若要在上海建立一种高尚学风,全靠暨南首先努力,作上海各大学的前导。

上面所说三点,若暨南都能做到,则在办学本身的意义,可说已经达到,而在国内大学中,也可居领导地位。今日中国学校教育,固已到了极坏的地步,先生除讲书外,什么都可不管。有人曾说过这样一句刻薄话,今日的教育,竟可用 Radio 而不必开办学校。这种教育,确实是根本错误,这种错误,正待我们来改革。

目前中国有两个大学区,一是北平,一是上海。希望暨南能在上海大学区中,做成一个领导的榜样,完成国立大学的使命,华侨学府的使命。

(《暨南校刊》1934 年第 93 期)

林霭民

林霭民（1906—1964），字瑞章，福建永定人。早年于福建龙岩第九中学毕业，擅诗文，工书法。20年代胡文虎在新加坡创办《星洲日报》，林霭民被聘为社长。日军侵新加坡前返香港任《珠江日报》社长。抗战胜利后，返港任《星岛日报》社长，并办《星岛晚报》任社长。曾广交进步人士如陶行知、邹韬奋、郁达夫等。中华人民共和国成立后，先后任香港中华商社主办《循环日报》及《正午报》社长。1959年，率港报代表团到北京参加中华人民共和国成立十周年庆典。

南洋华侨近况

（四月十六日在本校讲演）

林霭民 讲
江应梁 记

校长，诸位先生，诸位同学：

兄弟今天很荣幸得来与诸位见面，沈校长说要兄弟来讲话，兄弟是很不会讲话的，兄弟刚从新加坡回来，现在便把南洋最近的情形，简单对诸位一说。

说起南洋华侨，在历史上很长久，在地理上也占到重要的位置。在南洋各地，差不多无处没有华侨，以新加坡一埠而论，全数人口为四十万，华侨就占三十万人。华侨对于中国，过去也是有着很光荣的史绩的，孙总理谓华侨为革命之母。帮助革命，一方面固是华侨应尽的天职，一方面也是华侨受到当地帝国主义的压迫，迫切地希望祖国复兴，国际地位增高，如是对其本身方可得到相当保障。

华侨大半为工商阶级，在过去，南洋土人文化程度极低，生性懒惰，华侨则能刻苦耐劳，故处处皆占优势。而当地政府因为开辟南洋荒岛，所以十分欢迎华侨。现在则以种种关系，华侨地位日趋危险。其中最大的原因，固然因为世界经济不景气，南洋土产价格惨跌，即如树胶，从前每担售价二百余元，现在则每担仅值五元，因而许多工厂倒闭，工人失业，华侨归国者日多，情势乃大不如昔。加之英荷政府，又多方拒绝中国人南去，即如荷属各地，从前登岸税每人二十五盾，现在则增为一百五十盾,约合华币三百元;新加坡本为一自由港,现在也限制轮船载客数,每船入口所能载入之华人,较之昔日只及十分之一,而在境内无工作之华侨,则一律驱逐出境,因之南洋华侨乃日渐减少。

第二个原因,便是土人与华侨的抵触。从前南洋的土人,知识十分简单,现在则当地政府极力提高土人程度,使之处处与华侨竞争。华侨在那边做生意的,多是一种中间商人,即是由欧洲人手里,买来货物,再卖与土人,华侨便从中取利。现在土人程度既日高,又为着不景气的影响,白人也不似从前般拿着身价不和土人直接交易,因此华侨所能做的生意,乃完全为土人夺去。

第三个原因,便是日本人向南洋侵略的积极。日本人在南洋的历史很短,人口又很少,但其经济侵略的势力则很大,因为他们对当地的经济情形,先下过一番精确的研究,更以政府的力量来作后盾,渐渐夺取华侨固有的地位。

华侨处在这种情形下,自身若不知团结,中国政府若不作后盾,则今后华侨必日趋灭亡之途。南洋大批失业华侨被送归国,对于中国行政治安上,都发生很大的影响。这因为华侨多为闽广人,近两年来,在汕头广州一带登岸的归国华侨,据调查有数十万人,这数十万失业华侨,对广东政府的地方治安上当然发生很大的问题的。

要以什么方法来救济今日的华侨?在兄弟个人的意见,对于华侨教育的注意是极重要的一个问题。过去华侨在南洋一种刻苦的精神却是很好,但多数是知识简单,无团结力,对工商业的发展,无专门的研究。自从华侨教育兴办以后,当地政府,又多方摧残,一种腐败堕落的学校,当地政府却让它存在,若是办理得稍有成绩的,则必然受到意外的压迫摧残,甚至勒令停办。从前经济境况很好的时候,华侨子弟在当地不能读书,都回到国内来求学,现在则一切不景气,家庭也多没有能力供给子弟,故回国读书的华侨也一天天减少。

暨南是国内华侨最高学府,过去造就许多人才,在社会上皆占有重要位置,平时对于南洋情形又十分关心,所以特有南洋文化事业部之设立。希望沈校长及诸先生今后对归国侨生作更深的训导,将来使全体华侨都能受到很大的利益。华侨子弟归国求学者日渐减少，受经济不景气的影响固然是最大的原因，而回国侨生自身求不到成绩也是足以令南洋父老不愿使其子弟回国求学。兄弟个人介绍回国求学的学生就发生过这种情形，在上海租间屋子住着，终日游荡，写信回去则向父兄要钱说要交学费，实际学校的门也没曾进过。这种事实是痛心，做父兄的当然不愿把辛苦的钱送儿女回国学不到好而染得许多恶习惯。希望诸位华侨同学都能努力自身学问，且不言救国救侨，庶几不辜负家长的厚望。

（《暨南校刊》1934 年第 95 期）

九世班禅

班禅额尔德尼·曲吉尼玛(1883—1937),西藏塔布人。1892年被认定为转世灵童,1902年正式就位。英军侵占拉萨后,于1905年被英国殖民者胁迫去印度,但坚决抵制英国殖民者反清“自治”的利诱,1906年返回我国。1923年开始游历江苏、浙江、黑龙江、蒙古等十个省区,弘扬佛教,积极主张抗日,维护祖国统一和民族团结。1929年后历任青海省政府委员、行政院财政委员会理事、国民政府委员等。1937年12月1日于青海玉树圆寂。

班禅大师在本校欢迎会中讲演词

九世班禅

今天在参观之便，承贵校热烈欢迎，并邀演讲，我是非常惭愧的。不过各位这种亲爱的盛意，足可表现五族一家的精神，令我等心感不已，但个人所知道的很有限，今天不过把对于教育上的感想，略有报告各位。我离开西藏而到内地，约十多年光景，在这十几年当中，观察我国政治教育，总是一年比一年进步，这就是中国复兴的豫象了。孙总理在几十年当中的努力，无论他在国内国外，都是注意教育。就拿佛经来说，上面也讲的是五种学识，包含一切科学，只要你肯研究，就知道它的深博了。青年人在求学时代，应当有精进不懈的精神，方有进步。得着了实在的学业，才说得上服务社会，投效国家。所以我切望各位，将来都成我国的栋梁，才不负各位教师的辛苦，和家人的希望。

孙总理的教育精神，是要望普及全国。那末蒙藏教育，是很幼稚，国内人士还须设法使他也得发育。我因西藏民众的催促，加以宣化的责任，不久即拟回到西藏，将来想参照内地教育方针，在西藏也开始兴办起来，并劝西藏的青年，到内地晋学，研究各种科学及技术。一方望内地的青年，到边疆去开发，如此才能沟通文化，恢复感情，然后才能达到五族精诚的团结，发扬先总理伟大的精神。我个人学识有限，尤其缺乏教育经验，尚望不遗在远，随时指示为感。我呢，是一个佛教徒，只有虔心的祈祷三宝，加被祝各位的健康和成功以报今日之盛意。

（《暨南校刊》1934 年第 102 期）

胡咏骐

胡咏骐(1898—1940),字志昂,浙江鄞县人。中国民族保险业尤其是中文保险条款的拓荒者,中国保险业上层人士中最早的中共地下党员之一。1919年上海沪江大学毕业后在基督教青年会任职。1926年赴美国哥伦比亚大学攻读人寿保险和商业管理学。1929年回国,在上海宁绍商轮公司任职,后转入上海宁绍水火保险公司任总经理。1931年发起创办上海宁绍人寿保险公司,任总经理。1933年起,连续被选为上海市保险业同业公会执行委员。1935年秋开始连续担任同业公会主席一职,直至去世。

推销人寿保险之职业

（在本校商学院演讲）

胡咏骐

吾人选择事业首贵乎于个人性质相近，事业既经选择决定之后，应以全力赴之，以至于事业成功而止。美国 John Billing 说，从事职业应如粘贴邮票然，邮票贴在信上之后，决不与信分离，必至到达目的地而止。吾人择业之后，应抱此态度才好。

人寿保险公司之组织与其他保险公司组织略同，除股东各董事会之外，于总经理之下，设立会计、营业、精算、医务各部。鄙人所代表之宁绍公司，并设有研究部，精算、营业、医务三部之职员有限，惟营业部以推销寿险为职员，故推销员无定额。

推销之意义即如何使货物从生产者达到消费者，普通所谓分配是也。中国因交通之不便，分配常感困难，最近宋子文赴西北考察，拟开发西北，使交通便利，货物易于流通，即属改良分配之方法。各省之建筑公路，亦为促进分配之意，因公路通了，可将货物运到需要该货物者所在之地方。人寿保险的生产者，是精算家、医生、律师等；分配者，即推销员，推销在任何事业中，均占重要之地位。鄙人曾在某轮船公司服务，觉得中国交通太不方便，以中国产米之丰，而上海方面还要向暹罗采米，即因交通不便，内地的米难于推销到上海来。再如美国煤油大王之成功，半由于其推销能力。

更有进者，推销是说服他人之艺术，是任何职业所必需的。美国总统在未被选举之先，必运用其推销政策与政治思想的艺术。医生、律师、会计师均应具此推销艺术，营业方可发达。

推销员，俗名称之为掮客，含有轻视之意。实则推销员是对社会的服务，惟其服务之重要与否以其所推销的劳役或货物之种类为标准，如贩卖粮食与贩卖鸦片，自有天壤之别。人寿推销员为谋个人家庭生活之保障，是很高尚的。

英国有几种保险公司，不用推销员，结果营业不发达，可见人寿保险是不能废除推销员的，所以寿险推销员，是永久的职业。

推销术的发展，经过三个时期：(一)买卖双方只各顾自己利益，(二)买卖双方彼此互顾其利益，(三)专顾买方的利益。寿险推销术已至第三时期，成为自由职业。何谓自由职业？第一，必其职业是有益于社会的，而且极高尚，足使从事者认为一种终身的工作；第二，必其职业含有种科学；第三，从事者必专为顾客着想，毫无自私心。

美国人寿保险范围非常广大，中国人口更众，将来人寿保险之发展，可超越美国之上。

推销寿险是最高尚的职业，因为此种职业是为未来之孤儿、寡妇、老人、穷人等服务，是比任何职业为重要。

推销寿险是独立的职业，不以地方为限制，且是永久的职业。别的职业，过五十岁，难于继续，如体育员是。寿险推销员则不然，年纪愈大，经验愈丰富。

推销寿险是收入丰富的职业。吾国的大学教授，每月不过三四百元的收入，行政长官如各部长每月不过五六百元的收入，普通律师、医师收入亦有限。美国副总统及阁员的每年收入，为一万二千元，议员每年收入不过七千五百元，但美国寿险推销员每年可得五千元的颇多，年得一万元亦有之，甚有得十万元和十五万元者。

不过推销员之成功，亦不甚容易，须具(一)勤快，(二)能使人信仰，(三)创造力，(四)态度佳，(五)学识，(六)有系统等六条件，方能胜任愉快。

(《暨南校刊》1934年第102期)

张 凤

张凤(1887—1966),字天方,浙江嘉善人。17岁中秀才。19岁考入上海震旦学院预科,学习法文。1909年任教于上海徐汇公学。次年,任女子高等小学校长,创办嘉善第一张报纸《善报》,宣传民主思想。后加入光复会。1917年,于浙江第一师范学校任教。1922年公费留学法国,1924年获博士学位,1925年经苏联回国。次年,就任国立暨南大学教授兼中学部主任,之后历任历史社会学系副主任、历史系主任、文学院代院长兼图书馆馆长、教务长等职。1933年,在上海结识鲁迅,两次陪鲁迅到暨南大学讲学。著有《图象文字研读》等。

体面线点检字法

（暨南大学教育系讲演稿）

张　凤

改进以后的好处：

（1）每字体系，不相混乱，确合字典的编制。

（2）检查半字，手续经济，得以简御繁之旨。

（3）字数分少，同号亦减，有省去数目的可能。

一、痛心的缺陷

一时的高潮，渐渐的平伏下去，和“九一八”“一·二八”以前的抗日热心一样，这真是痛心呀！这里所谓痛心的缺陷，不在高潮或低潮，而还在各个检字法的本身。读者总还记得，当检字法盛行的时候，你也来一个，我也来一个，草鞋样的方法很多：首、尾、头、角，把整个的字体，凌迟处死，腰斩剐割。从前人挖苦庸医的话，说道：“头痛救头，脚痛救脚。”现在那些检字的专家，连救也不救，索性要把汉字，身首异处、鸡零狗碎地弄成一个四不像的东西，好不痛心呀！

痛心在那里？中国的字书，最初是《尔雅》，用意义分类的；嗣后是《说文》《玉篇》，用部首分类的；再后是《韵书》，用声音分类的。三种编制，吾们皆不能谓之不科学，但不彻底、不完全罢了。到了明季，检字法曾经掀起过一次高潮，《韵书》之不能利济于一般的应用，已无疑义。梅膺祚的《字汇》，改良部首，合并部首，至二百十四部，还复或改从《说文》《玉篇》之旧辙，这明明指示出检字方法的一条良好途径，不可厚非。然而在明朝的时候，从事改良检字法者，不止梅氏一人，还有一位敝本家：张士佩先生。他做一部《六书赋》二十卷，归并部首至八十五部，末一部为杂部，杂部之外，倒也朗若列眉，不过他要做成韵言，当作读本，所以失败。八十四部中不免有其他的字列入，未免可惜！

字而有体系相从，使水旁、火旁、木旁、金旁、土旁等列在一起，才是方法，才是科学。我们看治动植矿诸科学的人，把世界上林林总总、形形色色、大小参差、不等齐的物类，一件一件整理出一个纲目来，使各从其类，界、类、科、属，秩序井然，才是方法，才是科学。现在的检字诸法，方法确是方法，其不科学，奈何？

现有的检字专家，约有七十多人，问谁能注意及此？不能注意及此，而反把二百十四个部首任意推翻。（连作者在内）只顾方法而不顾科学，这真叫做"不成体统"，十分痛心。可以说"不孝等罪孽深重，不自殒灭……椎心泣血，抢地呼天，百身莫赎"者也。

如上所说，则二百十四部不可改革，而仍旧开倒车，回复到三百年前的状态吗？是又不然。汉字既属形系，形又为意义之所从出，其偏旁组织，既有上下左右的位置，各字有各字的体系，吾们应当"据形连义"，或"据义连形"，像科学家一样，整理出一个明简的纲目来，使人一看便晓，一见易从，不消学习，即可能知，用不到"易学易能"的广告来哄人。五六年前，王云五先生于检字法注意到便利、迅速诸小节，即以"替人节省时间，增加寿命"相号召，是何异"舍本逐末"，结果是"难学易忘"，不待盖棺论定，而早已论定盖棺了。

当作者的方法"面线点形数检字法"初发表时，即有一事，慊然不满于心，嫌它不能分别部居，以类相从，是一个大缺点。不谓七十余家的同志，均不能弥缝其缺。荏苒六七年，此事还须待老夫来着手整理，岂真所谓"当今此事，舍我其谁"耶？一笑！

七十余家检字法一一呈露到目前，其中日本人的《一寸巾字典》，他谦恭地寄送到手头时，却是一惊一喜，惊的是什么？"一寸巾法"的创造者，却能顾虑及此，有半数的字，不失序次，尚能得体，所以到眼便瞿然失惊,类似嫉妒,而实是"怵他人之我先"罢了。喜的是什么?也喜其不是"数典忘祖",不是"舍本逐末",知同志中犹有能者,但其方法拙笨,不能应用,与他人的方法同归无用,至为可惜!

另有一位能者,杜定友先生,他顾虑到汉字的形位,其方法已发表,其字典将出版,也能有一部分(约算四分之一?)的偏旁,列在一处;究嫌不能彻底,虽不至十分痛心,而只自三分的伤心、七分的幽怨便了。

现在检字的问题,不在方法之日新月异,作者以前曾经说过,方法而不求妥善合理,一日一夜,可以发明出数十数百个方法来。如首、属、头、角之类。现在的问题,重在"迁善改过"。古人的长处,岂可以用你的短处来一笔抹煞?长处抹煞,短处暴露,真成所谓"飞短流长",令人害怕,令人疾首痛心,这不是改善检字法,而是改坏检字法。七十余位的字学功人,一时姑且不说他们是罪人,而要把他们的方法暂时覆瓿,把他们的名字一一入瓮,想还不至算是苛待吧?

二、迁善改过

汉字中习见及易记的偏旁,等于外国字的字原(Radicale)。外国字典中的字原,何尝不排在一处,不过外国字中的字原,来处复杂,它们的种族,它们的语言,小异而大同,它们一种语言中的字原,有本地(Igene)与外方(Indigene)的分别,又因字头字尾(Termination)之前置与后置,次序限定,所以编排字典,吾们只能散见其小部分而不能合见其全体,除非替它另编一本字类时,可以窥见一斑。而汉字的好处,却有形体可寻,它的血统,是万世一系,没有他方外族的字形字体羼入其间。虽然有正草篆隶的不同,而字原则一,吾人正可以利用这字原,整理出一个体系来,以便利一辈人们。如何可以丢却不讲,而七横八竖,弄到手足无措,"有失体统"呢!

准是,则所谓字原即偏旁,应尽量利用它,使不致凌乱,才是正道理。然而这样讲来,《说文部首》尚有不合理之处,文字学家极一生的精力,才能辨正几个字。编字典供一般人之用,却不能驱全国之人而为考据训诂之学,只能秉着"成事不说,往者不追"的态度。就目前而论，做“横通”的工作，而不做“纵通”的工作。许慎的错误，由他去担负，而吾们可以不管；梅膺祚的错误，吾们也可不管；张士佩的错误，吾们都可以将错就错，并且他们及我们实在为目前便利计，有“心知其误，铸成大错”，这就是创作家的胆量。与人们以尝试，这也就是“明知其过”和“自我作古”之谓。例如梅氏创立“一部”，及收“服”字于“月部”，而不收于“舟部”等，张氏别立“杂部”，而附“见”字于“目部”，附“户”字于“尸”部等，是也。

所谓迁善，知字原偏旁之善，而迁从之；所谓改过，知凌乱羼杂之过，而改去之。至于自己方法之运用是第二步工作。第一步工作，还是从整理习见及易记的偏旁，使各得其体各归其类，不相杂厕。是当今有意创作检字法的当头棒喝，作者不惜苦心菩心地，喃喃地奉劝诸君“诸恶莫作，众善奉行”的一句老话。

字原成偏旁如何整理？我们习闻文字学家研究《说文》的结果，谓“一部《说文》九千余字，其中形声字十占八九”。这十占八九的字，是有习见及易记的偏旁，我们若能善为运用，不使失序，则所余一二分的字，就可设法位置了。

上面文字学家的话，是论形声字，言中国字中，从某得声的字，是占多数。我们要用它的形体作纲领，所以前者的统计，尚有复查的必要。作者曾为这一点的暗示，曾将梅氏的《字汇》、张氏的《六书赋》以及商务书馆的《新字典》，把三书中的大部字在一百以上，中部字在五十以上，以及小部，分部统计，其平均结果则统属于习见及易记之偏旁的字数，得85.48%，这比数与文字学家之所谓十得八九者，相差不远。

我现将《新字典》中习见及易记的偏旁，分大中小部列举出来，以资参考：

大部的——一百字以上的部首

水部	五一〇	心部	一八九	人部	三二七
火部	一三五	走部	一三三	邑部	一一八
土部	一七三	犬部	一一九	手部	三七九
木部	四六六	草部	四四四	竹部	一三二

疒部	一八二	玉部	一二三	衣部	一四九
系部	一四九	金部	二九一	女部	一七六
石部	一〇六	言部	二三三	足部	一三二
日部	一〇二	虫部	二〇七	口部	三五二
鸟部	一一五	目部	一一一	马部	一〇一
鱼部	一〇九				

中部的——五十字以上的部首

宀部	七四	刀部	九三	广部	六二
阜部	八三	巾部	六〇	米部	七六
禾部	八七	衤部	六四	雨部	五〇
车部	九七	月肉	八〇	食部	八四
门部	六〇	酉部	七三	革部	六二
贝部	七七	页部	六七		

小部的——十字以上或不及十字而最习见的部首

亠部	二〇	穴部	四五	冖部	八
厂部	一三	走部	二五	廴部	五
彡部	一三	髟部	三三	弓部	三四
卩部	一七	子部	二七	大部	四〇
豸部	二〇	歹部	二七	夕部	九
戈部	二八	弋部	四	欠部	三一
攵部	四五	殳部	一四	又部	一三
牛部	三一	羊部	二七	毛部	二四
羽部	三七	方部	二五	臼部	一三
豕部	二二	豸部	二〇	风部	一五
尸部	三五	户部	一六	瓦部	二九
舟部	三三	齿部	三八	月部	一八
见部	二一	耳部	二五	鼻部	一五
四部	四三	田部	四五	儿部	二六
止部	一二	立部	二三	力部	四三

行部	一四	干部	七	韦部	二〇
口部	三五	佳部	二八	皿部	二七
血部	八	匚部	一六	門部	七
骨部	四五	角部	二一	彳部	四二
皮部	八	来部	一五	聿部	六
寸部	一二	匸部	八	豕部	二二
爿部	五	矢部	一一	斤部	一一
矛部	五	斗部	八	爪部	六
虍部	一八	鼠部	一五	鹿部	二一
片部	一一				

上选择大中小部一百十八部。

如上选择，部数仅及二百十四部之半，而字数已占百分之八十五有余。这大便宜的营生，落得经营一下。但是观察上表，我们知道凡是小部字数甚少，而部目很多，这大便宜中，还有不便宜的事物，我们不能就抄录前人所定的价目，贩运过来，挑在筐子里即行叫唤贩卖，须得替它从新估定一张新的价目单，然后发卖出去，这张价目单的定价，须得要“货色好，价钱巧”才行！

这个买卖，不是容易干的，价目定不下来，就不能成交。《康熙字典》、梅氏《字汇》，既为大家所不满，而群思做减价运动。最初商务书馆高梦旦先生有合并部首之设，未曾公布；作者最初着手研究改造检字法时，也曾合并至一百部以内。然而“此路不通”，不但高先生与作者的经验，已经失败，即梅氏之二百十四部，已多有冷僻孤单，形同虚设，而且牵强附会，使人难晓，既不便于初学，又不合于学理。现在又要一再并合，使益增纠纷，此路之绝望，不问可知，来往君子，大可改途易辙，不必问津了。

然而作者在五六年来，“臣精渐耗，形神与俱”，每一涉想到检字法时，每感到前文所述痛心的缺陷，而处心积虑，必要另外觅得一个迁善改过的途径。一人之甘苦，有所不计；一线之希望，可以略陈。

第一点的希望——张士佩《六书赋》之八十五部目，其末一部杂部，显系末法的法，合并诸小部为一大部，其容量仅等于水木诸大部之数。除此之外，其八十四部能容纳《洪武正韵》所有的字，而眉目朗然，这是可用字的数量以另定部目的希望。

第二点的希望——《说文》的分部，当然不适用于今时，吾们可以不管。但《说文》十五卷中之部目次序，经注家说明“某部，蒙某而次之”等等，“据形联义”或“据义联形”的法则，吾们可以借用，把百余个习见而易认的偏旁，也是“据义联形”或“据形联义”地联比起来，可以归纳得三四十类，这是可用形体来归纳部目的希望。

第三点的希望——联比类目的多少，标准又若何？我们看过《尔雅》一书的，知道它分成十八篇，内前三篇是总类，也是杂部，余十五篇可以照各字部目的多少，随时代而增减。总之不外以天地人物为统率，这又是可用意义来统率部目的希望。

总上三端：(1)意义，(2)形体，(3)数量。先分析，后归纳，经过若干次的工作，可以确立出一个便易查检的体系出来，也即前文所谓整理个纲目。这个体系，在我的“面线点检字法”的系统中我便叫他做“体”，因为字有字体、形体、正体、俗体等称，这称谓已成口头的典故，不是作者所杜撰的。别人的检字法，也可以应用这个体系，即编排甲骨文、篆文、隶书、目录，也可应用。

三、“体面线点”的新法——仍名“形数检字法”

作者的“面线点检字法”，凡曾看到的，及沪杭几个大学内的教育系，及几个中小学内的实验班，均曾实地做过工作，且有报告，蒙认为最易学习的法子。作者因此而不敢自弃，仍旧时时注意，要把前文所认为痛心的缺陷，设法弥补。弥补的结果，另加一个“体”的条件，改作“体面线点”新法。

面、线、点的旧法，仍旧运用，在这里无须说明。兹所要说明的，是“体”的条件。在物体有几何学可准，在字体与物体不同，当用文字学，及历来字书的经验和习惯，以解决之。现在我对于将来出版的“张凤字典”的计划，首先即须辨明字的体系，全书把全数的字，分成三大体系：

第一，独体字系。即字之无偏旁可寻者，列入此类。仍照面线点查检，约得百分之五弱。

第二，合体字系。即字之偏旁可用形义排比者，入此类，先寻该字之偏旁在某系，旋即放弃其偏旁不计数，只将其余的半字照面线点查之，约得百分之九十强。

第三，杂体字系。即字之过小部分，并成一部，虽有偏旁，可以放弃不计，仅计其余的半字约得百分之五强。

上三类中，第二类应用时最为有用，整理时亦即最为烦琐，此次迁善改过的工作，即在这一节上，兹列一简表以明之：

形数检字法合体字系表目

(1)日月系 "日，夕，月(月，肉)"四字之属	计二〇〇字
(2)风雨系 "风，雨"二字之属	计一一五字
(3)点水系 "水氵，冫"二字之属	计三五〇字
(4)点火系 "火灬"一字之属	计一三五字
(5)山石系 "山，石，田，土"四字之属	计四三五字
(6)阜邑系 "阜阝，邑阝，卩"三字之属	计二八一字
(7)空盖系 "穴，宀，冖"三字之属	计一二七字
(8)门户系 "门，户，广，厂，(門，尸)"六字之属	计一九三字
(9)大人系 "大，人，儿"三字之属	计三九三字
(10)子女系 "子，女"二字之属	计二〇三字
(11)首页系 "首，页，(贝)"三字之属	计一五〇字
(12)心性系 "心忄，⺗"二字之属	计一八九字
(13)耳目系 "耳，鼻，目，见"四字之属	计一七一字
(14)毛发系 "毛，羽，彡，髟"四字之属	计一〇七字

(15)囗口系 "囗,口,匚,匸,方"五字之属	计四三六字
(16)言音系 "言,音"二字之属	计二四〇字
(17)饮食系 "食,酉"二字之属	计一五七字
(18)手足系 "手扌、足"二字之属	计四一一字
(19)执持系 "支,攵,殳,又,干,斗,聿,肀,寸"九字之属	计一二四字
(20)力行系 "彳,行,廴,走,辵,止,立,力"八字之属	计二八五字
(21)疒歹系 "疒,歹"二字之属	计一五九字
(22)鬼气系 "气,欠,示,鬼"四字之属	计一二三字
(23)木片系 "木,片,(爿)"三字之属	计四六六字
(24)草头系 "草艸"一字之属	计四四四字
(25)竹头系 "竹"一字之属	计一八二字
(26)禾米系 "禾,米"二字之属	计一四三字
(27)金玉系 "金,玉,王"二字之属	计四一四字
(28)瓦缶系 "瓦,缶,鼎,鬲,臼,皿(血)"七字之属	计一〇〇字
(29)骨角系 "骨,角,齿,革,皮,韦,爪"七字之属	计一八五字
(30)舟车系 "舟,车"二字之属	
(31)弓矢系 "弓,刀,戈,(弋),矢,斤,矛"七字之属	计一八六字
(32)衣巾系 "衣,巾,糸"四字之属	计二九二字
(33)走兽系 "牛,羊,犬,马,鹿,虍,鼠,豕,豸"九字之属	计三七四字
(34)飞潜系 "鸟,隹,虫,鱼"四字之属	计四五八字

上表的应用,即拈"形数检字法"五字为例:

形 知在彡字体内一面(彡字即放弃不计数),得彡一〇〇

数 知在攵字体内七面(攵字即放弃不计算),得攵七〇〇

检 知在木字体内二面五线二点(木不计),得木二五二

字 知在宀字体内〇面三线(宀不计),得宀〇三〇

法 知在水字体内〇面四线一点(水不计),得水〇四一

三十四体系口诀,诀分三节:上节为自然界天地之类,中节为人类,下节为物类,在括弧内简字简句。

(吾书好处,字各类聚。)日月,风雨,点水,点火。
出石,阜邑,穴盖,门户。大人,子女,首页,心性。
耳目,毛发,口口,言音。饮食,手足,执持,力行。
疒歹,鬼气(附着人生)。木片,草竹,禾米,金玉。
舟车,弓矢,瓦缶,骨角。(同)衣巾(于丝糸)。
(异)走兽(于)飞潜。(查上类而无着,定分列于后先。)

四、初样

这种到手检查,备为工具的工作,不是做一篇说明、一个计划,就可了事的。最好有一样本,然后可以比较批评。兹将一个小小的初样,藉作参考,略以示各字的排列,是否合理:

瓦缶系　臼缶瓦鬲皿(血)鼎七字之属

"臼"
024 舄　上臼字放弃不计数
030 舁
050 舂　下臼字放弃不算
420 舅　上臼不计
"缶"
030 缸　左缶不计数
054 罄　下缶不计数
080 缾　左缶不计
091 罅　线数过九者作 9 算
110 缺
130 缿
270 罄
291 罎
361 罋
560 罐
622 罂
906 罍　面数过九者作 9 算
"瓦"
020 瓧
030 瓩
040 瓰
040 瓱
041 瓴
051 瓷
061 瓻
072 甃
080 瓶
090 甄
132 瓿
163 甐
161 甏
192 甂
220 甌

252 甓
290 甗
320 瓯
330 甄
341 甍
341 甂
361 甕
420 甅
422 甑
442 甎
622 甖
“鬲”
092 鬻 过九线作九线论
150 鬷
220 鬵
290 鬶 过九线作九计
411 鬴
“皿”
030 盂
031 盈
040 盆
041 盌
041 盇
041 盉
051 益
051 盔
051 盛
052 盗
062 盏
081 盖
091 盝
092 盥 过九线作九线论
092 盭
030 盒
142 盄
161 盘
200 盅
210 盎
224 盡
262 盪
340 盦
400 盟
440 鹽
“血”
021 衁
041 衅
070 衇
200 衉
200 衄
300 衈
332 衊
“鼎”
011 鼏
020 鼒
030 鼐

（瓦缶系完）

如上排列,我们拿到手中眼中,便知道照样检查,有三种好处:

一、每字体系,不相混乱,确合字典的编制,

二、检查半字,手续经济,得以简御繁之旨,

三、字数分少,同号亦减,有省去数目的可能。

这三种好处,便是作者在数年内,像张天师一样,口中念念有词,心中默默祈祷,用辛苦得来的一些收获。论其成绩,无一字抄袭人家,然亦无一字不抄袭而来。现在写出一个大略,以就正于各专家及非专家之前。检字不是一种职业,不需有专门学问,故也须就正于非专家之前。倘非专家而能应用称便,即是吾法之成功,满不在乎官府之势力。我们再喊一句口号:"体面线点,先天而有。张凤可杀,方法不朽!"

(《现代学生》第3卷第4期,1934)

何清儒

何清儒(1901—?),天津人。清华大学毕业后,赴美半工半读,获安提亚大学学士和哥伦比亚师范学院硕士、博士学位。返国后历任齐鲁大学教授、青年协会职业指导主任、清华大学秘书长。1933年任上海职业教育社研究股兼编辑股主任,并兼任上海职业指导所副主任。受教育部聘,为职业教育设计委员、全国学术咨询处设计顾问。抗日战争胜利后,曾在天津工作。后定居美国。著有《人事管理》《现代职业》《中国青年职业问题》等。

人事管理问题

（在暨大商学院"现代经济问题讲座"演讲）

何清儒 讲
叶达光 记

诸位：

今日得这机会与诸位讨论人事管理问题非常愉快，因为这是现今工商界很重要的问题。

这个问题很广泛，在短时间内不能完全的讨论，今天且不去作专细的研究，只把它的意义、内容、概念讲一讲。

提到人事管理，先说说科学与实业的关系。研究"人事"的学问好似离开科学，其实，科学与人事是有很大的关系的。我们都读过历史和工商发达史，我们知道，十八世纪末叶，如没有实用科学的发明，就没有今日实业的成就，因为近代工商的进步，全部是实用科学的结果。无论是开发原料、制造货品、运输出产，没有不靠赖科学所造成的机械的。但大战前的工商界，应用科学只限于物质机械方面，如材料、机器、运输等方面，而对于人事的管理，如事务的分配，工作的状况，人才的选择，工人的待遇，等等，全凭普通的见解，应用科学的地方很少。到了后来，实业界觉悟，物质以外的事，亦能影响营业的盛衰，科学管理运动才开始。

然科学管理与人事管理究有何分别？究竟什么是科学管理，什么是人事管理？在未解释之前，先要知道实业成功的要素。研究经济学

的都熟悉各种生产要素,我们可分为下列几项:

(1)资本——先有资本然后始有实业的存在,盖若没有资本,即完全没有生产的能力,实业亦不能成立也。

(2)原料——无论制造何种物品,必先有原料,没有原料即不能生产。商业方面的原料便是商品。

(3)机械或方法——在工厂中机械是必不可少的。即或机械不多,亦有种种的生产方法。离开这些机械和方法,谈不到生产。

(4)人力或人才——无论什么事业,有金钱、物质、机械是不能活动的,必须有人力或人才,始得运用。

在这四种要素中,人是最主要的基本要素。因为人是有心智,能活动的,没有人,一切都不能发生效力。

科学管理就是,用科学的方法或原则,去解决实业界里一切事务上的问题。除了关于机械、物质的,如原料的选择、货物的制造、出产的运输等等以外,所有关于事务行政的,如机关的设计、会计的核算、人才的选择、货物的推销、产量的分配、工作的手续等等,都是科学管理研究的范围。人事管理只限于与人有关系的部分,用科学的方法或原则去研究一切关于人的问题。人事管理系科学管理的一部分。

在未正式讨论人事管理以前,先讲讲一般人常有的几种不完全的观念。

(1)以为将每种工作规定成绩标准,以为奖罚的根据,即是人事管理。实在说来,规定标准,考查成绩,不过是人事管理中的一部分,并不能完全代表人事管理。

(2)以为职工雇佣的事,即是人事管理。凡采取合理方法选取人才,如用公开考试等都认为实行人事管理。实在,职工雇佣的事,不过是人事管理中的起端,在雇佣以后,还有许多别的部分。

(3)以为办理福利的事,如食、宿、医药、娱乐等,即是人事管理。这亦是一种不完全的观念,因为福利事业,亦只是人事管理的一部分。

上面所讲的三种观念,都是不完全的,只能代表人事管理的部分。人事管理的定义,就是用科学的方法与原则,去管理一切关乎人的事务，目的不外是要使事务尽用人才，增加效率，并且是要使个人得展其才能，乐其职业。

在美国，人事管理的起源，是由于军队的。在大战的时候，美国陆军因为征兵入伍，各种职业的人都有，而军队中的职务种类，又很繁多，究竟什么人担任什么职务，很是一个重大的问题。因为如果人才分配不得当，必有大材小用，小材大用的现象。有了这种现象，工作的效率必减低，团体的精神必受害，而军事上的胜利，必受影响。所以当时就设定了人员部，专司人才分配的事务。招请了许多心理专家，担任这事并研究出许多人才管理的方法来。及至战事告终，实业界相继采取这些方法，去管理职工，并多设立人事专部，管理人事。从此人事就渐渐的发达起来。

人事管理曾发源于军队，然其发达亦实由于各种科学和时代思潮的助长。

(1)从前实业界曾也有人注意到人事管理，但因智识的缺乏，无法助其进展。近来科学表明，关于人的科学，如心理学、生物学等等之发达，使人对于人的研究，有了科学的方法，帮助人事管理的发达不少。

(2)过去的旧观念，看劳工如工具一般。近来人道的思潮膨胀，使实业界觉悟人并非与机械物质同类。人的兴趣、态度、情感及别种心理的反应，都与工作的效率有关系，所以应常设法调和、利用。

(3)近代劳资纠纷的增加，每次劳工方面要求待遇改善的结果，都得相当的胜利。于是使实业界迫不得已，不能不对于待遇与劳资关系细加研究，审慎从事。

(4)因为人事管理不讲求，而事业失败的实例增多，使实业界触目惊心。为保全利益起见，不得不添办人事管理。

现在再举一个故事来说明上面最后一种原因。美国有一家制造收钱机器的工厂，起始规模很小，后来厂址由一间房子扩充到两间、三间，以至小规模的工厂营业渐渐地兴盛。不过有一年，卖出的机器因不能用而被退回的有几十万元之多，细加研究亦不得其故。后来有一天，主人偶然在厂中巡视，看见工人多打盹睡，工作亦甚慢，这样必然对于机器的精确大有影响。于是悟到设法改良工人待遇，整理工厂设备。这样又不到几年，营业恢复了，而且他的货品遍销全球。

上面所讲的人事管理的各方面，只不过是人事管理外面的事情，至于人事管理的内容究竟怎样呢？人事管理的内容很复杂，包括的事务很多。凡关乎职工与个人、职工与机关关系的、职工相互关系的事务，都在这里面。现在提纲挈要的分作几项来讲：

（1）职工的选择。人事管理第一步先从用人入手，以求人事相合，盖必如是然后可使才不误用，效率增高，并且能使个人展其所能，乐其事业。职工的选择有两大原则：第一要根据实际需要，求适当的人；第二要研究个人的短长，配相当的事。至职工选择的方法，普通有三种：

（a）公开考试方法——以考试的成绩为选择的标准，普通考试科目如国文、数学之类；特种考试科目，如银行方面考会计、汇兑等。

（b）心理测验方法——如智力测验、兴趣测验、特能测验等等。

（c）面洽的方法——有许多事情是用笔试试不出来的，面洽的方法可以补充笔试的不足。人的才干、外表、态度、举止以及显著的性格都可用面试的方法看出来。

上面所讲的三种方法不过举其大要，当然不能完全代表的。职工的选择，关系重要。盖如人才选择不当 ，更替必多。更替多，消费必大，事务亦必受妨碍，生产亦衰落。所以职工的选择，必须合理，这是人事管理中第一步重要的工作。

（2）职业的训练。职工选择，有如原料的采取，职工训练，有如货品的制造。新职工对于工作的方法、手续、环境等等，既都不熟悉，必须经过相当的训练，方可胜任。某种职务需要何种训练，某种训练应需若干时间，这一类的问题，都是属于职工训练的。

（3）职工的考绩。职工就职以后，必须调查工作的成绩，方能断定适用不适用，报酬之高低。调查成绩必先有标准，然后方能比较。有了标准，并可规定奖罚办法，以增加效率。

（4）职工的调剂。职工的个人状况不是固定的，常因环境的变迁而更改。机关的事务亦不是固定的，亦常因为营业的变动而不同。尤其是每个人的学识、兴趣、情绪常在变动中，故人与事时有不适合之处，应时常调剂之。或是应该升职，或是应该换职，或是应该解职，都要根据精细的研究作个别的处置。

(5)职工的待遇。职工的待遇，不限于工资或薪俸一项。工作的环境，福利的事业，安全的设备，以及食宿、教育、交通、奖金、保险等，都包括在内。这些事的妥当与否，不但关系职工个人的幸福，并且往往影响工作的效率及职工与机关的关系。所以这种事务，亦不是可以草率或忽略的。普通办实业的人，对于职工待遇的设备，多无专门的研究，必须请专门人才去设计。

(6)职工的代谢。职工的代谢英文名为 Labor Turnover，即新旧职工更替的意思。旧职工脱离，新职工代替，新来旧去。若机关人员不时更换，更换愈多，对于机关愈不利，因为，是很不经济的。故职工的代谢度愈低愈好。另一方面讲，职工的代谢又未尝无它的益处，譬如在一机关旧职工服务久了，思想未免趋于守旧；稍为更换一些新职工，带来一些新的意见、新的方法，也是好的。不过，职工的代谢度总求其小为宜。如果一个机关的代谢度过高，机关内的管理必有缺欠的地方，须统计其离职的原因，研究改良的方法，力求防减脱离的发生。这部工作亦是人事管理的重要部分。

上面所讲职工的选择、职工的训练、职工的考绩、职工的调剂、职工的待遇、职工的代谢几项，虽然未能尽括人事管理的内容，但亦可略窥其大概了。

人事管理是一种根据科学研究的学问，与各种科学多有关系。前面已经提到，人事管理发达的一个原因，就是关于人的科学的进步。这些科学之中以心理学为最重要，因为关于研究人的才力、动作、性格、情感等等，心理学都有具体的贡献。其余如生物学能补助了解人的遗传；医学能检查体格，防治疾病；精神病学能探索心境的变态；社会学能分析环境；统计学能作研究的工具——这些都与人事管理有相当的关系。

最后，关于人事管理的应用，虽多在工商机关里，如工厂、商店等，但是其中的方法与原则亦可推行到别类机关。行政机关，如各院；金融机关，如银行；交通机关，如邮、电、铁道；大规模的营业，如旅馆、报馆——凡是用人众多，对于人事须特别注意的机关，都可以实行人事管理。

至于人事管理的种种详细方法，因时间的关系，暂时不能讲到，希望以后有机会再和诸位讨论。

（《暨南校刊》1935 年第 122 期）

职业指导

（十月二十三日教育研究会公开讲演会）

何清儒 讲
耿春林 记

诸位同学，今天兄弟到贵会讲演，是非常的荣幸。记得去年曾来过一次，与贵校商学院同学共同研究人事管理的问题。但是与诸位总算是初次的见面。张先生是我的老朋友，要我到这边来谈谈职业教育的问题，所以今天我所讲的题目，就是“职业指导”。关于“职业指导”这一个名词，表面上看来是很狭隘的，但实际讲起来，便很复杂。他的意义很多，他的范围也很广，不过在短时间内，我只可把这个问题概括的说一说，让诸位对于这问题发生研究的兴趣。

一、职业与教育的关系

要讲职业指导这一个问题，先得说一说职业与教育的关系。职业与教育究竟有一种什么关系呢？要回答这问题先要知道教育的目的是什么。教育的定义很多，有的说是培养个人生存能力的，有的说是训练人群共同生活的，有的说是生活的预备的，有的说教育即是生活的……总之，虽各有各的说法，但是值得我们注意的是，教育的根本目的，是在帮助人类解决整个人生的一切问题，使人生得以圆满。所以我们可以说教育的对象就是人生。但是人生的范围很广，详细研究起来，包括很多方面。现在粗草的可分几种：（一）人生第一个目的，是谋求个人身体的存在与健康,这是人类天然的欲望。我们知道,要维持生存,保护健康,衣、食、住、卫生等活动是不可缺少的。这些需要是人生必具的条件,成为人生中的体育生活。(二)但体育生活不是整个的人生,乃是整个人生的一部分。人生第二方面就是求知的行为。求智的欲望,人人都有,也是人类天赋的一种权利。自幼稚园以至大学,以及课外业余种种研究都是求知的活动。这些活动亦占人生一大部分。(三)除了维持个人身体的存在与健康以及求知外,还有第三方面,就是精神方面要获得美满的安慰。因此有道德、伦理、艺术、宗教种种的陶养,使人类生活增加丰富的趣味,充分地满足人类的欲望。所以精神生活也是人生的一部分。总括起来,这三部分的集合,可算是整个的人生得到相当的完备。但除这些方面生活以外,还有一部分,是人生最重要而且与以上三部分都有密切关系的,就是职业生活。职业生活是整个人生过程中的大部分,这种生活得不到良好的满意,便会影响整个人生不能达到充分圆满的地步。因为职业可以供给那些生活的实际需要与发展机会。总之,人生之中,除了谋体育生活、智育生活以及精神生活的满足外,更需有职业生活的圆满。既然明白了职业生活与人生的关切,又知道人生是教育的对象,所以使职业生活圆满成为教育的责任,职业指导的必要是无可否认的了。

二、职业意义及指导事业与研究教育者的关系

怎样才能达到圆满的职业生活?这就是职业指导所要讨论的问题。现在先谈一谈职业指导与研究教育的人究竟有什么关系?人为什么要有职业?我们可以说从事职业的人应该具有两种的目标。一种是个人方面的,一种是社会方面的。在个人的方面,是谋求个人的生存,发展个人的个性;在社会方面,一种职业,不但对于个人有利益,而且应该对于社会有帮助,对于国家有贡献,对整个人类福利有增进,使社会生活得到充分的圆满。所以职业不但与个人有直接的利害,且间接影响到社会国家以及全人类的生活。换言之,具有这两种目标的工作才能称为职业。倘一种工作仅合于个人方面的目标,可以获得个

人生存的资料,适合个人的个性,能够表现个人的特长,满足个人的生活,而与社会无以补益或且有害的不能称为职业。反之,与社会国家有利而与个人无益的工作,亦不能称为职业的。为什么研究教育的人要研究职业问题呢?我们知道,要想教育效能达到最高度,就不能不注意职业生活;要想职业生活得到圆满,就不能不注意职业指导。因为教育是以人生为对象,职业生活是整个人生的一部分,职业生活得到相当的指导,教育的成效自然也随之而增大。所以研究教育的人对于职业指导的重要就不能不注意了。

三、职业问题的性质

职业问题,一般人的见解,总以为是解决找求职业的问题。仔细研究起来,不仅是找求职业的问题,并且应该顾到从事职业的两个目标,这种职业是否与个人有关系,这种职业是否能够供给生存的资料,是否适合个人的个性,是否能表现自己的特长,是否可以满足个人的生活,对于社会是否可以有所贡献,对于国家是否有利益,这种种都是职业问题中必须研究的。职业问题包含许多问题,现在把从事职业必要注意的几种问题简单的说一说:

(一)职业的选择——职业的种类很多,在中国一向说有三百六十行,但实际不止此数,并且日渐增多。虽无确定数目,但职业分类的繁复,可想而知。因为工业的发达,人类生活的复杂,分工制度的进步,所以职业分化,也是必然的现象。但是职业的性质、需要等各有不同,人类的能力、兴趣等,亦各有差异。所以什么人适合什么事成为问题。这即是职业选择的问题。你做的工作,我未必会做,我做的工作,他又未必能行;并且他愿意做的,我未必愿意干,我愿意干的,你又未必愿意做。所以一个人的职业应该选择与他的能力、兴志、性格等适合的职业才是合理的办法。因为如此才能发展个性,增进效能,使职业生活获得圆满的效果。故职业问题中第一个问题就是职业的选择。

(二)职业的训练——职业选择之后,并不是就可以负起职业的任务。因为一个人所选定的职业,虽适合于他的志趣、体格等,但他的能力,虽性质适合,但对实际需要未必能完全应付。所以单有职业的选择还是不足,应该在决定了职业目标之后,经过相当的训练。这种训练,是随着各个人的选定的职业性质不同的,目的总在增加工作能力,使人对事更能适合。各种职业需要何种训练,各种训练需要何种方法,若干时期?都是训练问题中的事。

(三)职业的谋求——选择了职业并受了职业训练,倘使没有职业的机会还是枉然。因为我们虽有适合个性的职业选择,同时又有受过这种职业的训练,但若没有机会还是不能发展能力服务社会,如何能够解决职业问题呢?所以谋求职业的机会,也是一个重要的问题。如何得到机会,利用机会,创造机会,都是这问题所包括的意义。

(四)职业的升进——既得到职业以后,不是即可平坦走到成功之路,如何谋求进步还是一个重要问题。升进是人类天然的欲望,但升进应以什么为目的,如何去谋求都是应研究的。除去求进步以外,亦还有别种变动需要应付的,亦是就职后应研究的。这些问题都成为职业问题中重要的部分。

四、职业指导的意义与方法

职业指导,并非只是指导个人谋求职业,乃是辅助个人解决关于职业的一切问题,求人与事的适合,以达个性发展、效率增加的目的。这种指导的工作称为职业指导。职业指导究竟根据什么东西去行?简单的说,一方面是对人的研究,一方面是对事的分析。对于人的研究,是指对于从事职业者的调查,认清他的性格、志趣、能力、经验、家庭情形等等。对事的研究是对于工作的调查,明了它的性质、内容、环境、时间、待遇等等。这两方面的调查所得的结果,加以研究分析,便可作为职业指导主要的根据。

职业指导实行起来,有几种特别的方法,现在就人与事的两方面的方法加以简单说明:

(一)研究人的方法

(A)考试——研究人的方法很多,比较普通的,为学校中的考试方法,对于人的成绩可以得到考查,关于个人的知识程度也可得到相当的了解,同时也可决定人的才力高低。

(B)心理测验——除了普通考试之外,尚有多种心理测验,这种测验,可以帮助我们认识个人特别的性格、志趣、智力特能等等。

(C)评量——有些关于人的事,如性格,不能利用上面两种方法,可用他人的评量而判别。这种方法虽不能完全没有错误,但可增加许多对人的了解。

(D)调查——关于个人家庭状况、经济情形等,我们可用调查的方法。调查的方法最主要的是直接的去访问,可以实际详细观察。

(E)面洽——还有一种就是面洽(即口试的意思),这种方法是最不可少且最方便的方法。因为当面谈话,双方均很便利,许多方面都可得到相当的明了。外表、举止、态度、言谈皆可从谈话中得到相当的印象,可以免去许多的隔膜。同时对于职业的性质、内容、环境以及工作之时间待遇等等也可向被指导者说明,使其自己也得到对工作的了解,然后加以考虑,便可决定职业问题解决方法。

(二)分析事的方法

(A)工作分析——工作分析的意义,就是把各种工作,分为细微部分,研究它的性质、动作、环境、时间、待遇等等,加以详细的分析,使人明白某种工作应该怎样动作,在何种环境下工作,工作的时间长短,待遇的高低。这种分析,因为是专门的问题,今天不能多讲。

(B)调查——调查的方法,一种是书面的调查,一种是直接的访问,将各种事业的概况详细调查清楚,以作职业指导的参考。这两方面人与事的研究方法成为职业指导上很重要的法则。因为职业问题解决的根据,均赖于这两方面实际详细情形有彻底了解再加以分析审查而定指导方针的。

五、职业指导的特性

至于职业指导本身的特性,我也可稍谈一谈:

(一)辅助的——职业指导的目的,前面已经讲过,只是辅助有职业问题的人，解决问题达到圆满职业生活的境地。那就是说将必需的参考及意见供给与从事职业者，使其自己决定职业的解决方法，完成他的圆满的职业生活。职业指导的任务，完全处于辅助的地位，并非代人作主。

（二）个别的——职业指导，不是能整批或整个团体的指导，也不是今天诸位听了一次演讲，便可知道职业问题怎样解决。因为从事职业者的性情、环境、能力、志趣、困难各有不同，职业指导也得分别一个一个的施行，方可得到职业问题相当的解决。所以职业指导是有个别性的。

（三）整个的——职业生活的问题，并非整个的人生问题，仅是整个人生的一部分，对于人生的其他各部分，如精神方面、身体方面、知识方面，都有密切的关系。我们应该认识这相互关系的影响，知道单独的一部分是不能存在的。所以职业指导应注意人生各方面不能单独存在，所以要考虑整个的人生。

（四）继续的——职业指导是一种继续不断的工作，有永久性的。不是今天做了，明天就不必做，也不是今天受了指导，明天就不必受指导的。因为要职业生活达到圆满的境域，随时随地都应有继续不断的指导。所以职业指导有继续存在的性质。

（五）合作的——职业指导除了以上四特性外，还有一种合作的性质，就是说这种工作是不能单独成立的，必要与其他各方面发生密切的联络，使各方面共同合作，才能够有成效的。例如在学校中，各个老师及职员都要有相当联络合作。在社会中应该与政府及社会上各种的团体或机关有相当的合作，才能使职业指导获着相当的效果。否则职业指导的进展，必受牵制。所以职业指导还有合作的特性。

六、结 语

诸位是研究教育的，将来从事职业的范围，不外两方面，一是直接去教书，一是从事于教育行政的工作。无论直接教书也好，或从事行政的工作也好，但都要与职业指导发生很密切的关系。因为在学校中行指导必赖教师的合作,在地方上行指导必有行政人员的主持。所以无论如何诸位将来在何方面工作,对于职业指导都有相当了解。希望诸位对于这种学科发生兴趣,加以研究,将来对于指导事业可以促进整个教育的效率可得增加。

(《暨南校刊》1935 年第 151 期)

曹云祥

曹云祥(1881—1937),字庆五,号延生,浙江秀水(今嘉兴)人,幼年曾随父亲在江苏生活。1900年于上海圣约翰大学毕业。1907年官费留美,先入耶鲁大学读文科,1911年毕业,旋入哈佛大学读商科,1914年获工商管理硕士学位后,到伦敦大学经济政治学院任研究员。1922年初回国任外交官,同年获外交部委派兼代理清华学校校长,1924年正式出任校长,一直到1928年去职。1928年至1933年任英美烟草公司中方代表。1934年起任中国红十字会总干事。1937年2月7日病逝于上海。著有《科学的商业管理法》,译有《科学管理之实施》等。

科学管理问题

曹云祥 讲
吉 梁 记

今天董先生叫我来此讲演,我欣欣然前来说几句话。

我从前早已就研究科学管理这个问题,即以美国的某印书公司之管理而论,他们因用科学管理的法子,就很著成效,效能增加百分之五十。我也曾采用了美国的方法,来贡献到我国的商务印书馆,当时商务印书馆,尚莫明其什么叫做科学管理,直到了王云五接办,才渐渐走上了科学管理这一途上来了。因为王先生也曾研究过科学管理,曾从外国采了许多新法子,并请了二十几位专家来研究和运用,直到了前年"一·二八"沪变,什么管理,都打光了。这次商务印书馆复兴以后,王先生他不讲什么科学管理,不管理,他确说他们要打算盘,易言之,就是科学管理之谓也。

什么是科学管理 管理是一种新学问,因为在过去不过是把管理家政的方法引用在商业上,有了工业革命后,管理问题才成了一种新学问。管理人要有他专门的立场和标准,管理者是介于劳资两方之间的。工潮的发生,以及我国入超的趋势,总是管理上的问题。罢工,表面看起来似乎是于工人有益的,其实是害着他们。试问问一般工人,对于领导他们去罢工的人的心理,结果如何,便能了然。盖整个事业之盛衰,是整个事业组织中的全部各分子的利害,没有合作,则万事无成。中国的入超金已流尽,银又外流,这种种都是管理的问题。管理要使事情走入正途，并且要使非常态的事端，怎样去免除，所以管理是很重要的。

为什么管理要科学化　家长的管理小孩子，动辄打骂，以为是严厉。可是结果，孩子仍没有管好，却正养成了小孩子的特别取巧的办法——背着家长的行动，更是坏得厉害，这不是合法的科学管理。科学管理，是有研究、有系统的管理，科学是 Exact 的，所以科学管理是应时而生的、最正确的管理方法。在已往（其实现在也是的）我国工商界对于成本会计是模模糊糊的，实业界对于成本会计不能应用，直到事业发生障碍时，债权者的态度忽变。其实遇到这种情形，银行家应当起来用科学管理方法去帮助他们改良管理，做实业的医生。中国实业的毛病甚多，青年应该负起继续努力科学管理的责任。

在中国的纱厂中，一人可以管理三架机器；日本厂的工人，一人可以管理六十到八十架机器，这也就是研究应用科学管理的结果。

人的天性，好逸恶劳，但是事实上，做有苦的人才有成功。譬如历朝政局的变迁，开国的皇帝和亡国的皇帝，都是站在两端的，一则忧劳兴国，一则逸豫亡身。

我在哈佛商业管理科读书时，只有六十个学生，标榜的目的说是“要使美国的实业，能够继续永远办下去，勿使夭寿”。那里办了几年，其有几百个学生，学校写信教我们报告他们，关于我们自己各人，现在对于商业管理方面的贡献及影响。他们拿着我们的回信，向社会上的商业机关去募捐，说明管理对于社会国家商业民生等方面的关系，结果捐助的人极其踊跃。

Mr. Taylor 的成功，是要使劳资站在一条线上，一方要使出品之成本减轻，他方工资又可增加。

我提倡试行科学管理后，某工厂的出品工作效率，由一万增加到二万（两年的科学管理工作），可是关于劳方的工资分配未能照我的意思去做。利益是片面的，未能达到均沾的目的。真正的科学化的管理，应该有统制的标准，无论是进货或工作等方面，皆宜如此。譬如铲煤工作的那个例子，以合乎科学的方法改良之后，增加了三倍的效率，就是说每次铲煤的重量，不能过二四磅，铲要沿地面铲去，铲柄要靠着身体，使得工作的 Momentum 加大。

“Notion time study”工作时间的研究，譬如制造螺丝，工人的工作的分析，要怎样才合乎最经济的科学方法？若是拿一样的东西，又要先从左手交给右手去，便是不经济、不科学的了。又如打网球等等，凡事能照这种科学的法子去做，便是科学化，不会的应该养成这种方法的技能，便是科学管理。

科学是要脚踏实地的。鄙人各方提倡，先后实行的有四处，即商务印书馆、康元制罐厂、龙华水泥厂及某处。商务印书馆的实行科学管理，当事者名之曰“打算盘”；康元制罐厂因为是近乎冯玉祥的兵工制，一概工人皆认识浅鲜的文字，工作时有工作程序的卡片，做起工来很有步骤；龙华水泥厂因为工作不繁杂，工人也不多，行起来还容易。至于某处的科学管理，实施情形，鄙人现在不愿多讲，因为他们对于我的意见，不能全部接收实行。

关于提倡工作，有四年前在南京举行的工商会议，拟案数百件，而未能履行。上海实业各界的名人，组织所谓工业管理协会，鄙人做的是尽义务的总干事。会务方面，每月只有二〇〇元的开支，总是募集而来，每月也有演讲和写作的发表，所以现在的实业界对于科学管理已有相当之认识了。《工商管理》月刊已出六期，经费是由政府津贴的。

关于人才的训练，因为科学管理，要上下全厂人员皆能了解，现在先从厂内职员着手训练组织了。训练班内容分：1. 人事管理，2. 工作制度，3. 会计制度及推销问题等项。加入之人数已有八〇人。

总结我们提倡的工作，1. 演讲，2. 出月刊，3. 组织训练班，三件事。希望诸君也研究和帮助科学管理在中国实现，以利国计民生之大问题。

（《暨南校刊》1935 年第 125 期）

陈鹤琴

陈鹤琴(1892—1982),浙江上虞人。1911 年入读上海圣约翰大学,同年秋考入清华学校。1914 年毕业后赴美国留学,就读于霍普金斯大学,后获哥伦比亚大学师范学院教育学硕士学位。1919 年回国后任南京高等师范学校教授。1923 年任东南大学教授兼教务主任。1928 年至 1939 年任上海公共租界工部局华人教育处处长,创办多所小学、幼稚园和中学。1940 年创办江西省立幼稚师范学校。1945 年回沪任教育局督导处主任督学。1946 年兼任国立幼稚师范专科学校校长。中华人民共和国成立后任南京师范学院院长等职。著有《儿童心理之研究》《家庭教育》等。

欧游感想

陈鹤琴

今天兄弟把此次到欧洲所得感想,报告各位。

到欧洲总共游过十一个国家,经过七个月时间。在这十一个国家当中,可分为三大类:(一)英国式,(二)德意式,(三)苏俄式。法、英、比利时、荷兰、丹麦,差不多都是大同小异。这国家我感觉有个特点,就是尊重个人自由——这似乎是德谟克拉西底原则。有一天,法西斯蒂大运动,有一位领袖——马垒,他曾到过中国,他对那由各地来伦敦的几万党员演讲,在 Hyde Park 大公园,他们都穿黑内衣领带。另外有警察逡巡保护,也是监督和维持秩序的意思。到公园内开大会,未有什么形式,分组讲演,宣布本党政纲和攻击政府对人民不对的地方,都是公开地发表言论,但只系口头宣传,不能超出言论自由之外。到晚上,另一党绿带党(Green Band)也一堆一堆集合开会,但并不窒碍交通,他们公开地反对法西斯蒂。人民绝对地有言论上之自由,在报纸上也常常可以看见署名发表之争论。在英国固如是,法国、比利时、荷兰,也一样。

到德国、意大利的情形就不同了,到意大利好像军队组织一样,都是纪律化,处处表现整个国家整个民族的观念。党员遇着先生(尊辈)的时候,莫不走过去,高举右手,皮鞋响得吓得一跳,高呼“希特勒万岁!”总觉整个国家,德国人民虽少,虽不如英国式自由,但爱国观念民族意识却极浓厚。意大利之对慕沙里尼,德国之对希特勒,都是绝对信任与服从的领袖。当兄弟到欧洲时候,慕沙里尼之霸业比希特勒还要高,但现在萨尔归还德国,也许德人对希特勒高。兄弟曾经考察过,为什么原故?有一天,我问一个青年党员,为什么这样喜欢希特勒?当然也有不喜欢的。他很简单的答复:"Hitler ie simple. Hitler is Patriotic."他的意思是说希特勒是个最廉洁的人,是个穷光蛋。真的,他们确是自奉很廉俭的,才得到全国民众之信仰拥戴。

说到俄式的国家,我只到过莫斯科,莫斯科之外,我没到过,所以不知道。在莫斯科很可给我们一种参考。觉到莫斯科人民个个人都有工作,他们的口号是:"不做工无饭吃。"在街上无以为家的人在莫斯科看不到,莫斯科人口很多,在电车、公共汽车,非常拥挤。还有,在莫斯科没有顶穷的人,在伦敦街上,还见有拉梵亚玲音乐要乞钱的,也有画图画乞钱的,甚至在店铺前站在要乞钱的也有。在莫斯科就没有这个现象,只系有过一个老太太向我要钱,不如英法德失业工人那样多。失业现象,在莫斯科无问题,其他地方(指俄国境内)也许我不晓得。因内地我没有到过,所以不知道。

还有一个感想,俄国好像拼命去发展工业,关于水电工程机器均非常注意,以前各工业都是很落后的,现在,已能自己制造飞机,制造汽车、颜料。我曾经去看过一个机器制作场,内有三千五百个工人,每年可制造一千架机器。其他各学校亦莫不积极地去发展工业。全国有七百所儿童科学研究所,从十一岁到十七岁,儿童可到那里去,他们有指导员指导,所有无线电话、小汽车,触目俱是。有两部小汽车于儿童做的,我也看见他们有地道电车,在儿童科学研究所里有两个模型,总是拼命鼓励儿童发明。在莫斯科街上看见一座红绿灯,好像四角形的灯,上半是红的,下半是绿的,有四个针,像时钟的针一样。在莫斯科街道上,我只看见过一个,闻说这个灯是儿童创造发明的。他不是工程师,他可以演说,可以作文章,每年政府费五十万卢布作他研究所的经费,在在都表示莫斯科拼命发展工业。

我再有个感想,就是那英国式、德意式、苏俄式的国家,均有共同的好处。(一)博物馆,在英国几万人的城市,就有好几个博物馆,无论什么地方，总有伟大的博物馆之建筑，关于动、植、矿、机器，都尽量地陈列以供观览。（二）图书馆，在利佛坡城就有四十几个图书馆，因为图书馆是开导民智，发皇学术的源泉，与文化至关重要。（三）公园，公园在城市里好像是必需的点缀，学校固然不在话下，城市中没有公园就好像缺少了一件城市特征。

这都是物质的建设，什么纪念塔纪念碑这都是建筑物而已，他们的精神建设亦甚好。譬如问路，就可以看得出人民程度之高。在上海问题，都说“弗知道”，“弗晓得”。在那问路，他们的态度就不同了，都说“第几条街第几条弄第几弄”，清楚极，有时还会说“我带你去”，男的固然很客气，女的也会指导你。这种为人的态度，十足证明是曾受相当公民训练。

德国之法西斯蒂党员，俄国之共产党员，当然更有集团化底训练。凡是在社会上服务的，都有保护和帮忙人家的职责，这在英国式、德意式、苏俄式的国家，到处可以看出来。

英国式、德意式、苏俄式的国家，他们都有中心思想，如意国之对慕沙里尼，德国之对希特勒，（荷）波兰之对普特斯基将军，苏俄之施丹林，他们都说“世界上像我这样穷的，只有我”，他们每月的薪俸，都很微薄。他们都是非常廉洁，分毫不苟假，欧洲国家现在差不多全是为普通一般民众谋幸福的，都是为下层人造福的。像英国失业的，每人给十五个司令，小童每人给二个司令的津贴，波兰、法国、比利时也是如此，一般人均须负担25%所得税来救济失业的穷人。俄国简直无失业的人，但他整个都是穷人。俄国生活程度不及各国那样高，有饭食，有屋住就算。我见过一个公共场所有二万五千人，有饭食，有咖啡茶饮，有音乐队在那里演奏，使那穷人工人有音乐听。穷的人可以看影戏，看大戏。世界最好的罗马威安那和巴黎的剧团在奏演，在各国情形而论，去看这世界著名的戏，一定穿了礼服，隆重地参观，但在莫斯科就不然。在大戏正中把好的座位空下来给做工有成绩的人坐的，现在，意大利、德国也是为大多数的人着想，这在欧洲显而易见。

今天把数月来欧洲游感想报告，觉得中国这样情形，多少不能说与他们一个样，但希望渐渐走上轨道，好像外国找出理想的人物做中心思想，全国上下一心，拼命提倡，下一层的人，自然也一致努力的。像中山先生这样爱国，这样廉洁，上下一心，中国虽大，意料也没有什么困难的。德、意、俄，也不过是这十几年才兴盛的，现时已是一等强国。

学生是一国的中坚分，国家兴亡，学生所负责任最大。希望大家为国努力！

（《暨南校刊》1935年第134期）

杨荫溥

杨荫溥（1898—1966），字石湖，江苏无锡人。早年毕业于清华学校。后赴美留学，获鲁伦司学院经济系学士、西北大学商学硕士学位。回国后，曾任上海光华大学商学院院长、上海商学院院长、中央大学商学院教授、浙江兴业银行总秘书等职。中华人民共和国成立后，任光华大学教授、上海财经学院教授、上海社会科学院研究员。著有《上海金融组织概要》《中国交易所论》《货币与金融》等。

我国通货膨胀问题

（四月二十九日本校商学院现代经济问题讲座）

杨荫溥 讲
叶达光 记

一、我国金融现状的分析

我国通货膨胀问题，一时甚嚣尘上。而我国金融，照目前情形分析，现金、纸币、信用三方面均在收缩，列述如后：

（一）现金方面——上海去年上半年现金原有六万万余元，现存仅得四万万余元，共减少三分之一，现金收缩，甚为明著。

（二）纸币方面——现金收缩之结果，纸币自然亦随之收缩，盖纸币发行，依规定须有现金准备百分之六十，换言之，发行一元钱之钞票，必须先有六毛钱之现金准备，即先有现金六毛始能发行纸币一元也。现金减少，准备亦减少，纸币自不能多发。至现金减少后，若云多发钞票，以为补充，则更不能办到。

（三）信用方面——报纸日日登载信用收缩消息，则信用的收缩，已可想见。盖银行钱庄日见银根紧绌，亦心怀惴惴，不敢放款。信用的代表为票据，票据如期票、支票之类，其票面数码亦如现金钞票同样流通市面。票据减少即信用筹码减少，其结果与现金减少及钞票减少同。

上述我国金融现状，现金、纸币、信用三方面，均形减少。通货收缩，于是发生恐慌，其显著现象即为物价低落；上海近来之各业大减价，可见一斑矣。我国金融短绌，通货紧缩，物价跌落，百业凋零。补救之法，时下一般人主张通货膨胀政策，盖以为通货收缩，则物价下落，若通货膨胀，则物价上涨，景气回复，而事可为矣。

二、通货膨胀的方式

所谓通货膨胀政策，即以膨胀通货、增加货币数量为手段，以抑纸币值、提高物价为目的之一种货币政策也。至如何膨胀通货，前述通货收缩分现金、纸币、信用三方面；今反言之，通货膨胀亦分现金、纸币、信用三个方式，兹分别详述于下。

（一）现金的通货膨胀

现金的通货膨胀，有四种方法，为历史上各国所曾经验实行者，分述如下：

（1）增加本位货币材料——欲求增加本位货币材料，普通约有二法：其一为本国新贵金属矿的发现，如前澳洲金矿的发现，金价大跌，影响遍于世界。其二则为夺取他国币材，以为膨胀，如美国战前贸易甚盛，对外现金收入，为数颇巨。欧战时，各国需要均仰给于美国，一战之影响，对美国对外贸易现金收入，竟达十万万元美金之巨。不过此两种方法并不容易，发现新矿固极困难，夺取他国币材亦非易事也。

（2）增加名目货币——名目货币即辅币，其铸造所用材料如铜、镍等颇易得，故增加名目货币数量当较容易。而且名目货币之铸造，因面价与实值不等，政府亦有利可图。惟在其他国家多不愿行此法，盖因名目货币只不过货币的一部分，不能多铸造也。

（3）减低货币的成色——美国采用此法，现在一元美金，成色仅得从前百分之六十左右，因之美国通货亦有增加百分之四十之可能。

（4）扩充货币的基础——此亦为美国现行之方法，即货币材料基础，金银并用。去年七月六日美国通过白银法案，规定金三银一，不特要金准备，尚要银准备，如是则准备增加，通货膨胀矣。

现金的通货膨胀，上述共有四种方法。第一种方法，增加本位货币材料，原为根本办法，惟限于天然机遇，非人力所能为耳。第二种方法，增加名目货币，实际效用极微，并非良法。第三种方法，减低货币的成色，增加币值，法甚通行，惟成色减低，亦有限度，固不能随意无限膨胀也。第四种方法，扩充货币基础，金银并用，其法虽善，惟惜亦不易做到，美国之收买白银，盖图实行此制，但亦只美国能行之，他国无此财力也。

（二）纸币的通货膨胀

通货膨胀之另一方式为纸币发行额的扩增，亦分三种方法：

（1）推广纸币发行——由银行以若干成现金准备，发行钞票，流通市面，但此法仍受现金数量的限制。

（2）减低准备成分——即发行钞票，准备不变，惟成分减低，则发行钞票的数量，亦可增加。但成分减低亦有限制，若行之不善，则反易引起恐慌，变为收缩也。

（3）发行不换纸币——市面只许纸币流通，停止兑现。现在一般人之言通货膨胀者，多指此种，但此种方法，行之不慎，极为危险，德国之马克，可为前车之鉴。德国马克在一九一四年为六、〇〇〇、〇〇〇、〇〇〇，一九二三年增至五一八、〇〇〇、〇〇〇、〇〇〇、〇〇〇、〇〇〇、〇〇〇，计共增加八六、三〇〇、〇〇〇、〇〇〇倍，马克价值，惨落已达极点，然此种纸币之增发与跌价，尚日进而未有已也。

（三）信用的通货膨胀

所谓信用的通货膨胀，即增加银行放款的数量，使银行信用大量在市面流通，亦能收通货膨胀，提高物价之效。但银行信用，力量有限，其放款数量，有一定最后线。若放款太多，侵害准备时，则不能再放款矣。

三、通货膨胀的效果

（一）对社会经济的影响

通货膨胀的结果，有计划的膨胀与无计划的膨胀，利害适相反。

有计划的,或有限制的通货膨胀,可使物价上腾,利润增加,工商业恢复繁荣,农产品提高价格,佣金增加,失业减少,是社会之福也。尚有一点,通货膨胀的结果,因币价跌落,则外汇降低,外国购买我国货物便宜,可使我国对外贸易顺调。惟是通货膨胀常有演至无计划的或无限制的膨胀的危险。盖通货贬值,初时虽能使物价提高,惟渐进通货膨胀无限,通货膨胀速率与币价跌落速率不相一致,即通货价值的跌落较通货数量增加为速时,人民对货币渐失信仰,各方投资家纷向银行提回现款,政府方面无法应付,必至停止兑现,遂成更进一步的恐慌。恐慌加剧,币价愈暴跌,物价极端提高,驯至货币不能购物,富者不敢放款,万民困蹙,其祸无已。而在对外贸易方面,以汇价暴落,物价奇昂,外人不敢过关亦受损失。结果,币值响跌,物价极涨,不可收拾。

(二)对社会分配的影响

通货膨胀对社会分配关系的影响,约分三点:

(1)最受损害者——为持股票债券为生之投资者,其货币数量与收入利息不能随通货膨胀而增加,而通货膨胀的结果,币价跌落,购买力减弱,虽其名义收入,未尝减少,而物价腾贵,实际上受损甚大矣。

(2)最受益惠者——为企业家,其所受益惠约有三点:(一)通货未膨胀前或膨胀之初,以贱价收买原料,制成货物得此高价出售。(二)资本利息增加不大,盖利率增加绝不及物价上涨之速。(三)企业家借进资本时以高价币借进,通货膨胀,则偿还资本时得以低价币偿还,是其利也。故企业家对通货膨胀,均极力主张。

(3)次受损害者——为薪水阶级与工资阶级,盖通货膨胀,薪水与工资均稍能增加,惟有一定限度,其增加速率断不及物价上涨之速,是其购买力反而减少矣。

四、结　论

我国今日应否通货膨胀,此问题利害参半,不能妄下结论。惟目前我国金融收缩,物价大跌,百业凋残,如上所述,似极需要膨胀,以为救济。惟依我国情形，欲实行膨胀，困难之点亦甚多，分述如后：

(1)外人势力的牵制——我国每有一事兴革，恒受外人牵制，不能自主。中国如实行通货膨胀，外人必起而反对。上海各种重要事业如电灯、自来水、自来火等悉为外人势力把持，必然拒收中国纸币，而用墨西哥银洋或香港钞票。墨西哥银洋与香港钞票，数量有限，必不敷流通，然后增发外国银行钞票以为替代。外国银行钞票因照常兑现，得人崇信，是则我国膨胀通货，反为外人推销纸币矣。如从前日本在东三省发行之老头票，及广东之港纸外力挟持，是其著例。

(2)内地农村经济的顾虑——各国之膨胀通货，皆所以求社会经济之繁荣也，然我国采行，未必权利。盖因外国为资本国家，社会经济基础在工商业，而我国则百分之八十为农村，今日中国问题，不只图工商业之繁荣，尤须顾虑农村经济之复兴。中国之采行通货膨胀，究竟能否提高农产品价格，实成疑问，纵能提高，亦有限度。我国农产品价格若稍腾贵，洋米麦等即乘势狂进，故价仍不易涨高，农村购买力亦难增高，则都市工商业亦无法繁荣，可断言也。

(3)关税问题——国外关系，中国关税不能随意提高。通货膨胀后，我国对外贸易，出口未必增加，入口未必减少。吾人试回察从前金贵银贱浪潮，我国出口曾否增加，入口曾否减少，盖中国今日必需之机器、炼油、棉布、米麦及一切衣食住行日常生活必需品，无一事不仰给外国。出口既未必增加，入口曾未必减少，又未能提高关税，通货膨胀，则国家关税收入实受损害。

(4)中央财政问题——今日中央财政每月短少二三千万元，每年短少二三万万元。中央财政全赖关税收入，通货膨胀后，收入未必增加，而政费支出，因物价腾贵，反致增加，则中央财政困难将更无法解决。

基此数点困难，我国采行通货膨胀，实非易事。惟我国现在情形，又确需通货膨胀。将来政策如何，惟视形势变化而定耳。例如病人，其病非开刀不治，但其人身体虚损过甚，又恐不胜开刀，然病势危急时亦只有开刀，期挽救于万一耳。今日我国通货膨胀问题，正如是也。

通近白银出口,虽政府征税,亦无法制止。美国收买白银,每盎斯现值已达七角条,将来颇涨至一元二角九分之可能,银价飞腾,运银出口,每百万之照目下情形能赚二余五万元之巨。今日各银行虽有同盟,表面宣言不再运银出口,惟利益所在,暗中偷运,白银或仍继续出口不绝。我国目前金融已极紧缩,将来形势所迫,必至政府实行集中现金,停止兑现。然纸币停兑,与通货膨胀亦有分别,纸币停兑,不一定为通货膨胀也。

我国之通货膨胀问题,总括言之,依目前情形,确有膨胀之需要,但实有膨胀,困难甚多。若形势紧急时,亦只有走此一途,求济万一。惟通货膨胀与纸币停兑,并非一事,将来采用何种方式,则现尚未敢预料耳。

(《暨南校刊》1935 年第 134 期)

翟俊千

翟俊千(1891—1990),广东东莞人。1914年东莞中学毕业后考入北京大学。后赴法国留学,获里昂大学法学博士学位。1924年随中国代表团出席在比利时布鲁塞尔召开的反帝反殖大同盟国际会议。1927年回国后,曾先后任暨南大学第一任副校长兼政治经济系主任、大夏大学法科教授、国立劳动大学社会科学院教授、上海建设大学校长、香港华侨工商学院院长、北京大学、清华大学、中山大学、上海法政大学等校校董、教授等职。1932年在中山大学任教时,一度出任汕头市长。1941年赴重庆,任中央银行经济研究处专门委员。1947年冬参加中国国民党革命委员会的筹备活动,为该会章程起草小组成员之一。中华人民共和国成立后,任上海市人民银行高级经济计划员、民革上海市委委员等。著有《中国国际地位与不平等条约》。

革命政府成立之意义和今后应有之认识

（五月五日革命政府成立纪念大会）

翟俊千 讲

冯炳基 记

各位先生，各位同学：

今天是我们中国革命政府成立纪念的日子，就是说，纪念总理在粤就任非常大总统的日子。回想革命政府成立，是在民国十年的时候，总理在广东组织革命政府。今天是革命政府的纪念日，到现在已是十四周年了。这纪念的意义很重大，并且对于革命前途有重大的影响。总理与各位同志，大家奔走革命几十年，所遇困难，都又大无畏精神去奋斗。虽然为着环境关系，有时不能不委曲求全，我们回想一下，总理一生革命过程，可分开好几个阶级。

辛亥以前，革命底对象当然是清政府，及武昌起义共和肇造以后，革命似乎得着美满的成功，但这不过是清的帝制推翻，从帝制转变到共和而已，在革命的意义史来说，诚然是成功了，但从革命的实质上言，最终目的仍未达到。当时环境还是非常恶劣，革命力量还未能普遍全国，虽然政权操在革命同志的手上。虽然已在南京成立了共和政府，总理也就任了临时大总统，但当时的北洋军阀，如袁世凯之辈，还未完全受革命感化，对推翻清朝及公共政府之成立还未有清楚之认识。所以发生许多困难和障碍，总理为着民族着想，把大总统让出来，这并不是放弃自己的职责，所以让位的缘故，是希望感化那些没有认识革命意义的同胞。而总理还是本数十年来革命精神去奋斗。所以民国五年以前,差不多可以说,革命的对象就是袁世凯这一派人。民国九年以后,北洋军阀势力,还一天凶似一天,同时帝国主义者也勾结那些军阀来侵害我国的主权,那时候我国被迫订立了不少的不平等条约。所以总理以为在这环境当中,不得不改弦更张,团结革命同志,来抵抗军阀和帝国主义者。民国十年的时候,正是到了非常严重时期,也可以说是民族存亡的关键所系。在这时候,总理不能不出任艰巨,以应付非常环境,于是在广州开非常议会,组织革命政府,自己就任非常大总统。民国以前固无论了,即民国以后,总理也不知经过几许辛苦艰难,这时更在粤缔造革命政府,以为全民族谋福利,当时国内方面军阀力量弥漫全国,同时,国际方面,帝国主义者复勾结北洋军阀,破坏我国革命阵线,减少我国革命力量,是以不得不采取非常手段,以对付这个恶劣的环境,这是当时要组织革命政府的意义。

我们试观革命政府过往历史,一方面以广东为革命策源地及革命力量的中心,一方面希望以广东为根据地去统一全中国,把革命力量扩大到各地方去,所以开宗明义就实行北伐。在北伐的过程中,从江西、湖南发展,已经把革命力量推进一部分地方去,不幸,这时内部发生暗潮,粤军一部叛变,逼不得已回师,这是第一次北伐受着挫折。

到了第二次北伐的时候,才慢慢的把革命力量建竖了一个基础。第三次北伐时,便由蒋总司令以神勇坚锐的革命武力推倒了多年盘踞的北方军阀。直到民十五才告一段落,民十六奠都南京,才完成了革命的功业。

我们知道民十以前之革命事业,只能做到推翻帝制,缔造共和,而统一全国的基础,全建筑在"民十"广州那一次革命政府上面。总理以大无畏精神为全民族全中国的革命事业奋斗,可惜未能及身看见成功,所以在遗言上有"革命尚未成功,同志仍须努力"的明训。

本来革命的意义,是包含着两方面:消极的,积极的。消极方面是就破坏工作而言,比方一种政府制度的改变,不能顺乎自然,促其改变,是需要突变的力量去排除障碍的。这便是消极方面的意义。革命除了这消极的意义之外,还有积极的意义在里面。中国革命,破坏工作当然做了不少,但积极的建设的工作却很少。比方把旧房子拆了后,当然要另外建筑一个新的房子。中国现在情形恰像把旧的房子拆去了一大半,而新的房子却没有盖得成功。政治工作恰好是一个样子。我们认定旧房子不适用,把它破坏了,当然要好好的另外盖一座新的才行。

革命还未成功,今后努力,虽然不能说完全不要做破坏的工作,然而积极的建设的工作是异常需要的。

自日本以武力侵占我东北四省之后,我国全民族,虽然誓死不肯承认他,国际上也没有认为合法,并且认定他是违背国际道义的,但是事实上已经被欺负了,总算是我们国难的一个最严重的时期。今后革命,破坏工作还要做,但不能因偏重消极的破坏而忘了积极的建设。我们应本总理的革命精神彻头彻尾来干,不但要注意消极的破坏,而且还要加倍的注意积极的建设工作!

今天是革命政府成立的纪念日。纪念的意义就在这个地方。以上都是随便抽出来讲讲的。

(《暨南校刊》1935 年第 135 期)

韦悫

韦悫(1896—1976),原名乃坤,广东香山(今中山)人。青年时代加入中国同盟会,参加过辛亥革命。1914年入英国格拉斯大学学习。1915年转赴美国学习,1918年毕业并获文学士学位。后到芝加哥大学研究院学习,获哲学博士学位。1921年回国后,曾任广州高等师范、岭南大学、复旦大学、大夏大学和光华大学等校教授。1927年出席在加拿大温哥华举行的世界教育会议。后到美国参加政治研究会,并在欧美国家调查、研究教育。1928年后历任上海市教育局长、商务印书馆编审部主任、《译报》总经理和《上海周报》总编辑、教育部社会教育处处长、中央大学教育学院院长,复旦大学、光华大学、暨南大学、大夏大学教授。抗日战争时期,到苏北解放区工作,任江淮大学校长、苏皖边区政府副主席、华东大学校长等。中华人民共和国成立后,历任上海市副市长、教育部副部长、中国文字改革委员会副主任、《中国语文》杂志社社长等职。致力于汉字改革和语文建设,为我国文字改革运动的倡导者之一。著有《中国教育的改造》《文字改革和汉字简化》等。

大学生职业问题与人寿保险

（五月八日本校商学院）

韦　悫 讲
叶达光 记

诸位：

今天蒙董院长的盛意，约我来讲这个大学生职业问题，兄弟自问学识浅陋，董院长介绍时说了许多过奖的说话，实在愧不敢当。自从去年暑假北平的大学毕业生组织职业运动大同盟，在他们的宣言中，“大学毕业，就是失业”，高声疾呼，于是各界都觉到这问题的严重了。当时我曾和教育部一位重要职员谈过这个问题，大家都觉到这问题的困难。

一般人谋事情的方法，是请人介绍，或请师长的介绍，或求社会上各界有地位的人的推荐。但这个方法现在已经使大学毕业生大大的失望，而且不知使大学生耽误了多少时候。因为暑假时各校的毕业生当然很多，各界必然没有先为这一群大学生预备位置，事少人多，这问题的解决，自然是很困难的。在这些大学生中，能够找到事情的，多半是靠父兄亲戚之在政府机关做大官的或在工商界有势力的。这点使大学生非常的苦恼，遂致到一般大学生，不求正当的发展，而去奔走权贵。我觉得解决职业问题，专靠一纸八行介绍书，并非办法，唯一可靠的办法，只有□□新事业的发展。因为各种机关，所用职员人数有一定额，加多是不可能的。也许有些机关，多设几个无聊职位，以位置其亲戚私人。大学生纵得进去,也无事可做,等于失业。故要真正解决这个问题,惟有从推广新的事业方面着想。讲到中国的出路,我国新事业的推广,头绪纷纭,要做的事情也很多,但最重要的却为民生问题。

有人以为民生问题不过是解决吃饭问题而已,很简单。其实不是这样简单。总理说过,民生问题,包括衣、食、住、行、养生、送死各问题。诸位都是学商科的,尤其是在董先生的指导下,研究一定很有心得。我对于商科是门外汉,但是我相信民生问题是极关重要的。诸位对于这衣、食、住、行、养生、送死等民生问题,当然有很精深的探讨。解决民生问题,也就是解决各人的经济独立。经济独立,不特要使自己经济独立,同时也要维持家庭的经济独立。所谓经济独立,就是以各个人自己对社会的服务而得的报酬。人问我对职业问题的意见,我的回答是必须求经济的独立。盖不求经济的独立,就要靠人家生活。就使在机关做事,有薪水可拿,而依人作嫁,也不能算是经济独立。如果人人各能经济独立,则国家可以富强。

记得前几天沪江大学有一位同学,问过我这个问题。他说他现在某一个机关做事,每月拿三十元的薪水,但他觉他的事情十分无聊,一天到晚在办公厅枯坐,他问我如何解决他的苦闷。我就问他有什么能力,可以求自己的经济独立。他说无甚能力,不过很喜欢做文章,特别同情于劳苦大众。但他不深入劳动大众之群,又怎能对劳苦大众有真正的认识和深切了解呢?躲在象牙之塔里面而谈平民文学,当然是没有趣味的。我就劝他到实践的民间去。他很赞成,他就决意辞去他的依人为治的无聊的职业,并定于下星期就到乡间去实地观察。我觉得这种青年很有希望,他没有埋没了自己的旨趣,而能独特地凭着自己的能力,去谋自己的经济独立。

我国经济的幼稚,是无可讳言的。惟现已渐趋工业化,从前建筑在农业基础上的大家庭的倚赖生活,也因之而解体。现在无论谁,凡是社会的一员,都要靠自己的努力。如果自己不努力,则无以对自己,亦无对国家。

蒋委员长所发起的新生活运动,曾有提倡储蓄保险之规定。今天我顺便来向诸位介绍一种新的事业,就是推销人寿保险。为什么我要特别地介绍这种事业呢?因人寿保险是一种社会政策,是一种最关民生问题,对社会最有福利的一种事业。人寿保险在美国很发达,他们都很明了人寿保险的理论和利益。但我国对此种新兴事业的人寿保险尚多不明了。去年上海有一位很有名的大学教授死了,生前欠人家许多钱,而身后萧条,更全无办法,于是只得向同学同事募捐,须知在大学教书的先生,或读工的同都是穷的多,募捐的结果自然也所得甚少。如果他有了人寿保险,就不会发生这种问题。总理在他的民生主义中说,生民问题,不特养生还要送死。人寿保险就是以一个集合的团体的力量,负起这养生送死的责任。去年政府派人到日本调查人寿保险,调查回来便主张兴办邮政奖励保险。这邮政奖励保险的政策,已得立法院通过。因为工人每月的工资很少,如果不幸死了,其家庭的生活最生危险,若有了这种保险,则其家庭仍得经济独立的保障,利益很大。人寿保险的办法,不特人死了可以领得一笔家庭保障费,而且到年老时亦可得一笔养老金。是人寿保险可以保障老年时不能工作的收入。人寿保险在美国、日本都很发达,但在中国因尚不甚明了,未曾普遍发达。

前几天我和沪江大学刘校长谈起这件事,他的意见以为不特工人要保险,我们也要保险,他很希望能在大学、中学及小学中推广教职员的保险。因为人寿保险,使他们的经济独立有了保障,可以安心做事。

人寿保险,简言之,是以团体的力量,去保障家庭与老年的经济独立。有了人寿保险,个人无论生死都可得到经济独立。这样,诸位看看,人寿保险,在社会上是不是很重要,值得提倡的呢。

我们有一所宁绍人寿保险公司,沪江大学刘校长是董事。现在拟行扩大营业范围,诸位如有意推销人寿保险,我们是很欢迎的,机会时时在等着诸位。这是一种新的职业,完全根据合作原则,合乎最高的商业道德。诸位推销这种人寿保险不特于自己有益,于社会更为有利。现在人寿保险公司的职员多数是沪江大学、圣约翰大学的同学,他们每月薪金的收入,有时比大学教授还要多。他们对于这种事业颇感兴趣,因为这是社会上福利的一种新兴事业。我很希望大家帮忙发展这种新的事业,毕业了的同学我们固然欢迎,未毕业的,在暑假空闲的时候,也可以工作。我们是时时在候着诸位。

(《暨南校刊》1935 年第 137 期)

大学之使命

（十一月十五日教育研究会第二次学术讲演会）

韦 悫 讲
耿春林 记

一、大学的意义与历史

诸位同学，今天兄弟有机会能与诸位见面谈谈，心里非常愉快。讲的题目是从我已经做过的几篇文章而归纳得到的一个见解，就是大学之使命。大学在中国教育史上的历史还是很短，是最近才有的名词。关于"大学"这个名词，是从英语的 University 而译来，University 是从拉丁文的 Universitas 而来，这个字的含义，就是一种师生会聚讲学的场所，所以"大学"这个名词是包含着研究学术的意义。起先是产生于教会，专为理解哲学上的各种知识的研究。后来从教会改变成为完全独立的大学，才增加了许多别的科目。这当中变迁的情形是值得我们研究的。

大学在最初的时候，研究的对象，完全是古代的文学、拉丁文，此外如历史、哲学、文学等，大都是偏重于古典的文化。后来大学的范围扩大，也就随之增加各种的科学，而发生分科的研究。然而此时研究的对象仍旧是注意过去文化演变的情形，其他如物理、化学等科目，也渐次而加以专门的研究了。因之大学教育有养成各种专门学者的意义。后来因为各种应用科学的发达，在大学里也增加了各种应用科学的科目。欧洲英、法、德各国的大学，最初也只有文、理、法各科的设立，特别注意理论的研究，关于应用方面如医科、工科、农科，都是后来加入的科目。如英国 Oxford 和 Cambridge，两大学也是以文理两科著称的，到现在还是偏重于这两方面的研究。在英国凡是老的大学，都只有文、理、法各科，其他便没列入。到后来，各地方设立的大学，不仅有这些原有的科目，且有工、农、医、商各科的设立，可说是比较完备的大学了。在美国方面，像哈佛大学，也是注重于文理，到现在还没有工科，虽有别的科目，但范围亦是很小。新的大学，如各省立的大学里，比较新办的，所以各科十分完备。

现在再回来谈谈中国的情形，最初受日本的影响很大，在清朝时代有高等学堂、大学堂之设立，这种制度是模仿日本的，但日本又是从德国模仿而来。关于进大学堂的准备，规定中学五年加上三年高等学堂的训练，才能有进大学堂的资格。统共准备的时间是八年，比较欧洲各国有些相同。这种制度的来源是德国，但德国中学准备的期限是九年。自民国以来，中学制度又加以更变，改中学为四年，高等学堂取消，大学又设预科二年，总共进大学的准备期限只有六年了。经过六年的准备，便可进入专门研究的大学。到民国十六年，中国的教育又仿美国的形式，改中学为六年，初中三年，高中三年，所谓三三制的施行。大学预科取消，高等专门学校也取消。至于大学里所设的科目，像中央大学先分八院，每院再分若干系，其他的大学，有的只有几院，但起初设办的总以文理为主体。现在除了理论方面的研究外，应用方面也有的科目设立了。

二、大学应有之使命

从上面所说的情形看来，我们可以得到一个结论，过去的大学教育，第一是注意于文化的陶冶，就是受过高等教育的大学生，对于过去文化的原理原则，以及演变的情形，都应该有一个充分的理解。像英国的大学教育的目的，是要使一个大学的毕业生变为一个 Gentleman。

Gentleman 的意义，就是处处对于文化理解的能力都有充分的修养，有一种严肃公正研究学术的态度。美国前任哈佛大学校长 Ebiot 对于 Gentleman 的解释，就是有文化程度的意思。第二是注重养成专门学者。在欧洲法德诸国家的大学教育，完全注重于专门学者的养成。如德国的大思想家 Fiekte、Kant、Hegel，都是大学毕业的出身。他们大学毕业后，由助教而升为大学教授，时时在不断的研究中。法国的情形也是一样，如哲学家 Bergson 也是从大学里出来的。总之，大学生须要养成专门研究的能力，对于文化的各方面都应该有相当的认识，然后再深入的研究。第三注意在专门技术人才的造就，英美各国的大学，都先后有应用科学的设立，对于工程的分析，各有专门的研究，所以大学教育还有造就专门人才的使命。第四是研究及发扬学术。像美国哈佛大学、芝加哥大学等，完全充满了研究的空气，里面设有研究室、研究院，自大学教授、助教以及一切学生，统有一种浓厚的研究风气。无论他们研究任何一种学科或一个专门题目的时候，往往总要花上几年的工夫，最后必须获得研究的结果。这种结果，决不是普通一般的心得，也必定是新的发现，是特殊的心裁，才可算是得到真正的研究结果。大学里的研究学生，必定要对于他所研究的学科获得一种新的研究结果，这结果是否可以成立，还得经过许多教授的会议讨论，才能决定。每个学生的毕业，也得受全部学科的考试，并且还要做一篇论文。教授对于学生的各种研究，都要作详细的考察后，并且经过几个钟头的口试，才能评定研究的成绩。根据以上的说明，我们可以归纳大学的使命有四点：一为文化的陶冶，二为养成专门的学者，三为造就专门技术的人才，四为研究及发扬学术。

三、中国大学教育之过去

现在兄弟老实的对诸位说，我们中国的大学教育，与欧美各国的大学教育比较，相差很远。就是我们中国的大学教育，对于研究的学科，总希望能早早发生相当的效果，没有欧美那种耐久继续研究的毅力，更不愿对于某种学科花上几年或几十年长久的研究工夫。总之，凡是研究的人充满着一种希望很早就能得到研究结果的心理。中国的大学教育是偏重于功利主义,就是说在大学里研究的东西,总希望一毕了业,便可立刻能够应用。换言之,就是对于所研究的学科能够在社会上可以利用,可以兑现。这种功利主义的教育,在中国的大学可以说是普遍的现象。就是说中国的大学教育,是要兑现的,在学校里研究的东西,毕了业便要应用的。

关于大学修业的时间,从前是采学分制,譬如大学须要读完一百二十学分才能毕业,计算四年毕业,平均每学期必读十五个学分,但事实上因为学分制的缘故,学生希望毕业的心理特别急迫,破命多选多读,总希望早些毕业,因之便发生了学生与教授选课时的种种麻烦。后来教育部发觉这种制度的弊端,乃下了一道命令,规定大学须行学年制,即大学须读完四年始能毕业,否则即学分读完亦不能毕业的。总之,在中国大学的学生,正如跑路的一般,时时在思念着能够早早达到那个目的地。至于学分的制度,是美国发明的,但他们所以会产生这种制度,是有所根据。他们规定每一个学分须上课一小时,并有两小时的课外工作,所以每个学分的实际工作时间,至少需要三个小时,是故学生对于学分也不能随意可以增加。因为照每学期十五学分计算,每周就得花上四十五个小时,并且一个礼拜还有应当休息若干的时间,那里还有时间可以增多学分呢?

因为中国的大学教育,都偏重于功利的方面,对于大学的使命,根本就无从谈起。文化陶冶未做到,养成专门的学者不可能,造就专门技术的人才也非容易,至于提倡研究学术的空气更不必谈,中国过去廿五年来的大学教育,从未顾到大学有什么使命的存在。过去的大学好像完全预备出洋留学生。到如今,似乎有点注意了,知道大学做留学准备的工作,非长久之计。因之便有人高唱提高大学程度的论调,然而提高程度这件事,谈来又何容易,英语中有一句:Rome was not built in one day(罗马不是一日造成的),实在不是容易办得到的一件事啊!

四、今后如何完成大学之使命

处于现在的中国境遇里要来谈大学的使命,实在不是容易获得效果的一件事。因为中国如今的社会生活的环境种种的阻碍,不能使你顺利地照着正大光明的大学使命努力去做。现在姑且来谈一谈今后如何完成大学的使命。

第一,关于文化的陶冶。不是不能办到,不过须要有具体的方法才行。这种具体的方法,我的见解,应当利用分配和集中的方法。分配就是将文学、哲学、自然科学及社会科学等学科,分别研究,使得到一个深刻的了解。集中就是集中研究专门学科。

第二,关于怎样养成一个专门的学者。我以为应该备有两个条件,其一要有相当的准备,过去大学教授与学生都感到没有充分准备的困难,往往教授要提高大学的程度,可是因为学生的程度赶不及,也是无法的。最近中央大学校长罗家伦先生发起牢骚来,说现在办中学的人该死,造出这些没有程度的中学毕业生。其实这也是错误的观念。我有位小学教师的朋友,做了一篇文章讽刺罗校长,说他这种推脱责任的见解,不免有些滑稽的成分,如若照他这样的说法,办中学的人也可推到办小学的了。办小学的人又何尝不能推到办幼稚园的呢?总之,这种推脱责任的观念,也不是一个办法。我们要想做一个专门学者的话,最低的准备,要具有完备的文字工具,可以充分地应用流利的语体文及文言文表表自己的见解,发挥自己的思想。同时对于数学、社会科学及自然科学也应该有相当的准备。还有外国语的准备也是很重要。在日本的教育阶段中,规定外国语的训练很早。我们研究学术,单靠本国仅有的文化知识,是不够应用,要想获得新的知识底帮助,便先要了解世界各国的文化动向,怎样了解世界各国的文化知识?那非有外国语的充分准备,就不能达到圆满的结果。大学生在中国已经有了中学六年外国语的训练,时间不能算少,可是事实上告诉我们,连看西文参考书的能力也没有。所以外国语的准备,是做一个专门研究的学者不可少的条件。其他要相当准备的,即判断能力的养成。我们做一个专门的学者,并非知识的传达,也不是一个呆板的书柜。专门的学者,应该有判断的能力,能够断定某种知识的价值而建立自己独有的见解。其次,利用比较的方法,来区别各国文化知识的异同优劣。如美国与英国比较或中国与英国比较,而认识各国文化的特殊性。总之,一个研究学术的专门学者,必具有科学研究方法的基本知识的准备。这种准备,是协助我们研究学术的工具,并且可以断定知识的是非,所以我们不能不注意的。

第三,如何造就专门的技术人才,也是一个很重要的问题,所谓"差之丝毫,失之千里"就是说技术不到家,会影响到全部的工作,对于某种问题就不能解决。如医生疗治盲肠炎的病症,这个医生就应该具有专门解剖的技术,否则就会发生生命的危险。所以专门技术人才的造就,对于这种技术的原理以及应用的方法,不能不有深刻的十分的了解。

第四,提倡研究学术的空气,在如今中国的环境里,便难实行。这一个希望实在没有实现的可能,至少在目前的中国是不可能。我们唯有希望对于研究学术兴趣浓厚的人,把研究的工作当作终身事业一般的努力去做。大学教育固然不是完全要造成终身研究学术的学者,但这种研究空气不能不有。否则新的知识、新的文化就难有推动的前进。最近美国芝加哥大学有一位生理学教授 Carlson 对于生理学的研究,经过二三十年的努力,才获得一相当的结果。这种精神是值得我们钦佩的,但在中国就谈不到。因为中国学者的生活,不能安定,没有保障,如此也没有那样浓厚的研究兴趣。所以提高研究学术的空气,在目前这种生活的状况下实在谈不到。不过我们总希望将来能够对于社会生活有所改善,对于学者的生活有所保障,那么中国的大学教育不是没有发展的余地,也不是没有光明的前途吧!

最后附带要谈一谈的,就是目前复古的趋势很盛,兄弟对于大学复古的倾向实在不敢赞同,而且竭力反对。最近兄弟做过一篇文章也谈到,关于大学的复古,我认为是错误的观点,因过去古代文化是适应当时的社会环境时代精神的产物,决不能与现今的社会环境时代精神相融合。一个时代有一个时代的文化,一个时代的文化必具有时代的特殊性。所以我认为对于古代的文化作一有系统的整理是可以,如要拿古代的东西像法宝一样来做现代人生活的模范或标准,那就不敢赞同,而且竭力反对。因为这是反时代的、开倒车的思想,决没有推动时代社会进化的可能。这样我们对于大学教育的使命,首先就要毁灭这个反时代的复古运动,然后我们的大学教育才有光明的生路。

(《暨南校刊》1935 年第 153 期)

金国宝

金国宝（1894—1963），字侣琴，江苏吴江人。1914 年考入复旦公学经济系。1922 年去美国留学，获哥伦比亚大学统计学硕士学位。1923 年回国后，先后在国民党中央党务学校、中国公学、上海商科大学、复旦大学等校讲授统计学，并任国立上海商学院教务长、国民政府财政部科长。1930 年起，任交通银行总行业务部副经理、上海交通银行副经理。1944 年，任中央银行会计处处长，并任上海商学院、暨南大学教授。中华人民共和国成立后，历任复旦大学、上海财经学院、上海社科院经济研究所教授、研究员，九三学社上海市委委员等职。著有《统计学大纲》《凯恩斯之经济学说》《工业统计学原理》等。

上海金融问题

（五月二十日本校商学院现代经济问题讲座）

金国宝 讲

叶达光 记

一、上海金融的病态

今天的题目，上海金融问题，不只是书本上理论探讨的问题，在实际上也很重要的。上海近来银根异常紧迫，资金呆滞，信用崩坏。在以前，一般工商企业，只要银行信用其经营计划，有十万元之资本便可向银行请求借款二十万元。而现在，则有十万元资本只能做十万元生意而已。

我们研究商业，尤其是实际的问题，必须刻刻跟着时代进展。从前为闭关时代，研究商业金融，只要知道几个码头的情形便足应付。现在却不同了，最近上海有几个颇著时名的大财主，因此次金融恐慌的影响，朝本富豪，夕为穷汉，盖皆不识金融变动情况之故。所以研究金融问题，究其变动的因果，推其趋向，实甚重要。

二、恐慌的成因

目下上海的金融恐慌，直接的近因实由于美国《白银法案》（*Silver Purchase Act*）的影响。去年六月，美国通过《白银法案》后，银价高涨，跟着我国运出白银便有三万万元之多。为什么美国要通过这条收买白银的法案？盖美国之收买白银，可以救济美国的银矿业者。

此次美国收买白银的结果，银价提高，外汇低落，现金减小，信用收缩，遂酿成我国的金融恐慌。而银价提高，外汇低落，对我国对外贸易殊为不利。盖外汇降低，外货可以乘机冲进，而银价提高，我国货物反致无法输出。现在美金汇率较之以前最贵时代几差一倍，从前银价低，向美国买一架汽车要三千元，现在美金跌到四十元，只要一千余元便可购买。但我国的出口如何？譬如土货的杯子，每只成本一元，从前银价未高时，对外售价美金二毛，现在必须售价四毛始够成本（现价美金四毛合国币一元）。物价昂贵，销路受碍。我虽希望我国金融不受美国购银政策的影响，但外汇惨跌，银价仍只有继续提高。盖美国购银政策的目的在把银法提高达到标准官价一元二角九分。他们要把金银恢复 11.6 的比价，银价必要提至二元一角八分。银价提高，外汇惨跌，这是上海通货收缩、金融恐慌的近因。现再讲其远因：

（一）自从国民政府定都南京后，大功甫成，各方面均待建设，于是发了许多公债，以应供需，一直至民国二十年为止。社会上多了这许多筹码，是无异于通货膨胀（Inflation）。故一部分外国人谓中国币价从民国二十年已开始跌落，自己通货膨胀过度所酿成的信用收缩，金融恐慌，实非受美国政策的影响。

（二）民国二十年长江流域的水灾的影响，上海银行界颇起恐慌，而政府仍滥发公债，如关税库券、统税库券、盐务库券、卷烟库券，竟至三百二千万元之多，直至“九一八”东北事变为止，通货紧缩乃从此开始。

（三）东北事变发生而后，上海公债乃大跌价，金融市场突起骚动，公债的暴跌，一落千丈，甚至跌到三十余元之低。因之遂促成恐慌，通货收缩（Deflation）。为什么呢？盖银行纸币准备分正货准备与保证准备，公债跌落，保证准备减少，人各争回现金，信用于焉收缩。各银行纷纷收缩信用，收缩不来的银行，乃有几家倒闭，如南京很著名的通汇钱庄、上海的正义银行。这是第一步的收缩，都市的银行向各乡镇收回放款。第二步的收缩，各乡镇的钱庄又向各乡村收回放款。惟当此农村破产之时,农村如何有力偿还?各乡镇无法收回放款,当亦无法偿还都市银行,由乡村及于都市,而恐慌以成。其互相影响的关系如下图所示:

上海⇄都市⇄镇⇄乡村

通货收缩(Deflation)即俗语所谓银根紧绌。上海的银根紧绌,从"九一八"后,经过"一·二八"事变、热河失陷、山海关被占的几个难关,直至《塘沽协定》,始稍安定,公债价格亦稍有回头,但物价仍无好转。各种股票亦不回头。依金融商业周报所发表上海证券的曲线,政府公债的曲线已渐回转,外国股票的曲线仍无起色,依旧跌价,计跌去百分之四十。

以上所述,乃上海金融历史上演变的远因。至目前恐慌的近因,亦有两点:

(1)资本逃避——因外间谣言,中国政府拟行通货膨胀政策,将来洋钱靠不住,故外国资本多及早逃回本国或市场较稳的地方。我们研究如何吸收外国资本,必须与外国同一货币本位,彼用金本位,我亦金本位,彼用银本位,我亦银本位。不然则跌价时彼来,涨价时彼去,这市场靠不住。最近的上海汇丰银行挤兑风潮就是外资逃避的结果。有人以为外国银行挤兑,可使我国银行有利。其实不然,我以为应当予以救济,盖任其扰乱市场,实更促成资本的逃避而已。

(2)地价大跌——民国十七、十八、十九这几年,外人在华投资,把我国地价提得非常高,一万元的地皮卖到十五万元。但在后来,地价极端提高之后,问题却移到中国人头上来了。中国人以为地价日高,投资地皮一定很靠得住,怎料去年竟大谬不然者,地价的暴跌,打个七折还不行。因此,去年上海的钱庄很是吃亏。但外国人则不会吃亏,盖因外汇跌低一半,在中国地价虽跌百分之三十,地皮售出后汇回外国仍有钱可赚,除非地价落一半以下,外国人才会吃亏。外人在华投资,外汇愈落,愈为有利,反之,若外汇提高则不利矣。中国受此外汇压迫,故地价、物价、股票均大跌。

三、救济的方案

通货膨胀过度，必须通货收缩，通货收缩过度，则又必须略予膨胀。关于此次金融恐慌，救济的方案，有主张通货膨胀者，有主张停止兑现者，我的主张另有一种方法，这种方法原出于美国，即提倡“商业承兑汇票”(Trade Acceptance)及“银行承兑汇票”(Bankers' Acceptance)造成一贴现市场(Discount Market)，以求金融的活动，救济各种重要的实业。我从民国十九年到了银行界便提倡这种办法，我希望三四年的努力，能做成了中国一个稳健的贴现市场。承兑汇票的转法，就是用二名式的货物汇票代替了欠账买卖的信用放款，使厂家或出口商得以承兑贴现活动资金，银行的放款稳固，两得其利。承兑汇票的办法，一方面可以促进出口贸易，一方面可以增加市面的信用流通，实一种稳健的通货膨胀。至承兑汇票的详细办法，今天我带来了两种册子，一种是“承兑汇票答客问”，一种是“商业承兑汇票之实施问题”，诸位可以参阅，现在因为时间关系，不能多讲。

(《暨南校刊》1935 年第 138 期)

董任坚

董任坚(1900—?),浙江人。早年就读于杭府中学。1918年8月14日与徐志摩等同船赴美入克拉克大学读书,后获美国康奈尔大学教育学硕士学位。历任美国哥伦比亚大学讲师,国立东南大学、南开大学、大夏大学教授,私立光华大学教授兼教务主任。1929年2月任暨南大学教务长兼管中学部。1935年8月任暨南大学教授兼实验学校主任。抗战结束后,任上海市立师范专科学校校长。著有《大学教育论丛》,译有《行为课程》等。

教育革命的进路

董任坚 讲
徐 儒 郑梦鱼 记

我和暨南的同学可以说都是故旧,古人说,士别三日,当刮目相待。诸位近来一定很进步了。今天再有缘和诸位聚首一堂讨论教育问题,心中实无限欣慰。教育上要讨论的问题很多,尤其是现在,教育的内容与方法都在变化之中,问题也随之而愈趋复杂,不过我们讨论的时候应当抱住我们的观点,才可以有条不紊,整理出一个系统来,而不致愈弄愈糊涂。我们姑且试试看,能不能在这个短时间,指出现在教育革命的进路。这几年来,教育的潮流,日新月异,就以名词而论,什么乡村教育、成人教育、普及教育等,都是很听惯了的。许多人以为这就是教育革命了。真正的教育革命在我看来,只是教学革命。凡改革不直接影响到教学的,至多是一种社会运动,不是教育革命。要谈教育革命,先要知道教育革命是什么。我们不必□出许多教育目的论来说明这点:普通以为教育不是读书,就是宣传。因为把教育看做是如此,所以教材是固定的了,儿童是被动的了,方法是注入的了。换句话说,教育便是将固定的教材用注入的方法传授给被动的儿童。这就是过去教育的定义。其实,教育无非为了"人化"。为了改变一个人的行为,改变他的态度——了解或欣赏,增加他的技能,熟练他的技巧。

过去的教育都忽略了这点,只注意到读书,注意到宣传,不顾到"人",不顾到人化。结果,我们只有了教育,而教育并非为人,为人群的改进,它只能叫做"非人的教育"。

我们从中国教育史看来,就知道中国的教育是由人化的教育逐渐变为反人化的教育。人化教育本是中国固有的观念。自从神农敷五教,直到两汉,中国旧文化教育可说发达到全盛时期。后来由黄老一变而为"玄学""清谈",再变为科举文学,于是教育才反人化。

西洋教育的趋势,恰与中国相反,乃由反人化的教育逐渐变为人化的教育。中间如希腊等也有例外。简单说来,就是从原始时代的"蛮化"教育而到中世纪黑暗时代的"神化"教育,而再到近代的"国化""党化"和"物化"的教育。

总之,过去的教育,既非重人,又不在人化教育的演进,不过是固定教材上□点改变,根本上儿童就是被动的,方法亦逃不出注入的。教育革命如果要实现的话,就要注意到这一点。

我们认为教育革命应有三个条件:

一、"人本"——一切教育应以人为中心,这就是儿童本位中心主义或儿童本位教育。

二、"人伦"——这里的所谓"伦",有动静两方面:动的方面,就是型别;静的方面,就是干系。人有差别,人有分化,教育应当顾到。

三、"人和"——和就是统一的意思。个人的人格要统一,否则便变态;社会也要统一,否则便解体而起扰乱。所以人化教育,无论是个人或社会,必须归结到人的和同。

以上所谈,纯是理论,再谈实际。

现在教育的实施,一言以蔽之,无论中外,就是班级教学。所以改革教育,便应当从改革班级教学出发。班级教学为什么要改革呢?为了它"不人不化"。班级教学当儿童之个个一样的和机械似的,它要训练他们接近几种标准,同向了几种标准去接近,不许参差。这种琐碎教学,那能顾到儿童的个性差别,给他们各人的才能有发展创造的机会,这是"不人"。班级教学又因为要儿童联辔并进,于是优的不得不踏步等彼,劣的既不能大踏步赶上,同时为教学时间和教师精力所限,只得学习到半生半熟,即为及格,而且那些学习,往往不是在生活中经过的，都是一些假知识假经验，必不能到纯熟地步，这便是“不化”了。

教育革命的进路，便从这“不人”“不化”的教学，要达到人化的教学。要达到人化的教学有三个步骤：

（一）改良班级教学。就是保存班级而想设法补救，这当然是失败的。

（二）打破班级教学。这种工作已有试验了，如道尔顿制、文纳特卡制设计教学法等。还有介乎（一）（二）之间的如辅导自学法、群化述课法亦是。

（三）打破学校。以前两个步骤都是不彻底的，但结果和改良的班级教学不过五十步百步而已。此处因时间有限，恕不详叙原因了。

不过，问题不在学校的打破不打破，而在打破之后如何使儿童得到教育，得到比以前更好的教育！这是一个不容易解决的问题，我敢讲世界上还没有得到好的解决。那是应该靠我们共同的努力了。

（《暨南校刊》1935 年第 139 期）

郑振铎

郑振铎(1898—1958),福建长乐人。1917年入北京铁路管理学校学习。1919年参加五四运动,同时与沈雁冰等人发起成立文学研究会。曾任商务印书馆编辑、《小说月报》主编等职。1927年旅英、法,回国后历任燕京大学、清华大学、暨南大学教授,《世界文库》主编,1935年至1941年任暨南大学中文系主任、文学院院长兼图书馆馆长。1937年参加文化界救亡协会,出版《鲁迅全集》,主编《民主》周刊。中华人民共和国成立后,历任第一、二届全国政协委员,文化部副部长、文物局局长等职。著有《中国俗文学史》《插图本中国文学史》等;编有《中国版画史图录》《中国古本戏曲丛刊》等。

九月十二日开学典礼演词

郑振铎 讲
俞剑华 记

我到上海来已经两个多月，在这两个多月里，不知经过了多少的困难，平常所想不到的困难。暨南大学差不多和中华民国一样，在内忧外患中一天天腐烂下去。在北京、清华、燕京、中央诸大学，他们学生的出路是不大成问题的，每人总有几个机会可以选择，但是暨大怎样？以前暨南华侨很多，现在逐渐减少，一方面固然由于南洋的经济衰弱，而南洋一般华侨的家庭对于暨南的不信任，也是一个重大问题，我们现在应努力恢复以前的荣誉，半年一年之后，也许可以变为优良的学府，将来我们毕业生的出路自然也就不成问题。现在我们所请的教授，以不缺课为原则，并计划多出刊物，如文学月刊、文史季刊等，以提研究风气，这是在积极方面的努力。至于消极方面，我们现在有许多困难还未过去，因为我们的不敷延、不联络，处处以同学的学业为前提，竟因此得罪了不少的人，招致了不少人的误会和不满。上海的新闻报纸差不多全部封锁，对于暨大的消息，一概不登，同时并有人在各小报上造谣，大肆攻击，但是我们仍然抱着决心，不愿以教育机关供私人的酬劳。以前的人以“见不义而不为”为优良的道德，现在我们要见义勇为，凡蓄意破坏我们学校，我们都要认为公敌。

（《暨南校刊》1935 年第 143 期）

华侨教育与理想之暨南大学

郑振铎 讲
俞剑华 记

上次纪念周杜纪堂先生讲“理想的大学与理想的大学生”，我今天却选了一个更亲切些的讲题，即“华侨教育与理想之暨南大学”。“理想”的学校生活不一定就做得到，但吾人总须以此“理想”为努力之目标。

学生与学校之关系较教职员更为亲切，至少在现在的大学可以这样说。教职员随时可以去可以来，一点保障也没有，而学生则至少须住校四年。学校办得不好，教职员所受的影响并不大，而受影响最大者厥为学生。在校时，学业品行均将蒙莫大之损失固然不必说，就是出校以后且将终身背负着“××大学毕业”的牌子，与其前途有密切之关系。大学的名誉，至少可作为毕业同学的一种保障。故同学方面希望暨大改进之心，应该更为紧切！而使暨大能成为一个理想的大学，其责任也要同学们担负了一部分。

（一）暨大之特殊使命 暨南虽为国立大学之一，但与其他大学性质微有不同，因为暨大有特殊之使命，其特殊之使命，即为担负华侨的最高教育的任务。暨南故有“华侨学府”之称，教育部并且指令，招生至少华侨学生须要占学生全数里几分之几，故历来本校华侨同学较任何大学为多。本校既负此使命，如何可以完成此种使命，以无负国家立学之本意与夫南洋华侨属望之殷？是非全校师生共同努力不可！

华侨对于中国究竟有何关系？华侨同学何以须受此特殊的教育？吾人试一阅南洋华侨之奋斗史，即可知其意义之重大。

（二）南洋华侨之历史 南洋华侨不仅是为生活而奋斗之同胞，并且有许多为民族而奋斗之同胞。在中国每一次大乱之时，总有一批有志之士，或蒿目时艰，或不甘屈服，或愤异族之压迫，或作革命之活动，如元明末年以及太平天国失败后，许多遗老忠臣、革命志士，无不相率赴南洋。辛亥革命其发源与策动，南洋华侨也居重要的地位。此南洋对于革命方面之帮助。至于经济方面对祖国的帮助，则尤为伟大。光绪末，薛福成曾作海关出入口贸易册，书后云，彼时入超已达数千余万，其惟一弥补之方，即为华侨每年汇回祖国之现款。现在入超每年达六七万万元。在一九二九年华侨汇回之款也达四万万元之多。我们经济之未完全破产者赖有此耳。这几年来，虽受不景气影响，华侨汇款日渐减少，然对于经济方面之帮助，仍极伟大。故中国之生命线实在南洋。

（三）南洋华侨之地位 华侨在南洋虽有悠久之历史，广大之民众，且有许多地方，全系华侨披荆斩棘，筚路蓝缕所开创，所经营，但华侨在南洋之地位，却低人一等。“中国人”是被视作另一类，而非与欧美人平等的，我们不能享受与“欧美人”平等的权利。南洋各地，对于华侨都有许多不平等之法律与无理性之压迫。例如外国人在中国可以自由开学校，用外国文教书，中国人从不敢加以干涉，但华侨在南洋则极不自由，一教三民主义，学校便行封闭。最近暹罗亦订新法令，强迫教员学生读暹文。在安南中国人甚多，大地主多为中国人，中国政府要求在安南设一领事以保护商民，交涉多年，始行解决。所以政治上之不平等，待遇上之不平等，在南洋华侨尤感觉莫大之痛苦，因此解放中国与解放南洋华侨实同一重要的事。

（四）华侨教育之目的 吾人虽受无量数之压迫，虽经多少不平等之苛待，但吾人并非欲打倒他人，吾人只求地位平等，不受无理之虐待。故吾人对于华侨教育之目的，为在使国内之人，明白华侨之状况，使南洋华侨明白国内之情形，将祖国与华侨联为一气，使之息息相关。

而南洋学生之出路，仍为回南洋，将所学者传授于其他侨胞，能一致明了国际之情形与自己所处地位之危险，一心一德，共同奋斗，然后地位始有提高之希望，而数千万侨胞始不至永久受人奴隶。然欲达到此种目的，究竟应用何种方法为适当？

（五）知识即力量 现在吾人唯一之方法，即为求知识，因为知识即力量，吾人应在有书可读之时，求得应有之知识。因为现在知识之力量，较任何力量为伟大，例如战争，以前用刀枪，后来用枪炮，如飞机、大炮、坦克车等俱系由科学家所发明，将来欧洲第二次大战不但为枪炮战争，而且为化学战争，为生物学战争，死光、毒气、微菌之制造，何一而非藉重于科学家之知识。吾人欲知识充分，必须先使暨大理想化，使吾人有求得充分知识之机会。

（六）理想之暨南大学 所谓理想之暨南大学，现在的理想标准暂且不能甚高，就现状言之，吾人所最应努力者，约有数事：

甲、生活安定 欲使学生安心读书，必先使其在学校中之生活安定，视学校为乐园，为第二家庭。特别是从几千里路来到中国的华侨同学，我们必须加以特殊的看顾与指导，庶不致时常跑到校外，误入歧途。

乙、设备改良 过去学校以种种关系，设备方面因陋就简，殊不成体统，如宿舍之不敷，图书馆之狭小，办公室之简陋，校园之荒芜，若干年来，何以对于校舍毫无建设？现在学校决先以两万元添置图书、仪器，并建筑工厂。以后仍当设法筹得经费继续建设，以期在设备方面努力达到大学应有的水平标准。

丙、图书扩充 本校图书馆过于狭小，只能容一二百人，若以之与清华大学相比，直有天渊之别，各研究室之书籍亦太缺乏，现在于学校所筹的两万元里，可以有一万元购置各项图书及仪器。以后尚当继续设法，故同学方面如有见到可购读之书，无妨贡献意见，以补办事人所见之不及。

丁、出版丛刊 过去暨大同学之能力并非弱于其他大学之学生，但以生活不安定，参考书不充足，研究空气不浓厚，所以成绩不佳，即有成绩,以出版物缺乏,亦无发表之机会。因此有人以为上海不宜于研究学问。其实无论何处,无所不可以研究学问,例如伦敦、巴黎、柏林、东京等处之繁华较上海为甚,而仍有许多大学、许多学者在其间研究高深之学问。现在吾们拟将本校出版能力加以扩充,如暨南学报、暨大丛书、文学月刊等,均将次第筹划出版,庶足使教职员及同学均有发表研究的成绩之机会。

戊、师生合作　暨南欲达到理想之目的,其最要之关键,仍在师生合作,在教职员方面奉公守法,在学生方面循规蹈矩。办事人员有违法之处,学生无妨指摘,学生有不对之处,教职员亦不应姑息。

(七)最后之希望　吾希望本校全体师生,以团体之利益为先,以个人之利益为后。只见团体不见个人,始能要求中国民族之自由平等,始能要求南洋华侨之地位平等。而华侨教育之目的始得完成,暨南大学始不辱其特殊使命。

(《暨南校刊》1935 年第 145 期)

牺牲的时期和价值

（三月十六日在总理纪念周演讲）

郑振铎 讲
俞剑华 记

诸位同学，我很想保持沉默，因为在现在说话很不容易。不过今天校长一定要我说几句话，我只好借这个机会发表我一点意见。

今天所说的题目，似乎有相当的刺激，就是牺牲的时期和价值。现在一般人对于学生运动的估计，不是失之太高，便是估计太低。我们晓得，这次"一二·九"的学生运动是发源于北平，现在"一二·九"差不多已经成了历史上的名词了。"一二·九"学生运动的价值和他的勇敢精神，远过五四运动以上，因为在五四运动的时候，我也在那里做学生，那时各方面的压迫，没有现在利害。但是"一二·九"便不同了，在冀察政务委员会成立之后，宋哲元的军队和日本人的军队，随时可以逮捕人，随时可以枪杀人，许多公务人员和教员学生都不断的被日人捕捉，在这种严重压迫之下，而北平的学生，还能奋不顾身，作这种历史上最悲壮的运动，是很不容易的。这种壮烈的运动很快的蔓延到上海、南京、杭州、武汉、广州……但到了后来，却有了一个很可悲痛的结果。最初是清华一部分学生以免考为工具，想再团结起来，从事于爱国运动，这里利用逃考的卑劣心理，非常的不正当，所以当时引起了清华全体教授的罢教。我虽想致函清华的教员们，指摘他们的态度在这时候对学生罢教的不对，但同时也想要告诉学生们，以罢考为手段,也是不对的。结果牺牲了不少学生(上海幸而免),清华的学生分成了两派,武汉大学和山东大学是牺牲了许多学生,这种牺牲可以说是毫无必要,毫无价值。

我们做事须认定是与非,义与利,用理智去控制感情,不应当盲从,不应当冲动,不应当作无益的牺牲,要认定牺牲的价值和时期。今年是一九三六年,在前几年世界各国已经纷纷在叫着一九三六年是非常时期,为世界最大的危机,为不能逃避的关头。中日、德法、日俄、意英等国的战争说不定在最近就要爆发,一个比第一次欧战还要利害的战争。像“九一八”“一·二八”一样,炸弹会突然从天空中掉下来,所以我们必须彻底觉悟,切实准备,我们不要再梦想和平,我们不要再梦想和敌人携手,我们只要看十五号大美晚报上所载室伏高信召集的座谈会,就可以明□敌人的军人、实业家、商人、新闻记者都在那儿大胆的讨论灭亡中国的步骤和方法,甚么时候就大难临头,虽然不晓得,但为期总不在远。所以我们应该觉悟,应该警戒,应该□□。

我们要牺牲个人的私利,顾全团体的利益,因为一个人本来是很渺小的,若不为团体牺牲,就为团体所藐视,为怕牺牲而逃避,不特无从逃避,就是能逃避也要受人□笑的。例如欧战时有许多外国人不愿意参加战争,便仿效白乐天“折臂翁”的办法,自己做成残废,结果不但社会上的人看不起,就是自己的家族也都看不起。所以在一个大运动、大战争之下,个人只有奋斗,才有希望,只有牺牲,才有光荣,明晓得要牺牲也非牺牲不可。假使一旦中日战争爆发,全国没有一个人可以逃得掉的,所以我们要不浪费精力,要聚精会神准备警戒,找得一个最有价值的牺牲。

我们现在做事,要先考量对不对,对的事情就去做,不对的事情就不做,若明知不对,反要受人利用去做,以作无益的牺牲,那就未免太浪费。我们暨南大学现在有一千多人聚集在一处,是很不容易的事,随时都有解散的危险,所以我们应该尽量发挥自己,尽量谅解他人,不要太过于意气,动不动就骂人是汉奸。我们现在应当作各方面的准备,等到机会一来,我们要一齐牺牲,但是机会不到,许多无价值的牺牲是要竭力避免的。

(《暨南校刊》1936年第165期)

杜佐周

杜佐周（1885—1974），字纪堂，浙江东阳人。早年毕业于金华中学、武昌高师。1920 年赴美入衣阿华州立大学，1924 年获教育学博士学位。回国后任武汉大学文学院院长。1928 年任厦门大学教授。1935 年任暨南大学秘书长、总务长。1941 年任暨南大学教育系主任。1943 年任英士大学校长。1947 年任社会教育学院教授。中华人民共和国成立后，历任大夏、光华、厦门大学教授和南京师范学院教育心理系主任。著译有《教育与学校行政原理》《小学行政》《普通教育》《成人的学习》《世界教育史》《心理学》等。

理想的大学和理想的大学生

（九月十六日第一次总理纪念周讲演）

杜佐周 讲
张化清 记

我今天讲演的题目，是“理想的大学和理想的大学生”。这个题目，是临时决定的。所要讲的内容，只凭自己的感想所及，并未经过什么准备，所以不能说有什么高深的学理在内。不过未经仔细预备的话，也许真是应该讲的话，或正是值得我们考虑而加以注意的。

我从事大学教育，至今已有十余年的历史，积十余年的经验，总觉得国内的大学，未能尽其应负的职能。就一般大学而言，不但研究与发明讲不到，就是各种课程，亦未能树立其相当的标准。长此下去，我们若要提高学术，建设文化充实科学，复兴民族，诚有如“缘木而求鱼”之难了！所以改良大学的品质，提高大学的程度，实为刻不容缓的要图。但如何去改良大学的品质和提高大学的程度，那就不能不先悬拟一种目标，以为我们共同努力的根据。这个目标，我就称为理想大学的完成。可是一个理想大学之能完成与否，每以其能否具备某几种基本的条件为断。这几种基本的条件，依我所见，就是：

1. 优良的环境——环境如何，直接影响到人类的生活。山水秀丽的地方，不特令人心地开爽，且足助人思索；他若嘈杂污浊的区域，不特不宜于卫生，且复令人易于分心。大学既为研究学术的机关，自愿隔离嘈杂污浊的区域，位置于风景幽静的地方。庶几居其中者，得受优美环境的影响,增加学术研究的兴趣。

2. 充实的设备——大学欲尽其研究的功能,除有优良的环境外,关于所必需的工具,尤须有适当的供给。如重要的图书、仪器等,均是万不可缺少的。假使一个大学不幸缺乏这种工具,则研究工作就无从进行。如是,在名义上虽是一个大学,实际上恐不过是一个读书的场所罢了。国内各大学的设备,能合理想的标准的甚少。本校原有的设备,尤简陋不堪,这是我们急应注意而设法充实的。

3. 充裕的经费——上面讲到设备一层,就非有充裕的经费不可。一个大学,若欲依照其所规定的计划,切实履行其职务,经费实是一个先决的条件。经费若无把握,则一切计划,不特无从实行,且亦无法预定。例如教职员的薪俸不能提高,兼课的恶习,就必无法制止。流弊所及,全校的研究风气,将必大受其影响。

4. 真实专家的指导——这层是最要紧的。一个大学,若只有优美的环境、充实的设备和充裕的经费,而无真实专家去指导和鼓励学生去做研究的工作,则仍难望有相当的成就。一个理想的大学,必须有若干基本的教授,一方面自己埋头从事于研究,另方面积极负责训练青年成为品学兼优富于研究精神的大学生。

5. 浓厚研究的风气——具备优美环境、充实设备与真实专家的大学,或可说是已经备具理想大学的条件了。但是没有浓厚研究的风气,仍不能充分表现大学的功用。今后的大学,必须打破一般只知教书读书,而不肯用心从事研究的习惯。盖处处表现研究的精神,多多发表研究的成绩,才得称为一个理想的大学。

6. 合理化与科学化的学校行政——以上五种条件,固是很重要的,但果能表现其功能与否,又视学校行政之是否合理及是否合于科学方法以为断。倘若经费的支配失当,课程的编制不宜,人员的聘用未能根据于事实的需要,则欲望其表现其功能实难。故一个理想的大学,其行政之当求合理化与科学化,亦是不可容缓的。

一个大学若能备具上述六种条件,那就可称为一个理想的大学了。这样的大学才能负起培植青年专家的责任。所谓青年专家者,就是我要说的理想的大学生。怎样才算是理想的大学生？可分为二方面来说明。先说第一方面，就是大学生应必备具的条件：

1. 须有优秀的智慧——人类智力的高低，原是生成的。有的人只能接受小学教育，有的人只能接受中学教育。要进大学，从事研究，非有很优秀的智慧不可。所以大学的学生，应该经过严格选择。不然，不特大学的标准无从提高，就是学生自己，亦将无从获益，结果或徒增许多不能胜任的烦闷而已。

2. 须有充实的准备——大学的研究，是以中学课程为根基。若在中学的时期，随便敷衍，普通科目的基础打不坚固，则到大学后，这样不知道，那样不知道，在研究工作中，必须感到无穷的困难，且将无从进行。所以一个理想的大学生，必须有充实的普通学科的准备。

3. 须有适当的择学——个人的为学，固须根据于智力与准备，但兴趣与志愿等亦是应当注意到的。我辈将欲从事于什么研究，必须十分慎重选择。若是对于所研究的科目，智力既能胜任，兴趣又复相同，则学业上的进步必快，将来的成就亦必很有希望的。这层一年级的同学，尤当特别留心。

4. 须有积极的努力——历来大人物的成就，几乎无不是从艰难困苦中努力得来的。凡是大努力的，就有大的成就；小努力的，就有小的成就；不努力的，就永远没有成就。这都是必然的道理，决不会有什么例外的。研究学问，虽另方面应有优美的智慧、充实的准备和适当的择学，但努力一层，实是更为重要。今欲为理想的大学生，当必积极努力于研究才好。

5. 须有适当的工作分配——整天的游玩休息，不事学术的研究，固然不对；但整天坐在图书馆或实验室里做工夫，以致生活毫无调剂，亦是不当的。后者虽比前者为好，但有满腹的学问，而无健强的身体，亦将于世无补。所以理想的大学生，生活应有规则。什么时候用功，什么时候休息或运动，均宜有适当的分配。有适当工作分配的人，不特生活可有调剂，即工作的效率，亦可因此而愈增加。

6. 须有良好的人格修养——除了上述几项以外，一个理想的大学生,还须有优美的人格。因为一个为学成功的人,若是没有相当人格的修养,则误用其学问而作自私自利的勾当,对于国家与社会,只有害处而没有益处。如是,国家亦何必要办大学呢?所以人格的修养一层,更是理想大学生最重要的一个条件。

以上是说明理想大学生所应备具的基本条件,以下当再讨论第二方面,就是理想大学生所应达到的目标。换一句话说,就是一个理想的大学生,到毕业的时候,应有什么成就。照我的意思,各位应有的成就,至少须有以下数点:

1. 应有广博的知识——大学生所期待的,固然是专门的学问,但是专门的学问,必须建筑在普通的知识之上。普通的知识,为专门学问的基础,基础不固,专门的学问,无从形成。即幸而有一点学问,亦是往往不合世用的。普通的知识,好比金字塔的下脚;专门的学问,好比金字塔的高峰。下脚愈宽厚,高峰才得愈稳固。所以一个大学生,必须有广博的知识,对于文学、哲学、社会科学及自然科学等,都要有相当的基础。

2. 应有专门的学问——大学的研究,既然是分门别类的,那末一个大学生从事四年研究之后,就应该学有专长。任何学问,是研究不尽的,当然愈有精深的研究愈好。好比金字塔的高峰,愈高愈足令人景仰。有些同学,以为规定的学分读足了,就可毕业,不必再事研究,这实在是很大的错误。他们不仅不懂得学问的道理,且未了解大学教育的真意义。

3. 应有自学的精神——大学生接受专家的指导,经过积年的训练,对于研究的工具,应该能够自由应用;对于研究的方法,也应该能够自己决定。原来为学之道,完全在乎自修。倘若我们没有自学的精神,只凭平日教室内听讲和课本上的阅读,得到一些肤浅的知识,就自欣幸以为学问,那就是十分可笑的幼稚。

4. 应有自治的能力——一个大学生,应该为自己的主人,能以理智来衡量一切。否则,就有广博的知识,专门的学问,又有何用?其实自律的行为,如不受一时情感的冲动,而能克胜自己,判别是非,及尽全力去维护“是”而排斥“非”等，实比任何学问还要重要。一个大学生若这一层尚做不到，那么大学教育，就完全失败了。

5. 最后，应有牺牲服务及推进文化的志愿——这层也是很重要的，或且是最重要的。有的人说，我国的大学教育过于猛进；这当然仅指数量而言。其实，即仅就数量而言，亦是远落人后。依照统计，我国一二万人中，仅有一大学生；较诸他国数百人中就有一大学生，相去要逊若十倍。由此可知我国大学生的责任，实更为重大了。他一方面应培养一种领袖的才能，他方面尤须是有牺牲服务的精神。我们到大学里来，决不是仅求职业上的知能，或谋个人生活问题的解决。其最重要的使命，实在是为社会服务。倘若毕业后，只知自私自利，希图攫取公家利益以肥己，那就是大学教育中的罪人。再者，大学生必须负起推进文化的责任。严格的说，这种责任，完全是在我们的肩背上。我们必须努力修进，做些对于文化有贡献的工作，使本国的文化，于最短期内，成为现代化与科学化。当然，在现在，我们仍有充分容纳西洋文化的必要，但亦必须使其成为本国化，合于我国的需要。这就是说，理想的大学生要站在时代的前面，不应当开倒车，同时，不要一意的盲目去模仿西方，忘了我国自己社会的情态。

总之，一个理想的大学生，就应该备具他所应有的条件；同时，且当十分努力去完成他所应该达到的目标。我很诚恳的希望我们的大学，能够逐渐成为一个理想的大学；而尤希望我们的同学，都能成为理想的大学生。因为这样，我们的国难，才有出路，我们的民族，才有复兴的一日。

（《暨南校刊》1935 年第 145 期）

罗良铸

罗良铸(1881—1965),字公陶,湖南长沙人。1915 年就读于金陵大学。曾在法国获教育学博士、在德国明星大学获教育学博士学位,在德国研究乡村教育六年,回国后历任湖北教育学院院长、教授等职。1928 年任安徽省督学。1929 年任南京晓庄学校校长办公室主任,与陶行知商筹乡村教育研究所计划。1933 年任印尼棉兰苏东中学校校长。1934 年任职于新加坡华侨学校董事会兼《星洲日报》副刊《南侨教育》主编。1938 年任国立东方语文专科学校校长兼中央政治学校教授。中华人民共和国成立后,任江苏省文史馆馆员,1957 年至 1961 年任民革上海外国语大学首届支部委员会委员、上海外国语大学教授。

南洋教育的情形

罗良铸 讲
俞剑华 记

诸位先生，诸位同学，前几天见到何校长，叫我到贵校来讲演南洋教育的情形，我觉着很为难，因为旅行调查回来的人，一定要带回许多标本照片之类的东西，供人参考，但是我一无所有。至于理论方面，在贵校已经有海外文化事业部，专门在研究，材料已经很多，用不着我来再说。正在为难的时候，听见说贵校欢迎南洋侨胞运动选手，我说好了，现在讲演有了把握了。诸位内地的同学要看南洋教育的标本吗？这标本不但是活动的，而且是华侨教育的结晶。就是在座的诸位选手。你们请看请看。（大鼓掌）我到南洋去的时候，有许多人问我祖国教育的情形，我也是无从回答。现在好了，诸位侨胞回到祖国来，祖国教育的情形随在都可以看到，尤其暨南大学与华侨教育有密切的关系，现在南洋侨胞要看祖国教育的标本吗？暨南大学就是很好的标本，你们请看请看。（大鼓掌）鄙人对于教育极感兴趣，所以从事于教育事业已经是好多年了。在南洋也住了五六年，对于南洋的教育，今天略说一二。

我们晓得教育的范围是很广泛的，不只是限于学校教育，学校以外，在社会上无在而不是教育的场所。中国因为教育的不普及，所以有许多南洋的侨胞，在国内并没有受到教育，及至到了国外，又为生活压迫，工作忙碌，更没有受教育的机会。在外国住的年岁多了，随乡入俗,几代以后,渐渐与外国人同化了。高一等的与欧美人同化,低一等的便与土人同化。所以有许多人,对于祖国的情形,非常隔膜,甚而根本不知道有祖国,不知道有民族。像这样的人,现在还很多,怎样可以使这许多人受教育?那学校的力量便不够了,要想使这许多人都受教育,必须藉助于其他的手段,而最有效用的方法有两种,一种是新闻报纸,一种是社会活动。在报纸方面胡文虎先生创办了很多种,成绩都很好。祖国的情形,世界的大势,社会的动态,都可以藉新闻纸来传播,认字的人可以看报,不认字的人可以听报。(大鼓掌)民国二十年,中国发生了水灾,有一天一个卖冷饮的老太婆,也拿了她那节衣缩食,积聚下来的几个钱,去捐款赈灾,这老太婆目不识丁,怎样知道的呢?问起来,她是头一天晚上在冷饮摊子上听见人家读报,听到中国发生水灾,而她是中国人,该当捐款赈灾。在南洋听报是和听说书一样的有兴趣。像年老的和穷苦的人们绝没有受学校教育的机会,惟有报纸可以给他们一点教育,至于社会活动,也能给群众一种受教育的机会。胡文虎、林霭民诸位先生在南洋方面都是热心于社会活动的人。现在讲到社会活动的重要。例如受过教育的人,在幼稚园和小学里,对于开会的仪式和升国旗的敬礼已经都受过训练了。但是在南洋,当民国二十一年全新加坡开第一次运动大会的时候,喊了全体肃立,竟有许多人莫明其妙,必须一个人一个人拉他们起来。到了升国旗的时候,大多数的人不知道行敬礼,而且根本不晓得这面青天白日遍地红的旗子是甚么东西。后来经人解说,这才大家渐渐明白了,后来又经过了多次社会活动的训练,到了今年第三届新加坡运动大会的时候,早晨天气很好,升国旗的时候全体肃立,一致行敬礼,到了晚上,下旗的时候,虽然下着大雨,但是大家都站在那儿行礼,没有一个动的。这与第一次运动会相比,程度好得多了,这都是社会活动的成绩,可以使社会上一般民众都受到相当的训练。对于南洋教育的情形,以后有机会再谈。现在在座的选手,都是南洋出类拔萃的人物,请看他们在运动场上是那样的赳赳多勇,在这里会场上是这样的彬彬有礼。拿这样文武双全、出类拔萃的人才,回到南洋去,再教育出来的人,还不都是出类拔萃的人才吗?

这一次全国运动会,凡是中国的领土都有代表参加,所以参加的单位有二十八个之多,新疆的代表走了四个月,才到了上海,而南洋侨胞,更不惜从外国跑回祖国来参加,这是可以表示中华民国全民族的团结。现在诸位不要看南洋侨胞是客人,他们不过是出了远门才回来的兄弟姊妹。诸位侨胞选手也不必自以为是客人,实在是出了远门才回来到老家,见了多年没见的兄弟姊妹,应该格外的亲热。多么的欢喜!(大鼓掌)

(《暨南校刊》1935 年第 149 期)

顾炳元

顾炳元，籍贯生卒年不详，字伯雄。工商管理专家。1931年任上海市社会局代表。1934年中国人事管理学会在上海成立，任理事。1935年任商务印书馆人事科主任、《人事管理》主编。曾任上海公共租界工部局工业社会处劳工科主任、太平人寿保险公司总经理、吉美罐头食品公司常务董事兼总经理、四维化学农园股份有限公司董事兼总经理。

欧洲各国之工商合作与人事管理

顾炳元 讲
温之英 记

此次余代表中国雇主出席日内瓦国际劳工大会,闭幕后,顺道赴欧陆各国参观工商业状况。因余并非日人,故颇觉方便,近时欧美各工厂对于日人甚为厌惧,盖日人每仿效欧美各工厂之技巧,用低廉之成本制成各种货品,倾销世界各国,故各工厂遇日人来考察时常不愿予以便利。此次余参观之工厂,计有机器厂、钢铁厂、钟表厂、呢绒厂及制鞋厂等,不下数十家。此等工厂颇愿与中国合作,以扩充其市场。兹将欧洲各国之工商合作及人事管理述其大要于下,以资参考:

一、工商合作

工商合作为近世统制经济之重要部分。各国在大战期间,因损失非常浩大,故人民日趋穷困,购买力之降低达于极度,于是各工厂遂不得不抑低其出品之价值,以资维持。然其结果使竞争益趋剧烈,以致亏累日甚,政府与工商业均有难于支持之危险,因此政府当道与工商各业遂不得不谋统制之办法,藉以减低其出品之成本,使社会经济得保勿坠。此种办法不但欧陆诸国非常需要,即北美合众国及我国自经济恐慌发生后,亦已认为系切要之图。兹将意大利、捷克斯拉夫及德国工商合作之概况述之于后:

(一)意大利　意大利在数十年前本为一贫弱国家,然时至今日,意大利已一跃而成为世界五大强国之一。考其原因,乃由于意相墨索里尼及全国人民一致努力之结果。意国政府并无工商、农矿等部之设立,只设一组合部,连合农工商各业办理一切协作事业。将全国企业分为三大类,每类又分为若干业,合为二十二业,兹将其系统录之于后。

(甲)农工商生产事业 (一)粮食业 (二)采果业 (三)葡萄酿酒业 (四)油饼业 (五)制糖业 (六)渔牧业 (七)森林业 (八)纺织业

(乙)工商生产事业 (一)建筑业 (二)五金业 (三)衣服业 (四)玻璃业 (五)化学工业 (六)造纸印刷业 (七)矿业 (八)水电煤气业

(丙)服役事业 (一)自由职业(包括律师、医生、工程师及美术家等) (二)交通事业(包括铁道、汽车、电报、电话等) (三)航运航空业 (四)旅馆酒菜业 (五)银行保险业 (六)娱乐业

上述各业其范围甚大,自生产至推销均包括在内。每业均有行会之组织,无论雇主或劳工均为行会之会员。工资由行会决定,经政府批准后,即可实行。工资之决定,一方固应顾全资方之利益,但同时对于工人必需之生活费用亦必予以满足,故劳资双方均不致有纠纷发生。意国政府对于工厂停业及工人罢工均在禁止之列。如工厂方面因亏累过巨以致无法维持时,则经政府当局查明确实后,可给与相当津贴以维持其营业。如有工人失业,则可往职业介绍所登记,由政府设法将其移往需要劳工之处所,以维持其生活。因此近年以来,意国工商各业皆能排除困难而日趋兴旺,其中尤以飞机、汽车及人造丝等业为最发达。综上所述,意大利之工商业因政府亟力统制之结果,其组织已日趋严密矣。

二、捷克斯拉夫 捷克为战后新兴之国家,工业异常发达,而尤以钢铁、机器、开矿、玻璃、造纸及森林等业为最著名。近年以来,捷克亦遭受不景气潮流之袭击,社会经济异常恐慌,于是工商各业力谋同业合作以为救济。其方法与意国略有不同,由各同业连合组织一总公

司，统筹该业一切事项。此种办法，搪瓷、造纸及造船等业均已实行。总公司组织成立后，不但力量增大，管理严密，费用减轻，且能避免无谓之竞争以维血本。如嫌生产过多，则各工厂一律按比例减少生产，以防存货山积之危险。如生产尚嫌过多，则可停闭若干工厂，此等工厂均得按比例分沾其他各开工工厂之利益，故并无损失。总之，捷克之统制方法完全属于自动性质。

三、德意志　德国为战败国，故年来经济恐慌非常深刻。其救济之方法与捷克及意大利均各不同，乃采取"非同业合作"之形式。若干种类不同之工厂如因亏累过巨以致无法支持时，则可立即互相连合组织一总公司，统筹所属各工厂之一切事项。例如大德企业公司乃由若干种类不同之工厂组织而成，其出品有拜耳药房之药品、照相材料、硫酸、盐酸、肥田粉及人造宝石等，为数不下数十种。该公司在国外各重要商埠均设有分公司，推销该厂所有之一切出品。在此种组织之下，不但管理严密、办事经济，且因实力雄厚，故各种新式设备均能举办。大德企业公司共有职员六千人（分公司尚不在内），一切会计事务均用机器处理以代人工，此外对于职工福利事业亦颇注意，厂内设有新村，使职工之生活得以安定。德国之工商业除自动合作外，政府方面对于统制之施行亦颇努力。

综上所述，世界各国救济工商业之方法，非政府统制，即自动合作。近年以来，我国亦已渐有此种趋势，例如国货产销合作协会及中国国货公司等之组织即是也。

二、人事管理

工商合作之结果，使各公司之活动范围更见扩大，因此，对于人事管理一项需要更切。我国劳工特多，且大半均未受教育，自治能力非常缺乏，故人事管理问题较各国更为严重。

今为简略起见，仅以捷克白家制鞋公司为例。该公司所雇职工不下数万，分公司遍布全球，一切制鞋原料及其他各种必需物品如纸匣、印刷、机器等均自行制造，故其范围极大，因此对于人事管理亦颇为完备。该公司对于职工之训练均规定一定之年龄,所有学徒皆自十五岁起至十八岁为止,不问国籍如何,经公司许可后均得在厂内学艺。训练之方法采半工半读制,各人所学习之技术均甚专门,除每日在规定时间内专心学艺外,所有一切日常生活亦无不与所学习之科目有密切之关系,故学艺期满后,即成为一干练之工人。学徒之升擢亦颇易,如成绩卓越,则可升任分公司经理或其他要职。该公司对于工人之疾病问题亦颇注意,每月由职工之薪水中扣去百分之五,交存于保险公司,作为疾病保险费,日后职工如有疾病发生,即可免费医治。该公司对于职工之日常生活亦详为筹划,除创设合作社外,对于职工之膳食、娱乐及居住等问题亦妥为设计,因此工人在工厂内之生活费用甚为低廉,较厂外可省去三分之一,故全体职工均能安居乐业。

今因时间关系,对于此问题不能再详加讨论。

总之,上述各种办法虽为欧陆各国所采行者,然我国亦未始不可藉为参考,以解救目前我国衰颓之工商业也。

(《暨南校刊》1935 年第 151 期)

章乃器

章乃器（1897—1977），字金烽，浙江青田人。1918年毕业于浙江商业学校。曾在上海任浙江实业银行副总经理。创办《新评论》月刊。1936年在上海成立全国各界救国联合会，发表声明，响应中国共产党“停止内战，一致抗日”的主张，同年在上海与沈钧儒、邹韬奋等同时被国民党政府逮捕，史称“七君子事件”。1937年“七七”事变后获释。1945年参与发起成立中国民主建国会。中华人民共和国成立后，历任中央人民政府政务院政务委员等职。著有《章乃器论文选》《中国货币论》等。

白银国有问题

（十一月十八日总理纪念周）

章乃器 讲
俞剑华 记

主席，诸位先生，诸位同学，自十一月四日起，我国的币制有了一个大的变化，就是白银国有问题。这个问题，在理论上和实际上究竟占一个甚么地位？我现在先把理论方面讲一讲。白银国有就是管理货币，对内一律用中中交三行纸币为法币，银元非法币，用银即为犯法；对外为维持国际的汇价，是由国家银行用营业手段加以稳定。法币必须有价值，在国内法币的价值不变，物价不变，则市面稳定；法币的价值小，则货物涨价，市面就不稳定。对国外法币之汇价照旧则安定，汇价跌则不安定。因此我们应该维持法币，在国内不致使他的价值低落，在国外应该维持汇价不致跌落。这两种工作都需要国家的力量，不是随随便便可以成功的。

为甚么白银一定要收归国有？在理论上说，一方面流通三行纸币，一方面仍用白银的硬币，也未尝不可。但实际上，市面上有了两种货币并行，则人心易于动摇。先将白银收归国有，市面上只有纸币，则用纸币的人义无反顾，纸币就可变成人生的必需品，和衣食住一样的不可缺少，所以要通行纸币非先肃清硬币不可。这是白银国有对于国内的好处。至于对外，因为白银集中，而准备金充足，则法币的汇价必不致跌落。这是管理货币、白银国有的最大效用。

我们现在要问,管理货币是不是通货膨胀呢?这个答案,可以说是,也可以说不是。为了通货膨胀四个字在一般人的印象中太坏了,所以一提到通货膨胀,许多人就认为是滥发纸币,而马上联想到武汉的现金集中,袁世凯的中交不兑现,以及大战后的德国马克,所以财政当局告诉我们,这次的币制改革,并不是通货膨胀。其实呢,管理货币就包含通货膨胀,在学理方面是不可讳言,并且为各国学者所承认的。我们看孔部长宣言的第一段,他说因为一年来美国的收买白银,使中国的金货十分紧缩,为救济中国金货的紧缩,所以实行管理货币。这种货币的管理,不但在中国极为需要,就是在世界各国,亦均需要。因为市面上纸币太多或者货物太多,均足以使市面不稳定,故必须加以管理,使之平衡。管理货币就是通货政策的一种手段,在字面上管理货币(Managed Currency)、通货膨胀(Inflation)与白银国有(Nationalisation of Silver)都有相当的区分,然而在内容上却是大同小异,也可以说是一物数名。总之,中国现行的管理货币是有限制的通货膨胀,而不是无限制的滥发纸币。

现在再看白银国有以后,对于国家民族的影响如何?大凡一种制度的改革,要想收到良好的效果,必须借助其他的力量来帮助。所谓有限制的通货,这有限制三个字并非绝对的,乃是相对的。若管理的不得法,则将无法管理,有限制将一变而为无限制。尤其在战争的时候,尤为容易。在欧战的时候,各国的纸币政策并未想滥发,本为有限制的,但是到了后来,力量不足以维持,就变成无限制的了。最近义大利本亦为管理货币,而且管理的力量很强,义币"里拉"也是极好的货币,但是和阿国开战以后,"里拉"在国内国外的价值暴跌。所以管理货币并不是容易的事,非有大的力量加以维持不可。

关于管理货币这个问题,有一部分太乐观了。以为只要白银问题解决,中国的一切问题都可以解决,不但国家可以独立,就是民族也可以解放了。这种估计,未免太高。我们对于一种事情必有乐观的抱负,使前途有改进的希望,但同时也须要有悲观的思想以作精密的估计。所以现在我们要是能把以下三个问题解决了,我们的管理货币就

容易成功,要是这三个问题有一个不解决,那就很难乐观。这三个问题就是:

一、国际收支平衡

二、预算平衡

三、币制统一

第一,国际收支平衡的主要工作是贸易平衡,怎样可以使贸易平衡,那非将入超消灭或减少是不能平衡的。至于其他方法或借债都是不合理的。所以财政当局也看到这一点,要实行管理汇兑,国家个人买卖贸易的大权,全在中央银行。外币必须向中央银行购买,中央银行可以有权调查用外币所买之货物有否需要,如无需要,中央银行则不将外币卖于商人,商人无外币,即无从购买外货。不必要或奢侈品的进口可以禁止而入超自然减小。这是天经地义,我们应当做的。但是因为国力不足,在实行时一定有极大的阻力,这种阻力是和平外交手段所不能解决的。例如这次英国非常帮忙,所以汇丰银行也很帮忙,因为他用这个方法在国际上可以给日本一种威胁,使中国加入英镑集团,英国可以整理旧债,拿到好的利息,并且可以借款给中国,但是要想叫汇丰银行抛弃了他的汇兑生意,就恐怕不可能。再假定就是英美等银行都肯帮忙,只要正金银行不肯,则外交方面将全盘失败。因为治外法权和领事裁判权没有取消,正金银行可以不受中国政府的限制,他可以无限制的买卖货币,并且可以代买他国的货物,结果反替日本人多做买卖。所以我个人觉得帝国主义为了争取中国的货币权,可以帮忙中国改革币制,为了资本的输出,可以借款给中国,但是绝不能听中国管理汇兑,甚至统制贸易。半殖民地的贸易,如果要求平衡,他们的过剩商品又向何处倾销呢?

说到预算的平衡,我们应该晓得,中央政府收入最大的来源是关税,差不多占全收入的二分之一。而关税之中进口税就占了百分之九十以上,如平衡贸易,则进口货少,而关税自亦随之减少,收入减少了许多,那么预算如何可以使之平衡呢?在现状之下,烟税统税,又都不能增加。至新税源只有所得捐与遗产税。这两种税在现代的国家是应该有的，但是在外人可以代中国出面管理财产的现状之下，遗产的大本营上海，就先行不通，在外商产业不受中国法令节制的现状之下，如抽所得税就只能施行于华商。所得税如放弃了产业利润的主要来源，而只向薪工阶级抽取，每年至多不过几百万，要想拿他去平衡预算，未免相差太多了。

说到全国币制统一，我们更伤心，我们已经看到广东捐着中央白银国有的招牌，以实行其封建割据的白银省有，法币没有推行，反而推行与国家法币价值相差很远的省法币。政治没有统一，币制怎样可以统一呢？

这样中国在帝国主义势力重重束缚之下，在封建势力的块块割据之下，能谈得到平衡国际收支、平衡预算以及统一币制吗？因此我们不得不主张目下币制改革的力量，需要一个强有力的国策作后盾去维持他，而这国策必然是革命的，而不是和平妥协的。只有这样，管理货币，白银国有的问题，才可以完美解决。

（《暨南校刊》1935 年第 153 期）

俞君适

俞君适（1893—1985），名谟，字君适，江西贵溪人。1902 年入私塾。1908 年入县立高等小学就读。1909 年考入江西南昌模范中学。1919 年考入北京高师博物系，1923 年毕业后留校任助教。学校改名北京师范大学后，继续任教师兼附中生物课。1925 年任江西省第一中学初中部主任兼生物课教师。1928 年到上海江湾区立达学园任训导、教务主任，兼任劳动大学、暨南大学、复旦大学及上海中学教师。1936 年任暨南大学海外文化事业部代主任，编有《中南周刊汇编　第 1 集》。中华人民共和国成立后，曾任瑞金大学园艺系主任、江西大学生物系教授。著有《植物分类学》等。

对于本大学所负的使命的认识

（九月二十一日总理纪念周）

俞君适

校长，诸位先生，诸位同学，今年上学期，学校派本人到南洋各地去考察。经过四个月的时间，以南洋地方太大，不能每一个地方都去，只到过马来半岛、爪哇、暹京曼谷和安南的西贡等处。这一趟虽然跑得很匆促，但对于南洋各地的情况，比较的更为明了。现在因时间关系，不能把此次经过的详细情形报告给诸位，不过本人这次南游后，对于本大学所负的使命，有一个更深刻的认识。现在分作几点来简略的说明。

世界经济恐慌，南洋各地受了很大的影响，土产价值低落，工商业衰败，所以目下南洋的各方面，都已远不如前。黄金窟的南洋，已成为过去陈迹。不过依本人的观察，南洋究竟还是一个优美地方，比较国内各地确是有希望。

（一）从华侨教育方面的观察，因为世界经济的不景气，侨胞的教育，虽觉到种种的困难，但无论在质的方面与量的方面，仍能向前推进。至于进步的快慢，那是另外的问题，可以暂置不论。本人这次所到的地方，每一个学校的学生，都十分的拥挤，所以都有感觉到学校的房屋狭小，不能容纳之势。在经济如此困难之下，量的方面还是如此不断的增进。至于质的方面，以前南洋华侨学校，是只有小学而无中学。而现在所创办的中学数已很多，并且师范也不少，学生的程度也不比国内差。有几处地方的华侨学校,正大量的从事扩充。我们暨南的同学对本人说,在南洋办教育事业,不论经济如何困难,只要有人才,总是有办法的,这确是事实。在英荷各属的华校,在经济方面,每年常有若干的亏短,于是开一游艺会,或开一夜市,或募集特别捐,用种种张罗方法,总可以筹到相当的款项,至少二三千元是易于筹到的。若在国内一间小学,要筹集几千元之巨款,这是绝无仅有的事。还有许多华侨学校,校长得人,拿出一副真正办教育的态度,有学问经验,任事又热心负责,得着当地华侨父老的信任,校舍建筑很新,规模又大,学生亦特别的多。就此等事实来说,我们就可以得到一个结论,南洋的华侨教育,只要有人才,经费一项是自然有办法的。

（二）从华侨及毕业同学事业方面观察,过去南洋因受经济恐慌怒潮袭击,如狂风骤雨,许多华侨事业,一时措手不及,卷入波涛内,不能自拔的,固然不在少数。在当时如果是有商业眼光,不过于冒险,稍为谨慎一点,仍能保持雄厚资本,不致一败不可收拾。现在仍有许多大资本家,就是在这样的方式下保持的。至于新兴的事业,仍继续不断的增加、发达。即如本大学毕业的同学,在南洋各地创设的事业也很多,如经营树胶园、树胶厂、淀粉厂、黄梨厂、米厂、木厂、饼干厂等,应有尽有。失业的同学确是很少,并且大体上都是很有地位的,至在其他各界服务的像中华会馆的总理,报馆的总编辑、总经理,或是某某公司里的总经理。从此一点看,我们又可以得一结论,即是简直可以说,在南洋经营任何事业,如有学问有经验的人才,仍可以发展,而不会失败的。若遇着好机会,那更可以有无限的希望!

（三）从天然的物产方面观察,就是许多大资本家、大实业家,为什么都是出产在南洋?这问题的解答,可以说因为物产太丰富的原因。所谓黄金窟的南洋,自然是名不虚传的。即如矿产方面,如马来亚及暹罗的锡产、婆罗洲的石油矿,都是很丰富的。马来亚怡保太平一带的锡,几露于地上,随地可以取得。至于农产物,和国内完全不同,因为南洋是一年四季都是生产的,如稻、甘蔗等,一年起码可以收获几次。过去有人提倡,以为南洋经济不景气,要华侨返国去开发西北。

西北不过半季的时间生长，舍去南洋为无办法，而去开发西北，是很大的错误。西北固然要开发，但须用其他方法。世界经济的恐慌，虽亦波及南洋，各地产物因而跌价，如果有人才有办法去经营，相信是有无限希望的。

（四）一般华侨父老及毕业同学对本校之希望。一般华侨父老，无论是文化界或是工商实业界，均认定本校是为华侨而创办的唯一华侨教育最高学府，应该继续不断的造就实在适用的人才以发展华侨事业，才有意义，才有价值。至于许多在南洋各地服务的毕业同学，对母校一天一天的进步，觉得非常的兴奋，非常热情的盼望，并且希望诸位同学能够一批批的到南洋，以为后备军，他们是很愿做先锋的，所以南洋是我们的出路，是暨南的生命线，同时也是我们中国的生命线。本大学要不负一般华侨父老一种热望，应努力培养发展华侨事业的真实人才，这是本大学的特殊使命，我们要深深认识的。所以此后海外华侨的事业的成败利钝，重大的责任全在我们在座的诸位先生和同学的身上！

（《暨南校刊》1936 年第 181 期）

王志莘

王志莘（1896—1957），原名允令，上海市人。1909 年入钱庄当学徒。不久就读于南洋公学。1921 年考入国立东南大学附设上海商科大学银行理财专业，兼任中华职业教育社编辑及会计主任。1923 年赴美国留学，1925 年获哥伦比亚大学银行学硕士学位。同年回国，在上海商科大学和中华职业学校执教，并任《生活周刊》第一任主编。1926 年投身银行界。1931 年任新华信托储蓄银行总经理，并创办中国国货公司等企业。1946 年发起成立上海证券交易所，出任首任总经理。中华人民共和国成立后，任全国人民代表大会代表、中国民主建国会中央委员等职。

关于华侨问题

王志莘 讲
楼夏操 记

诸位同学,今天有一个机会到华侨最高学府来与诸位见面,觉得非常的愉快。

二十年以前,我曾在南洋教育界和实业界做过事情。在这二十年的中间,先后又到过南洋四次。这次也是刚从南洋考察回来,经过了很久的时间,跑过了很多地方。因此我对于南洋的情形,可以说比较的熟识。不过也没有好的意见贡献给诸位,今天所要讲的,就是关于华侨问题。

在南洋各地的华侨,有一个问题,我今天提出来和大家谈一谈,同时希望大家加以研究。各位知道华侨在南洋各地的力量有多少大?我想凡是不曾到过南洋的,或者不是生长在南洋的,恐怕不会知道。现在我可以提出事实来讨论一下。华侨在海外的人数有多少?这虽没有正确的统计,但据比较可靠的估计,为八百万到一千万,而南洋一带实要占有百分之八十以上,其中以福建广东人为最多。但既有这样多的华侨分布于南洋各地,究竟是做些什么事情?他们的事业是很普遍的,自劳工小贩做起一直到成千成万的大事业,没有一样没有华侨,因之华侨事业的范围,包括很广,如糖、锡、米、麦、树胶等,都有华侨在里面经营。再就华侨的资产方面看,数目固难估计,但以他们的事业和地产方面计算,资产的数目是很可观的。在经济方面观察所得,自民国二十年至二十五年,华侨汇回国来的款项平均每年为三万万二千万元,至于商业上的汇兑,尚不包括在内。最多的时候曾增加到五万万元。华侨在南洋各地的经济力量,可见一斑了。所以从华侨的人口与资产和经济各方面观察,我们可以得到一个归纳,华侨对于祖国是有极大的贡献的:(一)以一千万人口在海外(还有许多是生长在各地,改了国籍的,或因流浪在外,而失去国籍的,尚不在内),譬如说这一千万人口,如果一旦回国来的话,那么国内一定要发生一千万人失业的大问题。华侨每年汇回祖国来的钱,平均每人有三十四元之多,是以华侨不但在海外养活了本身,而且可以养活了国内的一部分人民。(二)外人在中国境内投资,每年攫去利息很多,但华侨在国外投资于锡、糖、树胶等事业很多,对于国家的富力,也挽回不少。(三)以每年三万万二千万款项汇回祖国,实可以抵补入超的百分之五十六,所以中国之所以不穷得很快,华侨实有极大的帮忙。此外对于祖国的革命,华侨在经济上的帮助甚力,自孙中山先生以及其他许多革命的伟人到南洋去,如果经济不好的时候,很多是受侨胞的救济的。又如近来祖国的水灾、旱灾和兵灾等,华侨都尽力筹款,寄回国来帮助。祖国受华侨的帮忙,既如上述,但他们对于祖国的感想究竟如何?我此次也参加暹罗考察团,据我以个人的资格,向各方面探讨所得,华侨对于祖国的感想,非常热诚。现在我举一个例子来说:在暹罗的一个小城市里,有一个八十多岁的老头儿,当我们的火车经过那个车站的时候,他带了一个六七岁的孙儿走上车来和我们握手,因为车停的时间很短,他就很匆促地对我们说:“我的年纪已经这么大了,在这里已有几十年,但祖国从来不曾派人来看过我们在国外的同胞,所以我这一次不惜跑了很多的路,到车站上来,能和诸位握一握手,已觉得很荣幸很满意了。”当时我们都起了很深刻的感动,这个老头儿他虽不曾受过祖国的好处,而他的国家观念仍是这样深挚,实是可敬。还有一个例子,说起来很觉得惭愧,记得从前的书内有“箪食壶浆,以迎王师”之句。这一次我们每到一个车站,总有许多水果丢上车来,不晓得是什么人。并且各地侨胞欢迎我们,总是先赶来一站等候。如甲地的华侨,则坐车到乙地的车站上来欢迎,而乙地的华侨,又坐车赶到丙地来欢迎,总是继续不断的。这样热诚的欢迎,在别的地方确是很少见到的。其中有许多侨胞,于隔夜预备好了各种点心,于早上六点钟的时候送到车上来,请我们吃早餐,到下一站把食盒拿回去。这种使人感动的欢迎情形,绝对没有私人的感情,完全是国家观念、爱国观念的表现。从以上二个例子看起来,华侨在海外,不但有雄厚的经济力量,并且还有浓厚热烈的国家观念、民族意识,这种力量在政治上、外交上都是很有用的。所以我此次考察,对于华侨有一种深刻的同情,与以前几次完全不同,且绝对不是快乐的同情,而是为将来华侨在海外的地位一天比一天严重的同情。现在分四点说明之:

(一)感觉华侨教育程度的低落。华侨教育的低落,想大家都有同样的感觉。我自第三次至第四次到南洋去,相距有十五年之久,我以前因为曾在南洋教育界服务,所以早已知道华侨教育的进步,一定是不能很快的。不过事经十五年的长久时间,只进步了这样一点,实在是出于我所希望之外的。现在南洋各地土人的教育,已加速进步,比华侨教育的进展要快的多,所以我们应该如何设法提高华侨的教育,将来才可以与人家竞争,而维持固有的经济地位。

(二)华侨组织能力薄弱。南洋各地华侨的组织能力非常薄弱,这也是近来地位日见低落的大原因。他们是一帮有一帮的会馆,彼此绝对不合作,甚至于互相竞争,你反对我,我攻击你。如是反而减去了自己对他国人竞争的力量,到现在还不觉悟自己的地位日见危险,压迫也一天比一天加重。如果再不一致团结,以整个的力量去和他国人竞争,则华侨在海外的前途是很危险的。例如在暹罗地方,据说日本人只有五百五十人,但我们的侨胞有二百五十万人,如果以比例计算,相差当然是太大了,现在日本人的势力是一天比一天增加,华侨的力量反而一天比一天减少。故当地的政府所注意的,实在是五百五十人的小团体,并没注意到二百五十万的华侨,由此也可以证明日本人确有比人家利害的地方,由此也可以证明团结之必要了。

(三)我此次因为是代表银行公会到暹罗去考察,所以比较注意的当然是当地的经济问题。我曾带了一张名单,这些人在十五年之前都是有相当地位的,据探问的结果,非常可怕,其中在事业上有进步的,不到十分之一,能够维持原状的只有十分之二,其余营业失败、子女流散,或已死亡的要占百分之七十。以十五年的时间,变化如此之大,这虽也是受世界经济不景气的影响,货物销售不易,但华侨之不能团结,不善经营,没有新的知识,都是最大的原因,因此华侨都抱悲观主义,说已没有希望。但据当地的日本人告诉我说,暹罗地方没有工业,很可以做一个推销工业品的市场,是很有希望的。由此可知华侨在当地的经济势力,已经不如从前,若再不求改进,恐怕要无立足之地了。

(四)国内政府对于华侨无助力。国内近年以来,因为政治未上轨道,对于海外的华侨,根本无力顾到,更谈不到救济。总之华侨对得起祖国,祖国对不起华侨,这是谁都要承认的。但过去的已经成为过去了,已无力挽救,不过此后政府应该尽力设法,如何去提高华侨的教育程度,加强组织能力,以保持固有的经济地位,并且尤应注意多与华侨接触,不要过于隔膜。

以上所说的各节,自政府以至国民都应负起责任,尤其华侨最高学府,更应当负这个重大的责任。我对于诸位有三个希望:第一能够尽量注意华侨问题。第二,能够尽量研究华侨问题。第三,希望到相当的时候,或毕业以后能到南洋去尽力,实地去改良华侨的各种问题。

(《暨南校刊》1936 年第 182 期)

李熙谋

李熙谋(1896—1975),字振吾,浙江嘉善人。早年就读于国立上海工业专门学校,后赴美国麻省理工学院留学,1918年获电机工程硕士学位。嗣后获哈佛大学博士学位。回国后执教于浙江大学、暨南大学并兼任工学院院长、教务长等职。1941年在重庆任交通大学教授兼教务长。抗日战争胜利后,任交通大学教授兼上海市教育局副局长、局长。1949年任联合国教科文组织驻日代表。1953年去台湾。

考察欧美教育的回忆:体育教育与职业教育

李熙谋 讲

楼夏操 记

校长,诸位先生,诸位同学,今天要讲的题目,刚刚校长已说过,是"考察欧洲教育的回忆"。我想各位同学听到了这样的题目,大家一定会觉得失望的。因为这个问题,在二年前我已在这里讲过,且时间已过了三四年之久,实在太不新鲜了。不过我提出这个问题来再向各位讲,也有两点意思:第一,欧美各国三四年以前的教育设施,以我国国内现在的教育状况和它比较,还是比不上,就是再过五年十年之后,能够和它比得上已很可以满意了,所以欧洲三四年以前的教育,还是值得我们注意的;第二,今天在座各位同学,毕业之后,固然不一定在教育界服务,但是不论我们职业如何,地位如何,教育问题,是直接或间接必与我们有关系的,我们也直接或间接必须要为教育努力,为教育帮忙的。因为这二点意思,所以今天还是拿这个过去的事情向各位报告。在欧洲考察的时候,教育问题上所得到的印象很多,现在因时间有限,只将体育教育与职业教育两方面来说:

一、体育教育方面。本人虽非体育家,但向来很喜欢体育,以前在求学时代,对于足球、网球,都很有兴趣,但是在那时候,兴趣虽浓厚,目的只在玩耍罢了。第一次对于体育有正确的认识,感觉到身体健康的重要,那是在到美国进大学读书的时候。美国的大学,各位都知道,有严格的,也有宽松的,和我国的大学情形差不多。我当时不幸是进了一个很严格的大学,每天除了上课时间外,总须有十足五六小时的自修,方能将一天的功课做了。同级美国同学,个个躯干高大,精神抖擞,对付日常功课,都似绰有余裕,而我则拼命赶上,有时总觉精神疲乏,体力不继。到了那时候,方才觉悟,讲求体育,不只是身体健康问题,而于求学问求知识,亦有极大的助力。恐怕这不只是我个人如此想,必定有许多留学欧美的中国学生,也有同样的感触。因为有这样深刻的印象存在脑筋里,所以到欧洲考察教育时候,看到各级学校里,不论在意大利、苏俄,或是英法,同样的注重体育训练,那更加使我敬佩欧洲各国的政治领袖和教育当局,目光的远到和用意的深长了。

在欧美各国,除乡村里的小学外,每一个小学,一定有一个铺了极光滑极清洁地板的健身房。除了习练器械运动外,最流行的是一种有节拍的柔软操,学生或立或坐或仰卧,都是跟着做伸臂、举足、曲腰、弯颈等一切动作,随着教师钢琴上的节拍,以音乐的美感,调和干燥的体育训练,所以个个小学生,似都感觉到格外的兴趣。至于中学方面,不但是男校的体育十分注重,就是女子中学也是如此。我们到德、法、波兰考察时候,均在阳历十月十一月中,北欧气候,比上海冷得多,而各校女生多穿着单薄短裤短衫,在野外肃杀寒风中,受体育训练,而木马、平台、滑杆等技,也多熟习。学校体育,固然注意,而一般市民体育,也不偏废,凡稍大市镇,必有公用运动场,以供市民锻炼身体之用。又设野外学校,教育身体不十分健康的小学生,使能于授课外,多得阳光及新鲜空气,以为息养。欧洲各国,对于国民体育训练,顾虑之周详,好像花匠保养他的花一样,天旱了要灌水,天冷了要搬进花房里去,太枯黄了,灌点肥料。本校余衡之先生,从参加十一次奥令比克世界运动会回来,也在本校纪念周时候,讲到欧洲国家学校体育之普及和发达。他讲的情形,和我刚才所报告的,是可以互相证明的。

二、职业教育方面。职业教育,可分为二类:一类是职务的职业教育,如汽车夫的驾驶汽车,理发匠的理发。第二类是生产的职业教育,如制糖、制纸、纺纱、织布等。现在讨论的,是第二类的生产职业教育。

近年以来,我国到处都在举行提倡国货运动,这是很好的现象。

但是要知提倡国货，一定要有方法，不是随便唱高调的，我们要提倡国货，应该先研究国人购买东西的心理。不论那一个人，他在买一件东西时候，他一定要考虑这一件东西适用不适用，品质好不好，价值贵不贵，故至少有三个条件：（一）适用，（二）耐久，（三）价廉。若专靠爱国心来提倡国货，偶尔一两次是可能的，长久维持，是办不到的。

欧洲各国的生产职业教育，是完全以这三个条件为根据，所以不论那一类的生产职业，一定有几种基本训练，基本训练之外，还有二个极重要的原则，一是正确，一是效率。例如习制造机械职业的，他的基本训练，必定是木工铁工与制图设计等，使他能制模型，计算材料，运用工具，并教他如何可运用工具得到极高度的正确，如何可以增加生产效率。如习织造呢绒棉布者，则美术图案必为最重要的基本训练之一。不论那一类生产职业训练，学生必引导到富于研究的环境中，如什么样可以改进方法，什么样可以改良成品等。此外若设备完善和技术精巧，尚其余事。欧洲制造品，所以能风行全世界，的确是他们数十年来，努力生产职业教育的结果。我在教育部任职时，到外省去视察学校，曾看见有栽四五亩地桑树，号称蚕桑学校者；亦有布置数十架旧式木制手摇机和布机，称为纺织科者。和欧洲比较，实在相差太远了，这样去提倡国货，当然得不到很大的效力的。各位想一想，我们是不是向来自己夸大地说中国是地大物博，说我们有四万万的同胞，如果依欧洲的体育与职业教育标准讲起来，实在可以使我们十分惭愧的。四万万同胞中，有健全的身体的，究竟有多少？即在青年学生中，恐怕有病的，也不在少数。据最近沪江大学检查结果，学生中差不多百分之三四十带有一些肺病的，你想可怕不可怕？内地同胞，因为生活环境的不良，带病人的百分率一定还要高得多。四万万人，能有多少的确是健全无病？体育问题，岂不是目前很急要的问题么？讲到地大物博，我们常知道西北的羊毛运往外国去，而每年必向外国购买大批的毛织物回来。大冶的铁砂，尽量运到日本去，而我国枪炮机械，又事事仰给于国外的接济。我国号称以农立国，而每年农产品进口，如米、麦、棉花等，总在二万万元以上，这样情形，那有什么地大物博可言？

但是造成今日这样的结果，是无疑地因为生产职业教育不讲求的缘故。

总而言之，体育教育和职业教育，在一般人看起来，似乎无关重要的，但是仔细研究起来国步达到了这样艰难的时期，实在是当今的重大问题。如果四万万人每个人都身体很好，那么每个人对于国家都能尽一分有用的力量，如果生产发达，一切东西，都自足自给，不要再仰给于人，则每年数万万向外流出的金钱，都可节省下来，谋国内建设事业的发展，我们自己可以造飞机，我们自己可以造军舰和枪炮。但是能认识这问题的重要的人，恐怕也不多。我记得我刚从欧洲回国的时候，与一位留学外国专习机械工程的朋友谈到国产物品改进，应注重技术上的正确，与增高生产效率等问题。他就说，我国制造业，根本尚谈不到正确。他说，譬如我们现在造房屋用的铁钉，还是手工打的，而不用机器制造的。像这样曾受过优秀教育的人，他的见解尚且如此顽固，则国货制造业之迟迟不能进展，亦无怪其然了。所以今天我很诚恳地，将上面两个教育问题提出来，向诸位说说。我深信，若我们都能将体育与生产职业注意起来，对于当前的国难，必有极重大的帮助的。

（《暨南校刊》1936 年第 188 期）

张毓珊

张毓珊(1906—?),江苏金坛人。巴黎大学肄业。1933 年 8 月到国立上海商学院专任教授。1947 年任暨南大学国际贸易系主任兼经济研究室主任,1949 年任暨南大学商学院院长。著有《国际贸易原理》等。

青年修养问题

张毓珊

诸位先生，诸位同学，今天兄弟有机会在这里演讲，很是荣幸。兄弟所想与诸位讨论的乃“青年修养问题”。这不是单对诸位讲的，同时系兄弟自己所要勉励的，因为兄弟自己也仍旧是一个青年。

兄弟所讲的青年修养问题，不像旧时在家庭你们的父兄对你们的希望一样——希望你们做光宗耀祖的儿孙，而是希望你们做一个新时代的好公民。

中国正在一个变革的过程中，我们青年对于国家社会所负的责任是很大的。要能负担这样重大的使命，必先自己具备负担这样使命的条件，即个人在思想和行动上有确当的修养。

第一，服从的精神。中国社会往往以不服从为光荣，以不服从国家社会的秩序为光荣，社会地位愈高，名望愈大，学识愈深的人，愈缺少服从的精神。因此国家社会的秩序，非常紊乱。

什么是服从？服从是遵守客观的规律。比方我们讲天文，地球绕太阳，是有自然的常轨。若地球不遵守自然的常轨，则太阳与地球相碰，那怎么可以呢？今天兄弟在这里演讲，也是一种规律关系的行为。诸位在无形中已经有极好的服从精神，否则各同学任己所为，讲堂中的秩序，一定不堪设想。学校这样，国家也是这样，一切都是这样。一个国家，人民都有服从的精神，才能发生最大的力量。吾人当知外国之所以侵略我们者，乃以各种力量，如经济力、军事力、文化力等。我们要抵抗人家侵略的力量,必须要怎样来产生自己的力量,怎样产生力量,必要全国人人有服从的精神,这是复兴民族的第一要件。

第二,忠心的精神。要养成忠心的精神。第一要忠于自己。这不是忠于满足自己的欲望,这种忠于自己的行动,要有益于国家。一般人以为忠于自己,最为轻而容易,兄弟却以为很困难。因为忠于自己,同时须要有良善的意志。忠于自己,为一切尽忠的基础。其次即尽忠于职务。诸位都曾经受过童子军的训练,而忠于职务便是童子军训练的要旨之一。忠于自己,忠于职务,仍旧是小忠,最后吾人常尽大忠,即忠于国家社会。

诸位同学,来自南洋,在国外受外国人的压迫,来得深切,因此爱国心更切。吾人当知一个国家不强,其人民不论在精神上与物质上,均不能获最大的享受。这里广东的同学也很多,每逢星期日你们若到北四川路一带吃吃广东菜,在那里所享受的物质上的快乐固多,而精神上则必甚痛苦。故吾人必能尽忠于国家,才能获得个人的愉快。

第三,信仰心的养成。我们知道信仰心等于一个机器的油。机器有了油,才能够发生力量,每一人的信仰心对于国家,正像油对于机器一样。若一个人自暴自弃,这种人要他负起国家民族的重任是不可能的。信仰心的培养,先要每人有自信心。其次须有互信心。最后应有理想的信仰。我们中国人,应该相信中国前途是光明的,我们中国人自己能负起复兴民族的责任。

第四,最后每人应有正确和坚决的人生观。中国社会的人生观可分两大类:(一)讲迷信的人生观。迷信天命,或迷信神道。(二)享受的人生观。有钱的人享受物质,无钱的人享受风月。风月这种人生观,是亡国的人生观。

大家同学要负起复兴民族的责任,不应当有这种的人生观,应当有革命的人生观。革命人生观有三种精神:

一、自强不息的精神。这种精神即是继续不断努力的精神。如诸位将来希望对于毒气化学有所发明,因此天天到实验室去,继续不断的努力研究,这便是自强不息的精神。

二、牺牲的精神。一人能自强不息达到最高峰，必有牺牲的精神。如研究化学的人，他只顾发明，自己的小我，必可不顾。中国人也有牺牲的精神，报纸上每天披露的自杀消息，有许多为经济，有许多为爱情，但都是为个人。我们的牺牲，应当为事业，为国家民族。

三、创造的精神。我们所以要有自强不息的精神，与牺牲的精神，便是为了创造。我们是中华民族过去历史的继承者，我们要创造中华民族现代的文明和未来的光荣历史。我们要负担这种的使命，必须改变从前一班人的人生观，并且自己建立革命的人生观。

兄弟今天送给诸位的礼物，当然希望诸位要有报酬。这种报酬，是要诸位报酬国家，不是报酬兄弟个人。兄弟不是希望你们将来做好丈夫、好妻子、好儿子，而是希望你们做好国民。

（《暨南校刊》1936 年第 189 期）

刘湛恩

刘湛恩(1896—1938),湖北阳新人。1918年赴美留学,先后入芝加哥大学、哥伦比亚大学,获哲学博士学位。1922年回国,在南京东南大学、上海大夏大学和光华大学执教,曾任中华基督教青年会全国协会教育总干事,1928年起任上海沪江大学校长。“九一八”事变后,积极参加抗日救亡运动,被推为上海各界救亡协会主席。1938年南京伪政府成立,刘湛恩拒绝出任教育部部长,同年4月7日在上海遭日伪暴徒狙击殉难。

青年职业问题

刘湛恩 讲
楼夏操 记

主席，诸位同学，今天和诸位相聚一堂，觉得非常荣幸。从前我到过南洋几次，和诸位的父老兄弟见过面的很多，现在心里回想起来还是非常的高兴。

国难日急，凡有志的青年，莫不痛心疾首，想法如何可以共赴国难，如何可以使全国民众武装起来。全体动员，大家分工合作，无论在前方作战或在后方工作的，都可以尽救国的责任。我今天要和诸位谈的是关于青年的职业问题。因为一个人的职业问题如果获到解决，那么于民族国家一定有相当的贡献。汉奸和叛逆不但对于国家民族没有贡献，而且破坏国家的进展，消毁民族的志气，就是因为他们没有正当的职业。个人有了职业，才可以救社会，才可以救国家。有人说大学毕业即是失业，这完全是无根据之谈，对于职业问题没有深切研究的误解。普通以为职业问题，就是饭碗问题、面包问题，并且有许多人对于职业，不过是混混而已，这种错误的见解，是不应该存在的。要知谋生至少有两个基本的条件，就是发展个性与服务社会。

（一）发展个性——一个人有一个人的特殊使命和特性，因此对于社会才有个别的特殊的贡献。每人的职业选择应该依照个人的个性做标准，职业是一种个性的表现，也是人生的第二生命。兄弟研究心理学，对于如何调查各人的个性，再去选择职业，觉得很重要，而且是非常困难的问题。但吾人选择职业，应该根据个性的特长，这个原则，是十分重要的。现在一班大学生，在投考大学的时候，无论文理法商都可以随便，预先并没有决定，有的就是等到毕业之后，仍未决定，所以最近教育部规定大学一年级就分院系，这是很对的。现在做大官的，大半都是全才的，任何人都可以干专门的事，任何事都不必用专门的人才。胡适先生在美国读书的时候，初学农业，后攻哲学，如果真正学农，那不是中国失去一个大哲学家了吗？世界有名的科学家如爱迪生氏等，都是有他们的个性的特长，所以才有大的贡献。至于如何可以发挥自己个性的特长，这是很不容易的事情，要想解决它，实在没有简单的方法。如何可以知道一个人的最高志愿？我曾实验过几次，办法非常的简单，因为一个人的最高志愿，往往都是受着经济环境的支配的。所以我的假设，如果现在有一百万块钱给你，你还是仍照你本来的志愿去学医或工程呢？或是就这一百万块钱去活动一个小差事做呢？如果有钱仍去学医或工程，那么你的志愿就很高，反之就是没出息的志愿了。用这种方法，我曾经做过好多次实验，问他假使有一百万块钱你预备做什么用，百分之九十九都是想升官发财的。在民国元年的时候，我的最高志愿是做大总统，后来研究总理是学医的，如是我也去学医，希望将来也可以做大总统，这种可笑的志愿是大大错误的。总之希望诸位要依照自己的个性特长决定最高志愿是什么，然后再去做什么职业。

（二）服务社会——要服务社会应该看社会的需要。有人问现在中国需要什么？有的说该提倡农业，有的说该提倡工业，老实说任何东西都需要，样样都较别人差，都应该提倡。但社会所需要的不仅在服务社会，而且要有改造社会的能力。无论何种职业，都要忠心服务，目标要放得高，态度要求和平。不要像上海有许多公司里的伙计，对于顾客看看东西不买，就报以难看的脸面，这不是服务社会，也根本不懂得职业为何物。总而言之，只要对职业忠心，如是则任何职业都有办法。以上两点是选择的重要问题，希望诸位不要忽视。至于如何选择职业和改进职业，在座的同学，我想也是急于要明了的。现在有很普遍的二个步骤：(一)诸位已否选定职业，如未选就，请快点去决定，不要徘徊迷途，马马虎虎的过去，等到毕业了，还是无所适从。我去年问一位将要毕业的同学，我说你已快要毕业了，将来怎么样？他回答得很妙，“没有怎么样，随便罢了”。我希望诸位依照个性的特长，趁早去选定相当的职业。(二)选定了职业之后，就该研究如何训练问题。诸位一到社会上去就没有人来问你得到多少学分了，对于基本功课如中英算三门是非常重要的，在学校里切不可只求样样过得去，应该注意自己的个性，特长的那一门。因为社会上的事情都是很简单的，都是需要有专门知识的，尤其对于一个人的精神训练，特别要注意。有许多同学都是等到了四年级，才去计划明年的出路问题。但中国是不是大学太多，抑或是大学毕业生太多呢？其实都不是，而是想高位子的人太多，要知高位子是有限的，而且是不容易想到的。于是我想不妨把你们的目光转移一下，要想做大事的，先去找小的事做。大家不愿意去做的事，你去做，且也不要专在上海南京等地方寻求，到南洋去、边疆去，或者到内地去都可以。我想这样的去找职业，一定会比较容易。并望每人都要有创造职业的精神，不要专去抢饭碗，如此一来，中国还愁没有办法吗？有人说西洋人是建设创造，东洋人是模仿，而中国人是不造。当此中华民族危急万分之秋，个人的出路有办法，就是整个民族国家的出路有办法，愿全国青年共同有此信念，努力奋斗。现在提出很普遍，而且我们青年人应该有的观念如后：

(一)自信的精神——中华民族前途是有办法的，过去几千年的文化是无限光明伟大的，应该自己相信。如果自己都不相信自己，那还有什么办法呢？

(二)积极的精神——无论国家或个人有如何困难，都要积极的去干。

(三)建设的精神——所谓建设，是不拆自己的台，也不拆人家的台，努力创造职业。

(四)团结的精神——不要像过去的散沙一盘，要互相合作，全国民众一致团结起来。

（五）牺牲的精神——无论何事，不为自己，而要为整个国家民族着想，就是不自私自利，要牺牲个人的利益，共谋整个国家民族的利益。

如果能依照上述的办法，则个人的前途是光明的，中华民族的前途也是光明的。

（《暨南校刊》1936 年第 190 期）

沈昆南

沈昆南（生卒年未详），上海人。著名田径运动员，国家级田径裁判。曾参加1923年日本大阪、1925年菲律宾马尼拉、1927年上海举行的远东运动会。1924年任暨南大学体育主任兼田径、足球教练，上海两江女子体育专科学校兼职教师。1936年曾任第11届奥运会（德国柏林）中华代表团田径助理教练。1965年任中华人民共和国第二届全运会总裁判。译有《女子足球规则》。

体育与国民性的关系

（十一月九日附中总理纪念周）

沈昆南 讲

谭 晨 记

诸位同学，前天接到主任的信，叫我来和诸位谈谈健康问题。我对于这一方面，毫无研究，没有什么可以贡献。现在就把我这次到柏林去，所见所闻，以及所得到的感想，大略的和诸位谈谈。

关于这次世界运动会的经过和结果，诸位在报纸上已看得明白，不用多说。不过我现在所说的，是体育与国民性的关系。因为体育在教育上是一种形式的训练，施了某一种训练，立即有某一种效验反应出来，失败成功是马上可以决定的。现在我们先谈谈英、法、美、德各国的体育和他国民性的关系，然后再谈到现在中国体育训练应取的宗旨。

一、英国——英国是世界上民权最发达的国家，在十三世纪人民已有参政权，所以他们的人民非常自由。又因他们的国家很强，在世界上素有地位，所以他们的运动员，都是穿着纯白的衣服，那种大方、文雅、清洁的态度，处处表示出他们大国民的风度。

二、法国——法国从前非常专制，革命以后才取得自由，所以他们人民都从事政治活动，对于体育不多注意。虽说他们的艺术比较的有名，可是体育方面，却没甚特长。

三、美国——美国本来是英国人的子孙，所以处处还脱不了英国国民的风度。又因为他工商业发达，社会环境较好，所以人民的生活比较优裕，因之运动的时间也格外多。美国人训练体育的宗旨，在于使人民快乐，所以成为一种娱乐性质，可是他们的结果是成功，每一个人民都是非常活泼，生气勃勃，这次五十个国家的运动员要算美国的最活泼了，可是都在轨道上，决不出范围以外的活泼，使人讨厌。

四、德国——德国人对于体育一向是很注意，其初不过是用来练习武力，后来就注意到国民性的训练。十八世纪末，他被拿破仑打败，扬斯便提倡体育救国，主张用体育的方法来训练人民成为一种能合作、勇敢、牺牲、服从的民族。结果他们经过了一百三四十年的训练，果然成功了。试看欧战前的德国，是何等雄伟，即使现在的德国也是世界上最优秀的民族。不要说别的，只要举一个很小的例子，便可知道德国国民训练的成功。有一次我们到一个能容三万人的戏院里去看戏，其中演的是古戏，九点钟开始不久就完了，但是我们只以为是休息，不知道已完，因为每一个人仍好好的坐在那里不动，后来看见后面的人一个一个的鱼贯而出，才知完了。这样慢慢地走直走到十一时方完！这种精神大出我们意料之外，决不是现在我们中国人所能做得到的。他们认为对于国民性一方面，可说成功了，所以现在把体育应用在军事上，譬如军队联络跳高跳远后，立即整装来一个跳战壕、铁丝网、沙袋。

以上四国的情形介绍完了，现在我们再回过头来，看看我们中国的体育宗旨，又如何呢？中国一向没有一定的宗旨，起初学德、日，后来学美国，可是结果仍是失败。因为美国的国情和中国完全两样，他们那种以娱乐为宗旨的体育，根本就不适合我们这种朝不保夕的国家。那么我们现在究竟需要采取什么宗旨呢？这问题当然很大，不是一二人所能决定，不过照我看来，我们决不应学习美国的宗旨，我们要学习德人扬斯的宗旨，尤其对于合作服从要特别加紧训练，虽然不能立即赶上，总应大家努力，以期民族复兴。

（《暨南校刊》1936 年第 190 期）

吴德培

吴德培(1905—?),字景文,江苏太仓人。1925年上海复旦大学毕业后,入美国伊利诺斯州伊利诺大学及密歇根大学、芝加哥大学、西北大学,获博士学位。1928年回国,历任开封中山大学教授、复旦大学商学院工商管理系主任、长沙湖南大学商学系主任等职。著有《交易所论》等。

关于俭朴问题

吴德培

诸位先生，诸位同学，今天到此地，觉得有二件光荣的事：一、在普通各学校中的学生大多是江南子弟、江东子弟，而在座的诸位是华侨子弟。诸位的父兄在海外以血汗换来的钱，拿来供给诸位回祖国来读书，这是觉得很光荣的一点；二、我平日在教员休息室中，时常望到各位的精神，非常振作，又听得童子军的音乐奏得如此的雄壮，表现着各位勇敢的精神，这是觉得第二点的光荣。因为有上面的二种光荣，所以我很愉快的和诸位谈话。今天讲的题目是"关于俭朴问题"，现在先说俭朴的意义：

一、何谓俭朴？俭朴是不能过度的，就是我们应该俭朴的时候，就要俭朴，不能俭朴的，就不可俭朴。例如现在的何校长和陈主任因为要提起各位的精神，所以有乐器的设备，这不能算是浪费。又如各位捐钱给前方作战的将士，这也不算是浪费。

二、至于俭朴的例子很多，例如浙江省所筑的杭江铁路，是以俭朴为主的。它每公里只要化三万余元，而普通的铁路则不够。因为所筑的是轻便铁道，所以拿一省之力，即可筑成，这也因为俭朴的缘故。以前开封有二位先生，他发起请客不能超过五元，因此全市的饭店，都减少生意，这也是一个俭朴的例子。现在意国首相莫索里尼，能把意国内部治理得如此好，是为了他们的商人讲俭朴的结果。德首相希特勒能把战后德意志恢复得如此的快，因得 Lupek 商人俭朴的帮助。美国林肯，他发明活动的屋子，假如要迁家，只要用马来拖，屋子等均可迁移，这也是一个俭朴的例子。以上所讲的例子，都是表现俭朴的精神。

三、为什么要俭朴。至于为什么要俭朴，可分四点来说。（一）不要忘记华侨汇款的精神——中国向为入超国，因为外国货输入中国多，而中国货输出少，所以国内金银，都流往外国。靠来弥补入超的，就是华侨的汇款。所以我们为了华侨汇款的光荣，我们要俭朴。（二）为了白银的流出——英国在一九三六年放弃金本位，美国在一九三三年的三月六日也放弃金本位，今年法国又宣布放弃金本位，他们为什么要放弃金本位？因要提高他们的物价。所以在一九三四年八月四日美国尽量的收买白银，在这白银外流的危险中，我们应该要俭朴，来防止白银的流出。如果买货物，应该买国货，因为买了外国货，仍旧要把中国的银子流到外国去。（三）为了国际的交通网——日本的三 M 政策，英国的三 S 政策，美国的三 A 政策以及俄国的西伯利亚大铁道，他们的交通线，都是为了要夺取我们的市场，来增强他们的实力，我们要使他们不能达到目的，就打破他们的交通网，要打破他们的交通网，就要俭朴。一方面使他们的货物没有销路，一方面拿我们节俭得来的钱，来建筑我们的交通网。（四）为了救济农村——俭朴后所余的钱，储蓄在银行里，而银行将款子贷借于农民，来振兴农业，所以救济农村是建筑在俭朴之上。

总括说起来，我们要俭朴是为了华侨汇款的光荣，为了白银的外流，为了打破国际的交通网，为了救济农村四点。

最后有一个结论，就是希望各位要实行俭朴，不要浪费。诸位要实行俭朴训练周实施纲要中之第一条，即“不入跳舞场”。诸位的父兄，在海外辛辛苦苦得来的钱，拿来消耗在无意义的跳舞上，这是何等的可惜。如果诸位要跳舞，应该为民族而跳，为国家而跳；如果诸位要舞，应该闻鸡而舞。虽然校内没有许多的鸡，但是可以闻钟而舞，或闻车而舞。同时诸位更不要忘了华侨汇款的光荣。

（《暨南校刊》1936 年第 191 期）

张耀翔

张耀翔(1893—1964),湖北汉口人。早年于清华大学毕业后,入美国哥伦比亚大学深造,获硕士学位。1920年回国,先后在北京高等师范学校、北京师范大学、暨南大学、复旦大学、大夏大学、沪江大学、光华大学等校任心理学教授。1921年在南京发起成立中国第一个心理学组织中华心理学会,任会长。1922年参与创办中国第一份心理学杂志《心理》。中华人民共和国成立后,一直任华东师范大学教育系教授、系主任。1930年至1933年任暨南大学心理学系主任。1946年至1949年任暨南大学教育学系主任。主要著作有《心理学讲话》《感觉心理》《情绪心理》等。

“手性”问题

张耀翔 讲
楼夏操 记

学术的空气在我们学校里一天浓厚一天。我今天要和诸位研究一个学术问题。甚么问题呢？就是“手性”(Handedness)问题。什么叫作手性？就是某人在运动或工作的时候，常爱用某手，或觉用某手较为便利的特性。爱用右手叫作“右手性”，左手叫作“左手性”，两手用起来一般便利，叫作“两手等用性”。右手性的人要占全人口百分之九十四点五，左手性占百分之五，两手等用性的极罕见。运动灵敏依靠右手。“右手性”在英文为 Dexterity，包含运动灵敏的意思。

右手性是人类很早就有的特性。据专家证明，太古时代的图画及取火器，都是右手性的作品。古埃及、巴比伦及希腊的雕刻，都可为这一点作证。《旧约·士师记》记载犹太国某次战争，以能征得七百个左手性的投石兵士为奇事。嚣俄在他的《哀史》里竭力称赞左手性者，说他们能做别人不方便做的事。美国给左手性棒球员的报酬特丰，因为这种人才太缺乏了。

手性不仅在人类存在，低级动物也有。据 Peterson、Maurer 及蔡乐生等人的实验，白鼠也是右手性(动物的手，自然是指前脚)占多数。

人的两手在构造或解剖上似乎没有区别，为什么用起来就两样？为什么古今中外都有这奇怪的现象？甚至动物也有？这问题在学理上十分有趣，在应用上亦有其重要。现在不是有许多人在提倡多用手么？或手脑并用么？那末，就当知道两手用时如何不同。有些职业，例如施手术、雕刻之类，依靠一只手的灵巧。任意训练一手能得到所期望的结果么？我今天所要讲的便是关于手性的各种学说：

（一）初民战事说　本说以手的位置为基础。心居胸部左边，在初民时代，时常须用盾牌保护心。盾以拿在接近心的左手较为有利，右手拿刀或矛，便于刺杀敌人左部身躯，即心脏所在。久之，拿矛的手较为灵活，变为右手性了。自己变为右手性以后，也教子女偏用右手。

（二）养育说　手性和婴儿在怀抱中的姿势有关。一个右手性的母亲，常会用右手去抱她的小孩。结果是小孩的左手常被母亲的胸膛紧紧贴住，其右手则运动自由。由此小孩的右手性便不知不觉的养成了。

（三）习惯说　手性是由习惯养成，社会压迫得来的。Watson（下称华氏）曾用各种方法试验新生儿童，察不出他们在头半岁两手有什么差别。直等到他们稍长，受了社会的压迫，手性便逐渐成立了。社会说："你必定要用右手饮食、写字、握手等等。"工具及玩具几全是为右手性的人造的。从简单的剪刀镰刀起，到机器上的杠杆、开闭器都是。文字的排列和书法的次序向来是从左到右。甚至书房内光线的布置，餐桌上杯筷的排列，无一而非便于右手。假如用了左手，立刻就被更正。大多数人的右手性便是如此得来的。

华氏学说恰如他自己的限定，只能解释大多数人的右手性，不能解释一切右手性，绝不能解释左手性。左手性的人受了同样社会压迫或更厉害的压迫，始终还是左手性。也不能解释动物的手性，动物是不受社会压迫的。

（四）脏腑分配说　人的脏腑不是平均分配于左右两边的。心偏于左，大小肠的大部分也在左边。左边既然重些，全身的重心自然会移向左边几度，于是解放了右边，给右边肢体一些运动上的便利。况且运动左边的肢体，邻近的心要受较大的影响。再者，运动之前须要比平时更多的吸气。司吸气的器官是肺，肝也有关系。右肺较大，肝和肺都偏于右。右边的运动得其帮助较多。有了这些原因，无怪乎右手的力量与活动胜过左手。

反对这学说的人说，手性既起于脏腑左右不平均的分配，那末，左手性的人的脏腑分配，是否完全与右手性的人相反？换句话说，左手性的人的心是否在右边，肝和较大的肺在左边？

（五）脑血供给不均说　我们都知道左脑管理身体右边的神经和筋肉，右脑管理左边。据 Lombrosso、Judd 等人的研究，由心通到大脑两半的动脉管大小不一样，因此输入大脑的血液也不平等，手性依靠接收血液较多的半脑。又有人提出手性与锁骨下动脉源头有关。锁骨下的动脉，普通都是右边直接通总动脉，这边的血压因此高些，结果产生右手性。

后来经过 Cunningham 等人的测量，才知道左右两边颈动脉及锁骨下动脉管并无大小多少的分别。况且脑的前面，还有一个交通动脉管，连结这两个大脑动脉管，使两半脑的血液输送达于平均。有了这种发现，本说不攻自破了。

（六）半脑发育较优说　据 Boyd、Broca 等人的研究，吾人大脑两半发育不齐，左边往往重些，左前头叶常比右前头叶大些。我们是右手性的，因为我们是左脑性的。

（七）眼性说　据 Humphrey Gould 等人的研究，吾人常有一眼较优，离这眼近些的手易于运动，尤其是做与这眼合作的运动。儿童百分之九十六都是右眼较优，这较优的右眼强迫右手一同工作，尤其是做那些只须用一只眼的工作，例如瞄准、看显微镜之类。吾人是右手性的，因为吾人是右眼性的。

驳这一说的人说，生来瞎眼的人，根本无所谓眼性，但有极明显的右手性表现出来。如果眼性不是手性的原因，不能解释手性，则这说根本不能成立。

（八）遗传说　因为许多左手性的儿童有左手性的父母或亲戚，于是引起几位心理学家去研究手性遗传的可能性。Ramaley 曾研究父母六百十人，子女一千一百三十人，察出左手性是 Mendel 遗传定律中的一个隐性。百分之十六点六的人口都有这种隐性，但实际上左手性的人口只占百分之五，其余百分之十一点六往那里去了？恐怕是被华氏所说的社会压迫转变为右手性了。华氏的学说至多能说明这转变的部分，不能解释那无论如何压迫，始终不变的部分。一切属于习得的学说，都不能解释这顽固不变的部分。

一九二八年 Chamberlain 曾调查美国俄亥俄省立大学一年级学生二千一百七十七名，察出：不问其父母的手性属于何类，全体被调查的人具左手性者约占百分之五；但一问到父母的手性，情形就不同了。父亲是左手性的，其子女同是左手性的要占百分之九强；母亲是左手性的，其子女同是左手性的，要占百分之十三强；如果父母都是左手性的，其子女同是左手性的则占百分之四十六。假若左手性不是遗传的，无论那一组家庭的左手性子女，不应超过百分之五。后来还有 Pyle、Drouin、M. Schiller 等人做了同样的研究，都得到同样的结果。可见手性是遗传的了。至于这遗传的构造根据，大约就在半脑发育较优的特性上。

我今天提出这个题目来讲，就是要大家觉出人家研究学问的精神。一个小小问题，竟有这许多人郑重其事的研究。这种精神值得介绍到我们学校里来。希望大家以后无论研究什么问题，都拿出这种精神才好。

（《暨南校刊》1937 年第 195 期）

骆传华

骆传华，籍贯、生卒年未详。劳工运动问题研究专家。1920 年在武昌文华大学读三年级暑假时赴美学习商科，后在美国芝加哥大学研究社会及劳工问题，回国后曾任文华大学教授。1934 年，胡适主持下的中国太平洋国际学会宣布将建立一个南方支部，并设立了编辑委员会，成员包括骆传华、陈翰笙、刘驭万等人。同年上海节育研究社进行组织调整，推选潘光旦、骆传华等为委员。1935 年被聘为中国华洋义赈救灾总会征捐部主任。1938 年，中国红十字会上海国际委员会筹备组成立三元救命会，为创办人之一，并任干事。1943 年任国际宣传处驻印代表。

华洋义赈会的工作及设施

骆传华 讲
楼夏操 记

诸位同学,兄弟有机会参加贵校纪念周的演讲,觉得非常荣幸,尤其是主席对兄弟有一番鼓励,更为感激。今天因时间关系,未便多说话,兄弟拟将敝会的工作情形,分作三点报告:

一、中国灾荒的严重。 我们常听见人说,中国是灾荒之地。有一位美国人著了一本书,就题名"中国是灾荒之地"。我们听到了这种名字,当然非常难过。不过我们查考近年过去的历史,的确不能否认。据十六年来的统计,曾有七十九次灾荒,继续不断的发生。因为中国有此层出不穷的天灾人祸,对于国家民族的复兴与国家经济的发展大有阻碍,统计灾荒损失之大,可以还清近百年来的外债而有余。人口死亡的损失,当以一百万一千万计,民族性所受到的损失,尤为重大,因为外国的新闻记者,到中国来考察人民的生活力量,常说中国人无团结精神,自私自利的心太重。诸位想一想,我国同胞,是不是生而自私自利的,是不是因为面色黄而心就黑一点的。兄弟想决不是这样的,最大原因,实在是因受灾荒而造成的经济的压迫!天然的灾荒,决非一天或一个人所能抵御的,亦非消极的方法所能对付的。这完全要努力乡村的各种防灾建设,以减除灾祸的发生,中国才可以有救。

二、敝会成立以来的工作状况。 最近十六年来,敝会对于救灾的工作,除赈济外,更注重于预防,竭力从事建设:(一)修筑公路。民国十年西北几省,旱灾甚重,本会募款前去救赈,因交通不便,无法散发,且现洋一定要换为零钱,老百姓才可应用,当时因无车辆可运,只好用驴骡运送零钱,但每头驴骡仅能载零钱十四元。这样不便利的交通,对于赈灾工作大受妨碍。所以十六年来,在十四省中,先后筑成新路一九九三英里,修理旧路一二九六英里。(二)堤工。自民国十年以来,敝会在各省筑堤的工作甚多,总计筑成之堤,已有九百〇四英里,对于农民的生产量每年可以增加不少。(三)水渠。敝会对于河道的开修,积极进行,不遗余力,现已修浚成者,共计二百九十英里。新开之渠,如渭北泾惠渠,系敝会与陕西省政府合作开浚,用款一百三十万元,该渠可灌田地六十万亩。又如萨托民生渠,用款七十五万元,全渠西部,已告完成,该渠可灌田地一百余万亩。此外各省所开之渠,亦不在少数。(四)一九二三年总会派出农村经济专家多人去华北调查,深知农村最缺乏资本。于是敝会以五千元资本在华北设一农民合作社,以为试验。开办以后,成绩很好,遂加以扩充,现在资本数目已增加到七十三万元。农民合作社的处所,就河北一省,已有九百十八社,可见对于农村建设确有很大帮助。孙总理曾经说过这样几句话:中国的农民如一盘散沙,彼此不能合作,这并不是缺乏合作的能力,实系没有合作的训练,合作精神的培养。敝会所办的农民合作社,间接就是农民团结合作的训练。所以敝会此种建设,实足改良乡村,其他如兴办学校,提倡卫生等设施,对于中国的复兴均有极大的帮助。

三、望青年同学对于义赈问题有所贡献。中国既有如此严重的灾荒问题,又有敝会这种赈灾工作,同学中如有良好意见贡献,非常欢迎。近年以来国内有一个最新问题,就是“救亡图存”。有的以为须全国上下一致武装起来,开到东北去收复失地;有的主张提倡民众教育,以为欲图救亡,必须先提高民众的智识;亦有人说如欲救国,应先提高人民的道德。但据兄弟研究社会学及经济学所得,欲救中国,应该提倡如何去防灾,努力乡村建设工作,使农产量增加,因中国现在每年须要用五千万万元去购买外国棉麦等农产物,这就是农民生产量太低的缘故。如要使农产量增加,则非彻底铲除国内的灾荒不可,如是国家经济自可复兴。诸位同学现在校中求学即可研究防灾问题，如水利农民合作等，俟有心得，将来可以贡献于社会。以前有许多同学常常抱悲观态度，以为国事不可为。但最近几年来，中国的建设，已经显见进步，去年全国已经没有灾荒了，大家都应该高兴，一致鼓励防灾工作，能全国上下一致努力提倡，那么民族复兴是有办法有希望的。

（《暨南校刊》1937 年第 201 期）

章友三

章友三(1901—1986),名益,字友三,安徽滁县人。早年就读于上海圣约翰大学,后进入复旦大学学习。1922年赴美留学,就读于华盛顿州立大学。1927年归国后,历任复旦大学心理学教授、教育系主任、教务长。曾任驻德大使等职。曾在上海暨南大学、光华大学兼任教授。1933年5月7日迄5月13日,上海青年会举办国耻演讲周,前后有蔡元培、章友三、李公朴、章乃器、黄任之等10人演讲,5月7日,章友三作题为"中日关系前途之我见"的演讲,主张抵抗日本侵略。1943—1949年任复旦大学校长。中华人民共和国成立后,在山东师范大学任教。

教育国家化

（三月一日总理纪念周）

章友三 讲
楼夏操 记

诸位同学，今天承何校长的邀约，到暨南大学来讲演，兄弟感有两点快乐的地方：一点可说是回来叙旧，因为在座的诸位同仁同学之中，有很多都是老朋友；一点可以说是联欢，和许多新的同学，作一次新的认识。兄弟以前滥竽本校教职多年，现在因职务关系，未能再来校兼课，不过对于暨南的境况，仍是十分关心的。暨南大学，近来经何校长的一番努力整顿之后，进步很快，兄弟在外面听到了，觉得非常愉快。这一次我收到约我来校讲演的请柬很迟，所以不能有充分的预备，没有新鲜的题材贡献给诸位，这是很觉得抱歉的。所以我今天要讲的题目仍是很浅易的。

我们大家无论是教职员无论是学生，都是参加教育活动的人，我们虽然天天参加教育活动，但是我们对于中国的教育是不是常常加以反省的观察，现在我国的教育有无特点或新的发展，恐怕大家已很明了，兄弟不过把它重新提一下。现代教育的动向，如与过去比较，至少有两点不同的地方：（一）在教育的方法方面，现代的教育是注意心理化，即注意于受教育者之心理方面的发展，而使教育的过程容易发生效率；（二）在教育的目的方面，则注意于国家化，使与国家的一切建设需要联合一气。过去有一段时期有人主张教育是清高的，应该独立，不与社会政治经济等发生关系。后来才看到教育实为建设国家的要素,无论是社会政治经济,教育实为合作发展的工具。今天以时间不多,关于教育心理化,暂且不论。现在多说一点关于教育国家化方面的话。

怎样见到现代教育是日渐国家化呢? 例如:(一)教师资格的审定;(二)学校课程标准的编订;(三)私立学校须向政府立案;(四)中小学毕业会考;(五)各种课本由教育部审定等事,都是国家统制教育的地方。又如近年各国青年训练运动,日本的青年思想善导,无论在形式与实质上,教育权均操纵在国家的手中。美国的教育素主自由,但在最近,大学的教授必须经过宣誓,以表示效忠国家。其他无论法西斯蒂的德意,共产主义的苏联,都充分表现教育国家化。世界潮流所趋,中国自亦难作例外了。

中国教育国家化的过程,虽已开始,不过还没有十分完满的效果,且有许多阻力,阻力最大的有下列几种:(一)行政效率太低,不但在教育方面如此,即在其他各方面亦无不如是,组织重复,专权分歧,所以不能发生大的力量;(二)教育理论尚无系统,一部分是采自英美,一部分采自欧陆或苏联,这样支离破碎的教育理论,不是促进教育在建设国家历程中的效用;(三)教育权未能完全收回,因现在各地尚有许多教会学校,其中还有未经立案的。此外还有东北失地的教育权完全操在敌人手里,教育行政权不完整,教育国家化的功效亦就不易表现;(四)但最重要的阻力却是个人主义的流行。国家化的教育是集团本位的,如个人主义强盛,当然和它是抵触的。

中国个人主义之所以发达,也有其原因,可以从两方面来观察。

(一)中国教育与国家发生关系最早,但成效反不如欧美各国之速。追溯中国过去历史,政教原来不分,《尚书》有云:“天降下民,作之君,作之师。”《记》云:“能为师者然后能为长,能为长者然后能为君。”可见君师是相联的。汉代选举的制度,魏晋的“九品中正”制度,隋唐以后的科举制度,都不出政教合一的范围,不过在政教合一的形式下,实质上却生出转变。初时政教不分,原是很正当的,后来渐渐变成不正当，因为以前的教育是为培植优秀人才，为国家服务的，后来就慢慢变成个人猎官主义。马端临云："古人之取士，盖将以官之，然则举士之于举官，非二途也。"科举时代，则以八股文章为敲门砖，等到达到做官的目的以后，就抛开书本不再读书了。所以一部分稍有志气的人，就看不起这种人，故在中国的历史有两种学风：（一）学以取官，醉心爵位的禄蠹；（二）风流自赏，啸傲王侯的名士派。这两种思想在两部书里描摹得很深刻，一部是《儒林外史》，一部是《聊斋志异》，这两书的内容或是描写科举时代一般利欲熏心的人的丑态，或是描写考官之昏庸，替被埋没的真正人才鸣不平。这也或者是因为想升官而不可得的，于是大发牢骚，谓录取者均为无能之辈，落第者均系饱学之士，照现代的心理学上有一个专门名词叫作"自卫机关"，就是护短的意思。自古以来的名士，得意的时候，未尝不是耀武扬威，大摆其官架，可是在失意的时候，就要做囚首垢面不修边幅的名士了。自从官的威风一天比一天高，而想做官则一天比一天难，因此求官既不易，不得不另找出路，自命为清高，算作精神上的胜利了。由此形成名士派的学风，是中国特有的个人主义，它在教育国家化的过程中，成为极大的阻碍。

（二）因为资本发达，社会变迁，个人主义也会一天天强盛起来，此乃必然的现象。现在有很好一个例子。如希腊古代，工商业未发达，社会上的生活非常朴素，人民所过的完全是乡村生活，教育是为国家的需要而设。尤其是以斯巴达为甚，本国既无多出产品，四周强邻虎视，内部有奴隶和客籍居民，蠢蠢思动，国家为求安全起见，施行严格的公民教育。后来商业资本逐渐发达，国家财政也日臻充实，于是发生诡辩派，主张以个人为万物之衡量。由此看来，凡是资本主义发达的国家，个人主义一定是非常强盛的。中国在五四运动的发生时，资本主义正有勃兴的趋势，于是个人主义抬头，所谓打倒一切偶像，是极端的个人解放运动的口号。在这时，个人主义的影响，伸张到教育的领域。民国八年教育调查会曾主张废止教育宗旨，提倡教育本义，因为教育宗旨是由政府定的，不合于个人的需要，至于教育本义，即研究人应如何受教,不研究如何教人,此乃极端的强有力的个人主义,当时赞成的人很多。在这时代,啸傲王侯的旧名士尚未死去,打倒一切的新名士应运产生,新旧名士的合流,造成个人主义的高潮。直至今日,这风气还有存在。

西洋的资本主义比中国发达,为甚么西洋的教育反而容易走上国家化的道路呢?因为西方的历史与中国不同,不但没有什么名士派,并且尚另有痛苦的经验。在中世纪时代,教育权完全为教会所统制,不易推翻,后来经过文艺复兴、宗教改革以及新兴民族的勃起,始由国家力量抢回教育权,所以在十八世纪时有一位法国大哲学家夏罗台高喊着"我敢要求一种单为国家而设的教育,因为教育是国家的,因为每一国家有不可剥夺的权利来教育他的人民,因为国家的子民应由国家的成员来教育",受着大家的热烈赞同。至于中国,过去原是政教合一,初时很好,后渐变为取官的敲门砖,因此如若提倡国家统制教育,不免引起许多人的反感了。要知教育国家化,实有两点必然性:(一)外患的重压。一个国家到了外患危急的时候,则教育国家化必然促进很快。例如斯巴达当时常受强邻威胁,国家内部极需要团结一致,于是教育由国家管理,甚至不准身体孱弱的孩子生存,鞭打孩子以锻炼身体,及训练人民要有吃苦耐劳的精神,这因斯巴达当时有灭亡的危险,教育才由国家主持。普鲁士被拿翁征服,就有斐希特鼓吹以教育力量来挽回国运。中国目下已至危急时期,教育也不得不由国家主持了。(二)国家资本的兴起。中国资本主义虽然渐见发展,但私人资本并没有十分发展,不得不促进国家资本,农工商业的改进,均须由国家经营,现在只有私人资本,无论如何不能作国际贸易的竞争,因此不得不用国家的资本来迎头赶上。国家资本发达,则教育必然入国家化之途径。

我并不是教育国家化的宣传者,不过我觉得中国的教育非使之由个人本位而至民族本位不可。所谓民族本位,并非是忽视个性、刻板划一的教育。如欲获得良好成效,至少有四点须注意的地方:(一)民族本位教育与个人本位教育应当调和。挽救国家的危亡,固为教育的目的，同时仍须注意个性的发展。（二）打倒官僚主义的教育，过去如遥领虚衔，久不到校，组织庞大，安插闲人，等因奉此，专闹虚文，师生隔膜，有如长官与属吏等等地方，该极力改进。（三）政教合一的"政"，应作广义的解释，不一定就是指做官而言。所谓政教合一是斟酌国家需要，对于各种人才都要培养的。（四）须有通盘筹划，不要枝枝节节。例如现在高等教育在量的方面已不必忙着增加，所最需要的是社会教育、小学教育，将来需要何种人才，就办何种职业教育，何地需要何级教育，就在那地方发展所需的教育，这是国家应该预定计划的。目下中国的教育国家化是新的动向，在乡村里教育的"教养卫"的联合一致，颇有政教合一的新意味。所以现今要提倡真正教育，大学的教育有许多地方，可以乡村教育为借镜的。

（《暨南校刊》1937 年第 202 期）

吴南如

吴南如（1898—1975），又名南柱、凌虚，字炳文，江苏宜兴人。1916年考入北大预科，次年转天津国立北洋大学法科。1921年后任天津英文《华北明星报》记者。1922年于华盛顿大学肄业。转任中美通信社编辑，与林白水等人在北京创办《新社会日报》。1926年为驻英使馆一等秘书，返国后任外交部条约委员会委员兼欧美司司长、国际司司长等职。1937年奉派为中国驻丹麦公使。1943年任外交部礼宾司司长，翌年转任欧洲司司长。1946年任驻瑞士公使。

苏联的几点印象

吴南如 讲
楼夏操 俞剑华 记

校长，诸位先生，诸位同学，今天有机会和诸位见面谈话，非常庆幸。现在讲关于苏联的情形，因为时间关系，只能将我个人对于苏联的几点印象，简略的说一说。

（一）我对苏联第一个印象，是苏联立国的手段和方法，我们虽不能去学它，也不用去学它，但他们那种艰苦奋斗埋头苦干的精神，实在值得我们的赞佩。在几年以前，苏联的粮食甚是缺乏，他们实行一种面包票制度，人民一定要取得面包票，方可以购买面包，而且每人购买的数量也有一定的限制，直至前年始将此种办法废除。但我们试查阅苏联的对外贸易统计，则每年都有粮食出口，在一九三三年出口的粮食价值达一千数百万美金之巨，由此可见他们自己可以不吃，而反将粮食输运到外国去换钱，这是很值得大家注意的一件事。苏联对于日常用品也甚缺乏，我们当一九三三年初到苏联去的时候，关于个人的日常用品如牙膏、肥皂等物，都带得很少，以为到苏联之后，一定可以就地买得到的，谁料到莫斯科之后，简直不易买到。后来我们没有办法，只好派人到柏林去买来，但所买的牙膏中有苏联的出品，此种牙膏苏联境内反而看不到，因为他们自己不用，而输送到外国。苏联的人民的衣服也是很不讲究的，像天津华北等地方看到的俄国标花洋布是一种高等棉织物，在它本国内反是不容易见到，因为他们自己舍不得穿啊!

以上几点,就可以证明他们不愿意把好的货物自己拿来享用,而要运送到国外去换钱,以备向外国购买机器,以建设国内的重工业。这与中国勤俭的农民一样,他们率领家人,节衣缩食,把自己庄上的出品,舍不得自己吃用,省下来送到市上去卖钱,再用卖得的钱,去购买田地产业。此种刻苦耐劳的精神,可以兴家,可以强国,苏联所以能够到今日的地步,这是一个重要的原因。

(二)苏联建设的成绩,究竟到如何程度?一般赞成者说苏联近来的建设,实已打破了世界的纪录,但反对者说这是苏联的一种宣传。其实这二者的论调都不很对。关于苏联的建设,确不免有夸大宣传的地方,但实际上的进步,亦很可以惊人。所谓夸大的地方,举几个例讲:一、莫斯科建造地道车一事,苏方宣传为世界第一,但实际上那地道车只长十五公里,三十分钟就可以坐完,以这样短的车路,尽管造得如何完美,也没有什么了不得的,怎样能称作世界第一。二、在一九三五年苏联向世界各国宣称,在一年之内造了七万□千辆运输汽车,谓已超过德国的汽车出品三倍以上,因为那年德国仅出了二万七千辆运输汽车。其实苏联的汽车工业尚是很幼稚,目前无论如何赶不上德国。所以苏联的毛病,是急于要表显自己的进步,遂不免过分宣传自己的长处,转令外界对于它真实的成绩也发生怀疑之感。其实苏联的实际建设,就不自己宣传,人家也不会无视的:一、两次五年计划,第一次五年计划,在一九三二年终已经完成,第二次五年计划在今年亦可以完成了。二、全国电气化,每年电气生产可以有一千万瓦特,世界上最高纪录的美国还比它少一百万。三、曳引机业在一九三二年有二百二十万马力,为世界第二,今年可有八百二十万马力,实已是世界第一了。四、铸铁业原来是居世界第四位,最近每年可出产二千二百万吨,已占世界第二位。五、煤的出产在本年内可出产二万万五千万吨,实占世界第四位。苏联对于重工业的建设,较之其他先进的资本主义的国家,实已有后来居上之势力。苏联的工程事业,亦有值得叙述的,如沟通波罗底海与白海的大运河,早已完成;新近又开凿一条大运河以沟通黑海与里海，如是黑海、里海、波罗的海与白海可以互相通运，这在交通上有绝大的贡献。德尼泊大水闸的建筑，本来水浅不能行船的河，以水闸储水，河面抬高至一百英尺，可以航行很大的船只，一直通到基辅。土西铁路长约一四四五公里，已在三年造成。西伯利亚铁道原为单轨，现已改铺双轨，并且还另造一铁道与西伯利亚铁道平行，自贝加尔至阿穆尔，长约三千余公里，这完全含有军事的性质。苏联的建设，原以充实国防为目标。所以它这几年来军备上的增强，是无疑的事实，例如它现有飞机已达八九千架，实占世界第一位。总之，苏联建设的成绩在质的方面容有许多可以更求进步的地方，在量的方面确已有惊人的成就。因为他们把全国组织成为一部大机器，再用全国民众组织的力量来推动这部大机器，作大规模的生产，这在现世界还是第一个发现。所以苏联目前的成就，还是不足为奇，而它将来的可能发展，才是未可限量呢。

（三）我的第三个感想，是苏联的精神虽可佩服，成绩虽可艳羡，但是它的方法和手段，我们不必学也不能学。例如苏联所行的计划经济，即第一次五年计划与第二次五年计划，中国似乎可以学，但苏联所以能实行它现时的计划经济，因为它会经过第一期的大破坏大毁灭的战时共产主义，又经过第二期的喘息恢复的新经济政策。到了第三期（一九二八年）方才踏上计划经济的途程。它第一次战时共产主义的大破坏情形，实为我们中国民族性所不能容许的。又如苏联的国营贸易，为最利害的一种商战武器，现代国际商战中的所谓关税政策、贸易定额、贸易均衡等，均没有国营贸易来得有效。苏联国营贸易的长处：一、它把对外贸易权均操在政府手内，不要的东西如奢侈品类可以涓滴不入。它要买的东西，如机器等类，才让它大批进来。这于经济落后如我们的国家，是有极大利益的。二、苏联每年要用四万万美金购买外货，它常把这个数目向各国宣传。世界各国为要做买卖起见，自然不得不和它讲邦交做朋友，轻易不敢得罪它，这是利用经济的武器，以达到某种政治的目的。中国未尝不想学它，但因受条约的束缚，不能做到，就是要增加一点关税也还不能十分顺利，国营贸易一时更谈不到了。

总而言之，苏联努力建设，那种刻苦奋斗的精神，是可以佩服而仿效的，方法与手段是不一定可学的。我们有我们自己的光明的大道，就是民生主义。我们如能实行我们的民生主义，等于走不同的途径，而能达到相同的目标。

（《暨南校刊》1937年第210期）

周予同

周予同(1898—1981),初名周毓懋,浙江瑞安人。早年就读于晚清经学大师孙诒让创办的蒙学堂,毕业后,进入瑞安中学。1916年,以第一名考入北京高等师范学校(北师大前身)国文部。受"科学"与"民主"新思潮的影响,与同学组织励学会、工学会、平民教育社。1934年任暨南大学历史系主任。1937年任暨南大学南洋文化教育事业部主任。1940年任暨南大学教务长。中华人民共和国成立后,任复旦大学教授。主要著作有《周予同经学史论著选集》《群经概论》等。

关于所谓读经问题

周予同 讲
楼夏操 记

校长，诸位先生，诸位同学，今天我的讲题是“关于所谓读经问题”。在现在“读经”，本不应该成为一个问题，所以我加上“所谓”两个字。现在一般人对于读经问题，有赞成的，也有反对的。如果诸位不嫌麻烦的话，有两本新出版的书可以介绍给诸位一读：一本是开明书店出版的五月号的月报，这里面收集了提倡读经和反对读经的三篇文章；一本是上海杂志公司新出版的中国文艺，其中也收集了几篇关于读经的文章。在这两本书上所见的理由，我想不重复地去转述。我今天所要讲的，是想就另一方面去观察。

现在提倡读经救国的人物大概可以分为两种：一种是聪明的，一种是愚笨的。其实这些聪明的人也一样的是愚笨，他们提倡读经的理由，以为中国的历史是退化的，唯一的证据是人心不古。因为人心不古，所以应该提倡道德救国。道德，在什么地方呢？就在经典之中。其实他们是错了。第一，他们不懂得经学，经学并不就是道德学；第二，他们也不懂得道德学，或伦理学，因为道德的产生与演变自有它的社会的背景；第三，他们也不懂得历史学，中国的历史决不是向后退化，而是一天一天向前演进。诸位不要因为现在的中国局势而悲观，只要大家一致努力，民族的复兴是绝对有希望的。这一班提倡读经的人，良心本还不差，只是方法未免错误了。还有一部分主张读经的人，他们自以为是最聪明的,他们觉得目下社会上最难对付的有两种人:一种是知识分子,最不易受驱遣;一种是劳苦大众,这些人每因生活不易铤而走险。他们以为经典是法宝,是符咒,一念起来,便可以使人们的脑筋糊涂。他们自以为是聪明的,其实是最笨的。他们的目光看见国内的同胞,而忘记了帝国主义者在作祟。我们的唯一敌人是帝国主义,我们的唯一的生路也就是在打倒帝国主义,决不是拿经典作为麻醉剂,来麻醉知识分子与劳动大众就可以平安的。要知道,在现代,要用这种麻醉剂来麻醉知识分子与劳动大众,事实上已经不可能的了。

我今天所要讲的理由,自谓既不聪明,又不太笨。我想就历史方面去观察,所以我的题目或也可以改为"读经问题之史的检讨"。就我的意见,经学的演变可以分为三大时期:第一期从孔子孟子,也就是从春秋战国倒溯到以前的时代;第二期,从民八"五四运动"一直倒溯到汉武帝时代;第三,从五四一直到现在或最近的将来的时代。今天因为时间有限,只能说个大概。孔孟以前,无所谓经学,孔子也不承认有所谓经学,当时只有一部一部的书,如《诗》《书》等,而没有什么像后世样的所谓经部。孔子曾经教他的儿子鲤去读《诗》,说读《诗》后,说话可以说得漂亮点,又教他的儿子去学礼,以为不学礼无以立。但是他所谓礼不是书本子上的三礼,而是实际仪式的陶冶。孟子也不是经学家,他不相信《尚书》,所以有"尽信书不如无书"的话,他是怀疑经书的第一个人。孔子是教育家,他拿古代的文献来教学生是有的,但不是如后世所说的在那里著作或删述六经。况且,在古代六经也不是儒家独占的东西,譬如墨子,在孟子的眼光里是异端,是反动派。但是墨子书中却有许多地方引用《尚书》上的成语,后来东晋伪造的古文尚书里,就有许多地方是抄袭墨子的。现在我们可以概括的下一结论:孔孟以前有经典而无经学,六经实非儒家所专有。六经与孔子相结合,在学术、政治等方面发生很大的权威,是从汉武帝开始,以后就一直到"五四"。这一大时期又可分为五个段落:(一)两汉时代,(二)魏晋南北朝时代,(三)隋唐时代,(四)宋元明时代,(五)清朝。经学之在各时代其本质各不相同,与其他学问一样,总是天天在变化的。两汉与清是经学的最盛时代，其他在魏晋南北朝、隋唐、宋元明时代，实在说，都是和经学开玩笑的。现在因为时间有限，也只好约略的说一说。在魏晋南北朝时代，最发达的是玄学。当时士大夫很喜欢把道家的思想装进经典里面。譬如在十三经中的王弼的《周易注》，何晏的《论语集解》与梁皇侃的《论语义疏》等书上都可以看到。这实在只是一种冒牌的经学，和两汉的经学已经不同。隋唐时代的所谓经学，更是可笑。经典变为猎官的工具。当时士大夫的学术思想可说已趋于堕落之途，真正有学问的人物，却不是经学家而是僧侣，如玄奘等。举例说吧：譬如三礼，《仪礼》是今文学的经典，《周礼》是古文学的经典，但唐朝科举考试却以《礼记》为主，偏偏选择最容易的去敷衍。他们对于经学和孔子都不忠心，而只是以经学为官僚的敲门砖而已。到了宋元明时代，发达的是哲学，对于经学并不注意，所以当时重要的经典不是五经而是四书。如果诸位不怕麻烦的话，可以参看我去年在中学生杂志上发表过的一篇文章《大学与礼运》。大家准以为朱熹朱夫子不会说谎话的。他说《大学》有经有传，经是孔子的话，为曾子所记；传是曾子的话，为曾子弟子所记。其实他说了大谎话。这一个谎话一直到清朝戴震，才被拆穿。所以朱熹本不是在提倡经学，而是假借经学以玩他自己的哲学把戏。现在再讲到两汉和清朝，这两个时代是经学极盛时期，但它们所以极盛的原因绝不相同。汉武帝将六经与孔子相结合，只是一种统制士大夫教育的政策，只是一种政治上的政略，孔子和经典对于他只是两种工具。因为春秋战国以来的处士问题，是当时政治上最难解决的问题，秦始皇曾经采用硬的方法，那便是焚书坑儒，但是失败了。武帝所取的方法是软的，所以居然成功了。汉朝经学有许多可笑的例子。汉成帝自己不知保养，时常生病；恰好当时又山崩水旱，社会不甚太平，于是他就骂宰相翟方进，要他自杀。因为宰相代天子对天负责，其责任在于燮理阴阳；阴阳不调，宰相应该负责自杀。汉朝经学只是阴阳方士的变相，却不是真的孔学，汉朝人所说六经致用，也只是猎官，《汉书》所谓“利禄之途使然也”。至于清朝经学发达原因，与汉朝又绝不同。清朝学者，如吴派、皖派，研究经学，只是为了避免杀头之祸。因在清入关,屡兴文字狱,当时研究文艺、史学的人,都易招祸,于是大家只得去读经,抬出《诗》《书》一类的古代文献作为自己的藏身之处而已。

总之,自两汉以迄近代,经学实完全随社会的变迁而不同。从五四运动以后,为什么经学会发生动摇呢?今天我和诸位为什么可以在这里公开说反对话呢?这也是因为社会变迁的缘故。这是中国史学上的一个大问题,从秦汉一直到鸦片战争以前的中国社会的本质究竟是什么?有些学者以为是地主经济、士大夫教育与官僚政治三位一体的社会,从鸦片战争以后,中国的大门打开,社会一年一年的起变化,地主阶级的地位摇动起来,支配经济权的不是地主而是买办或商业资本家了。甲午战争,当时中国的海军不是投降,就是自杀,官僚政治的丑态也完全呈露。辛亥革命之后,民国成功,应该可以好了。人家有议会,有总统,有宪法的,我们也居然都有了。但是,我们的总统是贿选,议员是猪仔。为什么还是不好呢?于是一部分醒觉的知识分子,以为仅仅接受西洋的物质文明和典章制度是不够的,我们要接受西洋的文化核心,那便是学术思想。所以从五四以后,一方面尽力绍介西洋的学术思想,一方面尽力批评中国的旧有学术,于是经学发生摇动了。他们以为经学中的孔子不是真的孔子,真的孔子只是一位古代的教育家、政治思想家而已。所以我们在这里反对读经,也可以说是受了五四以后的文化的影响。

总之,提倡读经,不足以救中国。我们的急务是在养成公民、生产人员和战士,内以复兴民族,外以抵抗强邻。要中小学生每天都在读子曰诗云,我是反对的。经典应该让专家经过科学的解剖,分部的或者分篇的研究,作为中国史料看待。它决不是符咒,囫囵地用点冷水吞下肚去,而便可以复兴这垂危的民族的。

(《暨南校刊》1937 年第 211 期)

李炳焕

李炳焕(1900—1975),福建福州人。1922 年毕业于复旦大学文科。1927 年获美国伊利诺斯州立大学经济学硕士学位。加入由马寅初、刘大钧创办的“中国经济学社”。曾任暨南大学、中央大学、上海商学院、光华大学、上海法学院教授。中华人民共和国成立后任上海财经学院教授、副院长。著有《经济思想史》《货币政策与经济稳定》《苏联计划经济问题》等。

研究中国经济史的方法

李炳焕 讲

黄君默 记

本文系复旦大学经济系主任李炳焕先生在暨南大学经济学会演讲的笔录,因原稿未经李先生审阅,如有舛误,当由记者负责。文中有括号的,系记者增补。

在我们研究经济学的时候,对于各种的方法,都应加以研究。因为没有方法,是无从开始的,所以我们研究中国经济史最着重的还是在乎方法。

关于中国经济史,有很多人以为离现代问题过远,对现代问题尚且无暇研究,何必多花时间去研究史的发展呢?我以为明了经济的现实性,必须探讨过去经济的发展,方能确定未来的经济政策。

在我们研究中国经济的发展的时候,对其发展的程序,与对中国将来应采取的经济政策,都应加以注意。同时,中国社会与西洋社会是不相同的,当然不能将中国社会与西洋社会作同一的观察,所以,我们对于中国社会的状况,亦须加以深切了解。

我们既然知道研究中国经济史的重要,但是,在我们研究中国经济史的时候,常感着有一种困难,这困难的原因,大抵是没有握着一种研究方法。

关于研究中国经济史的方法,我以为:

第一步，是搜集经济史资料。这种史料，在我国史书中，当然以各正史的食货志（包括二十五史，其中《史记》的《货殖列传》和各史书的食货志）及《文献通考》（除此外尚有“九通”，其所载的资料也同等重要）等书为主要。其次如《管子》（管仲）、《盐铁论》（桓宽）等书，里面也载有很多关于经济政策的资料。关于这些史料，我们常会感到有一种困难，因为它是没有系统的，故不若研究西洋史那样容易。如 Ashley、Cunningham 等之英国经济史和 Bagehot 之美国经济史，都是很有系统的书，中国经济的书籍若与之比较起来，相差很远了。除此以外，尚有不一定对经济史有关系的书籍，如《诗经》的记述，也有可作彼时代经济状况的研究。《诗经》中有云：“硕鼠硕鼠，无食我黍。三岁贯汝，莫我肯顾。逝将去汝，适彼乐土。乐土乐土，爰得我所。”（《硕鼠》篇）这是讽刺国家的租税太重，对于当时财政当局表示不满，而欲寻求其理想的满意的地方之托辞。最后，尚有以为经济史料，可从法典中找寻的。如现在美国有一位经济学家，名 Commons，他曾著《制度经济学》（*Institutional Economics*）一书，内容着重于制度方面的探讨，如关于私有财产、资本主义等，都从法律方面研究的。又著有《资本主义之法律基础》（*Legal Foundations of Capitalism*）一书，也是从法律方面研究的。所以，我们搜集经济史料，各方面都要注意，其范围定要广博。（除上所述以外，如方志、文集、笔记、小说、戏曲、档案和古迹、钱币等，都能给我们以很好的史料）

第二步，鉴别史料的真伪。在史料搜集之后，就要留心鉴别史料的真伪。因为我国古书，有很多假的，我们若不加以辨别，那结果还是一无所得的。举个例来说，如研究井田制度之有无，正反两面都有人主张，并且两面都有很多的论据。《周礼》中记述井田之制最详，但我们要知道《周礼》系一部假书，系汉儒托古，理想着土地公有，但不敢明白的说出，乃托古三代，而描述其理想的制度。后来孟子又说：“夏后氏五十而贡，殷人七十而助，周人百亩而彻。”（《滕文公》篇）井田制度，即将田划成井字，除各耕其所分之田外，并合耕中间的公田，以贡什一之税，殷周系仿夏氏之法。因孟子有了这样的言论，所以大家便以为可靠,而判定三代是有井田制度。这实在是错误的。又《诗经》说:“雨我公田,遂及我私。”有的以为这是比较可靠,故应断定有井田制度。然而《周礼》是汉朝人作的,有人以为是刘歆的伪书。《诗经》虽较可靠,但也有经后人修改过的,若以此而论断,实未可取。

对于我国古代的史料,吾以为最可靠的是金石文,因为金石文几千年来系保存在地下的,所以作假亦非易事。殷金在 1766—1122 B. C. ,是纪元前千余年前的,距离现代时间太远,且不易寻得;周金是在 1122—256 B. C. ,距今较近,为数较多,亦易找寻,由考古家发掘出土,而加以识别之,便成了很有价值的参考资料。对于此种工作,在中国,王国维曾做过很多,他著有金文著录表,发见殷金中记录有“锡贝朋”,其用途是作送赠的饰品,未曾说是货币;周金中有“锡田地”,可见当时土地尚可送赠,而对井田制度,未有只字言及。(此外出土的甲骨,也可作重要的参考资料,其有刊行书册者,可参阅王国维罗振玉等氏的编述)这是中国真正的史料,比那些伪书可靠多了。

虽然,中国有很多伪书,但其中也有很可作研究参考的,如《管子》一书,其对经济制度、经济思想和经济政策等,都很有使我们研究的价值。《管子》书实非管仲一手之作,其假托之处,随便可以举出例证。如管仲是死在周襄王七年(645 B. C.),桓公死在其后,他们有这样的谈话——《海王》篇云:“桓公曰:‘然则吾何以为国?’管子对曰:‘唯官山海为可耳!’”官山海即言盐为国有。这种谈话,假若在管仲生时,当然不会有这种体裁。又《管子》关于西施的事,也是后人伪造的。如《小称》篇云:“毛嫱西施,天下之美人也。”西施之生,在管仲死后一百六十余年。又《小问》篇说:“百里奚秦国之贩牛者也,穆公举而相之。”百里奚做穆公之相,也在管仲的死后。又《轻重甲》篇举梁及赵的国名,可是晋分成赵、韩、魏(梁),这也是在管仲死后的事。可见该书为战国时代的著作,似乎无可怀疑。且我们可以判定《管子》一书不是一人作的,而是多人作的。但是,其中论述,有值得研究的很多,如《轻重》篇有云:“物多则贱,寡则贵;散则轻,聚则重。”所谓轻贵,即需要与供给,与西洋的供需律(Law of Demand Supply)相当,然而在我国,老早就有此种说法了。又如《山权数》篇中云“币重而万物轻,币轻而万物重”,这很与现代的货币数量说(Quantity Theory of Money)相当。由上所述,不论《管子》是否真书,但其有如此高超之经济思想,是颇值得我们研究的。

第三步,整理经济史料。在史料搜集复加以鉴别之后,便要着手整理。最近有许多人很努力地研究中国经济史料,惟因不能加以科学的方法整理,结果浪费功夫。昔时有一位哲学家,名 Bacon,说过去研究科学的人,要必注重实验,不做实验的就是武断。做实验的人,像是蚂蚁,专着重于材料的收集;武断的人,则像蜘蛛,全由自己吐出来,而被网包围,成了孤寡的观念论者。还有第三种人,像蜜蜂,不独从事资料的收集,且能加以有方法的整理。所以,能采用两者兼备的蜜蜂方法,才是研究哲学的方法。

假如对于史料,只重收集,则每至呆板琐碎;若只武断,则必流于空泛失据。如现在对于中国的社会,有谓系亚细亚生产方式,有谓封建生产方式,更有谓资本主义生产方式,各论很像蜘蛛,全是武断,没有能拿出切实的证据来。故我们研究中国经济史,要采用蜜蜂的方法,一面着重资料的搜集,同时又加以科学方法的整理才对。

关于经济史料的整理,其方法约分有如下三种:(一)以时代为单位,呆板的将资料编年式的顺次排列起来(如中国历代的食货志是使用这方法),这只注意经济事实的变迁,而忽略经济事实在社会上的作用。这是不合科学方法的,其结果必归于失败。(二)又有以为研究经济史,应研究生产方式,奉马克斯为大师,将生产方式分为封建、资本主义等方式。(这是唯物史观式的方法,长于解释事实,但其短处,每容易把复杂万端的历史变成公式化,理想化,“简单化”)(三)最后,尚有以经济制度为单位,以经济思想和经济行为作主体,如私有财产,契约等,偏向于经济制度方面研究,比方研究中国的土地制度,对于井田制度之有无,王田制度、均田制度等的情形若何,在在都予以深切的研究,而决定社会的变迁,这种方法,我以为是较为妥善的。

在上面,我们已经讨论过,研究史的任务是在于知道过去,了解现在，推测将来的。罗雪尔（Roscher）说得好，所谓民族，应把过去的事实以经济为基础来研究，才明了其精神的表现。其民族如何？我们应下一番功夫去研究。如英国有一位学者，对英国经济史，足花了二十年才研究出结果来。所以，我们研究我国经济史，也要下一番刻苦的功夫，决非在短期内可能希望成功的。

（《暨南校刊》1937 年第 214 期）

梁寒操

梁寒操（1899—1975），原名翰藻，原籍广东高要，生于三水。1916年加入中华革命党，参加讨袁。1918年入广东高等师范学校。1923年加入国民党，曾任南京国民政府财政部参事等职。1928年在上海参与创办《再造》旬刊。1936年兼任国民党中央政治委员会委员。抗日战争全面爆发后，历任入缅中国远征军政治部主任等职。1947年任国民党中央理论研究会主任委员。1949年秋迁往香港，任教于培正中学、新亚书院。1954年去台湾。工诗文，善书法。著有《梁寒操先生文集》等。

暨大同学当前的任务

梁寒操 讲
陆燕诒 记

今日承贵会邀约,得参加贵会庆祝会所落成茶会,觉得异常的愉快而又兴奋!

先说我与暨大的关系,当郑洪年先生初任暨大校长的时候,就约我兼任暨大教课,后来因为我的事情太忙,不能够分身,未能践约。所以我和暨大的关系可以说是"准校友"。

再说暨大的特殊性,凡是一个大学,都有他的特殊性,暨大的特殊性,诸位是知道的。不但是诸位知道,就全国人都知道暨大是一个华侨教育的最高学府,暨南大学是担负着教育侨胞子弟的重大责任。为什么政府当局要设立一个大学来专门办理侨胞教育?这也是诸位早就知道的,无须再说。现在把侨胞的爱国情绪比较国内人士高涨得多,侨胞对于祖国革命的贡献,也比国内一般人来得大的几件事来说一说,也就可以知道侨胞教育的重要,以及我政府当局所以设立一个大学专门办理侨胞教育的原因所在了。过去的、远的事暂且不说,兹将新近从美国回来的美国侨胞的领袖邝炳舜先生所谈的美国侨胞爱国的情形,转告诸位。当我听了邝先生讲后,至为感动,我想诸位听了也会同样的感动的。

在美国的侨胞,颇有自治的精神,能自定规律,以互相约束。这种规律虽然并没有明文条例,但是侨胞均能确实遵守,比较美国所定的法律,更为有效。倘若侨胞中有一种义举,则必群起响应。例如以献金慰劳祖国抗战将士这一件事说,凡力量所及,没有一个不尽量捐输的,没有一个敢有所推诿而不出钱的,所以侨胞有触犯了美国法律,美国的当地政府常常送回侨胞自行处置。侨胞在美国,虽然没有治外法权,可是实际上能自己治理自己,侨胞居住之处,美国人叫作唐人镇,镇上的治安、秩序,均由侨胞自行处理,美国是不大过问的。以前外国人不齿侨胞的错误观念,已逐渐纠正。侨胞在美国,虽然大多是经营小饭馆、洗衣作等等的小本经营,入息有限,可是对于祖国的捐输数目则不在少数。——这是说侨胞在海外的刻苦自励、努力捐输的一件事。

当我国抗战刚开始的时候,外国不明白中国情形的人,都以为中国是一个落后的国家,拿什么和现代化的一等强国日本作战?美国人也是这样,有一个美国人问侨胞:"中国拿什么和日本作战呢?难道用吃饭的筷子吗?"这一个侨胞知道辩亦无用,当时只有忍受。等到欧战发生,不满一个月而法国竟订城下之盟,屈膝降德;而我们中国抗战业已三年,不但毫不动摇,而且愈战愈强,把日本陷在泥淖中,不能自拔。那个美国人又遇到了那个侨胞问:"中国抗战三年兀然不动,究竟用什么利器的?"那个侨胞就把那美国人以前讥笑我们的话讥笑他:"是用吃饭的筷子呀!"——这是说侨胞在海外忍辱负重,爱国的情绪异常殷切。

从上面所说的二件事来看,侨胞在海外所受的刺激,实在比国内的人来得深,所以无论过去和现在,他们爱护祖国的情绪,也比国内人士来得热烈。那么什么人去领导他们去做一种有计划的有步骤的爱国工作呢?我以为暨大同学应该负起这种责任。

暨大的特殊性,前面已经约略的说过,在这里再说一说暨大的特殊使命和应负责任。

(一)暨大是供应建设南洋人才的学校。在南洋的侨胞,为数有一千余万,经营各种工商业。人口是那么多,分布的地区又那么广,所以南洋的统治权虽然操在他人手里,但是南洋各种事业的基础是筑在我们侨胞的身上。倘若没有我们侨胞，南洋的各种事业将为之崩溃，所以南洋实际上是我们侨胞的南洋。不过当时离开祖国到南洋去的人，大都是国内的农工商，劳动界的人多，教育程度欠缺，知识比较浅陋，不能成更伟大的事业。倘若要我们侨胞在南洋发挥更大的力量，造成更宏伟的业绩，那末建设南洋的人材是异常需要的，而供应这种建设南洋人材的学校，只有暨南大学。我希望暨大同学，多多的到南洋去，负起建设南洋的大责任。

（二）侨居南洋的青年，应予特殊教育。在南洋的侨胞，有很多离开祖国以后，已经四五代住在南洋，没有回到祖国来过。他们的子孙除了听到一点祖国讯息以外，对于祖国的一切消息，非常隔膜，耳濡目染，渐渐的习惯了南洋的风俗。常此下去恐将忘记自己是中国人或者蛰伏在他人势力圈下而驯如犬羊。若不加以特殊教育，那么这些中国的子孙，恐怕不能再为祖国效力了，负这特殊教育之责的，当然是暨大。不但是暨大，而且每位暨大毕业到南洋去的同学都须负起这种责任，去教育南洋的侨胞子弟。

（三）沟通中外文化。中国的国民性是保守的，西洋人的天性是进取的，一个是安土重迁，一个是一去不返，性格完全不同，而各有长短。我国为求进步，适应现在的潮流起见，应该发扬我国固有的美德，再吸收外人的长处。暨大同学，有生长在国内未出国门一步的内地学生，有生长在海外、染有外人习性的侨外学生，聚在一堂研究学问，思想、习惯、性情，互相影响，互相陶冶，将中国国民性及外洋国民性融于一炉，养成理想中之一种国民性。此外，国内文化可以带到海外去，海外文化可以带到国内来，暨大同学，便做了中外文化的桥梁，暨南大学便做了中外文化的洪炉。我希望暨大同学对于这一点，特别努力。

上面所说的几点，不过是偶举一二件而已，希望诸位本举一反三之意，根据此种准则，研究之，讨论之。要有一个具体方案，以供母校及政府当局的采纳，那么贵会的贡献实在很大。

此外，还有一个诚挚的希望，希望暨大同学造成一种良好的风气。在未构造成何种良好的风气之前，先解释何谓“风”。古人说过：“君子之德风，小人之德草，草上之风必偃。”这几句话，可以说明我所要说的“风”。凡风所到的地方，大的风，草木披靡；小的风，花卉摇移。风的方向，就是草木花卉的方向，风的力量之大是如此。社会上的风气，也是如此。良好风气所及，社会就是恶劣的也变为良好，恶劣风气所及，社会就是良好的也变为恶劣。换句话说，良好的风气可以使恶劣的社会变为良好，恶劣的风气可以使良好的社会变为恶劣。风气的对于社会的力量，如同风的对于草木的力量一样，社会的良恶，全看风气的良恶，所以非养成一种良好风气以转移社会不可。我国过去的教育，重于知识的传授，而忽略了道德的培养，因而有许多知识很丰富的，所谓很有学问的人，往往唯利是图，置道德于不顾。抗战以来，自私自利的人，初则观望，继则犹豫，终乃变节，不惜奴颜婢膝，以事敌奸。虽然被千万人所唾骂，遗臭名于千百世，亦在所不顾。此种风气，已坏到无可再坏的地步。所以挽此颓风，实为当务之急。我希望暨大同学为挽此颓风的先驱。那么怎样去挽此颓风呢？我以为积极的在同学之间，互相砥砺名节，消极的对于不肖的败类，要群起鸣鼓而攻之，如同学中有败类，就开除他的学籍，不承认他是同学，教职员中有败类，举发于当局惩处之。务使害群之马，知所憬悟而悔改，不敢稍存恶劣之念，能如是，则恶风自然敛迹，良风自然养成了。善良的风气一成，社会自然趋于良善。这不但有利于抗战建国，并且还有益于国民道德，此功实不在小处。所以我深望暨大同学会能为各同学会之先驱，努力养成一种良好风气。

（《暨南通讯》1941 年第 1 期）

金开英

金开英(1902—1999),字公弢,浙江吴兴(今湖州)人。1924 年清华大学留美预备学堂毕业后留学美国,毕业于威斯康星大学化学系,获理学士学位,哥伦比亚大学化学工程师。回国后曾任资源委员会委员、甘肃油矿局炼油厂厂长等职。

石油工业概述

金开英 讲
暨南化学会编纂股 记

十一月十四日下午一时半，本校理学院化学系学会，敦请资源委员会石油委员会主任委员金开英先生，在本校一院二十三教室，讲演“石油工业概述”，听者甚众。兹将金先生讲词，志其概略如下：

石油工业之重要性

二十世纪的世界，是科学化摩托化的世界。不论什么，都须用摩托机械的动力。而供给这摩托动力的原料——石油，却占最重要的地位。一切生活日用之动力，与夫光怪陆离之科学工具，如飞机之遨翔云表，船艇之游行水面，汽车电车之疾驰郊原，以及电灯之发光，电话之广播，乃至种种神奇之发明，更无有不藉助石油之力。所以说，二十世纪的世界，是科学化摩托化的世界，亦就是石油工业的世界。

石油在我国历史上的发现

远在汉武帝时，我国即已有石油之发现，当初称为石脂水。六朝时，北周武帝曾用石油抵御突厥，破坏其攻城的武器。至于以石油真正的应用，还是近代的事。近代我国经营石油事业者，当推清末的沈葆桢，他在台湾开采原油，售与外人，以取赢利。民初有熊希龄，在陕西延安县开采石油，其时始采用现代开采方法，美国人亦曾注意及此，旋因无甚发展而罢。

我国目前最大之油田

至于我国目前最大之油田，蕴藏量甚丰者，还是在抗战后才发现。该田在甘肃玉门县老君庙附近，面积约六方里；藏量约一、〇〇〇、〇〇〇桶(Banel)；——一桶为二十四加仑。(美国)矿床压力，约一千二百磅；喷出高度，约一百二十呎；故开采甚难，如无现代设备，简直无法开采。该油田地处荒漠，离甘州二〇〇公里，人烟稀少，生活艰难，食水须从五十里外输入，食物更非带自远方不办。故最初开发时，该地仅有老君庙一所，孤立于大荒漠中。但经开采迄今，已有居民八千人，皆赖油田为生。该处每日最高产量，已有石油二、〇〇〇桶。

石油工业之规模

石油工业之规模，相当宏大，乃属重工业。我国工业落后，所需机械设备，均须求之国外。老君庙油地，所以不能大量开采的原因，即系设备问题。开采石油最重要与最艰巨的设备，即为采油铁管。油井开凿，最浅者须深七〇〇公尺，最深者竟有一五〇〇〇公尺。该管由三套铁管组成：外管径一三吋，中管径七吋，内管径二点五吋。外管插入地下后，再放中管，于中管与外管之隔层空隙，以高压注入水泥，使水泥从外管与地壁间之空隙渗上而凝固之，以防地下高压之油渗出。故油井凿后，外管及中管已不复能取出，油枯后，所能取出者，仅只内管而已。其中外二管，即委弃于地下，听其烂蚀。由此可见石油开采工程之浩大，需费之浩繁，决非贸然之所能经营。又况采油设备，如油井之装置，石油之运输，在在均需要铁管，故有人戏称："石油工业，为管子工业。"我国缺乏重工业，无大规模之钢铁工厂(东北九省之重工业设备，已于胜利时，为苏联军队拆去)，以制造此项多如牛毛之油管，目前而欲求我国石油之大量生产，石油工业之突飞猛进，在事实上殆不可能！

再谈国外石油工业

再谈国外石油工业，因石油之重要，列强竞争，非常剧烈。油田之争夺，尤为国际问题症结之所在。美国因第二次世界大战之胜利得力于石油甚巨，其国务卿竟谓："美国乃在油浪中得到胜利。"于此可见一斑。美国为巩固国防，以节省国内产油，而竭力发展国外采油工业，故对亚拉伯之油田，而组织 Arabia - America Oil Co. ；英国为将战舰改燃柴油，而不肯放弃伊拉克之油田，而组织 Anglo Iranium Oil Co. ；苏联对伊朗北部之油田，正与伊朗政府折冲中——浸成列强在国际角逐竞争之势。是均认识石油工业在国防上之重要性。石油工业，殆已成为今日乃至未来世界之伟大的科学工具与力量矣。

本篇讲词，系由理学院化学系同学补记金先生当时讲词之概要，而加以整理者。因急于付印，全文未经金先生订正，错误脱略之处，在所难免。金先生讲时，并版绘油井剖面图及油田分布图，异常精彩。兹以篇幅关系，概予从略。并此致歉。

编者附识

（《国立暨南大学校刊》1947 年复刊第 4 期）

周鲠生

周鲠生(1889—1971),别名周览,湖南长沙人。早年就读于日本早稻田大学,加入同盟会。1913年后赴英国爱丁堡大学、法国巴黎大学深造,获博士学位。1921年回国。任上海商务印书馆总编辑、北京大学教授兼政治系主任。1926年在广州参加北伐。后任南京东南大学教授兼政治系主任,参与创办武汉大学。1945年后任武汉大学校长。1950年后任外交部顾问、外交学会副会长等职。著有《国际法大纲》《现代英美国际法的思想动向》《近代欧洲政治史》《近代欧洲外交史》等。

我对于世界政治的看法

（三十六年十月二十五日在本校讲演）

周鲠生 讲
蒋 汉 记

诸位同学：

本人今日到贵校来说话，很感愉快！在上海作公开的讲话，实在还是战后的第一次。有一件事引起我感慨的，那就是贵校现在的校址，在从前为商务印书馆东方图书馆，我从外国回来，曾在此地服务过，但终于被敌人破坏了，在中国文化上，真是一件很大的损失！现在旧地重临，真使我感到一种悲痛！但今日贵校又在此开办，可谓一颗新的文化种子，又在此蓬勃而滋长起来，因此，我又感到非常兴奋！

贵校暨南大学，在中国教育机关内，是富于历史意义的，是海外侨胞归国读书场所。在李校长及各位师长的领导下，当然能继续过去历史上的光荣，加之在校同学，多从海外归来，接受海外文化，更易于培养成时代青年！

我今天的讲题是“我对于世界政治的看法”。我相信，生在这个时代的人类，经过长期残酷的战争以后，大家都关心到将来世界演变的情形，这种问题，不但关系于每个国家，而且直接影响到每个人本身的幸福。概括言之，现在世界上的人民，对于世界政治的看法，可分两种：（一）现实主义的；（二）理想主义的。所谓现实主义者，认为世界上根本没有正义，没有和平，根本就是一个强权世界；而所谓理想主义者则不然，他们认为人类终究是进步的，自然科学日日在前进，社会科学当然也会随时代而进步，人类终究要走向和平、幸福的途径！并不如现实主义者认为过去混乱，将来也是混乱。人对于物的关系，既然支配适宜，为什么人与人的关系，一定会永久冲突而不能调整？上面所说的两种看法，前者是现实主义，没有远大理想，可说是悲观主义；而后者把眼光放远，具有理想，可说是乐观的看法。究竟那一种看法是对呢？各人的结论不同。至于我的看法，是理想主义的看法，也是前进主义的看法，在未讲这题目以前，我想先和诸位谈一些历史事实：

在最近的三十年中，世界上的人类，经过两次大战。历史告诉我们，这两次大战的原因，不完全是政治与经济的问题，而有理想在里面。在第一次世界大战中，假使没有美国参战，德国不一定会败北！但自美国参战以后，德国乃很快地失败了！美国当时的领导者为威尔逊，他是一个政治家，是一个大学校长，是富于理想的一位领袖！美国参战的口号，是求世界民主政治的安全。其实，这不是口号，而是事实！因为当时德国是代表反民主、反自由的国家，如果德国战胜，则世界永无民主自由可言！世界上每个国家，都要变成君主专制的政体！但德国终于战败，世界上民主、自由的国家，乃得抬头。在第一次世界大战结束后，有国际联盟的组织，欲以全世界共同之力量，为增进人类和平幸福而努力，解决国际间的冲突，消灭人类的战祸，当时在此机构中三个西方民主国家，美、英、法，都有领导世界走向永久和平民主的机会。但不幸得很，自巴黎和会召开后，美国之孤立主义，纵使美国退出国际联盟，威尔逊为本国反对党所反对，无形中予国联一个很大的打击，加之，英国自私自利，对国联不肯负责，法国因自顾不暇，亦从而不能对国联负责，此时，真正是世界经济大恐慌的时候，德日侵略势力逐渐抬头，尤其东方的日本，更形猖獗！此时，美国的态度，因《中立法案》之颁布，而变得更为孤立。英、法始终是自私自利。结果，第二次世界大战终于在中国开始，在欧洲大爆发。美总统罗斯福主张世界爱好和平、民主、自由的国家，应该联络起来，扫除民主之障碍！罗斯福以远大的、理想的看法，终究说服国内的孤立主义者。最后，以兵船五十艘赠给英国，表示其参战的决心！更进而实行《租借法案》，以军火源源售于参战国。至此，美国完全参入战争的漩涡了！美国此次的毅然参战，在历史上，实在有不可磨灭之效果。美国参战之初，形势恶劣，危机四伏，但后来局势改变，乃奠定了胜利的基础！我们知道，美国不但资源丰饶，而且工业发达，其用之于和平，固然可增进人类的幸福，其用之于战争，亦可发挥其最大效果！最后以两枚原子弹来结束战争，使日本屈服！在当时如果不是这两枚原子弹的力量，战争必不能如此迅速结束，因为当时日本兵力仍相当雄厚，海陆军尚有四五百万人之多，故雅尔达秘密协定，牺牲中国，其目的在求苏联之参战，因为当时美国尚无战胜日本的把握！

在战争未结束前，美国对最后胜利，既具绝大之信心，于是首先发起联合国之组织。这种政策，得到全国各阶层的一致拥护。美国首先批准宪章，各党各派皆表示赞成，这是与第一次大战后国联组织的最大的不同之点！继而，中、英、苏都加入这个组织，世界前途，应当乐观，永久和平，当然实现！但事实上，美苏处处对立，不但政治、经济思想冲突，甚且联合国本身都成了问题，例如否决权的争执，大家不协调，同时，联合国亦像上次大战结束后国联组织一样，开始时赋有无限希望，最后皆成泡影。由于现实的悲观，而演成孤立主义的政策，例如，美国上次退出国联，即因为感觉牺牲无代价的结果。而第二次世界大战，我们所受的创痛更深，人类遭受的损失更重，世界前途，又是那样的黯淡！故美国很可能恢复她的孤立主义，那对于世界和平的损失就太大了。在另一方面，有些国家人民，以为所有"正义""和平"皆为虚伪，索性走向极端，继续把持，永久顽固，因此，纠纷愈多，而谋解决亦愈感困难。但是我们从理想主义的看法，前进主义的看法，不应该悲观，不应该等待着第三次世界大战！往往很聪明的看法，也就是很危险的看法，战争是残酷的，是最可怕的行为，如果第三次世界大战发生，世界上任何国家，休想中立！以美国论，尚难保持中立，何况其他！以我的看法，今日国际间政治、经济思想的不同，不见得就威胁到世界的永久和平。换言之，政治、经济思想的冲突，不是绝对的！在精神方面，是可协调的！其最大之原因，还在于各国间心理上之猜疑，互不信任！如仅是政治经济思想之不同，不足以引导世界走向战争的途径！上次大战，国联失败的原因是：(一)孤立主义，(二)败北主义，(三)顽固主义所造成。所谓败北主义，法国即是一例。法国号称强国，陆军五百万，飞机数千架，并拥有欧洲第二强大的舰队，未战二月即投降。如中国像法国，早该投降日本了，可是中国艰苦抗战到底！英国是顽固主义的代表，对新主义不妥协，许多问题可解决而不解决！

总之，目前国际间政治、经济思想不同，并不一定是造成战争的因素！而形成战争的根本原因，仍为上述三种病态！——孤立主义，败北主义，顽固主义。如果革除这三种心理，世界前途仍然是乐观的！我相信，自然科学，逐渐进步；社会科学，当然会随之进步！人对物的关系，既支配适宜；而人与人的关系，当然亦会协调！

(《国立暨南大学校刊》1947 年复刊第 2 期)

郭沫若

郭沫若(1892—1978),原名郭开贞,四川乐山人。早年留学日本。1921年与成仿吾、郁达夫等成立创造社。1923年归国。1926年参加北伐。次年参加南昌起义。1928年赴日,从事中国古代史、古文字学的研究。1937年回国,从上海抵武汉,领导文化界抗日宣传工作。抗战胜利后,离重庆去上海,后去香港。中华人民共和国成立后,当选为中华全国文学艺术界联合会主席。历任政务院副总理、中国科学院院长等职。在诗歌、小说、历史剧、散文及考古、中国古代史研究等方面均有成就。主编《中国史稿》和《甲骨文合集》,全部作品编成《郭沫若全集》。

历史与人生

郭沫若

首先我们应当规定“历史”的观念。

历史，从前一般人看起来是狭义的，固定的。狭义的——认为历史是过去的事；固定的——认为如果变化，一定是退化、堕落。中国五千年历史，古代好，是黄金时代；近代就没落了。稍有年纪的老先生都爱说唐虞三代，那是光辉的时代，以后就是没落的时代了。不仅中国如此，外国也是一样，以为希腊罗马以前是光辉的时代，以后就是没落的时代。所以说，以前的看法是狭义的，固定的，稍有变化就是退化。这种看法是旧式的！

今天的历史观念应当是广义的：不仅是中国的历史，不仅是人类的历史，而是地球生活的历史，太阳系的历史，宇宙的历史，是不断变动的历史。“历史”的意义等于发展，是一种发展的过程。不仅是现在，要到无穷的未来。太阳系以太阳为中心，围绕着九大行星，但并不是开天辟地以来就是如此的。最初太阳并不是太阳，而是一团星云，用极高的速度、极高的热度旋转，渐渐形成了太阳。今天所看见的太阳也不是刚刚形成的时候的太阳。不断的旋转，生出了火花，形成了九大行星，第七个就是地球。地球也并不是起初就是今天的样子，起初是一团火，用极高的速度、极高的热度旋转，它也迸出火花来，那就是月亮。地球旋转了若干万年，渐渐的冷却，表面上有了水、土，渐渐的有了一定的、适当的温度，于是某种元素结合起来，生命出现了。今天这是常识。这个常识在二三百年前是梦想不到的。那时候人的宇宙观、人生观是两样的。今天初小的学生知道地球绕着太阳走，可是二三百年前的人的观念是太阳跟着地球走。三百年前你如果说那种荒唐话，就要你的命！当时欧洲科学家这样主张的，教会就把他烧死。意大利的科学家加利略这样主张，权威人士就把他抓起来，要他写悔过书——"不准说，说就烧死你！"就是在今天，各位承认人类是进化的，以前与猴子是兄弟，这成了定论。可是奇怪得很，今天在美国南部各州，大学里还禁止读进化论。不高兴人是猴子变的，要做上帝造的。

事实上，宇宙是进化的，生命是进化的，人类是进化的。今天最顽固的人也不能反对，这是事实！人类，在几十万年前的有爪哇人、北京人做物证。几十万年是一个大的数字，但是以天文年、地质年来讲，小得很！人类起初的几十万年进步很慢，文明史中国自夸有五千年，事实上根据考古只有三千年到四千年。更古的埃及、巴比伦也不过六七千年到八千年。数目很小。近几千年比起以前的几十万年来进步要快。

人类自有史以来，根据先哲的见解，可以分为五个阶段。最初人类与兽类相差不远，那时候是家族形式的集团。从先史时代到有史时代是家族本位的社会形态，各民族都经过的，称为原始共产社会。中国的唐虞时代，古史上刻画成一个光明的社会，就多少保持原始共产社会的形态。初期生产简单，生产力有限，以后因为不断的发明，生产扩大，有了稻、麦的出现，农业固定了，铁器发明了，于是原始共产社会变成奴隶社会。等到工具发明，私有财产成立，奴隶社会变成封建社会。农业——庄田制，工业——行帮制。到近代蒸汽发明了，有了机器，于是资本主义的大规模工商机构出现。

人类有五大发明，社会发展有五大阶段。五大发明是：一，火。能够制造火，人类就进化到原始共产社会。二是种植。三是铁。四是蒸汽。五是原子能的发明——这是划时期的大发明。

古时候生产规模相当大。《诗经》上说"千耦其耘，十千维耦"，就是说有一千人在耕田，一万人在耕田。这并不是诗人的夸大，这是事实。周朝的时候土地国有,规模大,所以有千人耕田,万人耕田。但是生产工具简单,原始。铁器发明了,土地划分,于是有庄田制。现在是原子能时代,把原子攻破,放射很大的能,今天能够制造原子弹,要是人能够控制这种能,用于生产、发热、发电,代替油……那末真正的原子时代到了。科学家预言不出十年,可能利用于生产上。今天世界上科学进步的国家,谁先能用于生产呢?英国伦敦 Kinga College 的教授 Si Rilley 说"苏联将最先用于世界",因为原子力需要很大的生产机构,小的容纳不了,所以需要先求生产机构扩大。苏联革命二十年以来,工业生产机构整个的国家化,农业整个的集体化。在苏联,没有私人资本家、地主,都消灭了,生产机构很大,刚好适用于原子能的应用。英美生产机构未尝不大,但少数资本家控制,不适宜。如果需要应用原子能,就需要先生产机构社会化。也可以说,原子能用于英美,先需要英美社会革命。这是历史的必然,不许你不变化!蒸汽使封建的蜕化为近代资本主义生产机构,原子能需要自近代资本主义生产机构蜕化为将来进步的生产机构。今天只能攻破铀镭的原子,如果能攻破其他的原子,会生出更大的能。

今天世界上有一种本质不知道,事实上存在的东西,科学家称为宇宙线(cosmic rays),力量特别大,能够穿过四百呎厚的铅板,九百呎的水,一千六百呎厚的岩石。什么叫宇宙线呢?元素的原子能放射,从地上放射出去,距离地面愈远愈小。欧洲科学家就加以试验:高空放射原子能是不是衰小呢?结果适得其反:愈高愈强,白天如此,晚上也是如此,不分昼夜。于是得到结论:不是地球上放射出来的,别的地方放射出来的;不是太阳上放射出来的,是太阳以外放射出来的。不知道什么地方来的,是从宇宙中来的,所以就称为"宇宙线"。英美在研究,苏联在战前战后都在研究,不肯放松。如果能控制这种大的能力,更能用于生产,这并不是夸大,是历史发展的必然。苏联如果做到这一步,就可以从社会主义生产达到共产主义生产。英美要竞争,基本上必须适用原子能,不是原子炸弹,而是用于生产。今后的十年是一个重要的时期。如果英美社会化,与苏联就没有冲突。苏联使用原子能,英美如果不甘落后,就得变!

我们回到中国来。殷周以前是原始共产主义社会,殷周以后是奴隶社会,春秋战国以后是封建社会,农业——庄田制,工业——行帮制,一切社会经济、文化都是封建的。一直到今天,还是半封建半资本主义的社会。今天资本主义不容易建立,欧战后本可以建立的,但因为日本的压迫,其他外国的再来,破坏了。抗战又是破坏,在四川建立了起来,好像很蓬勃,但是战后呢?虽然日本德国垮了台,英法也不行,但是有一个很大的资本主义国家——美国。美国可以说是有史以来资本主义的大成。美国货、剩余物资、金钱,洪水似的冲来了!我去年去南京,经过无锡,无锡的烟囱很多,但是没有几个冒烟的;我从重庆来,重庆有几百家小工厂,现在也没有几家了。这是因为内战的破坏。

今天是一个危险的阶段。内战危险,历史阶段更危险。别的国家十年左右可以进入原子时代,我们仍旧在“封建”与“资本”中间摇来摇去。如果能利用这个机会,觉悟,拼命赶,还不算迟,生产落后也有好处——不走冤枉路。孙中山先生说“迎头赶上”,实在很对。

自然的进化是盲目的,几十万万年才能产生突变,但是在科学研究里面可以在几年内产生突变。仙人掌有刺,没有刺的可以吃,美国在战前发明了没有刺的可以吃的仙人掌。稻、麦是人类抓住自然界的突变存留下来的,但现在并没有新的麦种出现。苏联有一位科学家发明了多年生的小麦,有两万多种麦种。这是用麦子与西比利亚的茅草交配而生的,能够耐寒。西比利亚是不毛之地,小麦、稻不生,但是多年生小麦的出现,可以使大片的土地生长。如果在自然界要几万万年,然而人力使不可能成为可能,所以人的出现是值得夸耀的。但是这样的人很少。有的人吃饭,拉屎,打内战,最好的东西自己享受,这是生物学的人;另外有一种真正的人,促进人类的进化,牺牲自己的幸福,甚至于生命,使人类得到幸福。中国也有这种人,可惜太少了。中国有光辉的历史,但是过去的。我们要发展!十年中是英美的紧急关头,苏联的紧急关头,中国也是紧急关头!十年里面中国要走英美二十年的路，苏联二百年的路。

不惜牺牲自己的幸福于人类谋幸福——真正的人，反之，——生物学的人，阻止进化的人。儿童有许多行为看起来可笑，也是创造，可能成为大科学家、文学家、哲学家。每一个人身上都有，但是另一面是生物，物质的欲望是与生俱来的。有的人适可而止，只要能维持生活就满足，把精神用于别的创造的方面；有的人物质欲望无限大，做了总统要做皇帝，做了皇帝要做上帝。现在，我们应当迎头赶上，创造原子能，另一方面克服物质欲望。如果不，危险得很，十年后不知伊于胡底！这是每一个中国人应该注意的事。过去是历史操纵人类，以后人类要操纵历史，不能让它随随便便发展下去。从前人在历史手掌之中，好像孙行者在如来佛的手掌里一样，今后的人，尤其是中国人，要把历史的发展抓在自己的手里了。

（《书报精华》1947 年第 28 期）

朱斯煌

朱斯煌(1907—1985),浙江余姚人。1928年毕业于复旦大学。1930年获美国哥伦比亚大学经济学硕士学位。曾任复旦大学教授、银行系主任,暨南大学教授,大同大学商学院教授、系主任。中华人民共和国成立后,历任上海财经学院教授、复旦大学经济学教授。1934年任上海银行学会秘书长。长期从事货币和信用方面的教学与研究。主编《信托季刊》《银行周报》等刊物。著有《银行经营论》《信托总论》等。

银行的立法问题

朱斯煌 讲

徐克昌 张承惠 武齐贤 记

现在我国银行的立法问题,非常复杂。去年四月,立法院通过新银行法草案,嗣于同年九月一日,经国府明令公布施行,令各银行一律遵办。故此银行法,实为我国银钱业之百年大法,政府为此特设立金融管制局,以加强金融管制,此因银钱业为百业之冠,其一举一动,在在足以影响全国之经济。今日我国金融业受繁复的管制金融法律之限制与束缚,而无法应付,颇有莫知所从之苦。

按,我国最早的银行法,为清光绪三十年之《试办银行章程》,此后曾有不少特殊的法规颁行。至民国二十年,政府正式颁布银行法。二十四年,复颁布储蓄银行法。但前者从未见诸实行。抗战胜利后,立法院重行拟就新银行法草案,前后起草达八次之多。去年三四月间,立法院曾就草案征询银钱业之意见。各银钱业对此亦曾有不少贡献,立法院即就所得之意见,尽量采纳。至四月间,立法院将此草案正式通过,呈送国府。九月一日由国府正式公布施行,至于二十年之银行法,及二十四年之储蓄银行法,均一律废止。

现行银行法,包含银行种类及其他规定颇多。除特殊银行——四行、两局、一库外,普通商业银行及其一切规定,均包括在内。今就银行法中所发生之问题,择要加以讨论。所谓银行法中所发生之问题,即银钱业所感觉苦闷者也。

兹就立法院通过前之银行法草案，及公布后之银行法，加以比较如下：

未通过之草案，立法院起草达八次之多，前已述及，此种立法精神，至为可佩！就我所知，其向上海银钱业征求意见时，即非第一次之原稿，而通过后之草案，实在可说是第一次征求银钱业意见而修正后的草案。修正前的草案内容为：

（一）关于资本额问题　草案中对于银行资本额，并无规定，而由财政部随时斟酌情形决定之。因为在今日币值极不稳定的时候，实在也不容易规定。这一点，的确是合理的！但至少也应该规定一个标准，使财政部在随时规定，有所根据，故草案中未能定一标准，实在是一个缺点。

（二）关于典当业之隶属问题　草案中对于银行之种类，包括极多：有商业银行、实业银行、储蓄银行、信托公司、钱庄、典当、外国银行。每类均有一章规定，可谓洋洋大观。但此中所成问题者，即为典当业之隶属，根据立法委员的解释，典当原归内政部礼俗司管辖。查典当业之业务，其性质与抵押放款相似，所以应该拨归财政部管辖。但是事实典当业与银钱业，并不能相提并论。立法院于拟就草案向各业征询意见时，典当业亦曾反对改属，这是草案中的第二个缺点。

（三）关于准备金问题　银行接受存户之存款，须向央行缴纳准备金。缴纳准备金的意义，一方面为保障存户之存款到期或随时可以提取，一方面为中央银行可以利用准备金控制市场银根之宽紧。前者的意义尚小，而后者的意义则至大。故草案规定，准备共为两种：其一为法定准备，其一为现金准备，两种准备，均有比例的规定。例如商业银行活期存款之法定准备为15%，此15%应交央行保管。现金准备，则为20%，此20%由各该行存放于库中，或提存于同业。关于准备比例的规定，因银行之种类与业务之性质不同而不同，各银行均应依照规定，不得作低于准备比例之准备。否则轻则论处，重则吊销执照。例如银行接受存户活期存款一百元，即应送存央行十五元，自存三十元，统共三十五元作为准备。此三十五元，银行即不能动用。一旦存户提款，银行必须支付。因此，势必在银行法规定之准备外，另提一部现金，作为准备，以全信用。普通这种加提之现金，约为20%，稳健的银行，甚至超过此比例，而有加提35%者。今就稳健银行的准备情形而论，则其可以自由运用的资金，只有三十五元，即只有三十五元，可以作为投资之用，则银行利息，焉得不高？银行可运用的资金既少，业务的推展，焉得不感困难？此即准备金之规定为固定，而不能动用之弊也。所以就我的意见，倒不如将"准备金"三字，改为"保证金"，来得名符其实。因为保证金才能固定的。按美国银行法中规定之准备金，即为可以自由应用者，其对于运用之余额，则有一定之比例规定，银行不得低于此比例。盖此实为免除周转不灵，避免缺单（头寸不足）也。所以草案中准备金之规定，不能顾及实际需要，亦为一大缺点。

（四）关于放款投资的限制问题　草案中规定商业银行信用放款总额不得超过其原资本总额之10%。这种以资本额为放款的比例标准，未免欠妥。因为现在较大的商业银行，及实业银行，其原资本总额，不过千万元左右。按照规定的限制而放款，总数不过在百万元左右。这区区百万元左右的放款，在现在的经济情形之下，银行如何经营？再就投资而言，规定投资总额不得超过其资本额之二分之一，则银行又如何投资？所以按照实际情形，放款与投资，决不能以资本总额之百分比为准。至少应按存款总额百分比为限制。此为对于放款限制之缺点。至于其他投资，尚有其他限制，束缚重重，实又为一大缺点。

（五）关于信托公司规定之问题　现在中国金融组织的来源有四，依发生的先后分之：第一为钱庄；第二为外国银行，最早的外国银行，为英人所办的东方银行（现已停闭）及汇丰银行；第三为本国银行，如中国通商银行、中国银行、四明银行；第四为信托公司，我国信托公司至今仅有二十六七年之历史，其在立法上并无特别规定，一向根据银行法办理，所以信托公司于设立登记时，财政部即按银行法，发给同样之执照，新银行法草案中，对其规定另立一章。关于信托公司方面，所值得研究之问题有二：

1. 信托公司之业务问题。按,信托公司之业务,如代客投资保管,其范围极广。然在我国信托公司之业务,并不发达,其最多之业务,仅为代办证券,保管贵重物品而已。今我国银行,有信托部兼营信托业务。而信托公司,亦兼营银行业务。新银行法草案中,有准许信托公司兼营银行业务之意,但无准许其兼营银行业务之明文规定。(按立法院于征询银钱业意见时,信托公司方面,亦曾提出此点。)兹值中国信托事业尚在萌芽时期,国家正应扶植其发展,惜少明文规定。此亦未始非一大缺点也。

2. 信托公司业务之限制问题。草案中规定信托公司所受委托之事务,其董事监察人,对受托之财产,即对债权人,应负连带无限责任。此种规定,未免过严。信托公司,当然裹足不前,则信托事业,如何得以发展?此亦缺点之一也。

(六)关于钱庄规定之问题　草案中对于钱庄曾下一定义谓:“小规模之金融组织,谓之钱庄。”更规定其不得在外地开设分庄。此为钱庄业所最不满意者。定义中所谓规模之大小,其界限如何?且事实上内地钱庄,在上海设分庄者有之,规模大于银行者亦有之。此宁非草案中对于钱庄规定之缺点乎?

以上缺点,立法院几均尽量采纳银钱业之意见,而加以修正,如资本额问题,即已由财政部规定一数额。但实际上,新银行已不准再行开设。此种规定,也不过是一个具文而已。如关于放款投资的限制,放款已改为以存款总额作百分比。如商业银行放款,已改为不得超过存款总额之百分之二十五,已经较前合理。如关于钱庄之规定,则已取消“小规模”字样。其所改正者,可谓差强人意。此外尚有值得研究之处:

(一)关于银行之分界,不甚清楚　如银行中有商业银行、实业银行等分别。根据银行法中之规定,商业银行仅可作商业放款;实业银行仅可作实业放款、生产放款,并规定实业银行放款限于实业,且以百分之六十为限,并不准其兼营商业银行之业务;专业银行则应以40%放款于专业。所谓专业银行,如煤业银行、盐业银行、矿业银行等是。

此种分界,极不合理。按银行之设立,应使放款散布广阔,而不应集中。根据银行学之分类,银行只应以资金运用之长短期为标准而分类。因银行资本之运用,不外长期与短期两种也。新银行法中,称实业银行为投资银行,至为合理。所以我们应该说:商业银行资金之运用,只应限于短期;实业银行资金之运用,则应限于长期。而不应就其运用之范围,加以限制也。

(二)关于金融网之分布问题　新银行法中,对于银行之开设分、支行,限制极严,甚不合理。全国各地金融机关,应如长江大河与其支流之互相贯通。今银行法既对于分支行之开设严加限制,实不啻阻碍全国金融网之建立。

(三)关于信托公司业务问题　银行法规定:凡已设立之信托公司,准其兼营银行业务。易言之,即新设立之信托公司不得兼营银行业务。我国银行业,向以经营银行业务为主,信托业务为辅。信托公司则以经营信托业务为主,银行业务为辅。方今中国信托事业,尚未发达,信托公司,实赖兼营银行业务以维持。故银行法之限制新设立之信托公司兼营银行业务,实不啻不准信托公司之再设立。对于我国信托事业发展之前途,影响至巨。

总而言之,去年九月一日公布之银行法,虽名为百年大法,但其后临时法令,及其他管制法令,仍时有产生。银行界所受之束缚重重,业务自然难望发展。现在可以目前的银行业,与战前的银行业,作一比较,就可见现在银行业可怜之一般。现在全国存款总额,除四行二局不计外,约共四百亿元。以物价十万倍计,仅值战前四千万元而已。而民国廿五年全国存款总额,则有四十五亿元之多。可见银行业之资力,尚不及战前的百分之一。以钞票之发行额比较,二十五年时,共发行十二亿五千万元,大部分通货,均能通过银行,而为银行周转。最近之钞票发行总额,约在四十万亿至六十万亿之间,其价值尚不及战前发行额的十分之一。所通过银行者尚不及此数,则银行所得周转之资金,为数极微。而今政府管制金融,仅着重于银行业,无异对于已经泛滥的洪水,不加管制,而只就玻璃杯中,区区有限的水量,加以严格管制。也就是说,国家对于金融,不加疏导,仅作不切实际的阻遏。吾人期期以为不可!总括言之,要解决中国经济问题,应从中国整个经济中谋出路。

(《国立暨南大学校刊》1948年复刊第8期)

中国之信托事业

朱斯煌 讲
夏　笠　陈荆鼎 记

今天本人有机会与各位同学讨论“中国之信托事业”问题，深感荣幸。大家都知道，钱庄，外国银行，本国银行，与信托公司，是构成我国目前金融组织的四大支柱。而四者之中，信托事业的历史最短，年纪最轻，真是金融界的小弟弟。方今通货膨胀，经济危机日深，银行信用的管制问题，成为学者们所热烈讨论的课题。至于信托问题，则较少有人提及。但信托事业实是我国新兴的有发展有前途的事业，我今天愿对此提供一些意见，并为我国信托事业之发展过程，业务概况，暨未来展望等等，作一扼要的叙述。

我国信托事业的创办，始于民国十年，此即我国信托事业的起源时期。当时市场投机之风甚盛，交易所新开的很多，信托公司也如雨后春笋，应运而生。据统计，当时的交易所，计有丝茧交易所，夏布交易所，苎麻交易所，煤油交易所，火柴交易所，纸业交易所，煤业交易所，木材交易所，麻袋交易所，泥灰交易所，砖瓦交易所，烟酒烛皂交易所等等。又日市与夜市的交易所，分别设立，星期日还有星期日交易所。信托公司计有中国商业信托公司，上海运驳信托公司，大中华信托公司，中央信托公司，中华信托公司，中外信托公司，中易信托公司，神州信托公司，上海信托公司，华盛信托公司，通商信托公司，通易信托公司等十二家，资本自数百万银元至千余万银元不等。这时的信托公司与交易所,相互利用,成为投机买卖的大本营。投机难免失败,更加上信托公司基础的脆弱,所以在著名的“民十信交风潮”之后,信托公司相率倒闭,到该年年底,硕果仅存的只剩下通易与中央两家。而中央一家,自民国二十四年中央信托局设立后,因为名称混淆,奉令易名,这就是今日的中一信托公司。所以信托事业在我国诞生之始,就遭受到失败的厄运。

十七年北伐胜利到二十六年抗战前夕,这是我国信托事业的中兴时期。这一时期中,新设的信托公司至今尚存的有上海信托公司,中国信托公司,东南信托公司,通汇信托公司,生大信托公司,中级信托公司,同康信托公司,国安信托公司等八家,而各大银行如中国银行,交通银行,上海银行,国华银行,新华银行,大陆银行,四明银行,中南银行,聚兴诚银行,浙江实业银行,浙江兴业银行,中国实业银行,中国通商银行,四行储蓄会等等,亦均在此时成立信托部。二十二年,上海市政府办有上海兴业信托社,二十四年,又有中央信托局的成立,这是政府经营的两个信托机构。

抗战爆发后,经济环境,随大局的动荡而紊乱不安,新开的信托公司,几乎绝无仅有。惟银行之添设信托部者颇多,如二十八年金城银行添设信托部,二十九年中国垦业银行亦添设信托部。战乱的摧残,影响到金融业与工商业的萧条,所以当时信托专业亦略无生气可言。三十年,敌寇偷袭珍珠港,太平洋战事爆发,金融业才呈露畸形蓬勃的现象。截至三十三年止,仅上海一地,银行即达一九〇余家,钱庄有二百三十余家,信托公司新旧合计,亦达三十家之多。这许多金融机构,既然都开业于上海这陆沉的孤岛上,与大后方音讯隔绝,所以百分之九十以上,都未向重庆申请登记。胜利复员,政府下令清理金融业,未呈报备案的银行、钱庄、信托公司,都在被清理之列。银行乃自一九〇余家,减为一百余家,钱庄自二三〇余家,减为七八十家,信托公司,除阜丰与和祥两家以外,其余皆奉令停业,总计胜利以后,连战前的信托公司一并在内,不过十二家。政府这种对金融事业大举摧残的政策,实在是太欠考虑的举措,如果不是当时物价飞涨,经济情形紊乱,使失业的金融从业员，与大批资金获得其他出路的话，可能会发生极不良的经济影响与造成严重的社会问题的。本人当时曾为此撰文呼吁，有“未伸报国之心，先受大义之责”之语。后来居然没有发生意外，不能不说是邀天之幸。三十五年，中央信托局复员，迁沪复业，本年三月一日起，上海市政府办的兴业信托社，又并入上海市银行，这是抗战迄今的信托事业概况。

信托业务，大别之可分为个人信托与团体信托两部门。个人信托部门如管理财产信托，执行遗属信托，未成年人或禁治产人监护信托，管理遗产信托，人寿保险信托等等；团体信托业务，如代理企业公司进行招股，或承募股款信托，或发行公司债股票信托等等。此外信托公司可为个人或团体代办信托投资的业务。总之，我们可以替信托公司作一个譬喻，信托公司乃为人民大众的庶务，也是人民大众的帐房先生，如果个人或团体对于财产或招股等等，遇到困惑与烦难时，这位帐房先生可以为你代办一切，既稳妥，又可靠。至于信托业务，和银行业务类似的地方颇多。不过银行乃是以银行业务为主的金融机构，信托公司则是以信托业务为主的。

上面讲过，中国之信托事业的发展，忧患频经，其成果实在不能叫人满意。它的原因很多，主要的可以归纳为三端：第一是客观条件的未能具备。我国自民十以来，初则军阀割据，内战频仍，继则倭寇觊觎，外患未已，币制的紊乱，经济的凋敝，始终没有给予信托事业一个安定的环境，信托事业的基础，因之未臻稳固。加之我国保险业与投资的不发达，种种客观条件的欠缺与经济环境的不良，遂大大地阻滞了这一幼苗的发荣滋长。第二，我国的国民性偏重保守，遗产与私有财产的数额大都秘而不宣，于是信托事业的发展乃大受影响。第三，政府的立法未臻完备，去年颁布的新银行法中，才有信托法的一章。前此因为没有关于信托方面的立法，所以信托事业根本没有轨道可循，社会人士对于“信托”的意识也模糊不清，以致闹出了许多笑话。例如民国二十六年曾出现了一家“天缘婚姻信托社”，南京路上慈淑大楼有所谓“中国信托公司”，在报纸上大登“代领通行证，代打拍司，便利迅速,取赀低廉”的广告。还有“大东信托社”,是专以“代征女友”为其业务的。凡此种种,一方面固系“信托”的涵义未为人民普遍接受之故,但政府当时毫未注意信托事业与明令规定其业务范围,实在是不容讳言的事实。更以近颁的信托法而论,距离我们的理想还远,需待商酌修正的地方也很多。我们是切盼政府能有一章尽善尽美切合实际的信托法出现的。

最后,我们不妨瞻望一下我国信托事业的远景,作为今天谈话的结束。我可以肯定地说,中国的信托事业的前途,是光明的。现在我国的信托业,已有了坚强的阵营,除了各信托公司外,银行的信托部设立很多。我们拥有雄厚的资金,足以为业务开展的张本。至于献身信托事业的从业人员,也远非昔比。这些有利的因素,使我对信托事业的前途抱着极端乐观的态度。当然,我更竭诚希望经济环境能够好转,现行的信托法能够修正,使这枝待放的鲜花能在温暖的花房中迅速成长起来。

(《国立暨南大学校刊》1948 年复刊第 16 期)

王芸生(1901—1980),天津静海人。长期从事新闻工作,曾任天津《商报》总编辑、上海《大公报》总编辑。1948年底,从上海经台湾、香港进入华东解放区,参加革命工作。1949年到北京,发表《我来到了解放区》一文。同年5月,随军进入上海,发表《大公报新生宣言》,并作为全国新闻工作者代表之一,出席中国人民政治协商会议。后历任上海市人民政府委员、中华新闻工作者协会副主席等职。

王芸生

一个理想的报人与一家理想的报纸

王芸生 讲
贺师尧 记

今天承詹先生之介绍,才有机会与此间新闻学系同学讲话。本人从事报界,已有二十多年。自问对新闻事业,毫无贡献与成就。说起来实在惭愧!因为假使说,一家报纸,对于整个国运与社会,有很大关系的话,试看国家今日,已到这样地步,我们所办报纸,有何功绩?我们报人自己,又有何贡献与成就之可言?

在座诸君,虽全非新闻系同学,谅皆对新闻事业甚感兴趣。希望各位将后另辟新闻事业局面,使之广大。不要在目前诸不甚合乎理想的大报领导之下,亦不必以目前一般报人为模范。我们这般人所走的路线,不一定都对。这因为现有之报人,由于既得之利益与地位存在,很难坦白、公正。就连本人亦在内。

至于如何做一个好的报人,办一家好的报纸?本人有些意见,供各位参考。

我以为要做一个新闻从业员,首先应先对该事业感有兴趣。报纸是现代的历史,新闻记者是替现代做历史的一员。因此对时代应有一种独立的观点和立场。发表言论时,也得提出自己的意见,对社会进言。其次,我以为做一个新闻记者,要能专业。此说一般人以为很顽固,尤其在美国,每一家报纸皆有其系统、背景,一般新闻记者,亦多以报人为升官的桥梁。但本人则以为既做了报人,就应专业。外人虽以为这意见是"抱残守缺",但亦有许多好处。假如,报人不参加任何党派,可以不受任何党纲、党纪、党义的束缚;不参加其他团体,同时亦可不受任何团体的拘束。我们的任务,但愿多得几个读者,多几个登广告的客户;业务的情况,要没有不名誉;财务的收入,要没有第三个来源。从政治意义来说,报人若能专业,即使对某一意见之提供有所错误,亦只能算记者对该问题观点的错误,没有代表某一方面说话。

再说到报人对言论应处如何态度?本人有几个诀窍,贡献给各位:

第一,不懂的话不要讲。第二,秘密的话不要讲。第三,有害社会人群的话不要讲。

过去一般新闻记者之所以为社会人士蔑视,实由于记者本身行为不够检点,不时要搬弄是非,为害社会。尤其许多黄色报纸记者,恶意敲诈,无恶不作。我以为一个人应先做到利己而不损人,继而应做到利己兼利人,最后应做到舍己利人。新闻记者更应如此。在主观上若于心无愧,凭外界如何非议,皆不足虑!

总上所说,我们做人办报,应当:

第一,要为多数人而服务。报纸目的,总希望大多数人能看我们的报纸。若所办报纸,专为少数人发言,不能为人民喉舌,销路自狭。办报的意义,亦完全失去。

第二,要能发挥同情心。人类之可贵,在乎有其同情心。若专为个人利益打算,而把社会利益抹杀了,这种报纸和报人,便已失去了天良。我们应抑强扶弱,为懦弱者呼救,不为强横者张胆。

第三,不要锦上添花!尤其不要为少数"要人"虚张事实,阿谀、谄媚,为新闻记者所大忌。

第四,不要落井下石!当一个人不得志之时,内心定必痛苦,尤其是许多官场之下台,当事人更感失意。我们若乘机打"落水狗",似可不必。

第五,不与人共利害!不问公私,皆应如此。

第六,不要深入人之机密!一个好记者又不去敲诈别人,何必勤求阴私。否则,不幸招祸,不是记者的罪恶吗?

最后,本人把《大公报》之"四不主义"告诉各位,亦作为各位的参考。所谓"四不主义",就是:一、不私。即符合"大公"之名称。二、不盲。即不作没有根据说话。三、不党。即同人不参加任何政团。四、不卖。即不卖人格、报格。

目前中国的新闻事业,虽已有一些成就,但为应付将来,尚觉大大不够。新闻事业的途径,需要开辟。我辈多年已二毛,不能全负起这重大责任,新闻事业之前途,实有待各位的努力。

本稿未经王先生订正,文责由编者负之。

(《国立暨南大学校刊》1948年复刊第12期)

查良鉴

查良鉴(1905—1994),字方季,浙江海宁人。1926年毕业于天津南开大学政治经济系。又就读于上海东吴大学法律系,毕业后留学美国,获法理学博士学位。回国后曾任中央大学、安徽大学、东吴大学、中央政治学校、上海法政学院教授,并任司法行政部编纂及第一特区推事、书记长。抗日战争期间,曾任上海特区地方法院推事,代理江苏高等法院第二分院推事,四川高等法院第一分院检察官。1944年4月至8月任司法行政院参事,并兼任东吴大学法律系主任、重庆实验法院推事兼院长。1945年任上海地方法院院长。后去台湾。著有《俄国现代史》等。

怎样推进法治

查良鉴 讲
章学良 蔡康素 记

诸位同学：

你们都是研究法律的，对于中国法律状态，想大家都乐于听闻。本来我想讲些关于法理学的问题，因为这问题较为专门，所以今日我想提出“怎样推进法治”一个问题，与诸位共同讨论。

现在，大家都在谈“法治”，在事实上我国尚未达到真正“法治”的境界；我们要探究其原因的所在，今后，我们应如何负起推进法治的使命。法是一个轨道，大家应循着轨道走路，不能有所越轨。在《列子》书上有这样一个故事，他说：“一只兔子在野外跑，便有几十人甚至百人去追逐；但是在市场上关在笼子里，即使有几十只兔子，决不会有人去抢夺。”这故事情节虽然简单，而其意义，却很深长。因此我们要问，为什么在野外一只兔子，大家去追逐，在笼子里几十只兔子，却无人去抢夺？这就是“法”最初的出发点，也就是“定名分”。名分已定，则大家知道自己的权利与义务，不会你争我夺，然后社会秩序方得维持。故欲安定社会秩序，必先“正名定分”。

“定名分”决不是维护一人或数人的权益，乃是维护整个社会利益。否则，你争我夺，社会永远难望有安宁的日子。我们要谋社会安宁，则衡量社会秩序，须有一客观的标准。古人说：“不以规矩，不能成方圆；不以尺度，不能量长短。”所以良匠无规矩，也不能成方圆，名画师无量角器，不能知角度。因此，我们要维护社会秩序，亦须有一定的尺度，来衡量社会的秩序，规定“人之行为”，“事之是非”，及“应为与不应为”的标准尺度，这就是法律。在我国过去认为有“道德”“礼仪”，即可维护社会秩序。其实道德与礼仪，只是社会中一种平常行为的准绳，而非明定的客观标准尺度，使大家可共信共守。这个客观的标准尺度，须因社会大众的需要而定出来，决不是由少数立法者的意思定出来。在一社会中，有一社会的尺度，所以中国有中国法律，英美有英美法律。虽然法律规范原为抽象的规定，但须适用于具体的社会生活关系，应用于具体的生活现象。因为各国的国情不同，所以各国的法律，亦有差异。

我国文明不后于人，旧时“礼”“法”并重，“礼仪”向为各国所赞许；“法律”也独树一帜，别为一独立法系。远在周秦，法制即已灿然可观，惟科学稍为落后而已。唐律条分列举，规定綦详，其原理亦为各国所称赞。在我国实行唐律的时候，欧洲各国，还无一部完整的法律。宋律、明律根据唐律订定，大同而小异。清代入主，仍沿旧律，略加改订，编成《大清律例》。“律”就是法律，“例”就是判例。现在世界两大法系，大陆法系以条文为基本的，英美法系以判例为基本的。我国在清代就注意到判例，确非世界各国所能及。我国既有法条，又有判例，因此博得外国使节的好评。清代有英钦差大臣乔治史道顿到我国来，认为中国文明，不亚于欧洲，且赞许中国法律很完整。即将“大清律例”译成英文，誉为煌煌巨著，由此可知，在当时中国法律的价值与地位。只可惜后来没有发扬光大，法律未跟社会进步而改善，好像赛跑起步很快，但因中间间断而落后致不能与十九世纪欧洲文明相颉颃。

十六世纪时，在广州的葡人，我们认他是夷人，以为夷人不配用中国法律。同样的，他们亦认为我们不够文明，用刑讯，打板子，民事以刑事处理。欠债不清偿，先打数十棍，这是不配合他们的观念，当时就成彼此不干涉的局面。同时，一方面由于我们自己放弃，一方面由于他们的突飞猛进，能随时代进步，我国又经太平天国离乱后，因此有“租界”领事裁判权的出现。当时清政府，为谋设法补救，力求改良旧律，颁布宪法、新民法、新刑法，同时成立法律修订馆。迨民国成立以后，政府与人民，对这件事推进，不遗余力。中山先生尤极力主张废除不平等条约。故民元以来，尽量设法修订民法、刑法及民诉法、刑诉法，于民国二十年先后订成，至廿四年已告大成，其内容不比任何国家为差。我们的祖先及现时政府的努力，其目的在使中国变成法治国家，古人说“徒法不足以自行”，单靠法还不够，且须有“行法”与“守法”的人，假使有“法”无“人”即可治，有史以来，还没有看到这样的奇迹。

我们的友邦——美国，国内有五十一区域，均用判例法。同一事件，这州判五年，或者那一州判十年，法律殊不一致，但我国法律是统一的，绝无此种缺点。但为什么我国尚不能称为法治国家，而他们判例法如此繁杂，却成为法治国家？这就是我们无切实实行的缘故。因为国人习惯上，对于守法观念太淡薄，虽有法律，可不依法律去做，谁肯受法律拘束，认为“法管法”，“我管我”，以为不守法有面子。明明马路上开红灯，他偏要穿过去，明明规定靠右走，他偏要靠左走。又有些人认为自己有特殊关系，不会受法律制裁，今天飞香港，明天走澳门，也有存徼幸心理，以身试法。殊不知一人破坏，影响全体。虽然你所为的不法行为，被害者是他人；假使他人所为的不法行为，而被害人或者是你或是你的家属，等到自身与家属受害时，便感觉到法律的需要。古人说“己所不欲，勿施于人”，因此，我们须从自己做起。

虽中国法律部分抄袭日本、瑞士、德国及英、美，然都能取其精华，去其糟粕，中间纵有不尽适合国情的，如民法亲属编中的夫妻财产制度。此外诉讼程序，亦嫌繁杂，这是一大缺点。不但诸位学法律的不尽明白，即是老法界亦不能彻底清楚。我个人主张“简化”。我在主持四川重庆实验法院时，将诉讼程序加以简化，不特程序法须简化，而实体法亦须简化。简化后，使大家一目了然，知道这是义务，这是权利。权义分明，各自相安，这对于推进法治，当大有帮助。

推进法治，还须培养法律人才。就目前情形，我国教育不普及，社会上能懂得法律者不多，即是受过高等教育，也未必个个都知道这是我的权利，这是我的义务。似此情形，则如何可推行法治，而为推行法治的一员？同时法官须操守廉洁，为人民服务，解决人民纠纷。行政机关，亦须有谙熟法律的人才。如强制执行，拆除房屋，须依法律程序办理，使人民不致蒙受非法的侵害。人民亦须有法律常识、守法精神，应认为守法对社会秩序有关，守法是人民的义务。例如美国鲁易士号召十万工人罢工，法院有命令制止，全体工人即刻便复了工，这不是说十万工人罢工的声势，不如法官的一纸命令，正因为其有守法的精神所致。

要使法律成为大众谋福利的准绳，那么就须慎重订定，尤不得朝令暮改，使大家失却信仰心。否则那里会发生效力。虽然法律须适应时代的需要，跟着时代进步而改善，然而，终不会朝令暮改，同时法令如毛，使人民更不知何所适从。这对推进法治，阻碍非浅。

"法"字从水，水无论在任何环境中，总是"平"的。"法律"须如"水"，人人在法律之前一律平等，无所谓"特殊阶级"，更不能有"特别优待"。

如果立法者能审慎订定法律，司法者能忠诚执行法律，人民能切实遵守法律，大家能够做到如此地步，不相信中国不会成法治的国家。

（《国立暨南大学校刊》1948 年复刊第 16 期）

沈百英

沈百英(1897—1992),江苏吴县人。1918年毕业于江苏省立第一师范学校。曾任商务印书馆编辑兼大夏大学、光华大学、沪江大学教授。中华人民共和国成立后,任华东师范大学小学教学数学教材研究室主任。曾两次到暨南大学讲演,1937年题目为“编辑小学教科书问题”,1948年题目为“识字问题”。1956年任华东师范大学教育系教授、小学数学教研室主任。著有《设计教学演讲集》《小学国语教学法》《珠算常识与珠算教法》等。

识字问题

沈百英 讲
彭学时 林荫衡 记

刚才王秀南先生对我介绍的一番话,我实在不敢当,只有把他的好意转送给在座的诸位。今天我想和诸位谈谈国语方面的问题,把本人对"识字问题"的几点意见,贡献给诸位。

目前中国正展开着扫除文盲的工作,对于识字教育极为注意,但一般人都误认教人识字,就是扫除文盲,一个人识了字,便不算文盲。其实,所谓文盲,有文字之盲和文化之盲两种,扫除文盲,不仅要扫除文字之盲,而且还要扫除文化之盲。不过,在扫除文化之盲之先,非扫除文字之盲不可,所以识字仍为扫除文盲工作中最重要的一部分,值得我们来讨论的。

一般人都称我们的文字为汉字,这实在不大妥当,而且也太小气了。今日的中国,是统一的,没有种族之分,所以我们应称我们的文字为国字。本人一生的时间,可以说全都花费在研究国字上。几十年来都在读书、教书、编书的圈子里,可称为一个道地的书生。据我所知道的国字,在初期(汉代)有三千三百个字,经历代的演变与添增,到现在,从《康熙字典》中计算起来,已有四万九千零三十个字。这么多的国字中,我们一个人到底要认识多少个字呢?据我编书的经验告诉我:一个人至少须认识一千个字。严格说来,我们一个人真正能够认识的字,也不过二三千字,所以我们所认识的字不多,也不必要多。倘使对一个字的"音""形""义"都了解,认得一千到三千字,就足够应用了。

普通来说,文字的演进是这样的:先有思想,然后用手势和面部的表情来表示,继而用声音、语言,再进而用图画来代替,最后由图画演变为文字。所以文字之演变,必经"形""音""义"三个程序,我们对一个字的认识,也应深切的了解这三个程序。

中国字以形状来区别,约有五万左右。常用字有一千到一千五百字,学起来相当困难。近年有人主张汉字拉丁化,方法固然好,只是一时不易实行。在没有新文字以前,我们只有采用简体字,如麗字写成丽字,鬭字写成斗字,这样既简单明了,又易于学习。简体字以前曾一度提倡过,可是抗战以来,便不大通行了。不过,我们的字体,确应向简单化这方面走。而在简体字还不十分流行,与没有全部简化之前,我们还得采用现成的正楷字,对于字划,还得特别留意。

关于字音方面,我主张采用国音,目前可参考的字典有二:一为国音常用字汇,一为国语辞典。国音学起来不大容易,注音符号,当前仍不失为最好的学习国音的一种工具,对于字音方面,我们应当做到想、说、做合一的地步。想到什么就说什么,把它记下来,便是一篇文章。至于几个南北不同的别音和标准语的问题,应力求统一与改善。讲到标准语,我们应得注意一点,就是倘用标准语还不准确之前,不妨暂以土语代替。待标准语学好后,再用标准语教授。不然,反使学生学不到真正的标准语。

最后讲到文字的意义,即字义问题,国字每个字,都有它的意义。有的意义,由形状转变而来;有的从音韵转变而来,这些我们暂且不谈。我们只问那种字,比较用起来便当,易为一般大众人民所了解,无疑的是浅显的字或白话。中国以往的文人(现在也不能说没有),总以为字义越深奥越好,譬如皮鞋不说皮鞋,而称革履。这种阻碍文化发展与限制扫除文盲工作的错误观点,我们要打倒和消灭它。我们要说革履为皮鞋,提倡白话,采用尽可能浅显的字,使白话真正达到其明白如话的地步。对不懂的字,可查字典,但切忌采用不良的字典。倘能用口头语解释的,还是用口头语解释好。如斟酌二字,只须解为仔细考虑好了,切不可再找字典。因为字典上解释“斟酌”,度量也。度,计也。计,谋也。量,斟酌事理也。酌,审量也。审,详查情形也。量,仔细考查也。这样查下去,愈来愈糊涂,不但使学生无端加上麻烦,且使学生对斟酌二字的意义,越搞越糊涂起来。至于字典中的许多不合时代性与错误的解释,应尽量的淘汰或改进。

末了,我把今天所讲的话作个结论:识字不是一件简单的事,认识一个字,要了解它的“音”“形”“义”三方面,才算真正的认识。识字的方法有三:

(1)字音绝对采用标准语,应用注音符号教学。

(2)字形力求简单化,提倡简体字。

(3)字义尽量浅显,使大众都能了解与接受,最好把说话与写作打成一片。

(《国立暨南大学校刊》1948 年复刊第 16 期)

邰爽秋

邰爽秋(1896—1976),字叔龙,江苏东台人。曾就读于江苏省立第五师范学堂、南京高等师范学校,1923年留美,入芝加哥大学、哥伦比亚大学学习,获教育学博士学位。1927年回国后,历任南京第四中山大学(后改为中央大学)等高校教授、中国民生教育学会理事长、中国民生建设实验院院长、国民政府教育部战时教育委员会委员等职。1930年至1931年、1933年任暨南大学教育学系主任。20世纪三四十年代,邰爽秋竭力提倡民生本位教育,并在农村开展民生本位教育实验达十余年之久,产生了很大的社会影响,与晏阳初、梁漱溟、陶行知并称为“中国教育界四大怪杰”。

民生本位教育与当前教育问题

邰爽秋 讲
徐一峰 记

民生本位教育运动，发动于民国二十年。这个运动，那时为一般教育学者所反对。民国二十二年，实际行动开始。本人曾在沪西组织念二社，提倡民生教育，又创办沪西民生教育实验区，发明普及教育车。二十五年，正式组织民生教育学会。二十八年，奉国府主席命令，创民生建设实验院。在重庆做实际工作，有五六年之久。现在已有一部分复员东下，在沪展开工作。这是民生本位教育运动，十几年来大概经过情形。

今天我所要讲的，计有三点：（一）什么是民生本位教育？（二）为什么要提倡民生本位教育？（三）怎样实施民生本位教育？在讲此三点时，内里便谈到民生本位教育与当前教育问题。

一、什么是民生本位教育？

1. 民生本位教育，不是生产教育。但生产教育，是民生本位教育之一部分，片面提倡生产教育，流弊很大，可造成资本主义。而提倡民生教育，则无此流弊。

2. 民生本位教育，不是职业教育。职业教育，是从个人出发的。而民生本位教育，是从社会出发的。

3. 民生本位教育，不是生活教育。民生本位教育，包括生活教育，并且特别注重经济生活。

4. 民生本位教育，不是社会教育。民生本位教育的方法，是很像社会教育的，但并不就是社会教育。

5. 民生本位教育，不是民生主义教育。如将民生应用到民族上去，便是民族主义教育；应用到政治上去，便是民权主义教育；应用到经济上去，便是民生主义教育。从三民主义立场去看，民生本位教育，是以民生为中心为本位之三民主义教育。

二、为什么要提倡民生本位教育？

在讲为什么提倡民生本位教育前，我们应先知道，何种教育为今日中国最需要之教育。

1. 科目本位教育，是以各科目组成中心，由小学到大学，越到上面，分得越细，也越与生活隔绝。小学课程，被中学课程决定；中学课程，被大学课程决定。这种制度的目的，在使每个人都成学者，为知识而研究知识，向知识的牛角梢里去钻。

记得从前有一个昆虫学博士，人家拿了一个昆虫，来请教他，他回答“不知道，因为我是专门研究苍蝇的”。后来人家找到一个苍蝇，请教他，他又回答“不知道”，说“我是研究麻苍蝇的”。于是人家又捉到一个麻苍蝇，去请教他。他又回答“不知道”，说“我是研究麻苍蝇的腿而得博士的”。于是说出麻苍蝇这条小腿，有多少种，有多少类，一大堆的知识。这些知识，固有其客观的价值，但是与人生有多大用处，确是个疑问！

我们知道，知识是很广的：研究无线电，是知识；研究面包，也是知识；研究任何东西，也均是知识。要是样样都去研究，这是不可能的事。

所以我们对于知识的选择，是应该有一种标准的。民生本位教育，是认为凡是与民生需要直接或间接有关的，便是有价值的。越有关系，便是越有价值。如在沙漠中一滴水，比一块黄金有价值得多。

2. 儿童本位教育，是以儿童为中心，一切活动均得以儿童为中心。

从个性出发,从兴趣着手,以现在儿童生活知识为内容,极端的反对以死的知识强迫儿童记忆,反对以刻板之道德规律压制活泼的儿童活动。他的目的,在充分发展个性能力,以发现天才为最后目标。

3. 民生本位教育,从民生需要出发。以含有与民生需要有关之知识技能为最有价值的知识技能。在相当范围内,是顾到儿童兴趣和个性发展,决不极端任个性发展。因为那会造成过度自由竞争态度的社会。如社会需要二万工程师,五万医生,而竟有五万儿童个性,要向工程师发展,二万儿童要做医生。那将来的结果,因工程师过多而竞争,必致有三万工程师失业,另外却少了三万医师,以致有许多病人,无人医治。试问这是如何危险?

以上面所说的三种教育来作比较,民生本位教育,对于现代中国,恐怕是最需要而最应提倡的了。

三、怎样实施民生本位教育?

1. 制度。传统制度,是没有顾到民生需要。以学校制度,包办了教育制度。试问一个人进学校,可以得到知识;不进学校,是否也可得到知识?况学校与生活隔开,使教育与民生发生冲突,受教育即不能谋生活,谋生活即不能受教育,这种制度怎么能用呢?民生本位教育,是根据教育与民生合一之原则,不但不冲突,而且能双方兼顾。那就是不进学校,照样可读书,受教育。在家里也好,在工厂里也好,自己请老师也好,读夜校也好,只要自己真需要学某科知识,向教育当局登记,经确实考察一下,即可给你某科知识修完证书。所以民生本位教育制度,是没有时间空间限制的。

2. 对象。男女老幼都是。无入学限制,从不选择,人人均可受教,均应受教。

3. 编制。传统教育,是以年龄为编级之标准;新传统教育,是以智龄学龄为编级之标准;民生本位教育,是以经济活动来做分团的标准。如黄包车夫可以编为一组,织工又可编为一组。如以年龄来编,则所教的东西,往往都不适宜。就以体育来说,黄包车夫每天跑路,下肢运动已大疲劳了,故应教之以上肢运动。织工平日上肢工作不息,故应教之以下肢运动。如二者编在一起,上肢运动,为织工的苦运动,下肢运动,为黄包车夫的苦运动,这样是大不相宜。其他均可类推了!

4. 作业。传统教育,所有课程都是以文字教育来做一切教育的工具。这是极不合理的。要知道,文字不过是教育工具之一种,其他如音乐、图画、电影等,均是很好的教育工具。民生本位教育,要打破以文字教育包办教育工具之传统办法。尽量利用一切教育工具,铲除课外作业与课内作业、校内作业与社会服务之界限。民生本位教育之作业,是以民生经济活动、民生经济建设为中心。作业内容,是养教卫管。按其重要,而定其课程之次序。

5. 教法。传统教育教学法,是注入式。儿童本位教育,注重设计教学。而民生本位教育之教法,是在民生经济活动上教,民生经济活动上学。在民生经济活动过程中教,在民生经济活动过程中学。在民生经济活动关系上去教,在民生经济活动关系上去学。民众兴趣,离不开自己的经验生活。如从此去教,自易引起学者的注意与需要。

6. 时间。按照经济活动的需要的情形去教。如农忙时,须教以布种知识。余可类推。

7. 设备。普遍设立科学馆、图书馆、体育馆,任民众去学习任何可以利用之工具,一切民生必需之活动,皆可使之教育化。

8. 师资。除文字上死知识以外,必须具有民生经济活动丰富之经验与技能,尤必以此为主要修养。上面所讲,系民生本位教育之大概情形。因时间关系,只能简单讲一讲,大家认为适合需要,则请协助推进。不宜处,务请指教!

编者按:目前我国教育,学者必需离开生产而参加与一切经济生活绝缘之学校生活,少数职业学校,当属例外。故受教育者负担教育之经费綦重;而"教育机会均等"一政纲,又为畸形的国民经济形态所限,而逐渐丧失其价值!复次,因学校所习课程内容,与经济生活失其连系,而社会各部门的事业需要,与学校所造就之人才,又失其整个性的统制与配合之故，形成学生“毕业即失业”之惨象，与“教育效率低能”之事实，不仅为当前教育进步之症结，抑且潜伏我国政治社会莫大之危机！邰先生倡导之民生本位教育运动，站在整个国家与社会的立场，提倡教育与民生合一，打破学校包办教育制度，以整个民众为教育之对象，主张多设立科学馆、图书馆、体育馆，利用各种科学设备，提高音乐、图画、电影等在教育工具上的地位，以民生经济活动、民生经济建设为作业之中心，“养”“教”“卫”“管”为作业之内容，以“教”“富”相生相成，获致民生康乐，以教育改造配合政治改造、社会改造，实为我国教育之新出路，吾人于聆悉邰先生“民生本位教育”讲演之余，不禁发生同感！邰先生在沪西主办民生教育实验区，埋头苦干，已具规模。他日吾人甚盼邰先生能将其实验结果，整理报告，俾供海内教育界人士为整个教育改革计划之探讨，与政府当局之采择！

（《国立暨南大学校刊》1948年复刊第14期）

廖世承

廖世承(1892—1970),字茂如。江苏嘉定(今属上海)人。早年入读私塾。1903年入清华学堂。1909年嘉定县立高小毕业。1912年上海南洋公学毕业。1915年赴美留学,先后获哲学博士和教育学博士学位。1919年回国,任南京高等师范教育科教授兼省立东大附中主任。1927年起任私立上海光华大学教育系教授、副校长、教育系主任兼附属中学主任,后兼任暨南大学教育学院教授。中华人民共和国成立后,历任华东师范大学副校长、上海第一师范学院院长、上海师范学院院长等职。编著有《教育心理学》《测验概要》等。

我对教育的信念

廖世承　讲
彭学时　记

我国中等教育权威廖世承博士，前应本校教育学会之请，来校讲演，讲题为"我对教育的信念"，计分十二条讲述，并详加举例说明。各条均系廖先生数十年来从事教育事业之经验与研究之结晶，当亦为吾人对教育应具有之共同信念。兹将其十二条要点，记录于后，以供我全校同学之参考。

一、教育的目的，在充分发展潜在的能力，使每一个人，都成为最快乐和最有用的人。

二、教育的对象，是千变万化的活人，一切实施、方法，应随时改进，切不可固定不变。

三、从事教育的人员，即是科学的公务员。不论对人对事，都应抱客观的态度，更应具有为公众谋幸福，与人类求进化的崇高的理想。

四、训练学生自动的思想，是教师的最重大的责任。因权力的控制所造成的习惯，在人事与环境变更了以后，是随时可以改变的。只有自动的思想，才是永远不变的。

五、应按学生之能力、兴趣、环境，来分化课程。

六、吸收教材不是教育的目的，而是帮助学生发展的方法。测量教材的影响的方法，不应注重机械的记忆，而当特别注意其兴趣态度与技能。

七、效用最大的教育,是青年或儿童从做中得来的。教育这种“做”,是由自己感觉需要的刺激而自动的,而非被动的。

八、最好的教学法,为使学生尽量认真与自动的做,并使其有工作的动机。

九、班上绝无两个,或两个以上学生的天赋特征或环境是相同的。教材教法,应多留伸缩之余地。

十、教育者对学生的品行、健康和知识,应同样的重视。切不可有所偏重!

十一、教育人员应成为教育团体之团员。为团体的共同目标而努力。为团体的成功计,必须牺牲个人的意见与权利,以促进团体的进展。

十二、教育是很平淡的工作,没有什么惊人的理论和新奇的方法。教育最可贵的,即为舍己为群的服务精神。对任何青年群与儿童群,都应该爱护与接近。

附注:本稿未经廖先生审定,如有错误,文责由记者负之。

(《国立暨南大学校刊》1948 年复刊第 19 期)

陶　铸

陶铸(1908—1969),又名陶际华,湖南祁阳人。1926 年加入中国共产党。1927 年参加南昌起义和广州起义。土地革命战争时期,曾任中共福建省委书记、福州中心市委书记等职。抗日战争时期,曾任中共湖北省委常委兼宣传部长等职。解放战争时期,曾任中共沈阳市委书记,第四野战军政治部副主任。中华人民共和国成立后,曾任中共广东省委第一书记、省长,国务院副总理,中共中央宣传部部长。1958 年至 1963 年兼任暨南大学校长。主要著述有《理想,情操,精神生活》《松树的风格》等。

对暨南大学师生的讲话*

（一九六〇年二月十二日）

陶 铸

大家热烈欢迎我，我又高兴，又耽心，耽心如何办好学校，不禁涌现两种心情。

这所设在广东的大学叫暨南大学，主要收华侨学生，沿用以前的名字。过去它设在上海，是华侨办的。现在暨大的学生，有华侨、侨眷、港澳同胞，也有国内各阶层的子弟。

为什么要我做校长，我是这所大学的支持人。决定办这所大学是党的决定，我是省委书记，任校长主要是挂名，但是一定要把暨大办好。

怎么样把学校办好？

办好学校要在两方面努力：一方面是领导和教职员；一方面是学生。把学校办好，大家都有责任。我认为学校一定会办得好，因为我们有比旧社会办得好的重要条件。当然，我们是新办学校，困难很多，但只要大家想办法，帮助学校来克服困难，困难就容易克服和解决。

关于学校方向问题。暨大是综合大学，文理并重。初步计划到一九六二年要有四千学生，达到这样便初具规模。师资从各校再支援些，主要是靠自力更生。

---

* 这是陶铸同志在暨南大学开学典礼上的讲话摘要，当时陶铸同志兼任暨南大学校长。

要办好学校,首先,就要把书教好。学生要学好,师资要强,光是老先生不行,因为老先生虽有经验,但没有这么多,因此要提拔新先生,新的有新的好处,容易吸取经验,年轻力壮。因此教书要教得好,一面靠老,一面靠新,两方面结合。不管是新的老的,谁教得好,便是好教师,要名副其实。不管黄猫还是黑猫,只要能吃老鼠便是好猫。从这次检查教学质量情况看,有些学校对教学质量好坏是不关心的,认为只要参加劳动就行了。学校应当以教学为主,给学生以一定知识。大学就要有大学的程度,要完成大学的课程,而且要学得好。理发店不理发,怎么叫理发店?学校不把学生教好,怎么叫学校?学生学习不好,怎么叫学生?因此,学校主要应把教学搞好,很好地完成学校课程,质量要高。从学校领导来讲,应把学生教好。从学生来讲,主要靠自学,因为大家都是大学生,都是高中毕业,年龄大些,理解力强些,应有相当的自学能力。这也是两方面结合。从学生自己方面来讲,先生讲得不够,可以通过讨论来解决,可以多看些书,多做些实验,精力集中些。过去我们读书真不容易,担心学费问题。劳动人民的子弟要读大学真困难,现在大学有助学金。过去读大学是一边读书一边到处找工作,毕业就是失业,现在你们只要努力把书读好就行。学校办不好,学生质量差,就不是好学校,因此,学生学好,教师教好,完成学校的课程,质量较高,是很重要的。这是决定学校办得好不好的首要问题。

培养好的作风也很重要。特别是新办校,首先要建立好的作风。好的作风便是一种无形的力量。学校办得好,有好的校风,学生不仅学习好,而且思想觉悟高,政治觉悟高,到了社会上就受欢迎。这样,大家都会爱惜这种荣誉,就会形成无形的力量,无形的监督,使得差的也被迫向好的看齐。要树立这种作风,便要大家有崇高的理想。理想不是幻想,不是野心,是为社会主义作一番事业,多发一分热,多发一分光。我们要有抱负,眼光要远,能吃苦,为我们伟大的祖国献出力量。人有了伟大的理想,有了奋斗的目标,生活才有意义。特别是每个青年人都应有崇高的理想。最可怕的是暮气沉沉,计较个人生活,失去远大目标。物质生活会不断改善,但不要斤斤计较物质生活,天天为物质生活苦恼,当物质的奴隶。我们应该相信,社会生产提高了,个人生活水平就会提高。在目前,我们可以吃饱、穿暖,在这种条件下,展开我们广阔的丰富的精神生活。这样,有了理想,就朝气勃勃。如斤斤计较,就不开朗。我们国家在一天天前进,但还落后,大家还要吃点苦。现在猪肉少,一定会多起来的,会有一天吃不完。我们每个青年不要为困难所吓倒和苦恼,心情开朗比每天吃半斤猪肉还重要。我们国家是要考虑提高人民的物质生活的,物质是第一的,我们要驾驭物质,要支配物质,不当物质的奴隶,不为个人生活而苦恼。只要有远大理想,一切都能解决。我们社会没有剥削,只要把工作搞好,生产搞好,物质生活就一定能够提高。许多先烈牺牲,就为了崇高的共产主义理想。邓中夏家里很富有,但他坚决为革命献出生命。看一个人品德高不高,主要是看他自私不自私,主要是看他如何处理个人与集体的关系。如果一个人始终考虑集体的利益,不为个人打算,这个人的品德就是高尚的。什么人才是伟大的?就是那些能全心全意为了集体,为了工人阶级,为了国家,为了民族,为了全人类的利益把个人利益压到最低程度的人。我们说的理想就是要建筑在这上面。我们这所大学,要用这种崇高的理想来武装学生,讲清道理,领导要以身作则,老的学生要为新同学做出榜样。每个人有了崇高理想,不斤斤计较个人得失,心情是开朗的,活泼的,朝气勃勃的,身体是好的,那我们学习就有了保证。同时伙食要搞好。一方面,要有理想,要有丰富的精神生活,要有高度的政治觉悟;另方面,伙食要搞好,卫生也要搞好。要创造一个好的学习环境。

总之,学校要培养学生有远大、崇高的理想,丰富的精神生活,考虑大的问题。我们六亿人民都有这个理想,建设社会主义强国,就一定能实现。

(《陶铸文集》,人民出版社,1987)

理想，情操，精神生活*

（一九六〇年五月）

陶 铸

崇高的理想

每个人都有他自己的理想。但是，理想到底指的是什么呢？这个问题是比较复杂的。因为一个时代与一个时代不同，一个时代内，一个人与一个人又不同。比如，从前的学生，大都是希望毕业时搞张文凭，找到职业，或者是希望在社会上能出人头地，以至显亲扬名。这就是他们的理想。做教师的，则是希望能把职业安定下来，能写出一两本书，或者能去外国留学"镀镀金"，回来求得更高的名誉和地位。这就是他们的理想。当然，那时候，也有一部分学生和教师，把推翻反动派的统治，建立一个富强独立的新中国，以至于实现共产主义作为自己的理想的。现在，与从前大不相同了。很多学生与教师，都是以为人民服务、为实现共产主义、完成全人类的解放事业作为自己的最高理想。虽然抱有象前面说的那样理想的人也还有，但为数已经很少了。你们也许会想着自己将来成为航海家、飞行家、科学家、文学家、工程师、大学教授……但是，所有这些想头，都是围绕着为人民服务、实现共产主义这一最崇高最伟大的理想的。这正是我们这个时代、这

* 这是陶铸同志对华南师范学院与暨南大学学生的一次讲话。

个社会的特征。当然,在少数人中间,他们的理想并没有和我们这一伟大的奋斗目标结合起来;他们也想做一些事情,但是他们做事情的目的是为了他们自己。比如为了自己能够有一个“明窗净几”的环境,能够“红袖添香夜读书”;或者是为了有一个爱人,一座别墅,一部汽车。他们把这种个人打算作为自己的“理想”。一点理想也没有的人有没有呢?一般地说,是没有的。有一些人憧憬他们的过去,但是过去的东西是永远不会再来了,因此他们感到将来的渺茫,从不把希望寄托在将来。这种人好象是没有理想了,其实,那消逝了的过去就正是他们的“理想”。也还有一些人认为现在已经生活得差不多,甚至感到已经满足,心安理得,不想再前进一步;生怕一前进,会破坏他们现有的生活。这样,他们便忘记了革命必须不断前进的真理,忘记了一个人一生的责任,忘记了更广大的群众。这种人可以叫做“现状维持派”。他们也可以说自己再没有什么理想了;这从某种意义上来说,当然是对的。但是,究其实,他们仍旧是有“理想”的,这眼前的光景就正是他们的“理想”,或者说,他们正躺在自己的“理想”上睡觉哩。

理想是有社会性、阶级性的。在什么样的社会,就会产生什么样的理想;什么样的阶级,更确切地说,站在什么样的阶级立场上,就有什么样的理想。在封建社会,“洞房花烛夜,金榜题名时”,往往是那些地主阶级或者是向往于地主阶级生活的人的理想。在资本主义社会,资产阶级的理想是希望钱越赚越多,利润越来越高,而且希望这个人剥削人、人压迫人的社会是“永恒”的。而无产阶级,却要打破这个“永恒”,把这个人剥削人、人压迫人的社会推翻。在社会主义社会,为人民服务,建设社会主义事业,就成为广大人民的共同理想。所以,我们说,理想是受到一定的社会阶级所限制的。比如古时候,就象屈原那样富于理想的伟大的爱国主义诗人,他的理想,也只限于为当时被秦国侵略的楚国的贵族阶级利益服务,还没有站在平民群众方面,更谈不到什么依靠群众,发动群众。此外,理想还受到社会的一定的生产力的限制。比如传说中的鲁班以及过去许许多多伟大的科学家,他们虽然有着各种各样改造自然、改进人民生活的理想，但是由于那时的自然科学水平还很低，无论如何，他们也不会提出象今天我们所说的电气化、机械化、自动化等计划来。因此，我们在谈到理想问题的时候，就要分别出什么样的社会和什么样的人，而这些人又抱有怎样的理想，然后才能做出确切的评价。当然，我们对理想还是有一个基本的看法的，那就是：无论在什么样的社会里，一个人的理想，是为了多数人的利益，为了社会的进步，对社会生产力的发展起了促进作用，也就是说，合乎社会历史的发展规律，就是伟大的理想。为了这样的理想，付出了毕生精力的人，不管他的事业在当时人们的眼光里看来是重要还是不重要，也不管他在从事这种事业中是成功还是失败，他都不失为一个值得赞扬的人物。反之，为了那些不合乎社会发展要求、不合乎人民群众利益的“理想”，尽管他用尽毕生精力，甚至于丧掉自己的生命，或即使是获得了成功，创造了“宏绩伟业”，都是无足称道的。总之，一个人的思想行为，要合乎社会发展规律的要求。

在我国历史上，许多民族英雄、人民英雄、大发明家、科学家，他们都是一些有伟大理想的人。当强敌压境，国家民族危在旦夕的时候，民族英雄的理想，就是要把敌人赶走，使自己的民族生存和发展下去。当统治者昏庸腐朽，横征暴敛，使得人民无法生活下去的时候，人民英雄就揭竿而起，把反抗强权，救民于水火之中作为自己的理想。当时人民的劳动强度很大，生活很苦，劳动生产率很低，发明家、科学家们的理想，就是要以他们的创造、发明，去改善人民的劳动条件，提高劳动生产率和改善人民的生活。归根结蒂，这些人对促进社会的进步，对社会生产力的发展，是有所贡献的，虽然他们的贡献还不免要受着历史条件的限制。

正因为伟大的理想是合乎社会的进步、合乎人民利益的要求、合乎社会发展的规律的，所以对于一些具有伟大理想并为伟大理想而斗争的人，千百年来人们一直在尊重他们，怀念他们，纪念他们。相反地，对于一些破坏这些理想，阻挠这些理想实现的人，千百年来，人们一直怀恨他们，憎恶他们，咒骂他们。前一种人，在传说中和历史上是很多的。如众所周知的，夏禹为了治水，在外九年，三过家门而不入；李冰父子为了当时成都平原的水利问题，两代相传把它作为终生的事业，不知克服了多少困难，终于修成了泽被后世的都江堰；扁鹊深入民间，“周游列国”，“随俗为变”，解除人民疾病的痛苦；还有我们所熟知的贫苦出身的黄道婆，流落到海南黎族地区，为解决人们的穿衣问题，苦心学习和研究，终于掌握了纺织技术，改良并制造了纺织工具，她把自己的丰富经验无保留地传给别人……这些人千百年来一直受到人们的尊重，怀念。汉代的霍去病，为了国家的生存和强盛，在戎马中过了一生。当他击退了匈奴的入侵，汉武帝想给他盖房子酬报他的功绩时，他回答说：“匈奴未灭，何以家为。”宋代的岳飞，为了挽救国家的危亡，离妻别母，转战疆场，最后和自己的儿子一起屈死在风波亭上。文天祥，抗击元兵进攻，坚贞不屈，被敌人抓住后，仍旧临危不苟，和敌人作了坚决的斗争，誓死不投降。清代的林则徐，坚决反对帝国主义的侵略，和腐朽的当权派作斗争，及至充军伊犁，他一点也不灰心，一直没有忘记帝国主义对我国的侵略，而且在那里和群众一道修水利，栽葡萄，为当地人民造福。洪秀全，看到当时清室的腐败，民不聊生，看到当时的帝国主义吞并中国的阴谋，就聚集群众，要把清室推翻，为中国找出一条出路。孙中山，为了推翻清朝，为了建立一个强盛的中国，他奋斗了四十年……所有这些人，都是有伟大理想并坚决为他们的伟大理想而斗争的人。他们的理想不是为了哪个人，而是为了国家，为了民族或为了广大的人民。他们为了自己的伟大的理想，有些人家可以不要，有些人官可以不做，有些人生命可以抛弃，有些人真正是做到了“富贵不能淫，贫贱不能移，威武不能屈”的地步。这样的一些人，是永远不会从人民的心中消逝的。相反地，在我们的历史上，也有不少为着个人的利益和少数人集团的利益，不惜专门破坏人民的、民族的伟大理想的败类，如宋朝的秦桧，明朝的洪承畴，清朝的曾国藩，以及后来的袁世凯、汪精卫等等。他们遭到人们的憎恶、咒骂；咒骂之不足，人们还通过许多文学艺术作品，对他们作了不遗余力的鞭挞。

理想问题,实质上是一个人的世界观问题。一个人活在世界上,应该具有什么样的奋斗目标呢?什么样的社会才是最理想的社会呢?这是和一个人的世界观密切联系着的。抱有资产阶级世界观的人,所谓资本主义式的"西方文明"就是他们的最高理想。他们认为资本主义的人压迫人、人奴役人的制度是完全合理的,是"上帝"的意旨,是不能也不应该改变的。相反地,抱有无产阶级世界观的人,则认为世界是向前发展的,社会的财富都是劳动者所创造的,必须推翻而且能够推翻人压迫人、人剥削人的资本主义社会,建立一个没有压迫、没有剥削、使全世界人类都过着幸福生活的共产主义社会。总之,不同的世界观就有不同的理想;不同的理想,同时也就表现出各种不同的世界观。所以,在今天谈到一个人有没有伟大的理想的时候,还必须注意到世界观问题。

我们的时代,我们的社会,是树立崇高理想和实现崇高理想的最好社会。生活在我们这样伟大的社会主义国家的青年人,没有崇高的理想,是可悲的。一个没有崇高理想的人,好象迷失了路途一样,不但不知道明天走到哪里,做什么,就是连今天做什么,为什么要这样做都弄不清楚。我们大家为什么要进学校呢?为什么要读书呢?进学校、读书的目的何在呢?当我们翻开书本第一页的时候,就要回答这个问题。同学们!这个问题,也就是要我们回答的关于一个人应该有什么样的理想的问题。"千里之行,始于足下",在开始的时候,就得有个盘算,才不致"失之毫厘,谬以千里"。所以,理想问题,对每一个人来说,都是一个重要的问题。对社会主义社会里的青年人来说,更是一个大问题。

为什么说实现共产主义是我们最崇高最伟大的理想呢?这不仅因为共产主义、也只有共产主义能够使人类从私有制的束缚下彻底解放出来,能够使人类过着最快乐、最美满、最幸福的生活,能够实现古人所常说的"使老有所终,壮有所用,幼有所长,鳏寡孤独废疾者皆有所养"的"大同世界",而且因为这个理想是完全能够实现的。中国古代的不说，大家知道，在四百多年以前，英国的托马斯·莫尔等，就始创了空想社会主义学说，到了十九世纪，法国的圣西门、傅立叶，英国的欧文等人，又使空想社会主义的学说得到了进一步的发展。他们都梦想着要在世界上建立一个美好的社会。但是由于历史条件的限制，他们虽然有力地揭露了资本主义的矛盾，批判了资本主义的罪恶，但是他们看不到无产阶级的力量，不懂得要经过阶级斗争和革命战争去取得胜利。在他们的心目中，无产阶级只是被压迫的群众，只需要给予同情和帮助就够了。因此，他们的理想尽管是好的，却是不可能实现的，因而也就是空想的非科学的东西。马克思和恩格斯第一次把社会主义由空想变成科学，指出了我们的理想是共产主义社会，指出了资本主义掘墓人和共产主义社会的创造者，正是受着资本家剥削与压迫的工人阶级。他们解答了多少年来人类进步思想所提出的但不能解决的一系列问题。列宁在无产阶级革命的新的条件下，发展了马克思主义，并在俄国缔造了第一个社会主义国家——苏联。他们不但从理论上丰富了马克思主义，而且给全世界做出了榜样，用铁一样的事实告诉人们，这个最崇高最伟大的共产主义理想，是完全可以实现的。在我们中国，自从一八四〇年鸦片战争以来，不少的先进人物曾经想使我们的国家变为独立富强的国家，使我们的社会变为一个理想的社会，但是都没有成功。直到十月革命一声炮响，送来了马克思列宁主义，这才真正为我们的国家找到了一个伟大的理想和实现这个理想的道路。我国革命的胜利以及社会主义建设中取得了伟大成就的事实，又一次证明了这个最崇高最伟大的共产主义理想，是完全可以实现的。当然，我们现在的社会，还只是共产主义社会的第一个阶段——社会主义社会。我们要过渡到共产主义社会还要经过长时期的艰苦奋斗。大家都知道，只有使社会产品极大地丰富了，全体人民共产主义思想觉悟和道德品质极大地提高了，全民教育普及并且提高了，旧社会遗留下来的三个差别（工农差别、城乡差别、脑力劳动与体力劳动的差别）以及反映这些差别的资产阶级权利残余逐步消失了，国家的职能只是为了对付外部敌人的侵略，对内则失去作用了，只有到了这时候,共产生义理想才算实现了。

同学们!从开始有人类社会以来,没有哪一个社会能与共产主义社会相比。什么理想也不能同共产主义这一更崇高更伟大的理想相比。我希望每一个同学都要有这个崇高的理想,把自己最好的年华、把自己的一生贡献给这个崇高的伟大的共产主义事业。

高尚的情操

一个人有了崇高的伟大的理想,还一定要有高尚的情操。没有高尚的情操,再崇高、再伟大的理想也是不能达到的。刚才已经讲过,共产主义这一最崇高最伟大的理想之所以能够实现,就是因为找到了一个为实现这一理想而斗争的社会力量,这就是具有高尚的情操的无产阶级。我们说,一个有高尚情操的人,一定是一个有崇高理想的人。象现代无数的革命烈士们,他们不怕坐牢,不怕杀头,不计名利,不图享受,为劳动人民的解放,为共产主义的远大理想,流尽了最后的一滴血。我们只要重温一下《革命烈士诗抄》里的那些诗,就可以从中得到激励和鼓舞,得到无限的精神力量。这些诗,都是烈士们用自己的生命和鲜血写成的。这些诗集中地表现了一个理想,就是即使在生命到了最后的时刻,他们也是坚决地相信着自己的牺牲是有代价的:革命事业一定会得到胜利,人民群众一定会得到解放,共产主义社会一定会得到实现。敌人虽然摧毁了他们的躯体,但是永远摧毁不了他们的伟大理想。《革命烈士诗抄》里那些诗句所表现出来的那种宁死不屈的磅礴气魄,对无产阶级事业的无限忠诚,正是一种最高尚的情操。而这样的高尚的情操,是与对自己的远大理想抱着坚定不移的信念相联系着的。中国革命的胜利,就是靠着无数具有高尚情操的革命同志和革命先烈们的斗争才取得的。现在,我们要在我们这个"一穷二白"的国家里,进行社会主义革命和社会主义建设,还要为实现共产主义而奋斗,这都需要作更为持久的、极其艰苦的斗争。要取得这个斗争的胜利,必须要求我们每一个人首先是共产党员和先进青年都具有高尚的情操。

什么是情操呢?情就是感情;在我们来说,就是无产阶级的感情,集体主义的感情。操就是操守,节操;在我们来说,就是革命的坚定性。那么,具体说来,什么样的情操才是高尚的情操呢?又怎样才能使得自己具有高尚的情操呢?我想,除了必须具有正确的世界观和崇高的理想之外,还必须严格地做到下面三点:

第一,要丢掉一切私有观念,要与自己的个人主义思想彻底决裂。从私有观念中解放出来,这是一个很重要的问题。我们说解放思想,本来是包括两方面的:一方面是从保守观念里解放出来;另方面就是从私有观念里解放出来。这后面一点往往被人们忽略了。大家可以设想,一个受私有观念束缚的人,一个满脑子个人主义的人,整天患得患失,怕这怕那的,是何等不愉快和不自由!我们还要知道,要做到真正从私有观念里解放出来,并不是那么容易的事情。因为我们都多多少少受着旧社会的思想、习惯的影响。同时,我们现在是生活在社会主义社会里,社会主义是从资本主义社会里刚刚产生出来的,它在各个方面都带有旧社会的痕迹,由于物质还不很充裕,因此我们在分配上还是要采取"按劳分配"的方式,资产阶级权利仍然起着一定的作用。在这种情况下,私有观念如不彻底去掉,很可能还会有所增长。所以,我们要具有高尚的情操,就一定要从私有观念的束缚里解放出来。要有高尚的情操,就要具有"先天下之忧而忧,后天下之乐而乐"的品德。一个有着个人主义思想的人,怎么可能做到这一点呢?有些人不是只在想着自己"小家庭的温暖"吗?不是还把争取这个"小家庭的温暖"作为自己的最高理想吗?这也是由于私有观念作怪,个人主义作怪。一个人的小家庭的温暖,我们是不反对的。每个人应当有个温暖的小家庭。但是我们要问:为什么不去多考虑到我国广大人民的家庭的温暖呢?为什么不去多考虑到全世界绝大多数人的家庭的温暖呢?前面已经讲过,当霍去病为国家立下汗马功劳的时候,汉武帝想给他盖房子,总该是一种"家庭的温暖"吧?但是,这种个人的家庭温暖,霍去病不要。"匈奴未灭,何以家为",千古传诵,就正因为它代表一种公而忘私,不为个人打算的高尚的感情。杜甫的成都草堂为秋风所破，他也是需要“家庭的温暖”的。但他想到的并不只是他自己，而是“安得广厦千万间，大庇天下寒士俱欢颜，风雨不动安如山！”现在我们的国家仍旧没有摆脱“一穷二白”的面貌，世界上多少国家的劳动人民仍旧在啼饥号寒，我们怎么能够老是在考虑一个人的家庭的温暖呢？怎么能够满足于自己一个人的家庭的温暖呢？所以说，一个人只是为了自己家庭的温暖而“奋斗”，他的情操是不高的。鲁迅在年轻的时候，就写下了“我以我血荐轩辕”的诗句，立志为国家、为广大人民贡献出毕生精力。而到后来，他也确实做到了“横眉冷对千夫指，俯首甘为孺子牛”。我们说鲁迅是有着高尚情操的人，原因也正在这里。

第二，要有坚强的革命毅力，也就是鲁迅所说的“韧性”。过去进行革命战争、阶级斗争的时候，斗争是残酷的、长期的，需要坚强的革命毅力；现在，在进行社会主义建设（社会主义革命当然还要进行到底），在同大自然作斗争，与贫穷愚昧作斗争的时候，仍然需要有坚强的革命毅力。我们的爬山队，前些日子爬上了世界第一峰，他们就是具有坚强革命毅力的人。如果他们在爬山过程中有一点点动摇，就不会光荣地爬到顶峰上去。在我国古代，也有不少人具有坚强的毅力，例如明清之际的史学家谈迁，他就是一个具有坚强毅力的典型人物。他花了二十多年的时间，写了改，改了写，修改六次，编写成一部五百万言的明朝编年史《国榷》。但是被人偷去了。谈迁虽然很伤心，却没有灰心。他在大哭一场之后，又下定决心。他想，我的手不是还在吗？再从头干起。从此以后，他手脚更勤了，收集资料更广了，研究更深了，经过几年更艰苦的劳动，他终于把失去了的五百多万字，更完美地写了出来。谈迁这种不畏艰难、不怕险阻的坚强毅力，是值得我们每一个人学习的。在革命战争的年代，我们讲操守，是不向敌人屈服和投降。我们今天要向大自然作战，要征服大自然，也要讲操守，也就是决不能向它屈服和投降。我们要不断努力，要艰苦奋斗，只有具有坚强的革命毅力的人，才能具有不断努力和艰苦奋斗的精神，才能不为取得一点成绩而停步不前，才能永不止息地向前迈进。同学们还要知道，要在我国建成社会主义，我们还要攀登许多科学的、文化的高峰，还要经过极其艰苦的劳动与斗争。在这整个过程中，没有百折不挠的勇气，没有坚强的革命毅力是不行的。

第三，要有丰厚的群众的感情，丰厚的劳动人民的感情。不要忘记，我们是生活在群众之中，是群众所养大的。我们今天所学到的一点知识，是群众所创造，是群众给我们的。因此，我们要把我们所学到的一切知识都还给群众——为群众服务。要时时刻刻地想着：我能够为群众做些什么？我为群众做了些什么？有人把知识作为自己的私有财产；有人以为有了一点知识，就应该高人一等。这些都是很糊涂很错误的想法。要具有劳动人民的感情，还必须热爱劳动。过去有了知识的人，往往"好逸恶劳"（"逸"是指游手好闲的意思），这是一种很低下的感情。我们今天应该把它翻转过来，"好劳恶逸"。我们学到一点知识，是为了更好地劳动，使自己聪明一些，而不是为了脱离劳动，使自己愚蠢一些。只有热爱劳动，参加劳动，我们才能真正与劳动人民打成一片，才能真正培养起劳动人民的感情，才能发挥知识的力量。

我认为，在我们这样一个时代，我们国家的青年人必须具备以上三点，才能称得上有高尚的情操，才能实现共产主义这个最崇高、最伟大的理想。

我们已经知道，实现共产主义这一崇高理想，并不是一个空洞的、玄虚的、可望而不可即的东西。但是，我们还必须知道，要实现这一理想，决不是光认识到就可以了，也不是光谈一谈高尚的情操就可以达到了，而是要通过各种具体工作的进行才能实现的。崇高的理想变为社会的现实，必须通过革命的实践；革命的理想必须和革命的实践结合起来。因此，我们说一个人有没有理想，情操高尚不高尚，决不光是听他谈论得如何，更重要的，是要看他的行动，看他是否在自己的工作岗位上尽了自己最大的心力，是否对工作上碰到的困难想尽了办法来克服。要在我国完成社会主义建设和实现伟大的共产主义理想，是和每个人都有关系的，是每个人都负有责任的。如果我们每个人都能在自己的工作岗位上有所贡献，千万河流归大海，我们崇高的理想就一定能够实现；如果我们每个人都能奋勇争先，不畏艰苦，不畏困难，那我们崇高的理想就一定能快些实现。这样的人，在我们的周围是很多的。他们把自己的工作和实现共产主义这一崇高的理想联系在一起，并且和大家一起同心协力地建设社会主义。这些人，都是有崇高理想的人，也是有高尚情操的人。我们在学校学习的同学，就应该把自己的学习和实现共产主义这一崇高的理想联系起来；我们应该在同样的时间内，学习得更多更好；我们应该在设备条件并不很好的情况下，克服困难，比之在条件很好的学校里学习的也毫无逊色。

革命的精神生活

一个人的生活，可以分为两个方面。一个方面是物质生活，另一个方面是精神生活。这里所说的精神生活，其实也就是一个人的理想和情操的问题。一个有崇高的理想，高尚的情操的人，就会有充实的丰富的革命的精神生活；反之，精神生活一定是异常低下和空虚。

物质生活，对每一个人说来，无疑都是需要的。我们很难想象，一个人十天半月不吃饭怎么样活下去。从前有两兄弟叫伯夷、叔齐，他们对武王领导的伐纣战争（这是一个正义的战争）很有意见。武王伐纣成功后，改号曰周，他们更不满，跑到首阳山上躲起来，叫做“耻食周粟”，但是饿极了，还得要采点“薇”来吃。可见一个人完全没有物质生活是不行的。我们共产党人是唯物主义者，我们从来不离开一定的物质条件谈精神生活。就是在革命最困难的时候，我们党也强调要关心人民的物质生活。我们闹革命，要建设社会主义和实现共产主义，从根本的意义上来讲，就是为了提高广大人民的物质生活（当然同时也是为了提高人民的精神文化生活）。我们所要实现的崇高的伟大的理想，并不是一种幻想，也不是一种离开物质专讲精神的理想。我们要使大地上都长满庄稼，使荒山野岭都种上果木，使山坑山坳建成为湖泊水库,使湖泊水库里都养上鱼,使所有的海滩都种上树木,变成为绿色长城,使沙漠种上葡萄、棉花,使每个人都能住上舒适的房子,使所有的房间在晚上都亮起电灯,使所有的人都穿上整齐漂亮的衣裳,出门都能坐汽车,都能丰衣足食……这是共产主义的远景,也是我们的理想。这一理想决不是建立在什么"天国"上,而是建立在我们面前,经过几代人的努力是完全可以实现的。这样的理想,难道不是物质生活么? 不错,过去的统治阶级也强调物质生活,但是,他们只强调他们本阶级的,只强调少数人的;他们过的那种灯红酒绿、纸醉金迷的糜烂生活,是榨取无数劳动人民的血汗得来的;而我们却是要使得每一个劳动人民通过自己辛勤劳动,都能过上丰富的物质生活。

但是,当我们讲到物质生活的时候,我们绝不应该忽视精神生活的作用和意义。无论是在物质生活充裕的时候,或是在物质生活困难的时候,精神生活对我们都是十分需要的。刚才已经说过,精神生活其实就是一个人的理想和情操,所以在我们来说,一刻也不能没有精神生活。我们之所以无论在什么时候都是充满活力,朝气勃勃,意态昂扬,勇往直前,原因是什么呢,决不只是由于吃多少斤猪肉,吃多少斤砂糖,或增加多少工资,即是说,我们前进的动力,主要是靠政治思想教育,不断提高人民的共产主义觉悟,使大家都能具有崇高的理想、高尚的情操和充实丰富的革命的精神生活。

大家都知道,易卜生的《玩偶之家》里的女主角娜拉为什么要出走,她的出走并不是追求物质享受,她的物质生活水平可以说是相当高的了。她的丈夫新升了银行经理,虽然他们的生活中一度出现了波折,但是只要娜拉愿意,她还是可以照以前那样甚至比以前"更好"地过下去的。但是,她不能再这样过下去。经过了这次波折,她要重新考虑自己在家庭生活中的地位,她发现她充其量不过是自己丈夫的一个玩偶而已。她发现自己的精神生活是异常空虚的。她要摆脱这种生活,所以她不顾一切地出走了。娜拉的出走,为的是想追求一种比较合乎理想的(这种理想当然是模糊的)精神生活。《青春之歌》里的女主角林道静,就更为清楚地给我们说明了这一问题。她如果安心于做余永泽的妻子,也是可以过一过"小康之家"的生活的。但是,她不满足于此,她看不起余永泽那种唯我的、自私的、反动的思想和行为,她痛切地感到自己精神生活上的空虚,因此,她才迫切地追求一种新的生活。当她找到了党,党把她领到一条对她说来是崭新而又艰苦的道路上去的时候,她毫无留恋地抛弃掉她的"小康之家"的物质享受,走上了革命的道路。在抗日战争开始的时候,为什么那么多青年学生不怕险阻,长途跋涉,冒着被国民党、日本军队扣留、杀害的危险到延安去?原因不是别的,也是为了追求一种更高的理想,要过一种更充实的精神生活。当时有人形容自己才到延安的心情,说看到延安的塔影,好象在海洋里出现桅杆,到了延安,好象登上了革命的大船一样。这就是表现他们当时的精神状态,说明他们对革命的精神生活的需要。

现在,在我们这个社会里头,比之从前,我们的精神生活是空前地充实和丰富了。但是另一方面,我们目前的社会生产力还很低,物质条件还很差,要完全实现我们的伟大理想,还不可避免地会遇到各种各样的困难,包括某些物质缺乏的困难。在这样的情况下,怎么办呢?放弃我们的理想,追求个人的物质生活的满足,还是坚持我们的理想,充实我们的革命的精神生活?我觉得正是在这样的条件下,革命的精神生活,对我们说来,更是极为重要的。因为有了它,我们就可以清楚地认识到目前的困难是前进中的困难,是由于我们要把自己的国家建设速度加快一点(只有这样,我们才可以尽快地摆脱贫困,才可以再也不受帝国主义的欺侮)而出现的困难,从而我们就可以从积极方面去想办法克服这些困难;因为有了它,我们每个人便能够懂得我们目前所从事的工作的重大意义,从而对目前所遇到的某些物质上的困难就无所怨尤;因为有了它,我们就懂得不能只从个人利益、目前利益出发,更不能成为物质的奴隶,从而就会自觉地解决个人利益与集体利益、目前利益与长远利益的矛盾,就会保持朝气勃勃、坚强饱满、勇往直前的革命气魄。所以我常想:一个人只有物质生活没有精神生活是不行的;而有了充实的革命精神生活,就算物质生活差些,就算困难大些,也能忍受和克服。所以我又想:不论在什么时候,一个精神生活很充实的人,一定是一个很有理想的人,一定是一个很高尚的人,一定是一个只做物质的主人而不做物质的奴隶的人。反之,一个受物质支配的人,一个个人"物欲"很强的人,一定是缺乏理想、趣味低级、精神生活很空虚的人,也是生活极为可悲的人。这使我想起《儒林外史》里的一些人物,如严监生、周进、范进等。他们就是这一类人物。严监生死的时候,总是不断气,原来是为他跟前点的灯盏里有两根灯草,直到懂得他爱财如命的人替他挑去一根时,他才断了气;周进是个所谓"读书人",他听到几个商人说愿拿钱给他"捐监",竟趴到地下给他们磕头不止;范进也是个所谓"读书人",他未中举前穷途潦倒,一中了举,竟喜欢得发了狂。这些人想的是升官发财,完全变成了物质的奴隶,这些人的精神状态,真是低下得可悲亦复可怜了。

我们是有崇高理想的人,也是有高尚的情操的人,我们的精神生活是很丰富的。理想、情操、精神生活,这三者是紧密地联结在一起的。如果能把这三个问题都解决好,那我们就会不为物质所束缚,就会创造出一个有丰富的物质生活和精神生活的新世界。古代有一个颜回,好学不倦,他很穷,但是他并不以为苦。孔子称赞他说:"贤哉,回也!一箪食,一瓢饮,在陋巷,人不堪其忧,回也不改其乐。"这是古代的事。我们今天搞社会主义建设,以后还要实现人类最高理想——共产主义社会,我们应该具有为颜回所不可比拟的伟大的革命胸怀,我们应该什么时候都充满革命的乐观主义精神,即使是在最困难的时候,最艰苦的时候,也是如此。同学们都知道,二万五千里长征的时候,比起现在来不知要困难多少倍,艰苦多少倍,但是,就是在那个时候,毛主席写了充满革命乐观主义的《长征》诗,他写道:"红军不怕远征难,万水千山只等闲";他还写道:"更喜岷山千里雪,三军过后尽开颜"。哪一个时代,哪一个阶级会具有我们这样崇高的理想,高尚的情操?哪一个时代,哪一个阶级会具有我们这样丰富、充实的革命的精神生活？任何困难也是挡不住我们前进的。修建川藏公路的战士们有一句话："高山为我们低头，河水为我们让路。"这种英雄豪迈的气概，值得同学们学习。我们不要辜负了这伟大的时代，不要辜负了党和毛主席对我们的教导！

（《中国青年》1960年第17期）

附录

暨南学术讲演演词索引

罗志欢

1922

南京高师、东南大学、暨南附属小学校讲演部成立的经过　《教师之友(南京)》1922 年第 25 期

1925

布告第三十六号(十月九日):双十节早晨,敦请前北京师范大学教务主任程柏庐先生来校讲演　《暨南周刊》1925 年第 4 期

商科消息:演讲特志　《暨南周刊》1925 年第 4 期

商大消息:演讲汇志　《暨南周刊》1925 年第 8 期

师范科消息:名人演讲　《暨南周刊》1925 年第 8 期

商大消息:演讲:本星期四下午四时,请光华大同大学教授何德奎硕士来校演讲"美国银行之实况"　《暨南周刊》1925 年第 10 期

师范科消息:讲演预志　《暨南周刊》1925 年第 12 期

演讲:说月(十月一日在文理科文学会讲)　陆展叔　《暨南周刊》1925 年第 12 期

编辑部通信:本部前收到徐永祚会计师演讲"我国会计师事业之现状"记录一篇　《暨南周刊》1925 年第 13 期

师范科消息:教育演讲　《暨南周刊》1925 年第 14 期

演讲:我国会计师事业之现状　《暨南周刊》1925 年第 14 ~ 15 期

五卅惨案与国民应有之觉悟:在国立暨南大学讲演　周佛海　《孤军》1925 年第 3 卷第 2 期

演讲:国家主义与中国青年:曾琦先生在国立暨南大学讲　曾解(笔记)　《醒狮》1925 年第 34 期

1926

师范科消息:名人演讲　《暨南周刊》1926 年第 34 期

女子部要讯:名人陆续讲演记　《暨南周刊》1926 年第 35 期

演讲:护侨政策:在国立暨南大学演讲　张子柱　《醒狮》1926 年第 69 期

1927

社会科学院政治学系近讯:敦请高一涵先生演讲　《暨南周刊》1927 年第 4 期

戴季陶先生在本校讲演志盛:本校于本星期二下午三时敦请戴季陶先生莅校讲演　《暨南周刊》1927 年第 5 期

教务处日志(十一月七日至十一月十二日):依例举行纪念周并请简又文先生讲演　《暨南周刊》1927 年第 7 期

教务处日志(十一月廿八日至十二月三日):依例举行纪念周前本校高中主任雷沛鸿讲演　《暨南周刊》1927 年第 10 期

1928

五一纪念日真茹镇演讲记　金练组　《暨南周刊》1928 年第 2 卷第 11 期

康选宜先生演讲民族主义中之现在对日本之两种方法　颜以和　《暨南周刊》1928 年第 2 卷第 12 期

教务处布告 · 一四六号(十月十三日):全沪学生拒毒演讲比赛章

程 《暨南周刊》1928 年第 4 卷第 3 期

教务处布告·一四八号(十月十五日):(礼拜三,十月十五日)下午三时请本校特约讲师费哲民先生讲演 《暨南周刊》1928 年第 4 卷第 3 期

教务处布告·一五〇号(十月十七日):本日(礼拜三,十月十七日)下午四时敦请北平中华大学副校长李书华先生莅校讲演 《暨南周刊》1928 年第 4 卷第 3 期

教务处布告·一五七号(十月廿七):今日胡适之先生讲演 《暨南周刊》1928 年第 4 卷第 5 期

教务处布告·一五八号(十月廿九):明日礼拜下午四时敦请广州世界语学会会长黄尊生博士讲演"世界和平运动" 《暨南周刊》1928 年第 4 卷第 5 期

教务处布告·一五九号(十月卅日至卅一日):明日礼拜三下午三时请张君劢先生在科学馆讲演厅演讲"现代政治哲学之趋势";明日礼拜四下午二时敦聘无锡丝织厂经理兼技师唐星海先生在科学馆讲演厅讲演"中国丝茶事业之现状及趋势" 《暨南周刊》1928 年第 4 卷第 5 期

1929

考古学讲演记略:讲演录另载中国语文学系期刊(附表) 《暨南周刊》1929 年第 5 卷第 3 期

西画研究会讲演录:邱代明导师在西画研究会成立大会时演说 《暨南周刊》1929 年第 5 卷第 3 期

怎样做中学校长:郑通和先生在本校教育研究会演讲 F. Y.(笔记) 《暨南校刊》1929 年第 18 期

1930

读蔡孑民先生在考试院欢宴席上演词以后 吴有容 《暨南校刊》1930 年第 62 期

国立青岛大学暑期讲演班简章 《暨南校刊》1930年第70期

校长布告·第五十九号(十月十五日):本校现聘定美国密歇根大学教授雷麦博士 Prof. G. F. Remer 为特约讲师,每两周到校讲演一次。附讲演题目 《暨南校刊》1930年第84期

暨南大学童子军华北徒步旅行记:在同泽中学演讲时摄[照片] 《良友》1930年第43期

拒毒演讲比赛中之优胜演词一览:拒毒运动与国民革命 大学组拒毒演讲第三名国立暨南大学张国权[照片] 《拒毒月刊》1930年第46期

1931

法律之语源(在暨南大学演讲) 丘汉平 《法学杂志》(上海1931)1931年第5卷第2期

1932

郑校长招待全体教职员燕会演辞 杨裕芬、陈希文(记录) 《暨南校刊》1932年第8期

苏州中学部消息:张仲仁先生到校演讲 《暨南校刊》1932年第12期

张仲仁先生讲演词:在苏州本校中学部 江应梁(记录) 《暨南校刊》1932年第13期

郑宝照先生来校演讲 《暨南校刊》1932年第13期

国际问题研究会第一次学术讲演 《暨南校刊》1932年第14期

国难期中之中等教育:郑校长于五九国耻日在苏州树德中学讲演 江应梁(记录) 《暨南校刊》1932年第15期

苏州中学部请专家演讲:十九路军总部秘书长徐名鸿,吴县乡村师范校长沈味之 《暨南校刊》1932年第19期

确立师道与改进学风:二十一年度开学日,郑校长在招待教职员会中演词 杨裕芬、陈其英(记录) 《暨南校刊》1932年第33期

英文研究会演讲志盛 《暨南校刊》1932年第43期

英文研究会学术演讲 《暨南校刊》1932年第46期

校长燕会驻粤大中学部全体教职员演词 陈福璿、冯炳基、胡秋甫(记录) 《暨南校刊(广州)》1932年第1~2期

“一·二八”事变前后之两路概况(四月廿八日在暨南大学演词) 郑宝照 《铁道》1932年第2卷第1~2期

文学漫谈(在暨南大学讲演) 郁达夫 《青年界》1932年第2卷第3期

1933

重订大学课程之意见:郑校长一月八日在课程讨论会演词 《暨南校刊》1933年第49期

行政教务联合一致:郑校长于二十二年二月十日招待教职员演词 杨裕芬、陈其英(记录) 《暨南校刊》1933年第51期

化小勇为大勇:郑校长一月念一日在大东慰劳足球队演词 杨裕芬(记录) 《暨南校刊》1933年第51期

方医生对校工演讲卫生常识(未完) 《暨南校刊》1933年第62期

暹罗教育考察团来校参观,本日八时并在大礼堂演讲 《暨南校刊》1933年第63期

专门学者应专负阐扬学术使命:五月八日纪念周郑校长演讲词 杨裕芬、陈其英(记录) 《暨南校刊》1933年第64期

中暹应确立亲善邦交:希望暹罗政府即以平等待遇吾侨:郑校长欢宴暹罗教育考察团演讲词 陈其英(追记) 《暨南校刊》1933年第64期

实行教育专业精神(郑校长于五月二十二日纪念周中演词) 杨裕芬、陈其英(记录) 《暨南校刊》1933年第66期

华东各大学国语英语演说赛在本校举行之盛况:郑校长特撰欢迎辞,本校招待务求周到,交大得团体锦标,个人第一光华沈昌焕 《暨

南校刊》1933 年第 67 期

循序求进发扬学术精神(郑校长于二十二年度开学日九月十一日演词) 陈希文、陈其英(记录) 《暨南校刊》1933 年第 73 期

心理研究室第一次公开讲演 《暨南校刊》1933 年第 75 期

复兴民族须赖健全青年:郑校长于十月八日在华安大厦招待粤港爪哇选手演词 陈其英、陈希文(记录) 《暨南校刊》1933 年第 77 期

教育学系第一次公开讲演 《暨南校刊》1933 年第 77 期

心理研究室第二次公开讲演 《暨南校刊》1933 年第 77 期

教育学系第二次公开讲演 《暨南校刊》1933 年第 78 期

郑校长在吴市长欢宴粤港参加全运选手席上演词 郑宝宁(记录) 《暨南校刊》1933 年第 79 期

商学院第一次公开演讲 《暨南校刊》1933 年第 79 期

会计职业之准备:潘序伦博士在本校商学院第一次公开演讲辞 郭盛尊(笔记) 《暨南校刊》1933 年第 81 期

银行、铁路与农业专家合作:两路车务处处长郑宝照先生在本校商学院第二次公开演讲辞 郭盛尊(笔记) 《暨南校刊》1933 年第 84 期

附属中学训育课布告·训字第卅七号至卅八号(十二月五日至十二月六日):兹定于本月卅日举行国语演讲竞赛 关可贵 《暨南校刊》1933 年第 85 期

新订课程繁简适当:郑校长于十二月四日纪念周演词 陈希文、陈其英(记录) 《暨南校刊》1933 年第 85 期

心理研究室公开讲演讯 《暨南校刊》1933 年第 86 期

教育学系第四次公开讲演情形及第五次公开讲演预告 《暨南校刊》1933 年第 86 期

本校公开英语演讲会纪 《暨南校刊》1933 年第 86 期

政经系敦请曹云祥博士来校演讲 《暨南校刊》1933 年第 87 期

1934

本校举行总理逝世九周纪念大会:潘公展先生讲演辞 江应梁(记录) 《暨南校刊》1934 年第 91 期

教育系请傅有任博士讲演 《暨南校刊》1934 年第 92 期

本校成立二十八周年纪念大会中教育部总务司司长雷震先生讲演辞 江应梁(记录) 《暨南校刊》1934 年第 93 期

南洋华侨近况:林霭民先生四月十六日在本校讲演 江应梁(记录) 《暨南校刊》1934 年第 95 期

侨界巨子胡文虎代表林霭民到校参观及演讲 《暨南校刊》1934 年第 96 期

教育系请吴泽霖先生演讲 《暨南校刊》1934 年第 96 期

教育系请查良钊先生讲演 《暨南校刊》1934 年第 100 期

班禅大师在本校欢迎会中讲演词 《暨南校刊》1934 年第 102 期

中国簿记改良问题:徐永祚先生在本校商学院演讲 《暨南校刊》1934 年第 102 期

推销人寿保险之职业:胡咏骐先生在本校商学院演讲 《暨南校刊》1934 年第 102 期

班禅大师参观本校并在本校礼堂演讲 《暨南校刊》1934 年第 102 期

校长布告(廿三年十月二日第廿七号至廿三年十月八日)·第廿八号:现约驻意大利公使刘文岛先生,于本月五日(星期五)下午三时莅校演讲 沈鹏飞 《暨南校刊》1934 年第 109 期

十一月十二日,总理诞辰纪念会校长演词 许振南(记录) 《暨南校刊》1934 年第 114 期

校长布告·第四十五号(念三年十一月念六日):本月念七日(星期二)上午十时特请艾迪博士来校演讲 沈鹏飞 《暨南校刊》1934 年第 116 期

教育学系公开讲演讯 《暨南校刊》1934 年第 116 期

教务处布告·第廿七号至第廿八号(十二月十一日至十二月十二日):兹请孟寿椿刘大杰二先生为国语讲演指导　《暨南校刊》1934 年第 118 期

学术演讲:林襟宇先生讲中国审计问题(十二月六日在暨大商学院演讲)　叶达光(笔记)　《暨南校刊》1934 年第 118 期

白银增征出口税后之影响:在暨大商学院"现代经济问题讲座"讲演　诸青来(讲演)、　叶达光(笔记)　《暨南校刊》1934 年第 120 期

体面线点检字法(暨南大学教育系讲演稿、廿三年四月廿七日印行)　张凤(天方)　《现代学生》(上海 1930)1934 年第 3 卷第 4 期

艾迪博士在暨南演说记　谢青　《十日谈》1934 年第 47 期

1935

中国对外贸易问题:在暨大商学院"现代经济问题讲座"演讲(附表)　何炳贤(演讲)、叶达光(笔记)　《暨南校刊》1935 年第 121 期

人事管理问题:在暨大商学院"现代经济问题讲座"演讲　何清儒(讲)、叶达光(笔记)　《暨南校刊》1935 年第 122 期

真如暨南大学上海市教育局实验学校新消息汇志:演说竞赛会精神饱满　《暨南校刊》　1935 年第 122 期

董院长演讲:提高学术空气问题　金能襄(记录)　《暨南校刊》1935 年第 130 期

教育学系公开讲演讯　《暨南校刊》1935 年第 131 期

校长布告·第一〇八号(二十四年四月十二日):读书演讲比赛简则条例　沈鹏飞　《暨南校刊》1935 年第 132 期

三月八号总理纪念周翟教务长演词:改善课程表现华侨学府特征,愿暨南今后有良好读书环境,希望同学努力研求充实学问　冯炳基(纪录)　《暨南校刊》1935 年第 131 期

张耀翔先生演词:如何解除青年底苦闷　冯炳基(记录)　《暨南校刊》1935 年第 132 期

四月廿二日大中学部联合纪念周:发给读书运动演讲比赛优胜者奖品,聘请江亢虎先生讲演华侨与文化　冯炳基(记录)　《暨南校刊》1935 年第 133 期

华侨与文化:江亢虎先生演讲词　冯炳基(记录)　《暨南校刊》1935 年第 133 期

四月二十九日本校商学院"现代经济问题讲座"特请杨荫溥先生演讲:我国通货膨胀问题　叶达光(记录)　《暨南校刊》1935 年第 134 期

陈鹤琴先生演词:欧游感想　《暨南校刊》1935 年第 134 期

五月五日革命政府成立纪念大会翟教务长讲演:革命政府成立之意义和今后应有之认识　冯炳基(记录)　《暨南校刊》1935 年第 135 期

教育学系公开讲演讯　《暨南校刊》1935 年第 135 期

美国政府商业部驻华商务委员司密斯女士讲演:中国公路发展史略　林和民教授(口译)　冯炳基(记录)　《暨南校刊》1935 年第 136 期

教育学系第十八次公开演讲　《暨南校刊》1935 年第 136 期

五月八日本校商学院特约韦悫博士演讲:大学生职业问题与人寿保险　叶达光(记录)　《暨南校刊》1935 年第 137 期

五月二十日本校商学院"现代经济问题讲座"特请金国宝先生演讲:上海金融问题　叶达光(速记)　《暨南校刊》1935 年第 138 期

教育系特请董任坚先生讲教育革命的进路　徐儒,郑梦鱼(记录)　《暨南校刊》1935 年第 139 期

五月廿七日总理纪念周英国窦乐安博士演辞　冯炳基(速记)　《暨南校刊》1935 年第 139 期

附林和民教授演词　冯炳基(速记)　《暨南校刊》1935 年第

139 期

九月十二日举行开学典礼:文学院长郑振铎先生演词　俞剑华(笔记)　《暨南校刊》1935 年第 143 期

九月十二日举行开学典礼:教务长张耀翔先生演词　《暨南校刊》1935 年第 143 期

程瑞霖先生演讲词(九月十二日开学典礼讲演)　俞剑华(笔记)　《暨南校刊》1935 年第 144 期

罗良铸先生演讲　俞剑华(笔记)　《暨南校刊》1935 年第 149 期

职业指导(十月二十三日教育研究会公开讲演会)　何清儒(讲演)、耿春林(笔记)　《暨南校刊》1935 年第 151 期

欧洲各国之工商合作与人事管理　顾炳元(演讲)、温之英(笔记)　《暨南校刊》1935 年第 151 期

白银国有问题　章乃器(讲)、俞剑华(笔记)　《暨南校刊》1935 年第 153 期

大学之使命:十一月十五日教育研究会第二次学术讲演会　韦悫(讲)、耿春林(笔记)　《暨南校刊》1935 年第 153 期

财政部改革币制之意义及其影响:十一月十二日商学院经济研究会公开讲演会　张素民(讲)　《暨南校刊》1935 年第 153 期

教育研究会举行第二次学术讲演　《暨南校刊》1935 年第 153 期

教育学系公开讲演　《暨南校刊》1935 年第 155 期

马君武先生莅校演讲　《暨南校刊》1935 年第 157 期

增征银税之效果:在暨南大学讲演　诸青来　《华年》1935 年第 4 卷第 1 期

中国币制问题之经过及展望(暨南大学演讲稿)　陈锦涛　《社会经济月报》1935 年第 2 卷第 4 期

中国币制问题之经过及展望:暨南大学演讲稿(二三、十二、五)财政部币制研究委员会单行本　陈锦涛　《银行周报》1935 年第 19 卷第 35 期

1936

教育研究会敦请专家讲演 《暨南校刊》1936 年第 166 期

暨南大学经济学会近况:敦请周宪文教授演讲,参观中央中国两银行 《暨南校刊》1936 年第 167 期

张其昀莅校演讲:充实中国的国防,当努力经济建设 《暨南校刊》1936 年第 168 期

理学院程院长为中国现代问题讲座演讲:重工业与国防 《暨南校刊》1936 年第 168 期

本校经济学会敦请张素民博士演讲,出版经济论文提要索引月刊 《暨南校刊》1936 年第 168 期

廖茂如刘健群来校演讲 《暨南校刊》1936 年第 168 期

教育研究会近闻:敦请专家讲演,出版"教育丛刊" 《暨南校刊》1936 年第 168 期

商学院经济研究会敦请唐庆增先生演讲:现代西洋经济思想之特点 《暨南校刊》1936 年第 169 期

附中总理纪念周(四月十三日):特请陈振鹭先生来校演讲 谭晨(笔记) 《暨南校刊》1936 年第 169 期

本校理学院敦请高硎若先生讲演:化学工业之经营 《暨南校刊》1936 年第 170 期

海外文化部代理主任俞君适先生演词(九月二十一日总理纪念周) 《暨南校刊》1936 年第 181 期

新华银行经理王志莘先生演词 楼夏操(笔记) 《暨南校刊》1936 年第 182 期

伦敦大学教授艾文思氏将来校讲演 《暨南校刊》1936 年第 182 期

(续十月五日总理纪念周):曾作忠先生演词 楼夏操(笔记) 《暨南校刊》1936 年第 184 期

林仲达先生演词(续十月十二日总理纪念周) 楼夏操(笔记)

《暨南校刊》1936年第185期

驻俄大使馆秘书耿济之先生讲演纪要　《暨南校刊》1936年第185期

理学院敦请大夏大学理学院院长讲演　《暨南校刊》1936年第186期

教育学系敦请孙亢曾教授讲演　《暨南校刊》1936年第186期

教务处布告·第十六号(十月廿八日)　《暨南校刊》1936年第186期

十月二十六日总理纪念周:余衡之先生演词　楼夏操(笔记)　《暨南校刊》1936年第186期

印度哲学博士莫瓦尼氏将来校讲演　《暨南校刊》1936年第187期

胡愈之先生讲演世界语与中国语文改革问题　《暨南校刊》1936年第187期

李熙谋先生演词　楼夏操(笔记)　《暨南校刊》1936年第188期

十六日升旗典礼,沪国民军训会主任莅校讲演　《暨南校刊》1936年第189期

本校商学院敦请美国商务参赞安诺德氏莅院演讲　《暨南校刊》1936年第189期

十月十七日附中纪念周张毓珊先生演词(补载)　《暨南校刊》1936年第189期

寿毅成先生演词　楼夏操(笔记)　《暨南校刊》1936年第189期

十月十七日附中纪念周张毓珊先生演词(补载)　《暨南校刊》1936年第189期

教育系及教研会两大学术讲演:杨卫玉先生讲"非常时期的教育使命",方蔚东先生讲"华北教育问题"　《暨南校刊》1936年第190期

外国文学系请全增嘏先生讲演　《暨南校刊》1936年第190期

文学院教授卢前应京中央大学讲演　《暨南校刊》1936年第

190 期

刘湛恩先生演词　楼夏操(笔记)　《暨南校刊》1936 年第 190 期

沈昆南先生演词　《暨南校刊》1936 年第 190 期

吴德培先生演词:附中整洁训练周实施纲要　《暨南校刊》1936 年第 191 期

十一月卅日附中纪念周:江文新先生演词　《暨南校刊》1936 年第 192 期

特种训练班请陈中孚先生演讲“宣传方法”　《暨南校刊》1936 年第 192 期

催晓学会请周予同先生演讲“中国教育之演变”　《暨南校刊》1936 年第 192 期

廿一日商学院将请谢霖甫先生来校讲演　《暨南校刊》1936 年第 193 期

师资训练班近讯:师资训练班本月十八日曾请文学院长郑振铎先生讲演　《暨南校刊》1936 年第 194 期

文学院史地学系举行本年度第一次学术演讲会　《暨南校刊》1936 年第 194 期

张素民先生演词　楼夏操(笔记)　《暨南校刊》1936 年第 194 期

1937

大学秘书杜纪堂先生演词　楼夏操(笔记)　《暨南校刊》1937 年第 195 期

杨冠良同学代表迎救领袖同志会演词　《暨南校刊》1937 年第 195 期

李宽度同学代表大学部三四年级全体同学演词　《暨南校刊》1937 年第 195 期

汪太仪同学代表军训队同学演词　《暨南校刊》1937 年第 195 期

温裕和同学代表中学部全体同学演词　《暨南校刊》1937 年第 195 期

张耀翔先生演词　楼夏操(笔记)　《暨南校刊》1937 年第 195 期

本校商学院敦请李权时博士莅院演讲　《暨南校刊》1937 年第 197 期

三月八日总理纪念周:骆传华先生演词　楼夏操(笔记)　《暨南校刊》1937 年第 201 期

三月一日总理纪念周章友三先生演词(补载)　楼夏操(笔记)　《暨南校刊》1937 年第 202 期

世界语学会举行本学期第一次公开演讲　《暨南校刊》1937 年第 202 期

西南夷族请愿代表高玉柱喻杰才定期来校讲演(四月十二日)　《暨南校刊》1937 年第 204 期

何德奎先生演词　楼夏操、吴熙祖(笔记)　《暨南校刊》1937 年第 206 期

四月十九日总理纪念周何德奎先生高玉柱女士莅校演讲:我国最近之币制与金融　《暨南校刊》1937 年第 206 期

教育系与教育研究会合请沈百英先生演讲:　编辑小学教科书问题　《暨南校刊》1937 年第 206 期

本校经济学会举行经济问题座谈会敦请赵兰坪先生演讲　《暨南校刊》1937 年第 206 期

四月二十六日总理纪念周:戴铭礼先生演词　楼夏操(笔记)　《暨南校刊》1937 年第 207 期

四月十九日附中总理纪念周:潘公展局长演词　张伟文(记录)　《暨南校刊》1937 年第 207 期

五月三日附中总理纪念周:郑通和先生演词　陈汉源(记录)　《暨南校刊》1937 年第 208 期

吴南如先生演词(续载)　楼夏操、俞剑华(笔记)　《暨南校刊》1937 年第 210 期

本校商学院敦请中国经济专家马寅初博士演讲　《暨南校刊》1937 年第 210 期

五月二十四日总理纪念周:周予同先生演词　楼夏操(笔记)　《暨南校刊》1937 年第 211 期

商学院敦请中国统计专家李振南先生演讲　《暨南校刊》1937 年第 211 期

本校经济学会敦请农业经济专家林熙春博士演讲　《暨南校刊》1937 年第 211 期

史地研究会敦请何校长作第一次演讲:　研究历史的途径　《暨南校刊》1937 年第 211 期

五月卅一日总理纪念周:傅清淮先生演词　吴熙祖(笔记)　《暨南校刊》1937 年第 212 期

五月卅一日总理纪念周:吴教务长泽霖演词　俞剑华、吴熙祖(笔记)　《暨南校刊》1937 年第 212 期

本校经济学会敦请复旦经济系主任李炳焕先生演讲,并举行导师会员联欢会　《暨南校刊》1937 年第 212 期

史地研究会敦请周予同先生作第二次演讲,题为"清代经学与现代史学"　《暨南校刊》1937 年第 213 期

实验学校董主任日前赴甬演讲　《暨南校刊》1937 年第 213 期

俞代市长代表周雍能先生演词　楼夏操(笔记)　《暨南校刊》1937 年第 214 期

1947

我对于世界政治的看法:三十六年十月二十五日在本校讲演　周鲠生(讲),蒋汉(笔记)　《国立暨南大学校刊》1947 年复刊第 2 期

周鲠生先生莅校演讲"我对于世界政治看法"　《国立暨南大学校刊》1947 年复刊第 2 期

石油工业概述　金开英(讲),暨南化学会编纂股(记录)　《国立暨南大学校刊》1947 年复刊第 4 期

费子智博士来校参观,演讲"民家人之状况"　《国立暨南大学校

刊》1947 年复刊第 4 期

民家生活的片断　(英)费子智(C. P. Fitz Gerald)(讲),刘咸、崔惟洁(笔记)　《国立暨南大学校刊》1947 年复刊第 5 期

1948

讲演:银行的立法问题　朱斯煌教授(讲),徐克昌、张承惠、武齐贤(笔记)　《国立暨南大学校刊》1948 年复刊第 8 期

工商管理学会举行学术演讲:该会并出版"工管会报"月刊　《国立暨南大学校刊》1948 年复刊第 8 期

讲演:我国币制改革问题　杨桂和(讲),张承惠(记录)　《国立暨南大学校刊》1948 年复刊第 9 期

工商管理学会举行第三次学术演讲,该会并拟编印特刊庆祝校庆　《国立暨南大学校刊》1948 年复刊第 11 期

讲演:一个理想的报人与一家理想的报纸　王芸生(讲),贺师尧(记录)　《国立暨南大学校刊》1948 年复刊第 12 期

伍斯德博士来校演讲:中国沿海渔民之生活;邰爽秋、王芸生两先生亦先后感邀来校讲演　《国立暨南大学校刊》1948 年复刊第 12 期

讲演:二年来我国对外贸易政策之总检讨　杨尔埕教授(讲),沈文夔、武齐贤(记录)　《国立暨南大学校刊》1948 年复刊第 13 期

讲演:民生本位教育与当前教育问题　邰爽秋(讲),徐一峰(笔记)　《国立暨南大学校刊》1948 年复刊第 14 期

本校经济学会敦请方桂善先生来校讲演　《国立暨南大学校刊》1948 年复刊第 14 期

讲演:中国之信托事业　朱斯煌(讲),夏笠、陈荆鼎(记录)　《国立暨南大学校刊》1948 年复刊第 16 期

查良鉴曹杰两先生先后来校讲演　《国立暨南大学校刊》1948 年复刊第 16 期

讲演:怎样推进法治　查良鉴(讲),章学良、蔡康素(笔记)　《国

立暨南大学校刊》1948 年复刊第 16 期

讲演:识字问题　沈百英(讲),彭学时、林荫衡(笔记)　《国立暨南大学校刊》1948 年复刊第 16 期

纪念会讲演词:李校长在本校四十二周年校庆纪念会报告词　章学良、邹俊亭(笔记)　《国立暨南大学校刊》1948 年复刊第 17 ~ 18 期

演讲:英国之社会服务　格丽(演讲),邹俊亭(笔记)　《国立暨南大学校刊》1948 年复刊第 19 期

演讲:我对教育的信念　廖世承(讲),彭学时(笔记)　《国立暨南大学校刊》1948 年复刊第 19 期